湄公河地区重叠的区域主义

邓涵 著

人民出版社

目 录

序 言

习近平总书记在2013年10月24日举行的周边外交工作座谈会上发表重要讲话时指出："做好周边外交工作，是实现'两个一百年'奋斗目标、实现中华民族伟大复兴的中国梦的需要，要更加奋发有为地推进周边外交，为我国发展争取良好的周边环境，使我国发展更多惠及周边国家，实现共同发展。"党的十九大报告强调，"按照亲诚惠容理念和与邻为善、以邻为伴周边外交方针深化同周边国家关系"。"十四五"规划和2035年远景目标纲要也提出，"深化同周边国家关系"，"积极营造良好的外部环境"。

从历史经验和现实的发展趋势来看，中国和平崛起必须首先经营好周边地区。但在当今世界大国中，中国面临的周边外交形势却最为复杂。区域与国别研究是中国了解世界的一扇窗户，可以为中国更好地认识周边、经略周边提供智力支持、决策咨询、理论探讨和实践分析。随着周边外交在中国外交布局中的地位日益突出，区域与国别研究也更加受到国家和学界的重视。邓涵博士的《湄公河地区重叠的区域主义》一书就是在这一大的背景下问世的，是国内研究中国在湄公河地区的周边外交、湄公河地区的区域合作与国际关系的一本重要的学术专著。

狭义上，湄公河地区即泰国、缅甸、老挝、柬埔寨、越南五国以湄公河为纽带形成的区域。广义上，湄公河地区在国内也被称为澜沧江—湄公河地区，是指以澜沧江—湄公河这条跨境河流为纽带，中国与老挝、缅甸、泰国、柬埔寨、越南五个国家之间共同构成的地理区域。其中，中国境内段发源于青海省玉树藏族自治州杂多县，流经西藏、云南两省区，习惯上被称为澜沧江，中国境外段被称为湄公河。国际上多数学者比较习惯将澜沧江—湄公河地区统称为湄公河地区。邓涵博士在本书中对湄公河地区的界定主要采取广义的方式。

无论采取哪种定义方式，都不会改变中国自古以来，就与老挝、缅甸、泰国、柬埔寨和越南之间山水相连、人缘相亲、交往密切的基本事实，也不会改变该地区紧邻大国周边、扼守重要的战略能源通道、在国际政治中长期多种力量交汇、利益复杂交织的地缘政治属性。冷战期间，湄公河地区曾是东西方斗争和对峙的前沿，冷战结束后，才逐渐走上和平发展的道路。但也有人认为，澜沧江—湄公河跨境河流与相关生态资源的开发、利用和保护将成为流域内六个国家在冷战后新的纷争和冲突的根源，更有人希望可以操纵话语和叙事，将这种纷争和冲突框定在以中国为代表的上游国家与以湄公河五国为整体的下游国家之间展开。

邓涵博士长期关注湄公河地区的国际关系和区域国别问题研究，他系统梳理了 1992 年至 2019 年湄公河地区区域合作的发展历程，有力地澄清和反驳了这种悲观论调，指出以 1992 年成立大湄公河次区域经济合作机制为标志，湄公河地区早已开启了从冲突转向合作、从动荡转向发展的制度化合作的新进程。同时，他敏锐地察觉到由于湄公河地区拥有丰富的自然资源和充满活力的新兴经济体，该地区已成为大国之间战略竞争的重点区域，美国、日本、印度、韩国、泰国、越南、中国等国家都在该地区建立了自我主导的区域合作框架来维持或扩展自身的影响力，建立这样的区域合作制度已成为一种新的权力竞争形式。随着湄公河地区区域性合作倡议、合作机制的不断增多，该地区已逐渐呈现出制度拥堵和制度竞合的复杂局面，进而对地区可持续治理与国家间合作造成不利影响。他将这种现象定义为“重叠的区域主义”，并在书中进行了界定：“由三个及其以上地区内国家参与或建立，有两个及其以上在成员和治理领域均相互重叠的区域国际制度为载体，以服务目标地区的发展、治理、区域化等为主要内容形成的区域主义形式或状态。”

基于对湄公河地区区域国别研究的浓厚兴趣、问题意识和学科自觉，邓涵博士尝试对该地区重叠的区域主义这一新趋势和新现象进行因果解释型研究。他在前人研究的基础上，选择从地位变化及其应对的视角进行深入分析，得出结论：湄公河地区同类型国家之间面临地位竞争的困境，成立并推动多个区域国际制度互动可以缓解相关国家的地位困境，进而最终导致该地区出现了重叠的区域主义。

初看起来，这个理论化的解释可能有些生涩和难懂。邓涵博士在书中对国际政治中的“地位”“地位困境”的来源、表现与应对等均进行了深入浅出的界定和解释。同时，他还对“地位困境”这个理论概念作了一个比较形象化的比喻，即“一山不容二虎”。简要地说，邓涵认为传统上人们习惯大国博弈的视角观察和分析湄公河地区国家之间的竞争，但实际上湄公河地区的国家行为体中既有大国也有中等国和小国，同一类型的国家之间普遍存在“一山不容二虎”式的地位困境，相关国家为进行地位竞争、缓解自身的地位困境成立了各种自我主导的区域国际制度，造成了湄公河地区重叠的区域主义这一令人困惑的现象。

在区域国别研究中进行理论化的因果解释型研究并不容易，现实世界具有丰富的复杂性与多样性，理论则需要高度简约且兼具分析、解释甚至是预测的功能。二者之间天然存在一定的张力，这种张力在社会科学研究中尤为明显。近年来，学界已有一些关于湄公河地区研究的学术专著，总体上偏向历史研究和政策研究，理论化的学术研究成果尚不多见。从这个意义上说，邓涵博士写作此书是一次积极的尝试，也是一次有益的补充。这种尝试需要具备较好的理论素养，丰富的事实材料，以及将二者有机结合的技巧和勇气。本书从提出理论分析模型到理论的推导再到案例检验，均尽可能地将丰富的事实基础与简约的理论分析相结合，总体上论证过程较为清晰、逻辑推导也相对紧密。

本书通过研究，得出了一些有趣且富有洞见和启发的观点。例如，本书认为湄公河地区的区域主义进程中，国家之间的竞争并不仅存在于大国与大国之间，地区内中等国家与中等国家之间、地区内小国与小国之间也存在一定程度的竞争。这个发现有助于打破学术和政策界传统上习惯将湄公河地区竞争局限于大国博弈的单一视角，而忽视地区内其他五个湄公河国家在其中的角色与作用；也有助于超越美国等西方国家试图将湄公河地区六个国家人为割裂为“中国＋湄公河五国”的二元结构，进而制造“湄公河下游五国与中国之间存在利益冲突和关系紧张，需要团结起来约束和平衡中国的力量”等别有用心的话语和叙事。相反，邓涵博士通过研究指出，湄公河地区区域合作制度之间的竞争不仅存在于美国、日本、印度与中国之间，湄公河地区内泰国和越南之间也存在一定程度的竞争。中国与泰国和越南等湄公河国家之间并不存在结构性的竞争关系，而更多的是合作关系。更有意思的是，按照邓涵博士的研究，湄公河大国之间的地位竞争也并不是美国、日本和印度为一方，中国为另一方的二元对立结构。美国、日本、印度彼此之间也存在着竞争关系。当然，这些观点乃是一家之言，未来仍有待学术界进一步的研究和讨论。但就目前看，这些研究成果和观点确实对湄公河地区区域合作制度的基本特点、性质特征等有一定的解释力，有助于补充和增进学界对该地区重叠的区域主义的辩证认识。因此，本书对湄公河地区重叠区域主义形成逻辑的研究可能有助于丰富地区主义研究的理论和实践，为分析和研究近年来拉丁美洲、非洲、亚洲等世界其他地区出现的竞争性多边主义、重叠的区域主义等研究热点提供理论借鉴。从国际问题研究的理论视野看，“地位困境”的理论概念或有望对传统的“安全困境”进行一定的修正和补充，展现出更好的理论解释力。同时，本书的研究内容也可以为观察和应对百年未有之大变局下中国周边地区与次地区国际秩序变迁提供一个有益案例。

湄公河地区毗连中国的西南边疆，是中国周边外交的优先方向。中国是湄公河地区内的重要国家，在该地区也具有重要利益。早在1992年，中国与湄公河五国合作成立了大湄公河次区域经济合作机制。1996年，中国又加入了东盟发起的“东盟—湄公河流域开发合作”。此外，中国还是湄公河委员会的对话伙伴。2015年，在中国的倡议和引领下又成立了澜沧江—湄公河合作机制。2016年3月，六国在海南省三亚市举行首次澜湄合作领导人会议。截至目前，澜湄合作已建立了包括领导人会议、外长会、高官会、工作组会在内的多层次、多领域机制架构；形成了坚持政治安全、经济可持续发展、社会人文三大支柱协调发展，在互联互通、产能、跨境经济、水资源、农业和减贫五大优先领域开展合作，积极拓展数字经济、环保、卫生、海关、青年等更多合作领域的“3+5+X合作框架”；组建了澜湄水资源合作、澜湄环境合作、全球湄公河研究三个功能性合作中心。六国正致力于建设面向和平与繁荣的澜湄国家命运共同体，将澜湄合作打造成为南南合作的典范。近年来，中国已与老挝、柬埔寨、缅甸三个湄公河流域国家建立了双边命运共同体关系，目前四个与我国有此类关系性质的国家有三个集中在湄公河地区。但中国在湄公河地区如何将结构性和工具性资源转化为有效的领导力，仍面临一定的挑战。本书的研究结论也有助于在理论上和实践上优化中国在湄公河地区的周边外交和战略谋划，尤其为澜湄合作进一步优化自身的功能定位、合作领域等提供启示和借鉴，有效提升中国和澜湄合作机制在湄公河地区的作用和影响。

最后，我还想花一点笔墨给大家介绍一下本书的作者，我的学生邓涵博士。我与邓涵初次见面是在云南大学与香港大学联合举办的一次缅甸问题学术会议上。在会议间隙的交谈中，他对东南亚地区研究较为全面的事实积累，以及热情周到的志愿服务，给我留下了深刻印象。之后我了解到，邓涵当时师从我国著名的东南亚和澜沧江—湄公河次区域合作研究学者，现云南大学国际关系学院院长卢光盛教授攻读硕士研究生。因此，早在硕士期间，邓涵就已开始对澜沧江—湄公河地区进行了比较系统、全面的学习和研究，并形成了一些高质量的研究成果。

2016年9月，邓涵以优异的成绩考入北京大学国际关系学院，成为我指导的一名博士研究生。其间，他学风勤勉，继续发挥他东南亚地区的研究特长、长期跟踪东南亚地区动态，尤其对澜沧江—湄公河地区合作制度、国家间关系等进行了长期的积累和关注，并较早将湄公河地区重叠的区域主义确定为博士学位论文选题。坦白说，刚开始我对他选择这个选题是有一些担心的，主要是研究对象中涉及的国家和区域国际制度均比较多，时间跨度也比较长，目前国内外的研究基础和可用素材都比较薄弱和缺乏，我担心他不能在有限的时间里完成博士学位论文应有的研究内容。但可喜的是，邓涵在求学期间的长期记录，尤其是收集和整理了大量关于对湄公河地区合作制度以及各主要国家行为体之间的外交互动等研究素材，为他开展此项研究奠定了比较扎实的基础。他在 2018 年受国家留学基金委资助前往英国伦敦大学亚非学院进行为期一年的博士联合培养期间，通过阅读大量的外文文献和理论书籍，成功地找到了理论分析框架。归国后，他又针对写作过程中遇到的困惑和盲区，在寻求我进行指导的同时，开展了大量富有成效的专家访谈工作。最终，在历经漫长蜕变后迎来羽化成蝶，构建起了自己的湄公河地区知识图谱。2020 年 7 月，他的博士学位论文获评北京大学国际关系学院优秀博士论文二等奖。2021 年，在到中共中央党校（国家行政学院）国际战略研究院工作近一年后，他将博士学位论文进一步沉淀和修改并提出了出版成书的计划，我欣然赞同并答应为其作序。寄语其继续知行并进，守正创新。

本书的出版适逢两个重要的 30 年。其中，今年是中国—东盟建立对话关系 30 周年，明年是中国参与湄公河地区合作 30 年。二者都是中国周边外交尤其是中国与东盟、中国与湄公河流域五国关系发展中具有特殊意义的“大年”。中国与相关国家和机构将举行一系列庆祝活动，商讨为双边关系的进一步发展注入新的内涵与动力。泰国、缅甸、老挝、柬埔寨、越南五国既是湄公河国家，也是东盟的成员国，从数量上占到了东盟成员国数量的一半，从新的理论视角审视并加强与五国在湄公河地区的制度化合作、携手优化湄公河地区重叠的区域主义具有双重突出的意义。就此而言，本书的研究和出版可谓正逢其时。期待这部学术著作能够引起学界和政策界的关注。

近年来，我国参与湄公河地区合作已经到了新的发展阶段，需要相应提出一些守正创新的新思路和新的政策措施。例如，全球气候变暖背景下湄公河地区频繁出现干旱和洪水等极端天气，对该地区全流域水资源合作、防灾减灾提出了新的要求和挑战；又如，在湄公河地区区域经济合作面临瓶颈的情况下，如何对接“陆海新通道”并打造好澜湄流域经济发展带；再如，在湄公河地区非国家行为体不断增多，国际政治权力加速流散的背景下，如何协调并整合与国际非政府组织、私营部门等利益相关方的力量，共同造福湄公河地区的可持续发展与地区治理；还如，在中美战略竞争加剧，美国将湄公河地区视为“印太战略”的重要组成部分并于2020年9月宣布启动“湄公河伙伴关系”后，如何应对美国—湄公河伙伴关系的新态势，分析其政策内涵与特征，对风险和热点议题加强预警、管控和应对，已成为攸关澜湄合作机制与湄公河地区合作的紧迫战略课题；当然，还有新冠肺炎疫情对湄公河地区政治、经济、社会造成了持续的冲击和伤害，澜湄合作也亟须思考如何加强公共卫生合作、共同应对新冠肺炎疫情挑战并推动地区经济社会复苏。这些新的情况正在为进一步深入湄公河地区区域合作注入新的内涵和活力。衷心希望邓涵和其他对这些议题感兴趣的学者和研究人员能在相关方面形成更多优秀的研究成果。

翟崑
北京大学区域国别研究院副院长、中国东南亚研究会副会长
2021年8月8日

导　论

一、问题的提出

以“澜沧江—湄公河”[①] 这条跨境河流为纽带形成的“湄公河地区”具有丰富的资源和开发潜力，是帮助地区内国家摆脱落后状态的重要依托。该地区山水相连、人缘相亲，一直体现出较强的区域整体性，流域内各自然要素的相互关联极为密切，不同行政区域政府之间的社会经济往来也不可分割。

在特定的自然地理背景下，跨界河流的开发与管理成为湄公河地区内国家需要共同面对的重要议题，进而推动了地区内国家之间的制度化合作进程。1951 年，当时的联合国亚洲和远东经济委员会（ECAFE）[②] 就设想了湄公河开发的宏伟计划，推动泰国、越南、老挝、柬埔寨在 1957 年成

① “澜沧江—湄公河”发源于中国青海青藏高原唐古拉山脉北麓，在西藏昌都有两大源流扎曲和昂曲汇入后始称“澜沧江”，流经云南省 7 个地州，从我国西双版纳 224 号界碑处出境改称“湄公河”，自北向南依次流经老挝、缅甸、泰国、柬埔寨和越南五个大陆东南亚国家，在越南的胡志明市西南注入南中国海。为了表述简洁，这条跨境河流一般被统称为“湄公河”，以此为纽带形成的地理空间，被称为“湄公河地区”。因湄公河流经中国的青海、西藏和云南三个省区，本书也将中国定义为湄公河地区内国家。部分国内学者也将中国定义为澜湄国家。更多关于“湄公河地区”的讨论请参见本书的“概念界定”部分。

② 1974 年更名为“联合国亚洲及太平洋经济社会委员会”，沿用至今。

立了湄公河下游调查协调委员会（Committee for Coordination of Investigations of the Lower Mekong Basin，MC），试图通过地区合作加速开发湄公河水电等自然资源，解决该地区的贫困和政治不稳定等紧迫问题，促进区域和平、进步和繁荣。①

不幸的是，湄公河地区位于欧亚大陆的"边缘地带"，也曾被描述为亚洲的"巴尔干半岛"，各种势力盘根错节，地缘政治与国家利益复杂交织。②从1946年至1989年，该地区长期笼罩在冷战的阴影下，先后卷入以三次印度支那战争为代表的地缘政治冲突，湄公河下游调查协调委员会提出的合作建议大部分停留在蓝图上，难以取得实质性进展。1977年，柬埔寨因国内政局变化，退出了协定。泰国、老挝、越南对原有合作协定进行了修订，改称湄公河临时委员会（Interim Committee for Coordination of Investigations of the Lower Mekong，IMC）。此后，由于地缘冲突的加剧，相关合作趋于停滞。

频仍的地缘政治冲突，导致湄公河地区长期贫穷、落后。1990年，越南、缅甸、柬埔寨、老挝、泰国的人均国内生产总值分别为：95美元、566美元、103美元、203美元、1508美元。同期，美国的人均国内生产总值为23954美元，新加坡则已经达到11864美元。③

随着冷战秩序的崩溃和国际政治局势的缓和，长期困扰湄公河地区的地缘政治问题逐步得到解决。1989年9月，越南政府宣布从柬埔寨全面撤军。1991年10月，《柬埔寨冲突全面政治解决协定》签署。柬埔寨问题的最终和平解决为开展区域合作创造了条件。时任泰国总理差猜·春哈

① Hiroshi Hori, *The Mekong. Environment and Development*, Tokyo: United Nations University Press, 2000, p. 103.

② Donald E. Weatherbee, "Cooperation and Conflict in the Mekong River Basin", *Studies in Conflict & Terrorism*, Vol.20, No.2, 1997, p.178.

③ 云南的经济数据来源于《云南统计年鉴2012》，其他经济数据来源于世界银行，均保留整数。

旺（Chatichai Choonhavan）“将印度支那从战场转变为市场”① 的倡议一经提出，便深入人心，开启了湄公河地区从冲突转向合作、从动荡转向发展的新篇章。

1992 年，在亚洲开发银行的推动下，湄公河地区成立了大湄公河次区域经济合作（Greater Mekong Subregion Economic Cooperation，GMS），三年后又恢复和成立了湄公河委员会（Mekong River Commission，MRC）。两个区域国际制度为湄公河地区减少冲突、促进发展与合作做出了突出贡献。前者被认为是“南南合作的典范”，后者则被誉为湄公河地区水资源管理的区域知识中心。二者有效地促进了流域各国的信任建设。②

然而，凡事过犹不及。湄公河地区制度化合作的进程路径并没有选择在大湄公河次区域经济合作和湄公河委员会的基础上进行功能的外溢和合作的深化，而是在此后的发展过程中不断提出新的合作倡议。1996 年，东盟在该地区推动成立了东盟—湄公河流域开发合作（ASEAN-Mekong Basin Development Cooperation，AMBDC）。1999 年以后，越南、泰国、印度、日本、美国、韩国在湄公河地区相继成立了各自主导的区域国际制度。2015 年，中国也倡议成立了“澜沧江—湄公河合作”（Lancang Mekong Cooperation，LMC）。截至 2019 年，该地区共成立了 11 个区域性合作制度。从这些制度的合作成员与议题领域看，湄公河委员会、大湄公河次区域经济合作、东盟—湄公河流域开发合作在合作成员上有一定重叠，但在议题领域上相对互补。其中，湄公河委员会重视“管理”，大湄公河次区域经济合作强调“开发”，东盟—湄公河流域开发合作则专注泛亚铁路网建设。但 1999 年以后，以单一国家主导为特征建立的 8 个区域国际制度，

---

① Pongphisoot Busbarat, “Thailand’s Foreign Policy: The Struggle for Regional Leadership in Southeast Asia”, p.135.

② Jörn Dosch, “Crossing Cold War Divides: Cooperation in the Mekong Valley”, *The Changing Dynamics of Southeast Asian Politics, Boulder:Lynne Rienner Publishers*, 2007, p.134; Jörn Dosch and Oliver Hensengerth, “Sub-regional Cooperation in Southeast Asia: the Mekong Basin”, *European Journal of East Asian Studies*, Vol. 4, No.2, 2005, p.272.

在成员和议题领域上却相互交错、重叠。湄公河地区的制度化合作逐渐表现出制度拥堵、协调困难、制度之间的竞争与合作日益复杂化等特点。

亚洲开发银行、联合国等相关机构陆续指出，湄公河地区的区域倡议与合作框架已形成了“湄公河拥堵”（Mekong Congestion）和“条约拥堵”（Treaty Congestion），如何对其进行管理和协调成为该地区面临的重要挑战。①1996 年开始，马燕冰、毕世鸿、唐纳德·韦瑟比（Donald E. Weatherbee）、Keiko Sakai 等国内外学者陆续指出湄公河地区合作制度之间的协调问题正在凸显，制度冗余构成的复杂性成为制约区域一体化的重要障碍。②2006 年，新加坡外交部部长杨荣文（George Yeo）在联合国大会上发言时强调，并非所有东盟成员都对东南亚次区域论坛的扩散感到满意，尤其是这些合作制度出现了“重叠”和“多余”，可能预示着地区日益激烈的分裂以及大国竞争的加剧。③

2019 年 8 月，湄公河委员会邀请东盟秘书处、亚洲开发银行的大湄公河次区域经济合作秘书处、伊洛瓦底江—湄南河—湄公河经济合作战

① 根据 Toru Tatara（东京亚行研究所工作人员）的说法，该术语最早由亚洲开发银行人员使用。转引自 Masaya Shiraishi，“Japan Toward the Indochina Sub-Region”，*Journal of Asia-Pacific Studies*（Waseda University），2009。联合国报告称为湄公河“区域倡议和框架拥堵”和“条约拥堵”，参见“UN Watercourses Convention and Greater Mekong Sub-region”, 2011，http://www.unwatercoursesconvention.org/images/2012/10/Mekong-and-UNWC.pdf, 2019-04-27。

② 马燕冰：《澜沧江—湄公河流域合作开发新形势及其影响》，《现代国际关系》1996 年第 7 期，第 21—23 页；毕世鸿：《机制拥堵还是大国协调——区域外大国与湄公河地区开发合作》，《国际安全研究》2013 年第 2 期；Donald E. Weatherbee，“Cooperation and Conflict in the Mekong River Basin”, *Studies in Conflict & Terrorism*, Vol. 20, No. 2, 1997, pp.172-173；Keiko Sakai,“Economic Cooperation in the Greater Mekong Subregion: An Overview”, in Kao Kim Hourn and Jeffrey A. Kaplan, eds., *The Greater Mekong Subregion and ASEAN: From Backwaters to Headwaters*, Phnom Penh: Cambodian Institute for Cooperation and Peace, 2000, p. 17。

③ Jürgen Rüland,“Southeast Asia’s Competitive Sub-Regionalism: Overlap and Superfluity?”, Asia Dialogue, April 8, 2019，https://theasiadialogue.com/2019/04/08/southeast-asias-competitive-sub-regionalism-overlap-and-superfluity/, 2019-05-20.

略、日本—湄公河合作、韩国—湄公河合作、湄公河下游倡议和澜沧江—湄公河合作的代表共同商议“加强湄公河地区相关区域性合作框架的各项活动计划的协调以及改善信息共享机制，以提高合作效力”①。进一步表明，湄公河地区合作制度不断增多产生的“拥堵”和“不协调”已引起广泛重视。已有学术研究、国际机构的研究报告、既有合作制度的立场文件等普遍对该地区合作制度的重叠性增多表示了担忧，认为相关趋势会对该地区的发展合作形成不利的影响，并呼吁加强湄公河地区合作制度之间的对接、协调。

湄公河地区只有6个地区内国家，却在1992年以后27年的时间里建立了11个区域国际制度，但这些新增的合作制度并未形成地区治理的“倍增效应”，而是呈现“制度拥堵”的不协调状况，制度之间的竞争与合作也日益复杂化。

鉴于此，本书的核心问题是：为什么由6个国家组成的湄公河地区，却在1992年以后27年的时间里陆续建立了11个合作成员、议题领域高度重叠的区域国际制度？

这个问题可以进一步被分解为：

（1）为什么湄公河地区新的合作制度不断成立？建立新的国际制度需要面临高昂的启动成本和不确定性。②该地区整体欠发达，区域内均为发展中国家，承担制度运营成本的能力和参与制度化合作的物质回报均有限。为何相关国家仍不断在该地区建立自我主导的多边合作制度？例如，越南和泰国作为湄公河地区的中等国家，在参与了该地区已有全部合作制度的情况下，为什么还在2000年前后分别成立自我主导的合作制度？越

① “Mekong Related Regional Cooperation Frameworks Recommend More Joint Efforts, Coordination to Boost Effectiveness”, Mekong River Commission, 16 August, 2019, http://www.mrcmekong.org/news-and-events/news/mekong-related-regional-cooperation-frameworks-recommend-more-joint-efforts/, 2019-10-20.

② Joseph Henri Jupille, et al., *Institutional Choice and Global Commerce*, Cambridge: Cambridge University Press, 2013.

南更在2004年主导建立了第二个合作制度，成为湄公河地区唯一领导两个合作制度的国家。印度、日本、美国、韩国作为湄公河地区外国家，且已经通过“发展伙伴”（development partners）、亚洲开发银行等多种形式和渠道深入参与既有合作制度的背景下，为什么也分别在湄公河地区成立自我主导的合作制度？中国作为地区内唯一的大国，已于1992年和1996年参加了大湄公河次区域经济合作和东盟—湄公河流域开发合作，并从1996年开始作为对话伙伴国参与湄公河委员会的协调、合作。在湄公河地区已有10个合作制度的背景下，为什么中国在2015年也成立了澜沧江—湄公河合作？澜湄合作成立的动因是什么？

（2）为什么湄公河地区合作制度在成员、合作领域上相互交错、重叠？理想情况下，这些制度可以协调一致地实现相同目标，但前提是它们本质上是开放包容和相互补充的。① 湄公河地区新成立的区域国际制度为何不寻求与既有合作制度之间形成差异化的发展格局，而是在合作成员上重叠、在合作领域上趋同？

（3）为什么湄公河地区既有的合作制度没有被新的合作制度取代？合作成员重叠、议题领域相似的区域制度之间不可避免会出现竞争、合作等互动，不同合作制度参与互动的能力和绩效各不相同。从“效率”的角度看，区域国际制度的竞优、劣汰是一个正常的过程。1999年以后，湄公河地区新建立了8个合作制度，为何这些制度与既有的合作制度之间没有出现合并与退出？

二、概念界定

学术研究需要用不同的名称来表达不同的东西。明确的定义和概念界

① To Minh Thu, “Vietnam and Mekong Cooperative Mechanisms”, *Southeast Asian Affairs*, No.1, 2019, pp.395-411.

定是研究工作可操作化的重要前提。[1]本书的研究对象是湄公河地区重叠的区域主义，主要涉及三个重要的概念：湄公河地区、区域国际制度、重叠的区域主义。

（一）湄公河地区

湄公河地区作为一个地理范畴，是开展区域主义研究的重要基础。为避免不必要的混淆与误解，有必要对其进行清晰和严格的界定。

“地区”（region）也被译为“区域”，在区域主义或地区主义研究中具有基础性作用，准确的界定是开展相关研究的前提。对“地区”的定义直接关系到对地区内外国家的角色认知，因此这项工作也具有毋庸讳言的重要性。路易斯·坎托里（Louis Cantori）在《区域的国际关系》中将地区视为世界上包含地理上最接近的国家的地理区域，这些国家在外交事务中形成相互关联的单位。[2]从表面看，“湄公河地区”顾名思义是指以湄公河为纽带，在流域及其周边形成的地理区域，其定义似乎并不难作出。实际上，准确理解这个概念的关键在于对湄公河的界定以及准确认识湄公河周边地区包括的地理范围。

作为一个多国共享的地理概念，“湄公河”在不同国家和学者的话语中有不同的理解和界定。大体上分为四类。第一类观点主要基于中国的视角，认为这条6国共享的跨境河流的全称是“澜沧江—湄公河”，中国境内段称为“澜沧江”，从云南西双版纳224号界碑出境以后的境外段称为“湄公河”。2019年10月11日，作者在中国知网（CNKI）中以“澜沧江—湄公河”作为主题进行检索，共找到545条结果。其中，1991年至2014年共有393条检索结果，2015年至今共有152条检索结果。这表明，将

---

① Andrés Malamud, “Overlapping Regionalism, No Integration: Conceptual Issues and the Latin American Experiences”, *Politica Internacional*, 2019, pp. 46-59.

② Louis J.Cantori and Steven L. Spiegel, “The International Relations of Regions”, *Polity*, Vol.2, No.4, 1970, p.398.

“澜沧江—湄公河”作为一条河流的不同两段的界定方法在中国学术界早已有之。2015 年中国推动成立的“澜沧江—湄公河合作制度”正是基于这种定义。也有少数国外学者采用“澜沧江—湄公河”（Lancang-Mekong）的表述。如泰国学者阿披猜·孙钦达（Apichai Sunchindah）明确指出，澜沧江—湄公河是东南亚最重要的河流流域之一，包括 6 个国家。① 中国境内的上半部分称为澜沧江，其余 5 个国家所属的部分称为湄公河。② 美国学者达林·玛吉（Darrin Magee）也从澜沧江—湄公河流域的角度对中国在地区发展中的角色作用进行了研究。③

第二类观点认为“湄公河”是 6 国共享的这条跨境河流统一的国际名称，在此基础上承认中国境内段被称为“澜沧江”。大英百科全书将湄公河界定为中国、老挝、泰国、缅甸、柬埔寨、越南共享的跨境河流，并对不同国家境内“湄公河”的本地化称谓进行了一一列举，中国境内段称为澜沧江。④ 澳大利亚国立大学的吴翠玲（Evelyn Goh）也指出，中国将“湄公河上游地区”称为“澜沧江”。⑤

第三类观点同样将“湄公河”作为统一的名称，但不再强调补充提及中国境内段的称谓。而是通过湄公河上游和下游进行简单的划分。大部分

① Apichai Sunchindah, “Water Diplomacy in the Lancang-Mekong River Basin: Prospects and Challenges”, in *Workshop on the Growing Integration of Greater Mekong Sub-regional ASEAN States in Asian Region*, Vol.20, 2005, p.21.

② Apichai Sunchindah, “Why the Lancang-Mekong River Basin matters immensely to Southeast Asia?”, Thinking ASEAN, June 29, 2018，http://overseas.mofa.go.kr/asean-en/brd/m_2568/view.do?seq=761243, 2019-10-20.

③ Darrin Magee, “The Dragon Upstream: China’s Role in Lancang-Mekong Development”, in *Politics and Development in a Transboundary Watershed*, New York: Springer, 2011, pp. 171-193.

④ “Mekong River”, Encyclopedia Britannica，https://www.britannica.com/place/Mekong-River/Economy, 2019-05-20.

⑤ Evelyn Goh, “China in the Mekong River Basin: The Regional Security Implications of Resource Development on the Lancang Jiang”, In *Non-Traditional Security in Asia*, New York: Routledge, 2017, pp. 237-238.

既有的英文文献都属于这种情况，很少提及有关澜沧江的界定和表述。第二类和第三类概念界定一般多为国外学者采用。国外的出版物往往把整条河流都称为湄公河。[①] 这些国家最早介入对湄公河地区的研究中，在对河流的命名等话语建构上已形成根深蒂固的既成事实和路径依赖。

第四类观点来源于少部分媒体和学者，将澜沧江和湄公河进行混合替代使用，认为"湄公河"在中国被称为"澜沧江"。周长进等将这条跨境河流表述为"澜沧江（湄公河）"，强调流出中国以后"改称'湄公河'"。[②] 泰国学者陈玉兰（Sirilucksm Tantayakul）虽然也采用"澜沧江—湄公河"的表述，但却指出"湄公河"是这条河的国际名称，只是中国人将其称为"澜沧江"。[③]

可以看出，第一类关于"澜沧江—湄公河"的观点是基于流域长期的文化和历史传统等纽带的基础上进行界定的，最符合客观实际，体现了跨境河流与国家主权的内在联系。缺点是在话语传播、接轨上存在一定困难，对不熟悉情况的人来说，容易误解为这是两条不同的河，表述上也不够简练。更有可能被持有偏见的人刻意曲解为中国为了可以与下游地区保持距离，人为制造了"澜沧江"的身份概念。第三类概念界定相对简单化，却忽视了中国境内长期的历史和文化传承中与这条跨境河流的内在联系与命名习惯。第四类概念界定将澜沧江与湄公河的概念替换使用，不符合这条跨境河流名称的既有传统和历史传承，同时在概念理解和掌握上也容易产生混乱。

第二类概念与第一类概念相比，在内涵和外延上具有较强的亲缘性。

---

① 何平：《湄公河名称的含义及其所反映的民族历史变迁》，《云南社会科学》2005年第5期。

② 周长进、关志华、冷允法：《澜沧江（湄公河）正源问题》，《水利水电科技进展》2000年第20卷第3期。

③ Tantayakul, Sirilucksm, "Challenges of Lancang-Mekong Water Governance: A Case Study of China's Lancang-Mekong Utility Policy", *Journal of East Asian Studies*, Vol.13, No.1, pp.187-211。

唯一的不同，是对河流的整体名称进行了简化处理。从而使概念的指向性更加明确、具体，便于在规范的概念界定基础上，更好地展开学术研究和对话。云南大学的学者何平基于第二类概念界定的基本立场，对“湄公河”的含义和来源进行了深入和系统的梳理，明确采用“湄公河”作为这条跨境河流的统一称谓。同时强调，“由于这条河流流经了 6 个国家和不同的民族地区，因此它在各国境内又有着不同的名称”。其中，从青藏高原流出后，特别是流经中国的一段被称作“澜沧江”。他进一步指出，湄公（Mekong）的名称是从傣泰语民族对这条河流的称呼 Mae Nam Khong 演化而来的。同时，他也指出“（这条河）从中国云南出境后流经缅甸、老挝和泰国的这一段，才是真正意义上的湄公河”。① 中国政府在 2008 年和 2011 年发布《中国参与大湄公河次区域经济合作国家报告》中也曾将这条跨境河流统称为“湄公河”，② 表明中国认可将“湄公河”作为这条跨境河流的共同称谓，同时也进一步表明第一类概念与第二类概念之间存在紧密的内在联系。

经过反复审慎的思考和细致比较，本书倾向于采用第二类概念，即接受“湄公河”作为这条跨境河流的“国际名称”的既成事实，同时保留和强调“澜沧江”是这条河流在中国境内段的专有称谓。这样做是为了明确表明中国与下游的老挝、泰国、缅甸、柬埔寨、越南一样都属于湄公河国家。同时，以“湄公河”作为这条跨境河流的统一名称，也可以在表述上更加简洁，更好地与国外学术界进行对话和交流。在有关中国与下游 5 国的关系讨论中，本书将继续采用“澜沧江”作为中国境内段的专有名称。这样做既是尊重基于历史文化形成的命名习惯，也是为了便于对河流内部不同部分之间互动关系进行界定和论述。

---

① 何平：《湄公河名称的含义及其所反映的民族历史变迁》，《云南社会科学》2005 年第 5 期。

② 《中国参与大湄公河次区域经济合作国家报告》，中华人民共和国中央人民政府，2011 年 12 月 17 日，http://www.gov.cn/jrzg/2011-12/17/content_2022602.htm, 2019-05-20。

讨论完湄公河的概念范围以后，需要进一步厘清“湄公河地区”的空间范围。总体上对地区的理解有三类不同的界定。第一种观点认为，地区通常被定义为位于同一地理区域内的一组国家。[①] 地区是一个地理概念，由安全关系中具有高度相互依赖性的国家组成。[②] 这种观点强调地理因素的基础性作用，定义简单、明了。第二种观点强调除了地理的邻近性，认为地区还具有文化、经济、语言或政治联系等特殊纽带。[③] 这种观点为地区的概念增加了社会活动等其他维度的因素，但仍强调地理纽带的基础作用。安德鲁·赫里尔（Andrew Hurrell）认为地区在本质上是对政治竞争开发的社会建设，可以将地区理解为有限的国家和非国家行为者的集合，这些国家和非国家行为者通过地理位置和相互依赖程度彼此联系。[④] 相比第一种界定，该定义的包容性更好，但也导致对“地区”的理解更加复杂。第三种观点以查尔斯·库普钱（Charles A. Kupchan）、彼得·卡赞斯坦（Peter J. Katzenstein）等社会建构主义学者为代表。其中，库普钱认为，地理位置并不是国家共享区域认同的关键要素。[⑤] 卡赞斯坦强调，构成区域的地理名称不是真实的、天然的或本质的，它们在社会上被建构，在政

① Edward Mansfield and Helen Milner, “The New Wave of Regionalism”, *International Organization*, Vol.53, No.3, 1999, p.590.

② Benjamin Miller, *States, Nations, and the Great Powers: The Sources of Regional War and Peace*, Cambridge: Cambridge University Press, 2007, pp. 41-42; T. V. Paul, “Regional Transformation in International Relations”, in T. V. Paul, ed., *International Relations Theory and Regional Transformation*, Cambridge: Cambridge University Press, 2012, pp. 4-5.

③ Joseph S. Nye, *Peace in Parts: Integration and Conflict in Regional Organization*, Boston: Little, Brown, 1971 ; Bruce M. Russett, *International Regions and the International System: A Study in Political Ecology*, Chicago: Rand-McNally, 1967 ; William R. Thompson, “The Regional Subsystem: A Conceptual Explication and Propositional Inventory”, *International Studies Quarterly*, Vol. 17, No.1, 1973, pp. 89-117.

④ Andrew Hurrell, “Effective Multilateralism and Global Order”, in *Effective Multilateralism*, London: Palgrave Macmillan, 2013.p.18.

⑤ Charles A. Kupchan, “Regionalizing Europe’ s Security: The Case for a New Mitteleuropa”, in *The Political Economy of Regionalism*, Edward D. Mansfield and Helen V. Milner, eds., New York: Columbia University Press, 1997, pp. 209-238.

治上被竞争，因此易于改变。① 阿查亚也认为地区不是地理上给定的，而是通过相互作用进行社会建构、制造和重塑。② 这种关于地区的界定更强调社会建构的优先性，进一步弱化了地理因素的基础性特征。

本书认为，“地区”作为研究中涉及的重要概念，应遵循奥卡姆剃刀定律，恪守“地理因素”的基础特征，尽量避免引入其他衍生性元素。尤其是，有必要将地区和在地区基础上建立的制度、行为等进行区隔。例如，法国和西北非洲的法语国家因语言上的相似性可以被定义为区域组织，却不宜将二者视为同一地区。因此，本书主要沿用爱德华·曼斯菲尔德（Edward Mansfield）和海伦·米尔纳（Helen Milner）关于“地区”的定义，认为位于同一地理区域内的一组国家同属于一个地区。③

关于湄公河的源头和尽头的界定既有观点较为一致。一般认为，湄公河起源于中国青海省唐古拉山东北坡杂多县的扎曲河，自北向南流经中国西藏、云南，从我国西双版纳 224 号界碑处出境，再依次流经老挝、缅甸、泰国、柬埔寨和越南，于越南胡志明市流入南海。但是，由于技术手段、标准的不同，对于湄公河的全长和流域面积的统计，还是有多个不同的版本。在大英百科全书中，湄公河全长 4350 公里，占地面积 81 万平方公里。④ 湄公河委员会则认为，湄公河全长 4909 公里，流域占地面积 79.5 万平方公里。⑤ 大湄公河次区域经济合作秘书处的数据则显示，湄公

---

① Peter J. Katzenstein, “Introduction: Asian Regionalism in Comparative Perspective”, in *Network Power: Japan and Asia*, Peter J. Katzenstein and Takashi Shiraishi, eds., Ithaca, N.Y.: Cornell University Press, 1997, pp.1-44.

② Amitav Acharya, “Comparative Regionalism: A Field Whose Time has Come?”, *The International Spectator*, Vol. 47, No. 1, 2012, pp. 3-15.

③ Edward Mansfield and Helen Milner, “The New Wave of Regionalism”, *International Organization*, Vol. 53, No. 3, 1999, p. 590.

④ “Mekong River”, Encyclopedia Britannica, https://www.britannica.com/place/Mekong-River/Economy, 2019-05-20.

⑤ “Mekong Basin”, Mekong River Commission, http://www.mrcmekong.org/mekong-basin/, 2019-05-20.

河全长 4880 公里。《中国参与大湄公河次区域经济合作国家报告》中也曾沿用湄公河全长 4880 公里的提法。① 但随着测量精度的进一步提高，目前各方已逐渐接受湄公河全长 4909 公里的范围界定。流域占地面积可能是统计口径的不同造成的。由于湄公河委员会致力于成为“水资源管理的区域知识中心”②，长期坚持加大对湄公河及其流域的数据收集、整理和更新。因此，本书主要采用湄公河委员会提供的界定标准，即湄公河全长 4909 公里，流域面积为 79.5 万平方公里。

综上，本书认为，“湄公河地区”是指以澜沧江—湄公河这条跨境河流为纽带形成的地理区域。从地理空间看，主要指以发源于中国青海省唐古拉山东北坡杂多县的扎曲河，自北向南流经中国西藏、云南，再依次流经老挝、缅甸、泰国、柬埔寨和越南，在 6 个国家之间形成的自然地理区域。同时，有必要指出，由于本书的研究对象是湄公河地区政府间合作制度，基于国家主权的完整性，对湄公河地区的界定主要以国家的政治单元为依据，即认为“湄公河地区”包含了老挝、缅甸、泰国、柬埔寨、越南和中国，共 6 个国家，涉及中国的部分不再单独将云南等地方省份单独列出。

（二）区域国际制度

“区域国际制度”是指以特定区域为活动范围，服务于该区域的发展和治理等特定议题的国际制度。

约翰 · 鲁杰（John G. Ruggie）于 1975 年首次将国际机制的概念引入国际政治领域。③ 随后，罗伯特 · 基欧汉与约瑟夫 · 奈在 1977 年出版的《权

① 《中国参与大湄公河次区域经济合作国家报告》，中华人民共和国中央人民政府，2011 年 12 月 17 日，http://www.gov.cn/jrzg/2011-12/17/content_2022602.htm, 2019-05-20。

② “About MRC”，Mekong River Commission，http://www.mrcmekong.org/about-mrc/, 2019-05-20.

③ John G. Ruggie, “International Responses to Technology: Concept and Trends”, *International Organization*, Vol. 29, 1975, p. 557-583.

力与相互依赖》一书中，正式运用国际机制的概念研究国际关系的现实问题。关于国际机制的定义，约翰·鲁杰最早将其定义为“一群国家所接受的一套共同预期、规划和规定、计划，以及为维持组织运作的财政及其他义务”。[①] 斯蒂芬·克莱斯纳（Stephan D. Krasner）在 1982 年《国际组织》杂志召集的相关研讨会上，将国际机制（international regime）界定为“在国际关系特定领域由行为体的期望汇集而成的一整套明示或暗示的原则、规范、规则和决策程序”[②]。这一定义后被学界普遍接受，成为“国际机制”的经典定义。

由于国际机制的概念具有一定的模糊性，原则、规范、规则以及决策程序不易区分，罗伯特·基欧汉提出了国际制度（international insititution）的概念，他在《国际制度与国家行为》一书中将国际制度定义为“规定行为体的角色，约束有关活动并塑造预期的一整套持久并相互联系的（无论正式或者非正式）规则”。此后这一定义被广泛引用。[③] 他在文中紧接着区分了国际制度的 3 种形式：一是正式的政府间或跨国的非政府间组织，二是国际机制，三是国际惯例。[④] 可以看出，基欧汉有关国际制度的概念比克莱斯纳的概念广泛，国际制度既包含国际机制，同时也包含国际组织。

---

① John G. Ruggie, “International Responses to Technology: Concept and Trends”, *International Organization*, Vol. 29, 1975, p. 570.

② Stephan D. Krasner, “Structural Causes and Regime Consequences: Regimes as Intervening Variables”, *International Organization*, Vol.36, 1982, p.186.

③ 也有一些学者尝试对国际制度的定义进行补充完善。如戴欣媛认为，国际制度是指促进国家间协议实施的国际协定和条约组织，不仅包括各国商定的规则和安排，还包括其正式的体现，如官僚结构和条约组织的工作人员。参见 Xinyuan Dai, “Who Defines the Rules of the Game in East Asia? The Trans-Pacific Partnership and the Strategic Use of International Institutions”, *International Relations of the Asia-Pacific*, Vol. 15, No. 1, 2014, pp. 1-25；Valbona Muzaka 认为“制度”是指管理问题领域的正式和非正式安排。参见 Valbona Muzaka, “Linkages, Contests and Overlaps in the Global Intellectual Property Rights Regime”, *European Journal of International Relations*, Vol. 17, No. 4, 2011, p. 757。

④ Robert O. Keohane, *International Institutions and State Power: Essays in International Relations Theory*, 1989, p.3.

学界曾对国际组织是否属于国际制度进行讨论，例如有学者认为制度不同于国际组织，① 但目前普遍接受基欧汉关于国际制度相对宽泛的分类和界定，将国际组织视为国际制度的一种。本书也认为国际组织属于国际制度的概念范畴。

总体上，关于“国际制度”的界定，既有研究成果已进行了深入、全面的讨论，对国际制度的内涵、性质和特征已有相对清晰的认识。对于本书而言，主要任务是在“国际制度”的定义基础上，合理融入“区域”的元素。

本书讨论的“国际制度”显然是国家间形成的多边合作制度，因此至少包括 3 个及其以上的国家。双边形式形成的合作框架、条约等并不属于“区域国际制度”的概念范畴。在此基础上，还应明确，“区域国际制度”的“区域特性”。

罗伯特·凯利（Robert E. Kelly）指出，频繁和紧密的互动、地理上的邻近、文化上的亲缘性以及共享的“安全外部性”导致区域层面各国对共同制度框架的渴望。② 戴安娜·庞克（Diana Panke）和瑟伦·施塔珀尔（Sören Stapel）将区域组织（Reginal Organisations）定义为至少由 3 个国家之间形成，基于地理邻近的制度化合作形式。③ 在上述观点和定义中，均强调了“地理上邻近”的元素对于定义“区域国际制度”的重要性。但应看到“地理上邻近”仍是一个相对模糊的界定。在什么程度上属于“地理上邻近”成为该定义潜在的争议点。罗伯特·埃森（Robert Ayson）认

---

① Vinod K. Aggarwal and Min Gyo Koo, “Asia's New Institutional Architecture: Evolving Structures for Managing Trade, Financial, and Security Relations”, in Vinod K. Aggarwal and Min Gyo Koo, eds., *Asia's New Institutional Architecture: Evolving Structures for Managing Trade, Financial, and Security Relations*, Heidelberg: Springer-Verlag, 2008, p.1.

② Robert E.Kelly, “Security Theory in the ‘New Regionalism’”, *International Studies Review*, Vol. 9, No. 2, 2007, pp. 197-229.

③ Diana Panke and Sören Stapel, “Overlapping Regionalism in Europe: Patterns and Effects”, *The British Journal of Politics and International Relations*, Vol. 20, No. 1, 2018, pp. 239-258.

为地区的构成有两个要素，一是地理上的接近程度，二是相互关联性。① 例如，越南和泰国作为湄公河国家，也同属于东盟国家、东亚国家，但显然东盟和东亚峰会并不属于湄公河地区国际制度。

“区域”与“区域国际制度”具有一定的区别。前者基于地理空间，后者则融入了一定的政治或社会因素。区域国际制度显然不应被界定为“有且仅包括地区内国家”的国际制度。但脱离“区域”的国际制度也不应被界定为“区域国际制度”。例如，由印度、孟加拉国、斯里兰卡、缅甸、泰国组成的孟印斯缅泰次区域经济合作组织（BIMSTEC）。以及成员包括中国、越南、菲律宾、马来西亚、新加坡、印尼、文莱等国家，以打造中国与东盟的区域性物流基地、商贸基地、加工制造基地和信息交流中心的“泛北部湾经济合作区”均不属于湄公河地区国际制度。但是，东盟—湄公河流域开发合作虽然包括了马来西亚、新加坡、印度尼西亚、文莱、菲律宾等 5 个湄公河地区外的国家，但因为合作的对象、服务的主体均是湄公河地区，因此属于湄公河地区国际制度。

基于上述讨论，本书将“区域国际制度”定义为：包括 3 个及其以上区域内国家，以区域内国家为主，以服务该地区的发展、管理、治理等合作为主要内容，以“规定行为体的角色，约束有关活动并塑造预期的一整套持久并相互联系的（无论正式或者非正式）规则”，包括国际机制、国际组织、国际惯例在内的区域性合作制度。同时，为方便叙述，部分行文中将“区域国际制度”简称为“制度”或“合作制度”，少数地方仍沿用“合作机制”的表述。

（三）重叠的区域主义

戴安娜·庞克和瑟伦·施塔珀尔对重叠的区域主义进行了开创性的研

① Robert Ayson, “Regional Stability in the Asia-Pacific: Towards a Conceptual Understanding”, *Asian Security*, Vol. 1, No. 2, 2005, pp. 190-213.

究，并将重叠的区域主义（Overlapping regionalism）定义为：区域性组织（ROs）在多大程度上分享成员国和政策能力。同时，他们还指出重叠的区域主义既存在全球模式，也有一些区域特征。① 本书基本上沿用和赞同该定义，但由于“重叠的区域主义”是本书研究的核心概念，仍有必要对相关概念进行梳理和剖析，明确该概念使用的内涵与外延。

具体而言，“重叠的区域主义”的概念中主要由“重叠的区域国际制度”和“区域主义”两个概念有机融合组成，其中区域国际制度与区域主义又有其内在联系。

关于“重叠的区域国际制度”是对国际制度之间关系的刻画和总结，理解该概念的关键在于对“重叠”的把握。“重叠”旨在强调同一地区，成员和议题领域相似的区域国际制度之间形成相互重复、叠加的制度间关系及状态。具有亲缘性的概念包括制度密度（density of international regimes）②、制度复杂性（institutional complexity）③、重叠和嵌套的制度

① 代表性成果有：Diana Panke and Sören Stapel, “Overlapping Regionalism in Europe: Patterns and Effects”, *The British Journal of Politics and International Relations*, Vol. 20, No. 1, 2018, pp. 239-258；Diana Panke and Sören Stapel, “Exploring Overlapping Regionalism”, *Journal of International Relations and Development*, Vol. 21, No. 3, 2018, pp. 635-662。

② 代表性成果有：V. Aggarwal, *Institutional Designs for a Complex World: Bargaining, Linkages and Nesting*, Ithaca, N.Y.: Cornell University Press, 1998；O. Young, Institutional linkages in International Society: Polar Perspectives, *Global Governance*, Vol. 2, No. 1, 1996, pp. 1-23。

③ 代表性成果有：Kal Raustiala and David G. Victor, “The Regime Complex for Plant Genetic Resources”, International Organization, Vol. 58, No. 2, 2004, pp. 277-309；Karen J. Alter and Sophie Meunier, “The politics of International Regime Complexity”, pp. 13-24；Thomas Gehring and Benjamin Faude, “The Dynamics of Regime Complexes: Microfoundations and Systemic Effects”, *Global Governance*, Vol. 19, No. 1, 2013, pp.119-130；国内学者王明国对制度的复杂性和碎片化的相关研究进行了系统梳理，并结合国际合作与全球治理进行了探索研究。参见王明国：《机制复杂性及其对国际合作的影响》，《外交评论（外交学院学报）》2012 年第 3 期；王明国：《机制碎片化及其对全球治理的影响》，《太平洋学报》2014 年第 1 期。

(overlapping and nested institutions)[①]、制度互动(institutional interaction)[②]、组织间网络(inter-organizational networking)[③]、"意大利面碗现象"[④]、挑选法院(Forum Shopping)[⑤]。此外,朱莉娅·莫尔斯(Julia Morse)和基欧汉还提出了"竞争的多边主义",并将其定义为"当国家和/或非国家行为体将重点从一个现有机构转移到另一现有机构或创建替代性多边机构与现有机构竞争时,就会发生竞争的多边主义现象"[⑥]。凯蒂·拉蒂凯宁(Katie Laatikainen)和凯伦·史密斯(Karen Smith)还提出了相交的多边主义(intersecting multilateralism)的概念,用于描述全球和区域制度之间的相互作用。[⑦] 理查德·罗斯肯斯(Richard Rosecrance)和阿瑟·斯坦(Arthur Stein)提出了"重叠的俱乐部"的概念,并将其定义为"由有关集体行动

---

① 代表性成果有:V. Aggarwal, "Reconciling Multiple Institutions: Bargaining, Linkages, and Nesting", in V. Aggarwal, ed., Institutional Designs for a Complex World: Bargaining, Linkages, and Nesting. Ithaca, N.Y.: Cornell University Press, 1998, pp. 1-31;Karen J. Alter and Sophie Meunier, "Nested and Overlapping Regimes in the Transatlantic Banana Trade Dispute", *Journal of European Public Policy*, Vol. 13, No. 3, 2006, pp. 362-382;S. Hofmann, "Why Institutional Overlap Matters: CSDP in the European Security Architecture", *Journal of Common Market Studies*, Vol. 49, No. 1, 2011, pp. 101-120.

② 代表性成果有:Thomas Gehring and Sebastian Oberthür, "The Causal Mechanisms of Interaction between International Institutions", *European Journal of International Relations*, Vol. 15, No. 1, 2009, pp. 125-156。

③ 代表性成果有:Rafael. Biermann, "Towards a Theory of Inter-Organizational Networking", *The Review of International Organizations*, Vol. 3, No. 2, 2008, pp. 151-177。

④ 代表性成果有:Jagdish Bhagwati, "US Trade Policy: The Infatuation with FTAs", Discussion Paper Series No. 726, Columbia University, 1995;Laura Gomez-Mera, "International Regime Complexity and Regional Governance: Evidence from the Americas", *Global Governance*, Vol. 21, No. 1, 2015, pp. 19-43。

⑤ 代表性成果有:Marc L. Busch, "Overlapping Institutions, Forum Shopping, and Dispute Settlement in International Trade", *International Organization*, Vol. 61, No. 4, 2007, p. 736;Karen J. Alter and Sophie Meunier, "The Politics Of International Regime Complexity", p.16。

⑥ Julia C. Morse and Robert O. Keohane, "Contested Multilateralism", *The Review of International Organizations*, Vol. 9, No. 4, 2014, pp. 385-412.

⑦ Katie Laatikainen and Karen Smith, eds. *The European Union at the United Nations: Intersecting Multilateralisms*, New York: Springe, 2006.

的成员国为处理的议题等需要创建的，具有不同功能和地理基础、在规模和成员上不同的制度”①。

上述这些“重叠的区域国际制度”的概念之间均具有一定的区别和联系，但都基于“国际制度”因数量增多、功能相似，导致制度之间形成了复杂互动或关系。对其进行全面、系统的介绍和梳理显然超出了本书的研究范围和重点。因此本书仅挑选最有代表性和典型性的“制度复杂性”（institutional complexity）的理论观点进行适当的介绍和比较。

关于制度复杂性的研究，是基于对国际制度密度上升带来的影响的关注。②制度复杂性的研究开始于2000年代中期，并朝着不同的方向发展，逐渐形成一种基于共识的类型学。③学者们逐渐意识到，伴随着国际制度密度的上升，孤立和“分解”单个国际制度进行研究变得越来越困难。④在这之前，关于国际制度起源、运作和影响的研究主要集中在单一制度的发展上。制度复杂性的提出背景是在国际治理中出现了越来越多的嵌套，部分重叠和平行的跨境协议。⑤伊迪丝·布朗·韦斯（Edith Brown Weiss）在1993年关于国际环境法进行的研究中，对法律文书的扩散造成的“条约拥挤”提出了警告。⑥凯伦·阿尔特（Karen J. Alter）和索菲·莫尼耶

① Richard Rosecrance and Arthur Stein, “The Theory of Overlapping Clubs”, in *The New Great Power Coalition: Toward a World Concert of Nations*, 2001, pp. 221-234.

② Kal Raustiala and David G. Victor, “The Regime Complex for Plant Genetic Resources”, *International organization*, Vol. 58, No. 2, 2004, pp. 277-309.

③ Amandine Orsini, “The Negotiation Burden of Institutional Interactions: Non-State Organizations and the International Negotiations on Forests”, *Cambridge Review of International Affairs*, Vol. 29, No. 4, 2016, pp. 1421-1440.

④ Robert O. Keohane and Joseph S. Nye, “The Club Model of Multilateral Cooperation and Problems of Democratic Legitimacy”, in Roger B. Porter, et al., *Efficiency, Equity and Legitimacy: the Multilateral Trading System at the Millennium*, eds., Washington, D.C.: Brookings Institution Press, 2001, pp. 264-294.

⑤ Karen J. Alter and Sophie Meunier, “The Politics of International Regime Complexity”, pp. 13-24.

⑥ Edith Brown Weiss, “International Environmental Law: Contemporary Issues and the Emergence of a New World Order”, *Georgetown Law Journal*, Vol. 81, No. 3, 1993, pp. 675-710.

（Sophie Meunier）指出，制度复杂性是指存在嵌套、部分重叠和平行的、没有等级秩序的国际制度。①

从解释范围看，制度复杂性主要关注和阐释全球治理过程中跨境协议之间复杂互动关系的动因和影响，对区域层面的关注不足。因此也不涉及“区域主义”的相关研究范畴。虽然制度复杂性也关注国际治理的复杂性可能对国际政治造成的影响，但从解释对象看，制度复杂性更多关注跨境协议，而不关注成员构成。因此，在制度复杂性的研究对象中，成员既可以是国家行为体，也可以是非国家行为体。但本书的研究对象是湄公河地区的国家行为体及其参与或领导建立的区域国际制度。制度复杂性的概念更专注与“制度本身”形成的互动关系。对“区域”“国家”等元素均缺乏“包容性”。制度复杂性的研究对象还包括了非国家行为体建立的制度，并不专注于“国家行为体”建立的国际制度。由于制度复杂性并不专注特定领域和特定行为体，定义宽泛，指向性不明确，因此正如凯伦·阿尔特和索菲·莫尼耶所承认，制度复杂性收集到的见解并非指向单一方向，反而增加了有限理性的普遍性。无法通过国际制度复杂性发展出关于如何表现或塑造国际政治的一般理论。② 制度复杂性除了用于描述和强调客观存在的复杂制度环境的“系统效应”，并不能对具体问题领域提供清晰的理论解释路径和有效的实践启示。

为了提升理论的适用性，最近阿曼丁·奥西尼（Amandine Orsini）等对制度复杂性的定义进行了较大改进，强调其具有六个特征：(1) 它由不同的制度组成；(2) 这些制度至少有三个；(3) 它处理一个特定的议题；(4) 其制度有一定程度的重叠成员；(5) 它们有互动；(6) 这些相互作用

① Karen J. Alter and Sophie Meunier, “The Politics of International Regime Complexity”, pp. 13-24.

② Karen J. Alter and Sophie Meunier, “The Politics of International Regime Complexity”, pp. 13-24.

被认为是有问题的。[①] 相比凯伦·阿尔特和索菲·莫尼耶的定义，奥西尼等关于制度复杂性的界定对重叠成员予以了强调。但这种对概念的伞形表达（umbrella expression）会增加概念的抽象性和模糊性。此外，新的定义强调这些制度至少有三个，且只处理一个特定的议题，这有助于提升概念使用的精确性，但也极大地限制了其理论的适用性。

相较而言，目前被广泛接受的“区域主义”定义中，既包括了区域要素，也内含了“区域国际制度”的载体，还强调了“国家行为体”的角色与作用，有机融合了本书所需的全部研究对象和研究主题，从概念的内涵和外延来说都有更好的包容性和典型性，更适合作为本书研究的核心概念。

关于制度之间互动联系的关系类型，奥兰·扬（Oran R. Young）较早作出了积极的贡献。他界定了四种制度之间的关系类型：嵌入型（embedded）、嵌套型（nested）、集聚型（clustered）、重叠型（overlapping）。[②] 同时，奥兰·扬强调制度关系的分类是分析性概念，而不是类型学概念。其他人可以从不同角度根据自身需要继续去发现制度之间的关系类型。[③] 维诺德·阿格瓦尔（Vinod Aggarwal）在奥兰·扬的基础上，也先后发展和强调了嵌套（nesting）[④]、水平（horizontal）、重叠（overlapping）、独立（in-

---

① Amandine Orsini, Jean-Frédéric Morin and Oran Young, “Regime Complexes: A Buzz, a Boom or a Boost for Global Governance?”, *Global Governance*, Vol. 19, 2013, pp.29-32.

② “嵌入型”是指专注于特定问题的次级制度嵌入更广泛的国际社会制度中，成为新的制度安排的一部分。“嵌套型”是指特定问题的制度被纳入更广泛的制度框架，该制度框架处理相同的问题，但详细程度较低。“集聚型”是指将一些制度安排合并为制度套餐，形成一揽子制度计划。“重叠型”是指为不同目的而形成的各个制度在很大程度上彼此没有相互借鉴，但在建立和运作过程中又会相互交叉、相互影响。参见 Oran R. Young, “Institutional linkages in International Society: Polar Perspectives”, *Global governance*, Vol. 2, 1996, pp.2-6。

③ Oran R. Young, “Institutional Linkages in international Society: Polar Perspectives”, *Global governance*, Vol. 2, 1996, p.2.

④ Vinod Aggarwal, “Reconciling multiple Institutions: Bargaining, Linkages, and Nesting”, in V. Aggarwal, ed., *Institutional Designs for a Complex World: Bargaining, Linkages, and Nesting*, Ithaca, New York: Cornell University Press, 1998, pp.1-31.

dependent）四种国际制度类型。[①]布里吉特·魏芬（Brigitte Weiffen）等指出"嵌套"是指制度协议之间存在等级关系，既包括成员的嵌套又涵盖任务领域的嵌套。当制度之间出现成员嵌套，但任务不嵌套时，此时的关系被定义为"重叠"。根据成员资格的配置以及程度的多少，重叠可以分为交集（intersection）和子集（subset）两种不同形式（图 1）。[②]

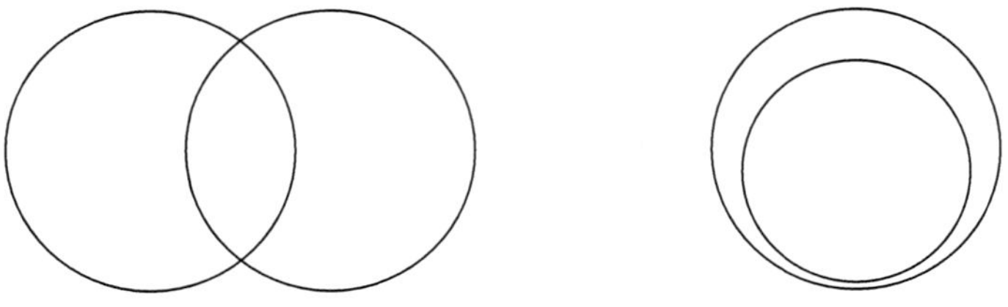

图 1 区域国际制度重叠的类型

资料来源：Brigitte Weiffen, Leslie Wehner and Detlef Nolte,"Overlapping Regional Security Institutions in South America: The Case of OAS and UNASUR", *International Area Studies Review*, Vol. 16, No. 4, 2013, p.375。

本书同意国际制度之间会形成多种具有一定区别的关系类型，但认为过于细致的分类标准将为理论解释等工作增加复杂性。尤其是对于地理空间有限的地区层面来说，区域国际制度的数量相对有限，过于专注区域国际制度之间的差异性和特殊性恐将对理论观点的普遍性等形成损害。正如奥兰·扬所承认，由于各个制度在主体、议题与联系上往往相互交织，嵌

---

① Vinod Aggarwal,"Reconciling Institutions: Nested, Horizontal, Overlapping, and Independent Institutions", in *Conference: Nested and Overlapping Institutions*, 2005."嵌套制度"强调国际制度之间的等级排序和协调，"横向制度"侧重制度之间的非等级分工，"重叠制度"表明这些制度可能因其类似的任务而发生冲突，"独立制度"则是指在专注完全不同的领域，具有不同的任务的国际制度。参见 Brigitte Weiffen, Leslie Wehner and Detlef Nolte,"Overlapping Regional Security Institutions in South America: The Case of OAS and UNASUR", *International Area Studies Review*, Vol. 16, No. 4, 2013, pp. 370-389。

② Brigitte Weiffen, Leslie Wehner and Detlef Nolte,"Overlapping Regional Security Institutions in South America: The Case of OAS and UNASUR", pp. 370-389.

入、嵌套、集束与重叠其实质都是一种关系的“重叠”，它们共同存在于机制间，区别只是重叠的方式与程度的差异。① 因此，本书主要采用“重叠”作为描述和界定在成员和议题领域相似的制度之间关系性质的限定词。

就重叠的区域主义而言，目前在既有研究中，德特勒夫·诺尔特（Detlef Nolte）、布里吉特·魏芬等主要关注两种类型的“重叠”，一是任务（mandate），也即议题领域，涉及制度的功能维度；二是区域国际制度的成员（membership），涉及制度的地理或空间范围。② 斯蒂芬妮·霍夫曼（Stéphanie C. Hofmann）提出制度重叠可以从成员资格、任务和资源三个方面进行理解。其中，成员是被纳入正式决策过程，组成制度的行为体。任务是指制度在条约、战略和其他签订的业务文本中规定的工作和职能。资源包括每个合作制度的公共资源和汇总资源。③ 但德特勒夫·诺尔特和布里吉特·魏芬指出，资源属于任务的一部分，即任务的实际应用和运作。因此，制度重叠最终可以简约为成员重叠和任务重叠。④

关于“区域主义”，杰克·普莱诺（Jack C. Plano）和罗伊·欧东（Roy Olton）在《国际关系辞典》中将其定义为“位于某个地理区域或具有共

---

① ［美］奥兰·扬：《世界事务中的治理》，陈玉刚、薄燕译，上海世纪出版集团 2007 年版，第 156 页。

② 代表性成果有：Diana Panke and Sören Stapel, “Overlapping Regionalism in Europe: Patterns and Effects”, *The British Journal of Politics and International Relations*, Vol. 20, No. 1, 2018, pp. 239-258；Diana Panke and Sören Stapel, “Exploring Overlapping Regionalism”, *Journal of International Relations and Development*, Vol. 21, No. 3, 2018, pp. 635-662；Detlef Nolte, “Costs and Benefits of Overlapping Regional Organizations in Latin America: The Case of the OAS and UNASUR”, *Latin American Politics and Society*, Vol. 60, No. 1, 2018, pp. 128-153；Brigitte Weiffen, Leslie Wehner and Detlef Nolte, “Overlapping Regional Security Institutions in South America: The Case of OAS and UNASUR”, pp. 370-389；Andrew I. Yeo, “Overlapping Regionalism in East Asia: Determinants and Potential Effects”, *International Relations of the Asia-Pacific*, Vol. 18, No. 2, 2016, pp. 161-191。

③ Stéphanie C. Hofmann, “Overlapping Institutions in the Realm of International Security: The Case of Nato and ESDP”, *Perspective on Politics*, Vol. 7, No. 1, 2009, pp. 45-52.

④ Andrew I. Yeo, “Overlapping Regionalism in East Asia: Determinants and Potential Effects”, *International Relations of the Asia-Pacific*, pp.161-191.

同关注点的国家可以通过有限的成员组织相互合作以解决军事、政治和职能问题的概念”，并指出区域主义在单边主义和普遍主义的极端之间提供了解决问题的中层方法。① 塔尼娅·博泽尔（Tanja A. Börzel）和托马斯·瑞斯（Thomas Risse）将区域主义定义为至少在 3 个国家中建立和维持正式的区域制度和组织的主要国家主导过程。② 卡赞斯坦认为自 20 世纪 90 年代开始，区域化的自下而上的力量和区域主义的自上而下的过程将不可避免地激励建立区域国际制度。③ 克里斯托弗·登特（Christopher M. Dent）将区域主义定义为在经济、政治、安全、社会、文化和其他各种联系方面促进特定区域内更大一致性的结构、进程和安排。④ 戴欣媛（Xinyuan Dai）认为，由于区域主义的关键要素是区域内各国之间的政策协调，因此区域主义更多被认为是一种国际制度。区域主义作为国际制度的变体，形成了国家之间的普遍理解和特定协议，从而指导了地区内国家之间的互动。⑤ 路易斯·福西特（Louise Fawcett）强调，区域主义是一个有意识的、协调一致的政策，以促进一个或多个议题领域的合作。⑥ 爱德华·曼斯菲尔德和海伦·米尔纳认为，区域主义的关键要素是经济的重要性、地理上的接近性，以及经济流量与政策选择之间的关系。⑦

---

① Jack C. Plano and Roy Olton, *International Relations Dictionary*（*Fourth edition*）, ABC-Clio, 1988, p.309.

② Tanja A. Börzel and Thomas Risse, “Introduction: Framework of the Handbook and Conceptual Clarifications”, in *The Oxford Handbook of Comparative Regionalism*, 2016, p.8.

③ Peter J. Katzenstein, *A World of Regions: Asia and Europe in the American Imperium*, Ithaca, New York: Cornell University Press, 2005.

④ Christopher M. Dent, *East Asian Regionalism*, New York: Routledge, 2016.

⑤ Xinyuan Dai, “Who Defines the Rules of the Game in East Asia? The Trans-Pacific Partnership and the Strategic Use of International Institutions”, *International Relations of the Asia-Pacific*, Vol. 15, No. 1, 2014, p.6.

⑥ Louise Fawcett, “The Regionalization of Security: A Comparative Analysis”, in *Effective Multilateralism*, London: Palgrave Macmillan, 2013, pp. 43-69.

⑦ Edward Mansfield and Helen Milner, “The New Wave of Regionalism”, *International organization*, Vol. 53, No. 3, 1999, pp. 589-627.

安德烈斯·马拉默德（Andrés Malamud）强调当代研究区域一体化和区域主义的作者面临的第一个问题不是理论或经验，而是概念的抽象和模糊。[①] 其中，“区域一体化”“区域合作”“区域化”“区域主义”等概念之间有内在的联系，在不同的历史时期曾被相应的学者混合使用过。但三者之间也有一定的区别。因此，有必要对这些重要的基础性概念之间的区别和联系等进行适当的梳理和厘清。

厄恩斯坦·哈斯（Ernst B. Haas）将区域一体化定义为“民族国家如何以及为什么自愿地与邻居交往、合并和融合以便失去主权属性的事实过程，同时获得解决他们之间冲突的新技术”[②]。菲利普·施密特(Philippe C. Schmitter）强调了制度的重要性，认为区域一体化是“建立能够对所有成员具有约束力的决策的共同和永久的制度”。[③] 贝拉·巴拉萨（Bela Balassa）按照程度及发展水平的不同，提出了四个关于区域一体化的渐进指标：自由贸易区、共同的对外关税、共同或单一的市场、经济联盟，[④] 被公认为区域主义的欧洲路径。曾任印度驻中国大使的卡瓦拉姆·马达夫·潘尼迦（Kavalam M. Panikkar）在 1948 年出版了第一本非西方学者关于区域主义的著作，强调关于区域主义的研究应充分注意到各地区在经济、社会和政治条件方面的多样性，根据特定区域制订具体的行动计划。[⑤] 阿查亚也强调，区域主义是一种普遍的愿望，而不是欧洲的公式或美国的学

① Andrés Malamud, “Overlapping Regionalism, No Integration: Conceptual Issues and the Latin American Experiences”, *Politica Internacional*, 2019, pp. 46-59.

② Ernst B. Haas, “The Study of Regional Integration: Reflections on the Joy and Anguish of Pretheorizing”, in L. N. Lindberg, and S.A. Scheingold, eds., *Regional Integration: Theory and Research*, Cambridge, M.A.: Harvard University Press, 1971.

③ Philippe C. Schmitter, “Neo-neofunctionalism”, in Antje Wiener and Thomas Diez, eds., *European Integration Theory*, Oxford: Oxford University Press, 2004, pp. 45-74.

④ Bela Balassa, *The Theory of Economic Integration*（*Routledge Revivals*）, New York: Routledge, 2013.

⑤ 参见 Amitav Acharya, “Comparative Regionalism: A Field Whose Time Has Come?”, *The International Spectator*, Vol. 47, No. 1, 2012, pp.3-4.

说。[①] 弗雷德里克·索德尔伯姆（Frederik Söderbaum）和阿尔博塔·斯博拉及亚（Alberta Sbragia）等也呼吁克服区域主义研究中的欧盟偏见（integration scholarship's EU bias）。[②]

起初，一些学者将区域主义定义为一种经济过程，强调国家间经济流动与对外经济政策协调在概念界定中的重要性。[③] 但很快，阿尔伯特·菲什洛（Albert Fishlow）和斯蒂芬·哈格德（Stephan Haggard）对区域化与区域主义进行了区分，将区域化视为衡量国家间经济流动的区域集中度的指标，区域主义则被定义为体现的是国家间经济政策合作与协调的政治进程。[④] 爱德华·曼斯菲尔德和海伦·米尔纳总结了四次区域主义的发展浪潮。第一次开始于19世纪下半叶，以欧洲内部贸易急剧增长，并成为全球商业的重要组成部分为特征。第二次开始于第一次世界大战结束，以欧洲区域经济集团之间更具竞争性、歧视性，甚至是以邻为壑的经济贸易政策为特征。第三次开始于第二次世界大战，以西欧内部贸易的增长和大量优惠贸易安排（PTA）的建立为特征。第四次在冷战结束后开始出现，以国际权力和安全关系的变化为背景、美国积极促进和参与为主要特征。[⑤] 区域主义从发展历程看，常被分为"旧区域主义"和"新区域主义"。旧区域主义以20世纪50年代至70年代管制的市场和高关税的区域化形式为特征，以欧洲的区域主义为代表。新区域主义主要开始于20

---

① Amitav Acharya, "Comparative Regionalism: A Field Whose Time has Come?", *The International Spectator*, Vol. 47, No. 1, 2012, pp. 3-15.

② Söderbaum and Alberta Sbragia, "EU Studies and the 'New Regionalism': What Can Be Gained from Dialogue?", *European Integration*, Vol. 32, No. 6, 2010, pp. 563-582.

③ Paul Krugman, "The Move toward free Trade Zones," *Economic Review*, Vol.76, No.6, 1991; Jeffrey Frankel, Ernesto Stein and Shang-Jin Wei, "Trading Blocs and the Americas: The Natural, the Unnatural, and the Super-Natural", *Journal of Development Economics*, Vol. 47, No.1, 1995, pp. 61-95.

④ Albert Fishlow and Stephan Haggard, *The United States and the Regionalization of the World Economy*, 1992.

⑤ Edward Mansfield and Helen Milner, "The New Wave of Regionalism", *International Organization*, Vol. 53, No. 3, 1999, pp. 596-601.

世纪90年代初，与贸易和生产的跨国化以及发展中国家市场的逐步自由化有关。[①]新区域主义也被认为是“开放的区域主义”，更好地适应了后冷战时期的新地缘政治。[②]马必胜（Mark Beeson）和吉松秀隆（Hidetaka Yoshimatsu）认为，区域主义与自觉地开展政治努力以建立区域制度和在越来越正式的基础上进行合作有关。区域化则主要是指跨境经济一体化的经验表现，主要是由私营部门推动。[③]克里斯托弗·登特（Christopher M. Dent）和皮特·李希特（Peter Richter）根据不同的过程和结果，将区域主义分为微观、中观、宏观三类。微观层面对应区域化，中观层面对应次区域主义，宏观层面则是以公共政策协调为主要特征。其中，中观和宏观层面的发展相互联系、相互促进。[④]塔尼娅·博泽尔和托马斯·瑞斯将区域秩序定义为特定区域中区域化和区域主义的各种组合。区域秩序既包括经济、政治、社会和文化交流的自下而上的过程（区域化），也包括由国家主导的正式和非正式的制度建设（区域主义）。[⑤]郑先武认为，无论是区域还是区域主义，其定义都有明显的“国家中心”倾向（state-centric）。[⑥]

① Morten Bøås, Marianne H. Marchand and Timothy M. Shaw, “Special Issue: New Regionalisms in the New Millennium”, *Third World Quarterly*, Vol. 20, No. 5, 1999, pp. 897-1070； Björn Hettne, “Globalization and the New Regionalism: The Second Great Transformation”, in *Globalism and the New Regionalism*, London: Palgrave Macmillan, 1999, pp. 1-24.

② Pía Riggirozzi, “Reconstructing Regionalism: What does Development Have to do with It?”, in *The Rise of Post-Hegemonic Regionalism*, New York: Springer, 2012, pp. 17-39.

③ Mark Beeson and Hidetaka Yoshimatsu, “Asia’s Odd Men Out: Australia, Japan, and the Politics of Regionalism”, *International Relations of the Asia-Pacific*, Vol. 7, No. 2, 2007, pp. 227-250.

④ Christopher M. Dent and Peter Richter, “Sub-Regional Cooperation and Developmental Regionalism: The Case of BIMP-EAGA”, *Contemporary Southeast Asia: A Journal of International and Strategic Affairs*, Vol. 33, No. 1, 2011, pp. 29-55.

⑤ Tanja A. Börzel and Thomas Risse, “Introduction: Framework of the Handbook and Conceptual Clarifications”, in *The Oxford Handbook of Comparative Regionalism*, 2016, p.10.

⑥ 郑先武：《安全、合作与共同体：东南亚安全区域主义理论与实践》，南京大学出版社2009年版，第26、28页。

张蕴岭从区域认知与构建的角度对“区域主义”（regionalism）和“区域合作”（regional cooperation）进行了区分，认为前者基于高度的区域理念认同，致力于发展超国家的区域性治理机制，例如欧盟和东盟。后者主要基于利益，区域认同较低，合作机制的形式较为多样。① 但本书认为，尽管湄公河地区合作制度的发展主要基于现实的利益需要，地区主义意识仍相对淡薄。但“区域合作”的概念相对松散和模糊，可以是临时性的、非常规的区域间合作，与湄公河地区以区域国际制度为载体的合作形式相比有较大的不同。正如安德烈斯·马拉默德所指出，加强国家主权，而不是形成超国家行为体或向机构授权，是当代大多数区域主义战略的核心。② 因此，本书主要采用“区域主义”而非“区域合作”作为核心概念。

基于上述讨论，本书将“重叠的区域主义”定义为：由三个及其以上地区内国家参与或建立，有两个及其以上在成员和治理领域均相互重叠的区域国际制度为载体，以服务目标地区的发展、治理、区域化等为主要内容形成的区域主义形式或状态。

三、文献综述

在既有研究中，学界关于湄公河地区国际制度竞合的认知变化、湄公河地区国际制度重叠性增多并形成竞争性互动的原因、国际制度重叠性增多的既有经验与理论借鉴、国际制度重叠性增多的利弊影响等研究进展可以为本书拟进行的研究提供积极的线索和启示。

（一）湄公河地区国际制度竞合的认知变化

1992 年，在亚洲开发银行的倡议和协调下，中国、老挝、泰国、缅

① 张蕴岭：《转变中的亚太区域关系与机制》，《外交评论（外交学院学报）》2018 年第 3 期。

② Andrés Malamud, “Overlapping Regionalism, No Integration: Conceptual Issues and the Latin American Experiences”, *Politica Internacional*, 2019, pp. 46-59.

甸、柬埔寨、越南合作成立了大湄公河次区域经济合作。以此为开端至2019年，湄公河地区先后成立了11个区域国际制度。这些制度之间的竞争与合作日益复杂化，并体现在学者研究成果的认知变化中。以“合作”与“竞争”为两端，不同时期，湄公河地区合作制度之间的互动往往介于二者之间的某一位置，并随着制度数量的增减、成员的变化、功能定位的调整等相应发生变化，主要可以分为以下四个阶段。

1. 1992—1996年：以合作为主旋律

在1969年一篇关于越南战争背景下湄公河地区合作的早期文章中，尤金·布莱克（Eugene Black）就已指出，湄公河流域开发的最重要方面是提供一种抑制该地区暴力的手段，并在沿岸国家中唤起他们养成共同工作习惯的可能性。① 但冷战期间，三次印度支那战争的发生表明，彼时湄公河地区的国家间互动是以硬权力的争夺为主要特征的。直到冷战结束后，整个东南亚出现整体向好的转折性变化，② 湄公河地区的制度化合作进程才得以正式开启。

1991年10月，全面政治解决柬埔寨问题的《柬埔寨和平协定》在巴黎签署，制约湄公河地区开发合作的最后一个政治和军事障碍被移除。③ 时任泰国总理差猜·春哈旺“将战场转变为市场”④ 的倡导成为湄公河地区各国的共识。亚洲开发银行适时提出大湄公河次区域经济合作计划，得到流域六国的积极响应。恢复和重建湄公河委员会也被提上议程。学界对这一时期湄公河地区合作制度的关系认知主要偏向于合作，并未出现对制度竞争的关注与担忧。国内学者也普遍以合作、乐观的心态看待中国加入

---

① Eugene Black, *The Mekong River: A Challenge in Peaceful Development for Southeast Asia*, New York: National Strategy Information Center, 1969, p.12.

② 翟崑：《探索后冷战时代东南亚地区的演进之道》，《东南亚研究》2019年第6期。

③ Michael Leifer, “Indochina and ASEAN: Seeking a New Balance”, *Contemporary Southeast Asia*, Vol.15, No.3, 1993, p.269.

④ Pongphisoot Busbarat, “Thailand’s Foreign Policy: The Struggle for Regional Leadership in Southeast Asia”, pp. 133-153.

该地区的多边合作，强调这是中国面向东南亚开放的一个突破口和密切双边经贸关系的创举。①

2.1996—2008 年：制度间竞争初露端倪

1996 年至 2008 年，伴随东盟—湄公河流域开发合作等多个区域国际制度的陆续建立，尤其是 1999 年以后新增的合作制度均是单一国家主导建立。学界开始对湄公河地区制度之间的竞争予以关注。马燕冰指出，在湄公河地区合作机制进一步增多的背景下，如何协调、由哪个机构发挥主导作用将是未来经济开发合作中的棘手问题。② 唐纳德·韦瑟比（Donald E. Weatherbee）也认为，参与合作的国家间不同的利益、合作制度之间不同的发展战略导致湄公河地区制度的数量不断增多，重叠和不协调的情况正在变得突出。③ 随着东盟在 1996 年正式加入湄公河地区开发合作，该地区制度重叠和不协调的情况将更加突出。④ 但这段时期，学界对制度间竞争烈度的认知整体上仍相对温和。例如，贺圣达指出，湄公河地区虽然存在诸多合作制度，但各个合作制度目标定位复杂、合作主体多样、利益各有侧重、缺乏总体规划和协调。同时，他也呼吁，面对湄公河地区复杂多样的合作机制，需要看到合作的紧迫性，也要看到合作的长期性。⑤ 苏珊·施迈尔（Susanne Schmeier）较为乐观地认为，尽管存在一些不利的情

---

① 参见吴志纯、唐敬年：《沿澜沧江—湄公河对外开放是我加强与东南亚合作的战略之举》，《中国软科学》1992 年第 6 期，第 20—22 页；谭果林、苏文江：《我国面向东南亚开放的一个突破口——开发澜沧江—湄公河流域》，《中国软科学》1992 年第 5 期；贺圣达：《突破中国与东南亚经贸关系的现有框架的创举——论中国参加澜沧江—湄公河开发国际合作的意义》，《东南亚》1993 年第 3 期。

② 马燕冰：《澜沧江—湄公河流域合作开发新形势及其影响》，《现代国际关系》1996 年第 7 期。

③ Donald E. Weatherbee, "Cooperation and Conflict in the Mekong River Basin", *Studies in Conflict & Terrorism*, Vol. 20, No. 2, 1997, pp.172-173.

④ Donald E. Weatherbee, "Cooperation and Conflict in the Mekong River Basin", *Studies in Conflict & Terrorism*, Vol. 20, No. 2, 1997, pp. 167-184.

⑤ 贺圣达：《大湄公河次区域合作：复杂的合作机制和中国的参与》，《南洋问题研究》2005 年第 1 期。

况，但湄公河地区合作事件的增加远远超过冲突性的事件。① 阿披猜·孙钦达（Apichai Sunchindah）认为东盟—湄公河流域开发合作（AMBDC）通过邀请亚洲开发银行（ADB）和湄公河委员会的代表参加会议加强了与关键参与者之间的协调与合作。② 唐纳德·韦瑟比认为，2001 年 3 月以来湄公河委员会（MRC）已与亚洲开发银行达成协作协议，将加强与大湄公河次区域经济合作之间的密切合作，通过交流信息和专业知识以及互访等形式加强政策和技术对话，进而提升了湄公河委员会在应对洪水等挑战中的机制能力。③ 可见，尽管这一时期湄公河地区合作制度之间的竞争已经开始出现，但相关学者同样强调了机制间合作的可能性与重要性。

3. 2008—2015 年：天平向竞争一侧倾斜

2008 年至 2015 年，日本—湄公河合作由外长会升级为领导人峰会，美国与韩国也在该地区成立了各自主导的合作制度。湄公河地区合作制度的数量进一步增多。学界对该地区制度竞合的认知天平开始向竞争一侧倾斜。范明光（Quang Minh Pham）认为，2008 年的全球性金融危机使美中两国的国家实力出现了此消彼长的发展。因此，美国对包括湄公河地区在内的亚太政策进行了调整。④ 吉尔伯特·罗兹曼（Gilbert Rozman）强调，中国的加速崛起是日本重塑地区领导力并与中国加强竞争的重要背景。⑤

① Susanne Schmeier, "Regional Cooperation Efforts in the Mekong River Basin: Mitigating River-related Security Threats and Promoting Regional Development", *Austrian Journal for Southeast Asian Studies*, Vol. 2, No. 2, 2009, p. 42.

② Apichai Sunchindah, "Water Diplomacy in the Lancang-Mekong River Basin:-Prospects and Challenges", In *Workshop on the Growing Integration of Greater Mekong Sub-regional ASEAN States in Asian Region*, Vol. 20, 2005, p. 21.

③ Sokhem Pech, "Regional Characteristics and Water Issues: From Mekong River Basin Perspectives", *Population*, Vol. 18, No. 19, 2004, p. 11.

④ Quang Minh Pham, "ASEAN's Indispensable Role in Regional Construction", *Asia-Pacific Review*, Vol. 22, No. 2, 2015, p. 90.

⑤ Gilbert Rozman, "Japan's Approach to Southeast Asia in the Context of Sino-Japanese Relations", October 17, 2014, http://www.theasanforum.org/japansapproach-to-southeast-asia-in-the-context-of-sino-japanese-relations/, 2019-04-27.

吉松秀隆则认为，针对中国的“地缘政治因素”逐渐成为湄公河地区制度间互动的重要特征。① 毕世鸿指出，湄公河地区的合作制度已呈现出“机制拥堵”的特点，增加了该地区开发合作的复杂性，这对于一个欠发达地区来说并非幸事。②

4. 2015—2019 年：趋向失控的竞争？

2015 年，中国主导成立了澜沧江—湄公河合作机制。学界对湄公河地区制度之间的竞争性认知开始进一步增强。卡尔·米德尔顿（Carl Middleton）和杰里米·阿洛奇（Jeremy Allouche）认为，澜湄合作的成立对湄公河委员会等既有制度提出了挑战。③ 爱德华·格鲁宾（R. Edward Grumbine）指出，澜湄合作扮演着湄公河委员会替代方案的角色。④ 塞巴斯蒂安·比巴（Sebastian Biba）强调，中国需要明确澜湄合作与湄公河委员会的关系，是补充还是替代？⑤ 个别国内学者也认为，大湄公河次区域经济合作与澜湄合作之间在成员构成、制度功能和运作方式上的共同点决定了二者存在客观的竞争关系，湄公河地区国际制度将因为竞争而相互取代，并最终导致制度数量的减少，⑥ 出现所谓的“制度达尔

---

① Hidetaka Yoshimatsu, “The United States, China, and Geopolitics in the Mekong Region”, *Asian Affairs: An American Review*, Vol. 42, No. 4, 2015, pp. 189-190.

② 毕世鸿：《机制拥堵还是大国协调——区域外大国与湄公河地区开发合作》，《国际安全研究》2013 年第 2 期。

③ Carl Middleton and Jeremy Allouche, “Watershed or Powershed? Critical Hydropolitics, China and the ‘Lancang-Mekong Cooperation Framework’”, *The International Spectator*, Vol. 51, No. 3, 2016, p.114.

④ R. Edward Grumbine, “Using Transboundary Environmental Security to Manage the Mekong River: China and South-East Asian Countries”, *International Journal of Water Resources Development*, Vol. 34, No. 5, 2018, pp. 803-804.

⑤ Sebastian Biba, “China’s ‘Old’ and ‘New’ Mekong River Politics: the Lancang-Mekong Cooperation from a Comparative Benefit-sharing Perspective”, *Water International*, Vol. 43, No.5, 2018, p. 638.

⑥ 罗仪馥：《从大湄公河机制到澜湄合作：中南半岛上的国际制度竞争》，《外交评论》2018 年第 6 期。

文主义”（Institutional Darwinism）。①

（二）湄公河地区国际制度重叠性增多并形成竞争性互动的原因

关于湄公河地区国际制度不断增多并形成竞争性互动的原因，主要有“既有合作制度存在不足”和“合作制度主导权竞争”两类不同的观点。

“既有合作制度存在不足”说认为既有区域国际制度存在不足，需要通过成立新的国际制度进行弥补，是湄公河地区区域国际制度不断增多的主要原因。索科姆·佩奇（Pech Sokhem）等认为湄公河委员会在实际针对流域的规划、实施和监测等方面作用有限。尽管该地区已经存在多个区域机构和组织，但尚未制定出真正可行的流域综合管理框架。② 郭延军等指出，湄公河委员会作为流域唯一的专门水资源管理机构，由于中国和缅甸不是正式成员，在权威性和有效性上存在不足。③ 湄公河委员会长期接受美国、日本、澳大利亚、欧盟、世界银行等多个国家和组织的资金与技术支持。这些援助大多具有附加条件，湄公河委员会在决策过程中，需要顾及这些“发展伙伴”的利益诉求，④ 进而“影响到其独立性以及全流域整体利益和目标的实现”。⑤ 为了加强湄公河地区的水资源管理与合作，

① Thomas J.Pempel 将某些制度的增强和其他制度的减少的现象称为制度达尔文主义（Institutional Darwinism）。参见 Thomas J.Pempel, “Soft Balancing, Hedging and Institutional Darwinism: The Economic-Security Nexus and East Asian Regionalism”, *Journal of East Asian Studies,* Vol. 10, No. 2, 2010, p. 211。

② Pech Sokhem, Kengo Sunada and Satoru Oishi, “Managing Transboundary Rivers: The Case of the Mekong River Basin”, *Water International*, Vol. 32, No. 4, 2007, pp. 503-523.

③ 郭延军、任娜：《湄公河下游水资源开发与环境保护——各国政策取向与流域治理》，《世界经济与政治》2013 年第 7 期。

④ Chris Sneddon and Coleen Fox, “Power, Development, and Institutional Change: Participatory Governance in the Lower Mekong Basin”, *World Development*, Vol. 35, No. 12, 2007, pp. 2169-2172.

⑤ 郭延军、任娜：《湄公河下游水资源开发与环境保护——各国政策取向与流域治理》，《世界经济与政治》2013 年第 7 期。

应考虑推动湄公河委员会的改革和创新，[①] 或推动建立“大湄公河次区域合作组织”，建立健全流域水资源开发利用的“调研制度、监督制度和解决冲突机制”。[②] 沈铭辉强调，合作主体的差异性、合作过程中的环境保护压力、合作环境的外部复杂性等限制了大湄公河次区域经济合作的深度。[③] 何胜和李霞认为，大湄公河次区域经济合作是由亚洲开发银行发起成立的，受亚行等“外部主导”的特点明显。[④] 此外，也有学者对东盟、印度、美国等湄公河地区外组织和国家主导成立的合作制度存在的缺点与不足进行了总结。吉松秀隆认为，东盟对协调发展计划的能力不足削弱了其在东盟—湄公河流域开发合作所扮演的“中心角色”的信誉。[⑤] 拉吉夫·西克里（Rajiv Sikri）指出，印度主导成立的恒河—湄公河合作因缺乏明确的时间表、资金来源不确定以及实施和审查机制不足等问题而陷入困境。[⑥] 曾在美国克林顿政府任职的乔治敦大学亚洲问题专家凯瑟琳·达尔皮诺（Catharin Dalpino）认为，美国主导的湄公河下游倡议更像是一个外交论坛，而不是一个有效的湄公河流域组织。[⑦]

从1996年湄公河地区合作制度间竞争初露端倪到2015年以后竞争趋向失控的一个共同特点是这些新增的合作制度都有发挥主导性作用的国家。因此，“主导权竞争”成为湄公河地区合作制度不断增多并形成竞争性互动

---

① 任娜、郭延军：《大湄公河次区域合作：问题与对策》，《战略决策研究》2012年第2期。

② 张锡镇：《中国参与大湄公河次区域合作的进展、障碍与出路》，《南洋问题研究》2007年第3期。

③ 沈铭辉：《大湄公河次区域经济合作：复杂的合作机制与中国的角色》，《亚太经济》2012年第3期。

④ 何胜、李霞：《大湄公河次区域经济合作态势及面临问题》，《亚非纵横》2008年第3期。

⑤ Hidetaka Yoshimatsu, “The Mekong Region, Regional Integration, and Political Rivalry among ASEAN, China and Japan”, *Asian Perspective*, Vol. 34, No. 3, 2010, pp. 71-111.

⑥ Rajiv Sikri, “India's ‘Look East’ Policy”, *Asia-Pacific Review*, Vol. 16, No. 1, 2009, pp. 131-145.

⑦ Catharin Dalpino, “Both Push and Pull: Japan Steps up in Southeast Asia”, *Comparative Connections: A Triannual E-Journal on East Asian Bilateral Relations*, Vol. 19, No. 1, 2017.

的原因的另一个重要分析视角。郑宇硕（Joseph Yu-shek Cheng）认为，东盟—湄公河流域开发合作的成立表明，东盟已认识到在中国参与湄公河地区合作的背景下，参与并掌握大湄公河次区域发展的主导权至关重要。① 由于中国也认为该地区具有战略重要性，大湄公河次区域的发展对中国—东盟合作可以实现的目标提出了挑战。② 对于恒河—湄公河合作，大卫·斯科特（David Scott）指出该制度的成员唯独不包括位于湄公河源头的中国，印度的这种排他性地区制度安排的目的是将影响力扩散到中国的“后院”。③

中国自2009年的加速崛起，被认为是日本重塑地区领导力并与中国加强竞争的重要背景。④ 吉松秀隆（Hidetaka Yoshimatsu）对这一时期日本和美国在湄公河地区制度竞合中的特点和意图做了较好的总结，认为日本的湄公河政策已经从开发转向地缘政治，旨在通过促进与湄公河流域国家的直接政治联系来平衡中国日益增长的影响力，⑤ 针对中国的地缘政治竞争也是美国介入湄公河地区合作的主要考量。⑥ 白石昌也（Masaya Shiraishi）也认为，与中国的竞争是日本在湄公河地区多个合作制度中发挥影响力的主要原因。⑦ 黎秋香（Le Thu Huong）指出，美国在湄公河地区成

① Joseph Yu–shek Cheng, “The ASEAN-China Free Trade Area: Genesis and Implications”, *Australian Journal of International Affairs*, Vol. 58, No. 2, 2004, p. 271.

② Joseph Yu-shek Cheng, “The ASEAN-China Free Trade Area: Genesis and Implications”, p. 271.

③ David Scott, “The Great Power ‘Great Game’ between India and China: ‘The Logic of Geography’”, *Geopolitics*, Vol. 13, No.1, 2008, p.11.

④ Gibert Rozman, Japan’s Approach to Southeast Asia in the Context of Sino-Japanese Relations, http://www.theasanforum.org/japansapproach-to-southeast-asia-in-the-context-of-sino-japanese-relations/.

⑤ Hidetaka Yoshimatsu, “The Mekong Region, Regional Integration, and Political Rivalry among ASEAN, China and Japan”, p.108.

⑥ Hidetaka Yoshimatsu, “The United States, China, and Geopolitics in the Mekong Region”, p.190.

⑦ Masaya Shiraishi, “Japan toward the Indochina Sub-region”, *Journal of Asia-Pacific Studies* (Waseda University), No.13, 2009, p.13.

立排他性的合作制度，是对中国在大湄公河次区域经济合作中优势地位的回应，也是美国同中国在东南亚展开战略竞争的重要组成部分。①

关于澜湄合作机制成立的动因和影响，总体上也主要有“既有合作制度存在不足”和“合作制度主导权竞争”两类观点。卡尔·米德尔顿（Carl Middleton）等认为，现有跨界水资源管理机构动荡不定为中国推动成立澜湄合作机制提供了机会。② 屠酥等也指出，澜湄合作机制是因流域“水”治理的需要而生。③ 卢光盛等则认为，大湄公河次区域经济合作对政治、安全领域的合作重视不足，是中国推动成立澜湄合作的主要原因。④ 李晨阳认为，日本和美国是亚洲开发银行的主要出资国，亚行历任行长均来自日本。在大湄公河次区域经济合作框架下的经济走廊建设中，亚行积极推动日本倡议的东西经济走廊建设，对中国提出的南北经济走廊态度消极。⑤

澜湄合作机制成立的“主导权竞争”可以进一步分为“主动作为”和“被动跟随”两类观点。持“主动作为”观点的学者，例如，万纳瑞斯·常（Vannarith Chheang）认为，中国成立澜湄合作是为了逐步实现以自我为中心的地区秩序。⑥ 爱德华·格鲁宾指出，澜湄合作为中国提供了在重大安全问题上成为国际领导力量的机会。⑦ 塞巴斯蒂安·比巴认为中

---

① Le Thu Huong, *Vietnam: Straddling Southeast Asia's Divide*, ISEAS Publishing, 2014.

② Carl Middleton and J. Allouche, “Watershed or Powershed? Critical Hydropolitics, China and the ‘Lancang-Mekong Cooperation Framework’”, pp.100-117.

③ 屠酥、胡德坤：《澜湄水资源合作：矛盾与解决路径》，《国际问题研究》2016 年第 3 期。

④ 卢光盛、金珍：《“澜湄合作机制”建设：原因、困难与路径?》，《战略决策研究》2016 年第 3 期。

⑤ 李晨阳：《澜沧江—湄公河合作：机遇、挑战与对策》，《学术探索》2016 年第 1 期。

⑥ Vannarith Chheang, “China’ s Economic Statecraft in Southeast Asia”, *ISEAS Perspective*, Issue 45, 2018, https://www.iseas.edu.sg/images/pdf/ISEAS_Perspective_2018_45@50.pdf, 2019-05-20.

⑦ R. Edward Grumbine, “Using Transboundary Environmental Security to Manage the Mekong River: China and South-East Asian Countries”, *International Journal of Water Resources Development*, Vol. 34, No. 5, 2018, p. 803.

国成立澜湄合作是为了谋求更多的控制权。① 杰西卡·威廉姆斯（Jessica Williams）认为，中国通过澜湄合作的“主权”和“地域”特性，以及在合作文件中写入“反对外部势力干涉地区国家内政”的声明，拒绝该机制像湄公河委员会和大湄公河次区域经济合作那样受到外来捐助者的政策影响。② 毕世鸿认为，伴随着国家实力的不断增长，中国需要通过澜湄合作平衡好湄公河国家在新时期对中国的经济、政治、安全等多方面的利益诉求。③ 持“被动跟随”观点的学者认为，美国和日本在大湄公河次区域的强大影响力促使中国成立新的合作框架。④ 波温·布尼亚韦切温（Poowin Bunyavejchewin）借鉴日本滨中慎太郎（Shintaro Hamanaka）的潜在区域领导理论⑤，认为中国发起成立澜湄合作是为了对湄公河地区以外的国家施加排他性影响，排斥竞争对手日本并创建自己的地区集团。⑥ 国内学者如卢光盛等也强调美国、日本和印度等域外大国不断介入并成立各自主导的合作机制，使大湄公河次区域经济合作面临困难，增加了湄公河地区开发合作的复杂性和竞争性，促使中国通过成立澜湄合作寻求获得一定的合作主导权和规则制定权。⑦

---

① Sebastian Biba, “China’s ‘Old’ and ‘New’ Mekong River Politics: the Lancang-Mekong Cooperation from a Comparative Benefit-Sharing Perspective”, *Water International*, 2018, pp. 1-20.

② Jessica Williams, “Stagnant Rivers: Transboundary Water Security in South and Southeast Asia”, *Water*, Vol.10, No.12, 2018, p.10.

③ 毕世鸿:《澜湄合作如何深化》,《世界知识》2016 年第 12 期。

④ [泰] Chayodom Sabhasri and Piti Srisangnam :《澜湄合作：从“信任危机”到“可持续的信任建构过程”》，王海峰、蓝襄云译，《中国—东盟研究》2017 年第 2 期。

⑤ Shintaro Hamanaka, *Asian Regionalism and Japan : The Politics of Membership in Regional Diplomatic, Financial and Trade Groups*, New York: Routledge, 2009.

⑥ Poowin Bunyavejchewin, “The Lancang-Mekong Cooperation（LMC）Viewed in Light of the Potential Regional Leader Theory”, *Journal of Mekong Societies*, Vol.12, No.3, 2016, p.49.

⑦ 卢光盛、金珍:《“澜湄合作机制”建设：原因、困难与路径?》,《战略决策研究》2016 年第 3 期。

（三）国际制度重叠性增多的既有经验与理论借鉴

肯尼思·沃尔兹（Kenneth Waltz）[①]、戴维·鲍德温（David Baldwin）等[②]以及亚历山大·温特（Alexander Wendt）[③]等经典国际关系理论学者的研究主要着眼于国际体系的全局而不是子系统。自20世纪80年代开始，巴里·布赞（Barry Buzan）[④]、道格拉斯·莱姆克（Douglas Lemke）[⑤]和比约恩·海特（Björn Hettne）[⑥]等学者开始将现有的国际关系理论“缩小”到区域级别，将区域作为与国际体系并行的系统进行理论演绎，[⑦]为区域主义研究作出了积极贡献。二战结束后，区域主义实践逐渐成为国家间互动合作的重要平台和多边合作的一道亮丽风景线。但正如塔尼娅·博泽尔（Tanja A. Börzel）和托马斯·瑞斯（Thomas Risse）所指出的，区域主义研究的主要特征之一是不同的背景和时期区域主义对不同的人意味着不同的事物。[⑧]

日本专利局（JPO）长官宗像直子（Naoko Munakata）总结了东亚区域国际制度建立中的三个推动因素和三个阻碍因素。其中，推动因素主要是：（1）对区域外压力的防御性反应；（2）地区内国家为了促进事实上的一体化以及解决共同的挑战，想要拥有一个有效的合作制度的共同愿望；（3）区域内的竞争动态。阻碍因素主要是：（1）缺乏内聚性：发展阶段、

① Kenneth Waltz, *Theory of International Politics*, New York: McGraw-Hill, 1979.

② Baldwin David, ed., *Neorealism and Neoliberalism: The Contemporary Debate*, New York: Columbia University Press, 1993.

③ Alexander Wendt, *Social Theory of International Politics*, Cambridge: Cambridge University Press, 1999.

④ Buzan Barry, A Framework for Regional Security Analysis, in *South Asian Insecurity and the Great Powers*, Buzan Barry and Rizvi Gowher, eds., London: MacMillan, 1986.

⑤ Lemke Douglas, *Regions of War and Peace*, New York: Cambridge University Press, 2002.

⑥ Björn Hettne, “Globalization and the New Regionalism: The Second Great Transformation”, *Globalism and the new regionalism*, London: Palgrave Macmillan, 1999, pp.1-24.

⑦ Robert E.Kelly, “Security Theory in the ‘New Regionalism’”, *International Studies Review*, Vol.9, No.2, 2007, pp.197-229.

⑧ Tanja A.Börzel and Thomas Risse, “Introduction: Framework of the Handbook and Conceptual Clarifications”, *The Oxford Handbook of Comparative Regionalism*, 2016, pp.3-15.

政治体制、文化和宗教背景上的多样性；地区大国在历史上的敌对和政治上的竞争所形成的力量分散；(2) 地区对区域外力量的依赖性；(3) 东亚国家对体制化的犹豫不决，尤其是对迅速的、自上而下的制度表现出固有的怀疑。① 这些关于东亚区域国际制度建立中的推动因素和阻碍因素可以为理解东亚地区区域国际制度的特点提供一定借鉴。但整体上其主要是对单一制度的分析，对重叠的区域国际制度关注不足。

近年来，随着区域国际制度的不断增多，非洲、拉美等世界其他地区也不同程度出现了地区合作制度重叠性增多等现象。但目前学界对这些现象的经验积累和理论解释仍较少，只能在一些相对零星的研究成果中去按图索骥。具体而言，已有研究主要围绕地区合作制度重叠性增多的"合法性逻辑""功能性逻辑""权力逻辑"等展开。也有部分学者对区域国际制度重叠性增多的反面——"制度达尔文主义"进行了初步讨论。

1. 国际制度重叠性增多的"合法性逻辑"

这种理论观点认为，既有国际制度合法性不足是导致新的国际制度被建立的主要原因。建构主义者认为制度的健全性主要是制度的合法化和社会化效用的函数。② 斯蒂芬妮·霍夫曼（Stéphanie C. Hofmann）提出，制度如果失去有效性或合法性不足，各方就会寻求建立新的制度。③ 德特勒夫·诺尔特（Detlef Nolte）认为新的区域项目的兴起或区域内出现新的问题而现有制度无法充分解决的时候，新的制度将应运而生。④ 卡罗琳·费

① Naoko Munakata, "Has Politics Caught up with Markets? In Search of East Asian Economic Regionalism", *Beyond Japan: The Dynamics of East Asian Regionalism*, 2006, pp.130-132.

② M. Patrick Cottrell, "Legitimacy and Institutional Replacement: The Convention on Certain Conventional Weapons and the Emergence of the Mine Ban Treaty", *International Organization*, Vol.63, No.2, 2009, p.233.

③ Stéphanie C. Hofmann, "Why Institutional Overlap Matters: CSDP in the European Security Architecture", *JCMS: Journal of Common Market Studies*, Vol.49, No.1, 2011, p.105.

④ Detlef Nolte, "Latin America's new regional architecture: a cooperative or segmented regional governance complex?", *Robert Schuman Centre for Advanced Studies Research Paper, No. RSCAS* 89, 2014, p.16.

尔（Caroline Fehl）强调，国家在创建国际制度时不仅寻求实现某些工具目标，还追求制度合法性的获得。例如，国际刑事法院（ICC）的成立部分是为了弥补联合国国际法院的合法性不足。① 戴欣媛指出，新的制度能否取得成功主要取决于现有制度。在区域内制度高度合法化的地方，新的区域制度更难出现，出现以后也很难改写该地区的政治地理。相反，在区域制度没有能形成有效治理的地区，人们更希望推动成立新的制度，以此重塑地区政治和经济地理、改写区域治理结构。② 马修·斯蒂芬(Matthew D. Stephen）认为在制度的创始时刻，各方有更大的机会和条件为新的制度合法性作出必要的调整，以适应不断变化的环境对制度合法性的要求，而不是遵循已经制度化的现状。③ 制度的创始时刻为制度创新提供了可能性。④ 伊恩·赫德（Ian Hurd）认为缺乏合法性的制度需要通过增加物质诱导或强制性征收（coercive imposition）来补偿，这将增加制度的运营成本。⑤ 托马斯·弗兰克（Thomas M. Franck）认为合法性赤字会削弱制度的"遵守拉力"（compliance pull)，成员可能减弱对制度的支持和忠诚，甚至放弃该制度。⑥

---

① Caroline Fehl, "Explaining the International Criminal Court: A 'Practice Test' for rationalist and constructivist approaches", *European Journal of International Relations*, Vol.10, No.3, 2004, pp.374-375.

② Xinyuan Dai, "Who Defines the Rules of the Game in East Asia? The Trans-Pacific Partnership and the Strategic Use of International Institutions", *International Relations of the Asia-Pacific*, Vol.15, No.1, 2014, p.8.

③ Matthew D. Stephen, "Legitimacy Deficits of International Organizations: Design, Drift, and Decoupling at the UN Security Council", *Cambridge Review of International Affairs*, Vol. 31, No. 1, 2018, pp. 96-121.

④ Giovanni Capoccia and R. Daniel Kelemen, The Study of Critical Junctures: Theory, Narrative, and Counterfactuals in Historical Institutionalism", *World politics*, Vol. 59, No. 3, 2007, pp. 341-369.

⑤ Ian Hurd, "Legitimacy and Authority in International Politics", *International organization*, Vol. 53, No. 2, 1999, pp. 379-408.

⑥ Thomas M. Franck, *The Power of Legitimacy among Nations*, Oxford: Oxford University Press, 1990.

2. 国际制度重叠性增多的"功能性逻辑"

这种理论观点认为，新的合作制度成立主要是因为符合某种功能和需要。例如，制度主导国为了谋求地区霸权或制度内的中小国家试图通过多边的制度化合作约束大国。斯蒂芬·哈格德（Stephan Haggard）认为，不同的成员之间具有不同的利益，可能需要不止一个制度来满足不同的功能需求。①凯伦·阿尔特（Karen J. Alter）和索菲·莫尼耶（Sophie Meunier）指出，制度重叠的原因可能是遵循功能逻辑（functional logic），通过在问题领域之间创造溢出效应，旨在提高国际和地区联通性的效率。②斯蒂芬妮·霍夫曼等则提出，关于制度重叠的另一个动机可能是理解任何单一协议"战略模糊性"的产生。差异化的多边合作，为重叠的成员国提供了选择退出某些制度或在其他制度中推行其政策偏好的机会。③弗兰克·马修斯（Frank Mattheis）认为，非洲重叠的区域主义是非洲国家努力增加国家经济福利的副产品。④吴翠玲（Evelyn Goh）指出，作为中小国家构成的地区，东南亚通过"区域复杂平衡"（Regional Complex Balancing）来管理区域秩序。其中一个重要的环节是通过制度化来管理不同行为体之间的竞争。⑤

3. 国际制度重叠性增多的"权力逻辑"

这种理论观点认为，新的合作制度成立主要受到权力以及权力转移的驱动。现实主义者认为，国际制度是由强大的国家创建和维护的，以

① Stephan Haggard, "The Organizational Architecture of the Asia-Pacific: Insights from the New Institutionalism", in Kahler M., MacIntyre A., eds., *Integrating Regions: Asia in Comparative Context*, Stanford, C.A.: Stanford University Press, 2013.

② Karen J. Alter and Sophie Meunier, "The Politics of International Regime Complexity", pp. 13-24.

③ Stéphanie C. Hofmann and Frédéric Mérand, *Regional Organizations á la carte: the effects of institutional elasticity*, 2012, p.134.

④ Frank Mattheis, "Towards Bifurcated Regionalism: The Production Of Regional Overlaps In Central Africa", *The New Politics of Regionalism*, New York:Routledge, 2016, pp.57-71.

⑤ Evelyn Goh, "Great Powers and Hierarchical Order in Southeast Asia: Analyzing Regional Security Strategies", *International Security* , Vol. 32, No. 3, 2007, pp. 113-157.

促进国家利益。制度主要反映了强国的利益，因此制度变迁主要体现了权力格局的变化或系统内主要利益的内生变化。① 艾伦·弗罗斯特（Ellen L. Frost）强调，地缘政治因素可能因为成员之间的冲突和竞争推动建立不同的制度，尤其是存在霸权国家的背景下。② 阿瑟·斯坦（Arthur A. Stein）提出了时滞（time-lag）的概念，认为由于决策成本高昂以及国家不能持续评估其利益，有时制度中权力和利益发生变化后，制度可能并不会立即发生变化。③ 戴安娜·庞克（Diana Panke）和瑟伦·施塔珀尔（Sören Stapel）认为重叠区域主义的驱动力包括有限的权力差异。例如，美洲地区的权力差异在出现重叠的区域主义过程中显得必不可少。拉丁美洲国家希望抵消美国作为区域霸主的影响是引发该地区出现重叠的区域主义的原因。④ 布里吉特·魏芬等也认为，美国是美洲地区唯一的大国，美洲国家对美国的不信任，是该地区出现重叠的区域主义的一个重要原因。此外，巴西和委内瑞拉作为地区内的中等国家，为了扩大其影响力，在美洲地区推动建立了一些新的区域制度，也是美洲地区出现重叠的区域主义的原因之一。⑤

---

① Robert Gilpin, *War and Change in World Politics*, Cambridge: Cambridge University Press, 1981, p.14; S.Walt, *The Origins of Alliances*, New York: Cornell University Press, 1987; J. Grieco, "Anarchy and the Limits of Cooperation: A Realist Critique of the Newest Liberal Institutionalism", *International Organization,* Vol. 42, 1988, pp. 485-508; John J. Mearsheimer, "The False Promise of International Institutions", *International Security*, Vol. 19, No. 3, 1994, p.7; M. Patrick Cottrell, "Legitimacy and Institutional Replacement: The Convention on Certain Conventional Weapons and the Emergence of the Mine Ban Treaty", *International Organization*, Vol. 63, No.2, 2009, p.220.

② Ellen L. Frost, "Rival Regionalisms and Regional Order: A Slow Crisis of Legitimacy", *Special Report*, No. 48, 2014.

③ Arthur A. Stein, *Why Nations Cooperate: Circumstance and Choice in International Relations*, Ithaca, New York: Cornell University Press, 1990, p.51.

④ Diana Panke and Sören Stapel, "Exploring Overlapping Regionalism", *Journal of International Relations and Development*, Vol. 21, No. 3, 2018, pp. 635-662.

⑤ Brigitte Weiffen, Leslie Wehner and Detlef Nolte, "Overlapping Regional Security Institutions in South America: The Case of OAS and UNASUR", *International Area Studies Review* , Vol. 16, No. 4, 2013, pp. 370-389.

哈里森・卡伦加・姆维利马（Harrison Kalunga Mwilima）认为非洲重叠的区域主义是外部参与者推动区域建设的结果（例如欧盟寻求促进东非共同体建设）。① 张蕴岭指出，原本亚太要走向统合的区域经济一体化，建设自由与开放的区域大市场。在实际发展中，却呈现“多轮驱动”与“多向驱动”。② 安德鲁・杨（Andrew I. Yeo）认为，亚洲制度的非正式性质加上成员国之间区域主义的竞争愿景，使得该地区特别容易出现重叠的区域主义。③ 重叠的区域主义的驱动因素是物质和规范问题的结合(表 1)。其中，国际层面主要指各国建立或促进新的区域制度，以平衡或控制潜在区域竞争对手建立的其他制度的影响力。④

表 1　东亚地区区域国际制度重叠的决定因素

物质性	成员的功能需求和偏好
	地缘政治冲突和成员之间的竞争
	组织 / 制度的生存
	讨价还价失败，分配讨价还价的问题
规范性	区域的未来愿景 / 想法
	非正规性的体制和文化规范

资料来源：Andrew I. Yeo, “Overlapping regionalism in East Asia: Determinants and Potential Effects, ” *International Relations of the Asia-Pacific*, Vol.18, No. 2, 2018, p.168。

4. 国际制度重叠性增多的反面——“制度达尔文主义”

苏珊・斯特兰奇（Susan Strange）提出了为什么有些制度永远不会死

① Harrison Kalunga Mwilima, “Overlapping Regionalism in the East African Community” , ISA Conference Paper, 2015.

② 张蕴岭：《转变中的亚太区域关系与机制》，《外交评论（外交学院学报）》2018 年第 3 期。

③ Andrew I. Yeo, “Overlapping Regionalism in East Asia: Determinants and Potential Effects” , *International Relations of the Asia-Pacific*, Vol. 18, No.2, 2018, p.161.

④ Andrew I. Yeo, “Overlapping Regionalism in East Asia: Determinants and Potential Effects” , p.168.

亡的研究议题。[①] 罗伯特·基欧汉认为，制度的维持比建立更容易。[②] 托马斯·彭佩尔（Thomas J.Pempel）将某些制度的增强和其他制度的减少的现象称为“制度达尔文主义”（Institutional Darwinism），并认为东亚地区的大多数区域制度仍然体现的是个别国家的优先性，而不是多边主义的集体倾向，这使该地区在未来很可能会出现“制度达尔文主义”的现象。[③] 戴欣媛提出了“制度无政府状态”的类似概念，用以描述和回答“谁定义了亚太地区的游戏规则以及如何定义”。[④] 茱莉亚·格雷（Julia Gray）指出，根据活力的不同，制度被分为死亡（die off）、僵尸（zombies）、正常运行（alive and functioning）三类。[⑤] 阿瑟·斯坦认为，为了避免重复支付费用并面临不确定性，只要制度产生的收益超过维持的成本，国家通常会选择维持原有的制度，哪怕它不是最优的。[⑥] 梅特·埃尔斯特鲁普—桑乔瓦尼（Mette Eilstrup-Sangiovanni）则强调，国际制度还受到“锁定”效应的影响，放弃现有机构的政治和经济成本会随着时间的流逝而增加。他同时指出，20 世纪的地缘政治冲突在国际制度的死亡中起着重要作用。但冷战后，制度死亡和退出更可能是制度数量增多以后彼此之间的竞争驱动的。[⑦] 玛格

① Strange Susan, “Why Do International Organisations Never Die?”, in *Autonomous Policymaking by International Organizations*, 1998, pp.213-220.

② Robert O. Keohane, *After Hegemony*, Vol. 54, Princeton: Princeton University Press, 1984, p.102.

③ Thomas J. Pempel, “Soft Balancing, Hedging, and Institutional Darwinism: The Economic-security Nexus and East Asian Regionalism”, *Journal of East Asian Studies,* Vol. 10, No. 2, 2010, pp. 209-211.

④ Xinyuan Dai, “Who Defines the Rules of the Game in East Asia? The Trans-Pacific Partnership and the Strategic Use of International Institutions”, *International Relations of the Asia-Pacific*, Vol.15, No.1, 2014, pp.1-25.

⑤ Julia Gray, “Life, Death, or Zombie? The Vitality of International Organizations”, *International Studies Quarterly*, Vol.62, No.1, 2018, p.1.

⑥ Arthur A.Stein, *Why Nations Cooperate: Circumstance and Choice in International Relations*, Cornell University Press, 1990, pp.50-51.

⑦ Mette Eilstrup-Sangiovanni, “Death of International Organizations. The Organizational Ecology of Intergovernmental Organizations, 1815-2015”, *The Review of International Organizations*, 2018, pp.1-32.

丽特·凯克（Margaret Keck）和凯瑟琳·希金克（Kathryin Sikkink）从建构主义的视角认为，由于对规范性的改变被认为本质上是破坏性的或困难的，[①] 因此制度一旦建立就会保持相对稳定。奥兰·扬强调，国际社会成员之间相互依存度不断提高的普遍趋势使解散为不同目的而建立的合作制度变得越来越难。[②]

（四）国际制度重叠性增多的利弊影响

新自由主义者认为，制度可以“提供信息，降低交易成本，使承诺更可靠，建立协调的焦点，并且总体上促进互惠的运作”[③]。德特勒夫·诺尔特认为重叠的区域制度为成员国提供了“制度弹性”（Institutional elasticity），帮助其最大限度地降低零和政治的风险，减少直接讨价还价失败的可能。[④] 凯伦·阿尔特和索菲·莫尼耶质疑各国能否在制度复杂性中维持重叠的承诺。[⑤] 阿曼丁·奥西尼（Amandine Orsini）指出国际制度扩散形成的制度复杂性会给国际行为者增加谈判负担。[⑥] 斯蒂芬妮·霍夫曼强调，在一个政策领域中存在多个制度会增加资源的相对稀缺性。[⑦] 安斯

---

① Margaret Keck and Kathryin Sikkink, “Activists Beyond Borders”, Ithaca, New York: Cornell University Press, 1998.

② Oran R. Young, “Institutional Linkages in International Society: Polar Perspectives”, *Global Governance*, Vol.2, 1996, p.24.

③ Robert Keohane and Lisa Martin, “The Promise of Institutionalist Theory”, *International Security,* Vol. 20, No. 1, 1995, p. 42.

④ Detlef Nolte, “Costs and Benefits of Overlapping Regional Organizations in Latin America: The Case of the OAS and UNASUR”, *Latin American Politics and Society*, Vol.60, No. 1, 2018, pp.128-153.

⑤ Karen J. Alter and Sophie Meunier, “The Politics of International Regime Complexity”, pp.13-24.

⑥ Amandine Orsini, “The Negotiation Burden of Institutional Interactions: Non-state Organizations and the International Negotiations on Forests”, *Cambridge Review of International Affairs*, Vol.29, No. 4, 2016, pp.1421-1440.

⑦ Stéphanie C. Hofmann, “Overlapping Institutions in the Realm of International Security: The Case of Nato and ESDP”, *Perspective on Politics*, Vol. 7, No. 1, 2009, pp. 45-52.

利·凯洛（Aynsley Kellow）认为治理的分散和多个竞技场的存在可以提供各自优势和劣势的比较，从而使挑选法院（Forum Shopping）成为促进或阻碍多边协议发展的有利战略。① 丹尼尔·德莰纳（Daniel W. Drezner）认为制度重叠带来的复杂性增加了合作的机会成本，对国际合作产生了不良影响。相比中小国家，国际制度的复杂性可能更有利于强国。② 乔治·唐斯（George W. Downs）认为，制度碎片化为强国提供了更多的选择空间。③ 王明国指出，重叠的制度环境有利于美国等大国最大限度谋求自身利益。④ 劳伦斯·希弗（Laurence R. Helfer）则提出不同的意见，认为弱小的行为体与强国相比，同样可以在重叠的制度合作中受益。⑤ 安德烈斯·马拉默德（Andrés Malamud）和吉安·卢卡·加尔迪尼（Gian Luca Gardini）对拉丁美洲重叠的区域制度进行了研究，认为不同区域制度的成员在这些制度之间和制度内部推动形成了摩擦，从而导致区域关系出现了分裂而不是统一。⑥ 张蕴岭则指出，从合作的角度来看，有区域合作制度总比没有好，有个框架机制，各方可以聚在一起，可以见面和讨论，没有这样的机制各方可能就只有隔空喊话，直至针锋相对。⑦

---

① Aynsley Kellow, “Multi-level and Multi-arena Governance: The Limits of Integration and the Possibilities of Forum Shopping”, *International Environmental Agreements: Politics, Law and Economics*, Vol.12, No.4, 2012, pp.327-342.

② Daniel W. Drezner, “The Power and Peril of International Regime Complexity”, *Perspectives on Politics*, Vol.7, No.1, 2009, p.68.

③ George W. Downs, “Reputation, Compliance, and International Law”, *Journal of Legal Studies*, Vol.31, No.1, 2015, pp.95-114.

④ 王明国：《机制复杂性及其对国际合作的影响》，《外交评论（外交学院学报）》2012 年第 3 期。

⑤ Laurence R. Helfer, “Regime Shifting: The TRIPs Agreement and New Dynamics of International Intellectual Property Lawmaking”, *Yale Journal of International Law*, Vol.29, No.1, 2004, p.17.

⑥ Andrés Malamud and Gian Luca Gardini, “Has Regionalism Peaked? The Latin American Quagmire and its Lessons”, *The International Spectator*, Vol.47, No.1, 2012, pp.116-133.

⑦ 张蕴岭：《转变中的亚太区域关系与机制》，《外交评论（外交学院学报）》2018 年第 3 期。

在关于重叠的区域主义的既有研究中，相关学者对区域国际制度重叠性增多的利弊和影响同样未形成一致意见。戴安娜·庞克和瑟伦·施塔珀尔指出，重叠的区域主义可能将重叠的成员国置于相互冲突的规范和规则下，从而可能对区域制度的有效性产生负面影响。同时，重叠的区域主义也可能对个别区域一体化项目的有效性产生消极影响。① 安德鲁·杨则认为，东亚地区重叠的区域主义目前看是积极的。尽管他同时强调政策制定者必须考虑制度设计问题，以避免将区域架构引向一个促进制度竞争和长期区域竞争的方向。② 学者们相对取得的共识是：重叠的区域主义往往与国家之间的“竞争”相关，如果不是基于竞争的“目的”，就有可能会产生国家竞争的“结果”。例如，约亨·柏兰特（Jochen Prantl）指出，冷战后中国等新兴国家对既有全球秩序模式的不满与争论，导致全球和区域安排经常重叠，有时甚至是竞争。③ 皮亚·里吉罗齐（Pía Riggirozzi）和戴安娜·图西（Diana Tussie）则简明地指出，重叠的区域合作的出现是区域关系日趋紧张的体现。④

总的来看，既有研究均对冷战后湄公河地区加强制度化合作的努力予以了肯定，认为多边合作制度的建立和有效运行有助于该地区的繁荣与稳定。但从 1992 年至今，从学界对湄公河地区合作制度重叠性增多与关系互动的认知变化看，湄公河地区“合作制度拥堵”的问题已被广泛关注。对湄公河地区合作制度重叠性增多与关系互动的认知整体上呈现出合作性

---

① Diana Panke and Sören Stapel, “Exploring Overlapping Regionalism”, *Journal of International Relations and Development*, Vol.21, No.3, 2018, pp. 635-662.

② Andrew I. Yeo, “Overlapping Regionalism in East Asia: Determinants and Potential Effects”, pp.161-191.

③ Jochen Prantl, “Introduction: International Cooperation under Order Transition”, in *Effective Multilateralism*, London: Palgrave Macmillan, 2013, pp. 1-18.

④ Pía Riggirozzi and Diana Tussie, “The Rise of Post-Hegemonic Regionalism in Latin America”, in *The Rise of Post-Hegemonic Regionalism*, New York: Springer, 2012, pp. 1-16；Diana Tussie, “Latin America: Contrasting Motivations for Regional Projects”, *Review of International Studies*, Vol.35, No.S1, 2009, pp.169-188.

不断减弱、竞争性不断增强的线性趋势（图 2）。2015 年以后，伴随中国推动建立澜湄合作机制，对湄公河地区制度间关系互动的认知主要以澜湄合作以及中国在湄公河地区的角色为关注点。关于制度间竞争烈度的认知进一步增强。中国在被塑造成为湄公河地区制度竞争“四面出击”形象的同时，可能被误导成为其他合作制度展开竞争的“众矢之的”。甚至有较为极端的观点认为，由于中国在湄公河流域的权力不对称中处于霸权国地位，该地区的合作制度应该将“反对中国的霸权”作为各自的目标之一，形成某种反对中国的“合作”。①

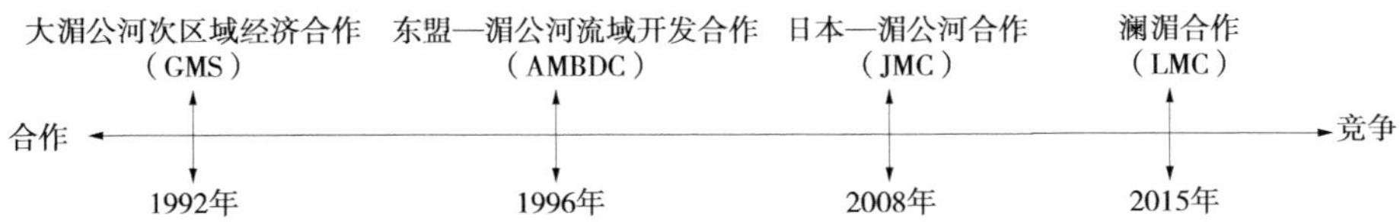

图 2　学界对湄公河地区国际制度竞合的认知变化

关于湄公河地区区域国际制度不断增多并形成竞争性互动的原因，以及澜湄合作机制成立的动因和影响，学界主要有“既有国际制度存在不足”和“国际制度主导权竞争”两类不同的观点，为理解湄公河地区重叠的区域国际制度产生的原因、背景等提供了重要的线索和启示，但也存在一些缺点和不足。“既有国际制度存在不足说”只能为新出现的合作制度提供解释，却没有回应“什么样的国际制度才令人满意”以及“评判的主体是谁”。不能回答在 20 多年的时间里，湄公河地区 10 余个区域国际制度陆续建立的过程中，为何一直没有建立起一个令各方均感到满意的制度。由于湄公河地区区域国际制度重叠性增多的一个主要特点是不同国际制度之间在成员与议题领域上的趋同，“既有国际制度存在不足说”也不能为该地区重叠的区域主义提供令人满意的解释。

① Marlen Rein, “Power Asymmetry in the Mekong River Basin: The Impact of Hydro-Hegemony on Sharing Transboundary Water”, *Vienna Journal of East Asian Studies*, Vol.8, No.1, 2017, pp.127-162.

"国际制度主导权、竞争说"将目光聚焦大国竞争，可以为解释地区外大国介入湄公河地区合作并建立排斥中国参加的区域国际制度的动因提供一定的解释。但却不能对泰国和越南等湄公河地区内国家建立的国际制度提供解释。尤其是，"国际制度主导权、竞争说"侧重于强调制度主导者的意图，对国际制度中重叠性成员国的角色与作用重视不足。无论是"既有国际制度存在不足说"还是"国际制度主导权、竞争说"，由湄公河地区中小国家组成的重叠的成员国，尤其是既是成员国又是制度领导国的越南和泰国都具有重要的角色作用。"国际制度主导权竞争"中，大国主导成立的国际制度也需要湄公河国家的协助与支持。区域国际制度的成立不仅需要有实力的领导国家提供公共产品，也需要相应的追随国家的支持和参与。尽管印度、美国、日本、中国等大国具有较强的国家实力，在湄公河地区主导成立或参与的合作制度数量却有限。大国及其竞争只是形成湄公河地区重叠性区域主义的部分原因。湄公河地区内中小国家作为重叠的成员国的角色、作用同样不应被忽视。在理解澜湄合作机制成立的动因时同样存在这个问题。正如泰国学者波温·布尼亚韦切温（Poowin Bunyavejchewin）指出，强调中国的角色和作用对于理解澜湄合作的形成有一定的启示意义，但这种解释还远不能令人满意，需要对其他参与主体的角色、动机等进行更加详尽的研究和分析。①

既有研究存在的不足表明，探析湄公河地区区域国际制度重叠性增多的动因与规律需要引入新的视角，尤其是加强对湄公河不同类型国家的角色、作用给予更多的关注和研究。泰国和越南传统上一直是湄公河地区具有重要影响力的中等国家。两国不仅是大国成立的区域国际制度中重要的重叠性成员，还分别成立了自我主导的区域国际制度。越南更是湄公河地区唯一主导成立两个区域国际制度的国家。因此，有必要进一步加强对越

① Poowin Bunyavejchewin, "The Lancang-Mekong Cooperation (LMC) Viewed in Light of the Potential Regional Leader Theory", p.61.

南和泰国的角色研究。

关于地区合作制度重叠性增多的既有经验与理论解释可以为理解湄公河地区合作制度重叠性增多的原因提供启示和借鉴。区域国际制度重叠性增多的“合法性逻辑”可以为湄公河地区“既有合作制度存在不足说”提供更加全面、深入的理论指导。地区国际制度重叠性增多的“功能性逻辑”可以为理解湄公河地区不同国家行为体，尤其是地区内中小国家的角色与作用提供有益视角。地区国际制度重叠性增多的“权力逻辑”可以为理解湄公河地区大国与中小国家之间的互动博弈提供借鉴。区域国际制度重叠性增多的反面——“制度达尔文主义”可以帮助启发思考湄公河地区合作制度重叠性增多的对立面，并更好地理解既有制度交错重叠的内在动力。但应强调，这些既有经验与理论解释也具有一定的局限性，只能部分帮助揭示湄公河地区区域国际制度重叠性增多的原因。且既有经验和理论解释具有较强的“地方性”和“特殊性”，与湄公河地区的情况既具有相似性，同时也有一定的差异性。例如，“合法性逻辑”中，既有国际制度合法性不足是导致新的国际制度成立的主要原因。但该理论未能说明什么程度的合法性不足会导致新的国际制度成立。同时，该理论也很难解释为何有的国际制度出现了持久的合法性缺陷却仍然没有被新的国际制度替代。正如马修·斯蒂芬所指出，合法性总是不完美的。① 此外，制度合法性缺陷如何随着时间的推移逐渐出现仍是一个令人困惑的问题。从本书的研究看，湄公河地区重叠的区域主义出现的时间尚短，部分国际制度是在较短的时间范围内密集建立的。例如，1999 年至 2004 年，成立了 4 个合作制度，2008 年至 2011 年成立了 3 个合作制度。既有合作制度是否存在合法性不足需要较长的时间进行观察和评估，这些新成立的国际制度显然很难说是因为既有国际制度的合法性不足。又如，拉丁美洲重叠的区域主义之间有

① Matthew D. Stephen,“Legitimacy Deficits of International Organizations: Design, Drift, and Decoupling at the UN Security Council”, *Cambridge Review of International Affairs*, Vol. 31, No.1, 2018, pp. 96-121.

一个突出的特征是“没有一个国家参与其中至少一半的国际制度”①，但在湄公河地区，泰国、越南、老挝、缅甸、柬埔寨五个国家几乎参与了所有的区域国际制度。可见，这些既有的经验和理论虽然可以为研究和发现湄公河地区重叠的区域主义出现的动因、内在规律提供启示和借鉴，但湄公河地区自身的特性表明，仍需要在既有研究的基础上进一步开展理论研究和案例检验。

对于重叠的区域主义的利弊，学界尚未取得一致看法。一般认为，重叠的区域主义主要有利于重叠的成员国，因为其向成员国提供了由竞争性的公共产品和政策选择组成的“制度商店”。对于参与合作制度数量较少的成员国来说则较为不利，因为这类国家在一些合作制度中被“排斥”，可能卷入区域主义的潜在竞争，被迫跟随支付更多的公共产品投入。对于具体合作领域的成效来说，一些人认为重叠的国际制度将在合作领域提供多种政策工具和治理路径，有利于提高治理成效。另一些人则认为，国际制度的重叠性扩散，将在议题领域形成“制度拥堵”，各个竞争性的国际制度之间相互掣肘，形成“意大利面碗现象”，降低了区域的治理成效。显然，区域国际制度中利益相关方甚多，不同的利益主体在区域主义重叠性扩散的过程中利弊是多元的，也是可变的。准确评估在什么程度上重叠的区域主义对单一利益主体或整个地区的利弊影响存在难以逾越的困难。因此，一些学者建议将合作制度大量增多的现象定义为“制度复杂性”(Institutional complexity)，仅致力于描述和评估“复杂性”，回避对利弊影响的性质判断。本书并不打算加入对合作制度数量增多后有利还是有弊的争论，而是试图探寻区域国际制度重叠性扩散的动因和内在规律。主要的研究任务在于对地区内外、不同规模的国家间，以及同一类型的国家之间在区域国际制度中的参与、互动策略进行系统梳理和评估。近年来，越来

① Andrés Malamud, “Overlapping Regionalism, No Integration: Conceptual Issues and the Latin American Experiences”, *Politica Internacional*, 2019, pp. 46-59.

越多的国际关系（IR）研究转向对区域权力和区域竞争的分析。① 现实主义思想正在积极响应这种“区域转向”，重新审视了权力平衡的概念，无论是古典形式的“硬”平衡，还是新版本的“软”平衡② 或“制度”平衡。③ 现实主义的研究路径，对于区域国际制度以及区域主义研究来说，都展现出较好的适应性和研究潜力。

① Federico Merke, “Neither Balance nor Bandwagon: South American International Society Meets Brazil’s Rising Power”, *International Politics*, Vol. 52, No. 2, 2015, pp. 178-192.

② Robert A.Pape, “Soft Balancing Against the United States”, *International security*, Vol. 30, No. 1, 2005, pp. 7-45.

③ Kai He, “Institutional Balancing and International Relations Theory: Economic Interdependence and Balance of Power Strategies in Southeast Asia”, *European Journal of International Relations*, Vol. 14, No. 3, 2008, pp. 489-518.

第一章　地位困境、制度互动与重叠的区域主义

一山不藏二虎

——欧阳山：《三家巷》

从对既有文献的梳理可以看出，区域内外国家在湄公河地区对区域国际制度的主导权竞争是该地区重叠的区域主义表现出来的一个主要现象。但同时，正如文献综述中所指出的，主导权竞争的视角具有大国路径的惯性偏好，对湄公河地区内中小国家的角色与作用重视不足。不能解释为什么这些区域国际制度没有因为主导权竞争出现“制度达尔文主义”，即部分制度的合并、退出和消亡。该解释路径尤其不能解释为什么在湄公河地区相对狭小的范围内，在区域国际制度建立的成本很高、制度收益有限的背景下，相关国家为何还要积极参与主导权竞争。这些“困惑”启发和推动本章在借鉴前人研究成果的基础上，提出了“地位困境、制度互动与重叠的区域主义”的理论分析框架。具体而言，本部分将遵从国家间关系维度的路径首先对参与区域主义合作的国家进行分类，追踪和研究参与地区合作的国家之间出现“地位困境”的来源，观察相关国家通过“制度互动”对地位困境进行应对的效应，分析和研判制度互动的归宿与重叠的区域主义之间的内在关系和规律。

第一节 国家的分类

对国家进行合理的分类是研究其参与地区合作的角色与作用以及国家间关系的第一步。本书建议主要采取两大分类标准。第一个分类标准是依据地区给定的天然特性，将参与区域主义合作的国家分为：地区内国家、地区外国家。此举并不是暗示或鼓励“封闭的地区主义”，而是承认客观上地区外国家和地区内国家在参与地区合作的能力、意愿等方面具有明显的不同。一般而言，地区外国家具有较强的国家实力，参与地区合作主要以“援助”的形式进行，意图相对多元化。第二个分类标准是依据国家实力的不同，将参与区域主义合作的国家分为：大国、中等国、小国。这样的分类标准并不是鼓励在国家之间树立权威的“等级”，从而与“国家主权平等”的国际法原则相违背，或进一步强调大国角色作用的重要性。而是承认客观上不同综合实力的国家参与区域主义合作的能力、利益偏好亦有所不同。正如罗伯特·凯利（Robert E. Kelly）所强调“地区已经拥有比我们想象的更多的自治权”，只对大国感兴趣是一种系统性偏见。需要在大国视角外，加强对中小国家的手腕策略（gamesmanship）等技术手段的考察。① 基于不同的地区身份和国家能力，不同类型的国家之间形成地位困境的来源、表现与应对均不同，在推动形成重叠的区域主义中的角色作用也不同。

一、基于地区内外的国家身份识别

在具体的分类和界定中，对于地区内外国家的辨别、分类相对容易，主要基于相关国家的地理位置便可完成。例如，位于美洲地区的美国显然

① Robert E. Kelly, “Security Theory in the ‘New Regionalism’”, *International Studies Review*, Vol.9, No. 2, 2007, pp.197-229.

不位于亚洲东南部也不位于亚洲南部，因此也就不属于东南亚地区内国家或南亚地区内国家，只能属于东南亚和南亚的地区外国家。同样，也不能把位于亚洲的中国视为非洲地区内国家或拉丁美洲内国家。根据这个分类，可以清晰界定出，在参与湄公河地区合作的国家中，中国、缅甸、泰国、老挝、柬埔寨、越南六个国家属于湄公河地区内国家(表 1.1)。美国、日本、印度、韩国属于湄公河地区外国家。

表 1.1　湄公河地区内国家流域水文分布

河道	左岸（%）	右岸（%）	合计（%）
中国	16		16
中国—泰国清盛（Chiang Saen）	1	3	4
泰国清盛（Chiang Saen）—老挝琅勃拉邦（Luang Prabang）	6	2	8
老挝琅勃拉邦（Luang Prabang）—老挝万象（Vientiane）	1	2	3
老挝万象（Vientiane）—泰国那空帕侬（Nakhon Phanom）	18	4	22
泰国那空帕侬（Nakhon Phanom）—泰国莫达汉府（Mukdahan）	3	1	4
泰国莫达汉府（Mukdahan）—老挝巴色（Pakse）	4	6	10
老挝巴色（Pakse）—柬埔寨茶胶（Kratie）	22	2	24
洞里萨湖（Tonle Sap）	9		9
总计	80	20	100

注：湄公河总流量的比例贡献是按河段计算的年平均流量，区分了左岸和右岸支流系统的流量。资料来源：“Hydrology”，Mekong River Commission，http://www.mrcmekong.org/mekong-basin/hydrology/, 2019-08-01。

需要说明的是，建构主义者认为思想、规范和身份在地区主义中扮演着至关重要的角色。这些要素通过对目标和结果的共同理解来塑造期望并促进合作。[①] 区域身份与地区本身一样，都不是给定的或不变

① Amitav Acharya, “Comparative Regionalism: A Field Whose Time Has Come?” , *The International Spectator*, Vol. 47, No. 1, 2012, pp.3-15.

的。[①]本书同样重视身份的地位和作用。但与建构主义理论观点不同的是，本书认为区域身份是给定或相对难以改变的。美国、日本、印度、韩国等地区外国家在湄公河地区主导成立的区域国际制度本身虽然属于湄公河区域合作的一部分，这些国家却不能因为在湄公河地区建立或参与了区域国际制度，就相应成为湄公河地区内国家。

二、基于规模大小的国家身份识别

政治地理学家一般认为，区域是由大国定义的。无论是卡赞斯坦使用的“帝国”和“核心国家”，还是布赞等使用的“超级大国”“大国”和“地区大国”，都表明中小国家并不能参与和决定地区的关系结构。阿查亚对这种观点并不赞同，他认为地方（由中小国家组成）对权力的反应在地区秩序的构建中可能更为重要。区域如何抵抗和 / 或社会化权力至少与权力如何建立和管理区域一样重要。[②]东盟是由中小国家构成的，却成功地对国家间冲突和大国行为实施了限制性影响。[③]大国和中小国家在区域主义合作中的角色与作用虽然在类型和程度上有一定的区别，但都应予以重视。这也是开展区域主义研究的基本前提。20 世纪 50 年代以来，学术界就对国家规模的概念化问题展开了研究和辩论。[④]

不同于地区内外的国家身份识别，基于国家规模大小的身份识别虽然

---

① Peter J. Katzenstein, *A World of Regions: Asia and Europe in the American Imperium*, New York: Cornell University Press, 2005, p.76.

② Amitav Acharya, “The Emerging Regional Architecture of World Politics”, *World Politics*, Vol. 59, No. 4, 2007, pp.629-652.

③ Amitav Acharya, “Contingent Socialization in Asian Regionalism”, *Integrating Regions Asia in Comparative Context*, 2013, p.224.

④ Jack Corbett, Xu Yi-Chong and Patrick Weller, “Small States and the ‘Throughput’ Legitimacy of International Organizations”, *Cambridge Review of International Affairs,* Vol. 31, No. 2, 2018, pp.183-202.

是一项重要的研究工作，但在概念界定的规范性和权威性以及实际分类的可操作化等环节均面临较大的困难和挑战。分歧的焦点主要是：国家应该分为几类？如何科学合理地对其进行界定？

从国际体系的角度，基欧汉将国家分为四种类型：系统决定型（system-determining）、系统影响型（system-influencing）、系统扰动型（system-affecting）和系统无效型（system-ineffectual），分别对应超级大国、次要国家、中等国家、小国。在基欧汉看来，小国的政策行为常被认为受结构决定。中等国家相比小国享有更多的政策空间，但缺乏大国那样在军事强制和经济制裁外交方面的物质能力。① 但正如佩特曼（Ralph Pettman）所指出的，基欧汉对国际体系中不同国家的分类中，系统影响型、系统扰动型国家之间的关系存在歧义。② 尽管如此，从体系层面将国家分为四类还是逐渐被相关学者采用和发展。戴维·马拉斯（David R. Mares）将国际社会中不同规模的国家分为四类：超级大国、大国、中等国、小国。③ 特里格夫·马蒂森（Trygve Mathisen）也将国家分为四类：超级大国、以前的大国（例如英国）、新的中间大国（例如巴西、土耳其）和小国。④

从国际体系的角度将国家分为四类具有一定的合理性。但对全球大部分地区来说，国家数量相对有限，分类的层次并没有四类。同时，尽管超级大国倾向于介入和影响世界各个地区的事务，以预防新的超级大国的崛起。但由于地理距离限制，超级大国的力量投射能力在不同的地区会有相

① Robert O. Keohane, "Lilliputians' Dilemmas: Small States in Internatinal Politics", *International Organization*, Vol. 23, No. 2, 1969, pp.291-310.

② Ralph Pettman, "*Small Power Politics & International Relations in South East Asia*", Rinehart Holt & Winston, 1976.

③ David R. Mares, "Middle Powers Under Regional Hegemony: To Challenge or Acquiesce in Hegemonic Enforcement", *International Studies Quarterly,* Vol. 32, No. 4, 1988, p.456.

④ Trygve Mathisen, "*The Functions of Small States in the Strategies of the Great Powers*", Universitetsforlaget, 1971.

应减损和抵消。此外，在超级大国所在的地区，往往缺少其他全球性大国的存在。为了不招致超级大国的敌对，其他大国在超级大国自身所在的地区也很少成立自我主导的区域国际制度。如果有，相关合作也是松散和象征意义的。超级大国在形成过程中还可能通过兼并、殖民等行为，使小国的国家类型难以在其毗邻地区存续。因此，从地区的范畴看，将国家分为大国、中等国、小国三类是适宜的。

（一）大国

肯尼思·华尔兹认为，对国家大小进行类型划分常常面临比较的困难和标准的制定。但从历史上看，人们对于某一时期哪些国家应被视为大国一直持有相对一致的观点。① 柯林斯词典将大国（great power）定义为“具有非凡的政治影响力、资源和军事实力的国家”。② 雷蒙·阿隆（Raymond Aron）、约翰·米尔斯海默（John J. Mearsheimer）、赫德利·布尔（Hedley Bull）等指出，大国是具有足以与任何其他国家抗衡的军事能力的国家。③ 丹尼尔·弗拉梅斯（Daniel Flemes）等认为，大国是在地区和全球范围内具有广泛存在和议程设定能力的国家。④ 巴里·布赞在《美国和诸大国：21 世纪的世界政治》一书中，将大国进一步划分为超级大国、大国和地区大国三类。⑤

---

① [美]肯尼思·华尔兹：《国际政治理论》，信强译，上海人民出版社 2008 年版，第 139 页。

② “Definition of ‘Great Power’”, Collins 2020, https://www.collinsdictionary.com/dictionary/english/great-power.

③ Raymond Aron, *Peace and War: A Theory of International Relations*, Garden City: Doubleday & Company, 1966, p. 83; John J. Mearsheimer, *The Tragedy of Great Power Politics*, New York: Norton, 2001, p.5；Hedley Bull, *The Anarchical Society: A Study of Order in World Politics*, Basingstoke and New York: Palgrave, 2002, pp. 194-196.

④ Daniel Flemes and Steven E. Lobell, “Contested Leadership in International Relations”, *International Politics*, Vol. 52, No. 2, 2015, pp.139-145.

⑤ [英] 巴里·布赞：《美国和诸大国：21 世纪的世界政治》，刘永涛译，上海人民出版社 2007 年版，第 70—74 页。

国际政治研究长期具有大国倾向，对大国的定义引起的争议也相对最少。一般倾向于认为，大国需要在人口、领土面积、经济和军事实力等方面具有突出的地位，这种地位被全球大部分国家所认可。从联合国会员国的角度，将安理会常任理事国定义为大国也是相对便捷和权威的方式。

由于对大国的定义具有更好的权威性，兰德尔·施维勒（Randall L. Schweller）建议将国家根据实力大小的不同，划分为极大国（poles great powers）和次级大国（second-ranking great powers）两类。① 亚当·查普尼克（Adam Chapnick）也将大国作为对其他类型国家进行定义的基准，认为大国可以被理解为无论情况如何都具有国际影响力的国家，小国是那些不能施加实际影响力的国家，中等国家则是指那些在一定的地理和专业领域具有影响力的国家。② 卡斯滕·霍尔布莱德（Carsten Holbraad）指出，中等国家是一种关系性概念，从某种意义上说，它是参照系统的其他类别，尤其是大国的类别进行定义或描述的。③

（二）中等国

如果仅需要将国家分为两类，即大国和小国，那么定义标准的制定是相对容易的，采取排除法将大国以外的国家均视为小国即可。但在实践中，越来越多的学者强调了“二分法”的局限性，指出有一类国家在行为模式、功能特点等方面既不像大国，也不像小国。一些国家政府也越来越不满自己的国家被定义为小国。例如，戴维·米特兰尼（David Mitrany）为将中等国家的概念引入国际关系领域作出了开创性的工作。他在 20 世

---

① Randall L. Schweller, “Tripolarity and the Second World War”, *International Studies Quarterly*, Vol.37, No.1, 1993, pp.75.

② Adam Chapnick, “The Middle Power”, *Canadian Foreign Policy Journal*, Vol. 7, No. 2, 1999, pp.73-82.

③ Carsten Holbraad, *Middle Powers in International Politics*, New York: Springer, 1984.p.42.

纪30年代指出，传统上国际社会仅由两级国家力量组成：大国和小国。但一些小国正在变得更加强大。因此他建议通过新的分级方案来承认这些国家的实力。① 罗伯特·亚历山大·麦凯（Robert Alexander Mackay）认为中等国家的标签最早是由加拿大总理麦肯齐金在1946年关于战后国际秩序的议会演讲中创建的，他在演讲中坚持加拿大扮演了“中等强国”的角色。②

安德鲁·库珀（Andrew F. Cooper）认为，中等国家由于资源有限，倾向于将资源集中在能够产生有价值回报的特定领域而不是试图覆盖多个领域，即通过生态位外交（niche diplomacy）解决特定问题。③ G.P. 格拉兹布鲁克（G. Det. Glazebrook）强调中等国家之间倾向于支持国际多边活动。④ 莱斯特·皮尔森（Lester B. Pearson）认为中等国家在国际社会经常以“调解人”的身份出现。⑤ 安德鲁·库珀、理查德·黑格特（Richard A. Higgott）和金·理查德·诺萨尔（Kim Richard Nossal）认为中等国家具有三个倾向：一是寻求国际问题多边解决方案；二是在国际争端中采取折中立场；三是接受良好国际公民身份的观念以指导其外交。⑥ 库珀强调中等国家不仅基于规范性和定量属性，更基于独特的治国方略（mode of statecraft）。这种治国方略主要由三个方面组成：建立

---

① David Mitrany, “*The Progress of International Government*”, New Haven: Yale University Press, 1933.

② Robert Alexander Mackay, “The Canadian Doctrine of the Middle Powers”, *Empire and Nations: Essays in Honour of Frederic H. Soward*, 1969, pp.133-143.

③ Andrew F. Cooper, “Niche Diplomacy: Middle Powers After the Cold War”, New York: Martin’s Press, 1997, pp. 8-14.

④ G. Det. Glazebrook, “The Middle Powers in the United Nations System”, *International Organization*, Vol. 1, No. 2, 1947, p.308.

⑤ Lester B. Pearson, “Canada’s Role as a Middle Power”, in J. King Gordon ed., *Canada’s Role as a Middle Power*, Toronto: Canadian Institute for International Affairs, 1966, p.204.

⑥ Andrew F. Cooper, Richard A. Higgott and Kim Richard Nossal, “*Relocating Middle Powers: Australia and Canada in a Changing World Order*”, Vol. 6. UBC Press, 1993, p.19.

联盟和促进合作、提供创业型领导（entrepreneurial leadership）、充当催化剂和促进者。[①] 路易斯·贝朗格（Louis Bélanger）和戈登·梅斯（Gordon Mace）指出，中等国是指有意愿和能力表现出相应行为模式的国家。[②]

（三）小国

在19世纪初期，小国被简单地理解为“不是大国的国家”。小国这个概念本身没有任何意义，其定义被认为是相对意义上的。小国本质上是一个国家与大国关系的简写。[③] 但这样的分类过于笼统和模糊，弱化了其分析价值。比如在国际体系中大部分国家都比中国小，但中国与这些国家的关系显然不能都归为大国与小国互动的视角。也就是说，一个国家小于中国，不能等同于它是一个小国。[④]

小国与脆弱性。詹姆斯·罗斯诺（James N. Rosenau）根据资源尤其是军事资源以及国家对国际体系的依赖程度来确定国家规模，认为较小的国家因为资源禀赋较少对国际体系的依赖性较高。[⑤] 大卫·维塔尔（David Vital）认为小国更容易受到外界压力并经常面临有限的选择权以

---

① Andrew F. Cooper, “Niche Diplomacy: A Conceptual Overview”, *Niche Diplomacy*, London: Palgrave Macmillan, 1997, pp.1-24.

② Louis Bélanger and Gordon Mace, “Middle Powers and Regionalism in the Americas: The Cases of Argentina and Mexico”, *Niche Diplomacy*, London: Palgrave Macmillan, 1997, p.167; Louis Bélanger and Gordon Mace, “Building Role and Region: Middle States and Regionalism in the Americas”, *The Americas in transition: The contours of regionalism*, 1999, p.153.

③ Erling Bjol, “The Small State in International Politics”, in *Small States in International Relations*, August Schou and Arne Olav Brundtland, eds., New York: Wiley & Sons 1971.

④ Kuik Cheng Chwee 将这类国家描述为“更小的国家”(smaller states)，而不是小国（small states)。参见 Cheng-Chwee Kuik, *Smaller States' Alignment Choices: A Comparative Study of Malaysia and Singapore's Hedging Behavior in the Face of a Rising China*, The Johns Hopkins University, 2010。

⑤ James N. Rosenau, “Pre-theories and Theories of Foreign Policy”, *Approaches to Comparative and International Politics*, 1966, p.47.

实现自己的目标，在面临国际体系施加的压力时小国别无选择。① 卡萨布（Hanna Samir Kassab）对小国脆弱性更强的观念提出了挑战，辩证地指出弱国一定是小国，但小国不一定是弱国。② 罗伯特·罗斯坦（Robert L. Rothstein）强调，将小国定义为“弱势集团”的传统定义无法解释小国在世界政治中所发挥的影响力。③ 珍妮·埃（Jeanne A. K. Hey）认为尽管卢森堡很小，但在经济上却胜过欧盟（EU）的一些大国，此外在多个欧盟机构中卢森堡也享有较好的外交声誉和实际影响力。④ 庄伟强（Alan Chong）指出，尽管新加坡是一个典型的小国，但其在经济、治理能力、地区外交与冲突斡旋等诸多方面均具有较强的影响力和软实力。⑤ 总体上，“脆弱性”的定义方式被认为具有较强的主观性，对于准确理解小国的内涵作用有限。

小国与可量化分类标准。大卫·维塔尔将国家的规模与人力、物力、经济、社会发展水平以及地理位置作为定义小国可量化的分类标准。⑥ 联合国训练研究所（UNITAR）建议，人口规模可以是国家规模的主要决定因素，并将拥有 15 万至 100 万居民的国家定义为小国。⑦ 世界银行和英

---

① David Vital, *The Inequality of States: A Study of the Small Power in International Relations*, Clarendon Press, 1967.

② Hanna Samir Kassab, *Weak States in International Relations Theory: The Cases of Armenia, St. Kitts and Nevis, Lebanon, and Cambodia*, New York: Springer, 2015.

③ Robert L. Rothstein, *Alliances and Small Powers*, New York: Columbia University Press, 1968, p.21.

④ Jeanne A. K. Hey, “Luxembourg’s Foreign Policy: Does Small Size Help or Hinder?”, *Innovation: The European Journal of Social Science Research*, Vol. 15. No. 3, 2002, pp.211-225.

⑤ Alan Chong, “Small State Soft Power Strategies: Virtual Enlargement in the Cases of the Vatican City State and Singapore”, *Cambridge Review of International Affairs*, Vol. 23, No. 3, 2010, pp. 383-405.

⑥ David Vital, *The Inequality of States: A Study of the Small Power in International Relations*, Clarendon Press, 1967.

⑦ Thearith Leng, “Small State Diplomacy: Cambodia’s Foreign Policy Towards Vietnam”, *The Pacific Review*, Vol. 30, No. 3, 2017, pp. 328-347.

联邦（WB-CW）依靠150万及以下的人口门槛来划定一个小国。根据这个标准，亚洲地区只有3个小国：不丹、文莱、马尔代夫。① 玛丽·尤金尼娅·查尔斯（Mary Eugenia Charles）将小国定义为人口为100万及以下的国家。② 联合国小国论坛（United Nation' s Forum of Small States）将1000万及以下人口作为定义小国的门槛。③ 北京大学的韦民教授对小国定义的学术争论及内在逻辑进行了系统梳理，指出小国概念讨论“混乱的现状、复杂性和不确定性着实令人头痛和沮丧”，④ 建议将小国界定为人口规模为1000万以下的主权国家。⑤ 定量化的积极尝试为定义小国提供了较为清晰和可操作化的标准，但由于世界人口的持续增长，临界值的设定需要随时间进行修改，使人口规模的定义标准同样容易受到怀疑。克里夫·阿彻尔（Clive Archer）、艾莉森·贝尔斯（Alyson JK Bailes）和安德斯·威维尔（Anders Wivel）认为通过可量化指标定义国家规模对于发现小国的实际挑战和机遇没有多大用处。⑥

小国与心理认知。珍妮·埃（Jeanne AK Hey）强调了小国定义中的心理认知维度，认为如果一个国家的人民和机构通常将自己视为小国，或其他国家的人民和机构将其视为小国，则这个国家可以考虑被定义为小国。⑦ 然而，由于国家观念具有异质性和可变性以及信息的不对称性，心

① “The World Bank In Small States”, World Bank, https://www.worldbank.org/en/country/smallstates/overview, 2019-08-01; “Small States”, Commonwealth Secretariat, https://thecommonwealth.org/small-states, 2019-08-01.

② Mary Eugenia Charles, *A Future for Small States: Overcoming Vulnerability*. Commonwealth Secretariat, 1997.

③ Hoo Tiang Boon and Charles Ardy, “China and Lilliputians: Small States in a Big Power's Evolving Foreign Policy”, *Asian Security*, Vol. 13, No. 2, 2017, p.119.

④ 韦民：《小国与国际关系》，北京大学出版社2014年版，第57页。

⑤ 韦民：《小国与国际关系》，北京大学出版社2014年版，第51页。

⑥ Clive Archer, Alyson JK Bailes and Anders Wivel, eds, *Small States and International Security: Europe and Beyond*. New York:Routledge, 2014.

⑦ Jeanne AK Hey, “Small State Foreign Policy”, *Small States in World Politics: Explaining Foreign Policy Behavior*, 2003, p.185.

理认知的方法也有相应的不足。例如，在一个国家内部持民族主义立场的人和机构看来，该国不是一个小国。而在持悲观主义、对国家实力持谨慎态度或韬光养晦的人看来，自己的国家就是一个处于发展中的小国。同理，他国民众、机构对别国的国家实力定位也有多样化的心理认知。更何况国家实力处于不断的发展中，在某一时段属于小国的国家，通过持续发展可能在下一时段就演化为了一个中等国。

总的来看，确定地区国家的分类层次后，如何对每个层次类型的国家进行科学合理的界定成为新的难题。以小国的定义为例，相关学者甚至认为自 20 世纪 60 年代后期以来，围绕定义的争论已经成为小国研究的核心。① 罗伯特 · 舒坦梅兹（Robert Steinmetz）和安德斯 · 威维尔（Anders Wivel）沮丧地指出，“现在，和过去一样，对小国的研究受到缺乏累积见解和连贯辩论的困扰”。缺乏关于小国的知识累积与关于小国的定义的缺乏直接相关。② 汤姆 · 朗（Tom Long）认为关于定义小国长达半个多世纪的辩论产生了比共识更多的分裂。③

究其原因，既有关于大国、中等国、小国分类标准的讨论，争论的焦点和困境主要体现在三个方面。

一是可量化的分类标准的科学性与可操作性之间的矛盾。通过制定可量化的分类标准显然有助于研究工作的科学性和规范性，这种分类方法一直是学者们孜孜不倦努力的方向。但在实践中往往会遇到标准的科学性以及可操作性的难题。卡斯滕 · 霍尔布莱德（Carsten Holbraad）强调了国民生产总值作为国家排名标准的效用，因为它体现了构成权力的

---

① Tom Long, “It’ s Not the Size, It’ s the Relationship: From ‘Small States’ to Asymmetry”, *International Politics,* Vol. 54, No.2, 2017, pp.144-160.

② Robert Steinmetz and Anders Wivel, eds., *Small States in Europe: Challenges and Opportunities*. Ashgate Publishing, Ltd., 2013.

③ Tom Long, “It’ s Not the Size, It’ s the Relationship: From ‘Small States’ to Asymmetry”, pp.144-160.

大多数变量，包括人口、地区、地点(location)、资源、组织和领导力。[①]拉尔夫·埃莫斯（Ralf Emmers）和萨拉·特奥（Sarah Teo）认为对国家的定量分类涉及根据可衡量的指标对其进行排名，例如国内生产总值(GDP)、人均国内生产总值、人口和军费支出。根据这些排名，国家可以被分为大国、中等国和小国。据此，他们二人将测量中等国家的指标调整为人口规模、地理区域、军费开支、国内生产总值、人均国内生产总值、贸易占国内生产总值的百分比以及出生时的预期寿命。[②]但在具体的实践过程中，相关指标选取的科学性、有效性、全面性、可获取性仍会受到质疑。

二是标准的相对性与定义的准确性之间的矛盾。例如，有学者指出，一个国家只有与另一个更大的国家相比才能显示它是小国。[③]重要的不是绝对意义上的大小，而是相对意义上的国家间关系。从不对称的视角观察不同规模类型的国家间关系会更有效。对小国的概念化应重点关注不对称关系的动态变化，而不是追求对小（或弱）国的绝对定义。[④]马蒂亚斯·马斯（Matthias Maass）认为小国的定义是难以捉摸的，不容易对其进行有说服力的概念化。[⑤]借鉴权力不对称的二元关系方法界定相对的小国可以避免因追求界定绝对意义的小国可能遇到的困难和混淆。但也应注意，在国际体系中很难找到两个国家的权力大小是完全一致的。相对的大和小在国家之间是一个普遍现象。在这种情况下，显然不能将两

① Carsten Holbraad, *Middle Powers in International Politics*, New York:Springer, 1984.p.78.

② Ralf Emmers and Sarah Teo, "Regional Security Strategies of Middle Powers in the Asia-Pacific", *International Relations of the Asia-Pacific*, Vol.15, No.2, 2014, pp.185-216.

③ Erling Bjol, "The Small State in International Politics", *Small States in International Relations*, 1971, pp.29-37.

④ Tom Long, "It's Not the Size, It's the Relationship: From 'Small States' to Asymmetry", pp.144-160.

⑤ Matthias Maass, "The Elusive Definition of the Small State", *International Politics*, Vol.46, No.1, 2009, pp. 65-83.

个国家实力差别不够大的国家视为不同类型的国家。可见，在关于国家类型的定义中，确定将权力类别分开的指标及相应的阈值仍具有重要的意义。

三是对功能、行为模式的强调与重言式定义之间的矛盾。在对中等国和小国的定义中，许多学者都尝试通过中等国和小国在国际社会的功能定位、行为特点对其进行定义。正如戴维·维塔尔所指出，不同类型的国家具有自身不同的功能和特点，而不仅是权力大小的不同。①但是基于功能和行为模式的分类标准，却容易演变成为重言式定义。劳拉·内克（Laura Neack）在对中等国家的定义方法进行评价时指出，基于功能和行为的方法并没有成功地开发出中等国家的内部属性，捕获大多数观察者认为应该被概念涵盖的外部指称。例如，作为多边主义的支持者，或者作为联盟的建设者，并不是中等国家所独有的。②

可以预见，体系层面对大国、中等国、小国分类标准的制定及其操作化的争论还将持续下去。对全球近200个国家进行适当的分类是重要但却困难的。各种分类标准还将长期争鸣。对于地区层面来说，由于国家数量较少，分类体系的建立所面临的困难相较而言可以被大大纾解。尽管如此，试图通过既有分类体系中的单一方法进行国家分类同样会遇到难以克服的困难，在权威性和有效性方面也会受到质疑。因此，本书在既有方法体系的基础上，通过取长补短，尝试对地区层面的国家分类标准提出三点建议：(1）采取领土面积、人口总数、国内生产总值、人均国内生产总值、军费支出的世界排名进行综合衡量，只要一个国家有两项数值同时进入世界排名前10，该国即被认为是大国。未达到该标准的国家，只要有两项数值同时进入前50，该国即被认为是中等国。未达

① David Vital, “The Analysis of Small Power Politics”, *Small States in International Relations*, 1971, pp.24-25.

② Laura Neack, “Searching for Middle Powers”, *Oxford Research Encyclopedia of Politics*, 2017.

到前两项标准的国家为小国。(2) 采取功能、行为模式以及相对关系的辅助分类标准，为地区合作提供协调、公共产品的国家可以是大国和中等国，但不是小国。参与中等国家主导的合作制度并接受援助的一般被划分为小国。(3) 采取心理认知和行为期望的辅助分类标准，如果一个国家的政府多次在国际场合宣示自己的国家身份，无论是大国、中等国还是小国，均认定该国为相应的国家类型。同理，一个国家在国家社会多个国家、国际机构的官方场合、文件中被认定为某一类型的国家身份，无论是大国、中等国还是小国，均认定该国为相应的国家类型。当三个分类标准有冲突时，优先性分别是（3）＞（2）＞（1）。此外，当一个国家符合三个分类标准中的两个及其以上标准时，则认定该国符合这一类型的国家分类。

具体到参与湄公河地区合作的10个国家，通过比较国家实力基本情况（表1.2），中国、美国、日本、印度在领土面积、人口总数、国内生产总值、人均国内生产总值、军费支出中均有两项及以上的指标进入世界排名前10，在功能、行为模式以及相对关系上四国均为湄公河地区合作制度化合作提供公共产品。四国自身以及国际社会在心理认知和行为期望上均将其定义为大国。因此，在基于国家规模大小的身份识别中，中国、美国、日本、印度是湄公河地区无可争议的大国。韩国在三个分类标准中均属于中等国。越南和泰国在分类标准（1）和（3）中均是中等国，但两国在韩国主导成立的合作制度中是公共产品的接受者，而非提供者，根据分类标准（2）是小国。但由于分类标准（3）的优先性大于标准（2），且在三个分类标准中两个在标准（1）和（3）中均被分类为中等国，因此可以认定两国为中等国。缅甸在分类标准（1）中属于中等国，但在分类标准（2）和（3）中属于小国，因此认定缅甸在湄公河地区为小国。柬埔寨和老挝在三个分类标准中均为小国。

表 1.2　2018 年湄公河地区区域国际制度中各成员国的国家实力比较

序号	国家	领土面积（万平方公里）	世界排名	人口总数（亿）	世界排名	国内生产总值（亿美元）	世界排名	人均国内生产总值（美元）	世界排名	军费支出（亿美元）	世界排名
1	中国	963.41	3	13.95	1	136081.52	2	9754.95	84	2499.97	2
2	美国	937.00	4	3.27	3	205443.43	1	62826.74	12	6487.98	1
3	日本	37.79	61	1.27	11	49713.23	3	39144.28	33	466.18	9
4	印度	298.00	7	13.53	2	27187.32	7	2009.41	158	665.10	4
5	韩国	10.02	107	0.52	27	16194.24	11	31142.77	40	430.70	10
6	泰国	51.31	51	0.69	20	5049.93	25	7318.74	97	68.29	29
7	越南	32.96	65	0.96	15	2452.14	47	2554.31	146	55.00	35
8	缅甸	67.66	40	0.54	26	712.15	73	1318.80	171	20.30	60
9	柬埔寨	18.10	88	0.16	72	245.42	110	1533.88	168	5.43	88
10	老挝	23.68	82	0.07	106	179.54	119	2564.86	148	0.23	156

资料来源："GDP（current US$）" World Bank, https://data. worldbank. org/indicator/NY. GDP. MKTP. CD, 2019-12-30; "Population, total" , World Bank; https://data.worldbank.org/indicator/sp.pop.totl, 2019-12-30; "SIPRI Military Expenditure Database" , Stockholm International Peace Research Institute, https://sipri.org/databases/milex, 2019-12-30。注：老挝的军费支出为 2013 年数据。

第二节　地位困境的来源

对国家进行分类是从国家间关系维度为明确参与地区合作的国家之间地位困境的来源奠定了基础。这是因为从地区层面而言，陷入地位困境的可能性与国家类型的相似性成正比，与国家类型的差异性成反比。同类型的国家之间更易于出现地位困境，不同类型的国家之间的地位困境则会相对缓解。本节主要梳理"地位"在国际政治中的重要性，论述"地位"的稀缺性与"地位困境"，提出基于国家实力的相对变化的地位转移是推动国家间形成地位困境的主要来源。

一、国际政治中的“地位”

近年来，蒲晓宇①、乔纳森·伦森(Jonathan Renshon)②、阿姆丽塔·贾什(Amrita Jash)③、威廉·沃尔弗斯(William C. Wohlforth)④、塔扎·保罗(Thazha V. Paul)⑤等对“地位困境”在国际政治理论与实践中的定义和性质等做了富有成效的探索，尤其是借用该概念分析了中国与美国、中国与日本等大国在全球和东亚等地区因“地位困境”在国家行为等方面体现出的规律和特点。

在国际关系的既有文献中，地位困境的概念相对较新。⑥但“地位”对于国家来说却并不陌生。几千年来，观察家和从业者都认为国家在国际体系中占据不同的位置或等级。⑦理查德·内德·勒博（Richard Ned Lebow）认为，在雅典和斯巴达的竞争中，尽管传统上强调权力分配的转变，但如果没有广泛提及斯巴达对“地位”的担忧，即主导国家的不屈不

① Xiaoyu Pu, *Rebranding China: Contested Status Signaling in the Changing Global Order*, Stanford, C.A.:Stanford University Press, 2019; Xiaoyu Pu, “One Mountain, Two Tigers: China, the United States, and the Status Dilemma in the Indo-Pacific”, *Asia Policy*, Vol.26, No. 3, 2019, pp.25-40.

② Jonathan Renshon, *Fighting for Statas: Hierarchy and Conftict in World Politics*, New Jersey: Princeton University Press, 2017.

③ Amrita Jash, “China and Japan: Two Tigers on the Same Mountain”, *IndraStra Global, Paper* 335, 2015.

④ William C. Wohlforth, “Unipolarity, Status Competition, and Great Power War”, pp.28-57.

⑤ Thazha V. Paul, Deborah Welch Larson and William C. Wohlforth, eds., *Status in World Politics*. Cambridge: Cambridge University Press, 2014.

⑥ Xiaoyu Pu and Randall L. Schweller, “Status Signaling, Multiple Audiences, and China's Blue-Water Naval Ambition”, in Larson Paul, Wohlforth, *Status in World Politics*, pp.141-162.

⑦ Adam Watson, *The Evolution of International Society: A Comparative Historical Analysis*, New York: Routledge, 1992; Stuart J. Kaufman, Richard Little and William C. Wohlforth, eds., *The Balance of Power in World History*, New York: Palgrave Macmillan, 2007.

挠的反应，雅典和斯巴达之间的竞争是不可理解的。①

威廉·沃尔弗斯认为，“地位”是一种社会、心理和文化现象。②赫伯特·海勒姆·海曼（Herbert Hiram Hyman）将“地位”定义为：行为体在给定社交群体中所占的等级，基于其在多个社交维度中的整体表现。③约翰·格拉瑟（John Glaser）指出，地位是指关于一个国家在国际体系中的位置或等级的集体信念。④在国际政治中，“地位”主要基于他人对国家在军事能力、财富、人口资源或外交影响等令人敬佩的特征上所占排名的集体信念。⑤国家不能单方面获得地位，地位必须要得到他人的认可。⑥因此，寻求国际地位的本质可以描述为试图塑造其他国家对自己在国际体系中应有地位的看法的过程。⑦

社会认同和自我分类理论认为，个人和集体认同是共同构成的，而不是分开的，更不是对立的。⑧由于个人通过与更广泛的群体的关系来定义他们是谁，因此他们只能通过向社会其他成员寻求确认他们的卓越来获得自尊。⑨人们追求地位，甚至不是出于地位获得后可能的收益，而只是为

---

① Richard Ned Lebow, *The Tragic Vision of Politics: Ethics, Interests and Orders*, Cambridge: Cambridge University Press, 2003.

② William C. Wohlforth, “Unipolarity, Status Competition, and Great Power War”, pp.28-57.

③ Herbert Hiram Hyman, *The Psychology of Status*, New York: Arno Press, 1980, p. 5.

④ John Glaser, “Status, Prestige, Activism and the Illusion of American Decline”, *The Washington Quarterly*, Vol. 41, No. 1, 2018, pp. 173-197.

⑤ James Jungbok Lee, “Will China’s Rise Be Peaceful? A Social Psychological Perspective”, *Asian Security*, Vol. 12, No. 1, 2016, pp.29-52.

⑥ James Jungbok Lee, “Will China’s Rise Be Peaceful? A Social Psychological Perspective”, pp.29-52.

⑦ Joslyn Barnhart, “Status Competition and Territorial Aggression: Evidence from The Scramble For Africa”, *Security Studies*, Vol.25, No.3, 2016, pp.385-419.

⑧ Michael A. Hogg and Dominic Abrams, “Social Identifications: A Social Psychology of Intergroup Relations and Group Processes”, 1988; Deborah Welch Larson and Alexei Shevchenko, “Status Seekers: Chinese and Russian Responses to US Primacy”, *International Security*, Vol.34, No.4, 2010, pp.63-95.

⑨ John C. Turner and Henri Tajfel, “The Social Identity Theory of Intergroup Behavior”, *Psychology of Intergroup Relations*, Vol.5, 1986, pp.7-24.

了享受击败对方的过程。① 人类的行为动机除了受到经济收益驱动，还受获得社会地位以及担忧失去社会地位的驱使。② 越来越多的研究表明，人类似乎对地位的敏感性固执己见，相对地位是人类行为的强大而独立的动机。③

个人对社会相对地位的追求与国家对国际地位的重视之间具有紧密的内在联系。尽管由于尚不能清楚界定个人的感受如何在大型社会群体中聚集，国家情感显然不是单个人的简单相加。但国家也并不神秘，决策者被证明可以部分代表国家“体验国家的情感”，或者说国家的行为与个人的心理过程之间存在类比。④ 此外，个人不仅关心他们相对于其他人的排名，还关心他们的团体相对于其他团体的地位。⑤ 个人从他们所在的团体所取得的高级地位中获得满足，并当他们的团体被证明是劣等时感到沮丧。⑥ 个人之所以对国家在国际政治中的“地位”表现持续高度关注，是因为国家的地位越高，他们作为国家成员及其政治表现形式

---

① Stephen Peter Rosen, *War and Human Nature*, Princeton: Princeton University Press, 2005, p.73.

② Richard Ned Lebow, *A Cultural Theory of International Relations*, Cambridge: Cambridge University Press, 2008；Barry O' Neill, “Symbols, Honor, and War”, Michigan*: University of Michigan Press* , 1999.

③ Robert H. Frank, *Choosing the Right Pond: Human Behavior and the Quest for Status*. Oxford: Oxford University Press, 1985; Robert H. Frank, “Positional Externalities Cause Large and Preventable Welfare Losses”, *American economic review,* Vol. 95, No. 2, 2005, pp. 137-141.

④ Alexander Wendt, “The State as a Personal in International Theory”, *Review of International Studies*, Vol. 30, No. 2, 2004, pp. 289-316; Richard Ned. Lebow, *A Cultural Theory of International Relations*, Cambridge: Cambridge University Press, 2008, pp. 116-117.

⑤ Tudor A. Onea, “Between Dominance and Decline: Status Anxiety and Great Power Rivalry”, *Review of International Studies*, Vol. 40, No.1, 2014, pp.125-152.

⑥ Robert B. Cialdini, et al. “Basking in Reflected Glory: Three（football）Field Studies”, *Journal of personality and social psychology*, Vol. 34, No. 3, 1976, pp. 366-375; Mark Dechesne, et al. “Terror Management and the Vicissitudes of Sports Fan Affiliation: The Effects of Mortality Salience on Optimism and Fan Identification”, *European Journal of Social Psychology* , Vol. 30, No. 6, 2000, pp.813-835.

的国家荣誉感就越强烈。①

国际政治领域的学者之间达成的共识是："领导人、政策精英和国民经常会关注甚至迷恋自己的地位。"②地位和声誉被认为是数十年来美国外交政策最普遍的推动力。③奥巴马总统在2016年的国情咨文讲话中，认为美国是"地球上最强大的国家"，强调"我们在世界各地的地位要比选我担任这个职务时的地位更高，而且在涉及每个重要的国际问题时，世界人民都不希望北京或莫斯科来领导。他们打电话给我们"④。特朗普可能比他的前任更倾向于地位和威望动机。⑤个人对更高地位的偏好会影响群体间的互动。⑥国家领导人和官僚体系中的个人会将其个人偏好转移和融入组织机构和国家对外政策目标的偏好中，形成国家对相对国际地位的追求。

关于"地位"的动机在国际政治中无处不在。⑦国家从地位中获得效用。⑧近年来，地位（status）在论述国际冲突的文献中已经展现出了较

① Tudor A. Onea, "Between Dominance and Decline: Status Anxiety and Great Power Rivalry", pp.125-152.

② Hans J. Morgenthau, Politics Among Nations: The Struggle for Power and Peace, New York, NY: Knopf, 1967, pp.69-82; Robert Gilpin, War and Change in World Politics, Cambridge: Cambridge University Press, 1981, p.31; Allan Dafoe, Jonathan Renshon and Paul Huth, "Reputation and Status as Motives for War", Annual Review of Political Science, Vol. 17, No. 1, 2014, pp.371-393.

③ Brigitte Weiffen, Leslie Wehner and Detlef Nolte, "Overlapping Regional Security Institutions in South America: The Case of OAS and UNASUR", pp. 370-389.

④ Barack Obama, "Address Before a Joint Session of the Congress on the State of the Union", The American Presidency Project, January 12, 2016, https://www.presidency.ucsb.edu/documents/address-before-joint-session-the-congress-the-state-the-union-19, 2019-10-20.

⑤ John Glaser, "Status, Prestige, Activism and the Illusion of American Decline", *The Washington Quarterly*, Vol. 41, No. 1, 2018, pp.173-197.

⑥ William C. Wohlforth, "Unipolarity, Status Competition, and Great Power War", pp. 28-57.

⑦ John Glaser, "Status, Prestige, Activism and th Oxforde Illusion of American Decline", pp.173-197.

⑧ William C. Wohlforth, "Unipolarity, Status Competition, and Great Power War", pp. 28-57.

好的解释力。[①] 理查德·内德·莱博（Richard Ned Lebow）对 1648—2008 年全球范围内的 94 场战争进行了分析，发现 58%的战争是为了地位和声望，另有 10%的战争是为了复仇，而 25%的战争动机是出于安全或经济利益。[②] 玛莎·芬尼莫尔（Martha Finnemore）认为，关于荣誉、荣耀和地位的观念长期以来一直是欧洲历史上军事干预的主要动力。[③] 历史上，欧洲帝国开拓和经营昂贵的遥远殖民地主要也是由地位和声望动机驱动的。[④] 英国财政大臣大卫·劳合·乔治（David Lloyd George）针对与德国在第一次世界大战前夕的竞争写道，"无论如何，英国都应保持其在世界大国中的地位和声望"，如果和平的代价意味着要放弃这一地位，"那么我要强调的是，以这样的代价实现的和平将是像我们这样的大国无法容忍的屈辱"。[⑤]

苏联在古巴部署武器不仅对美国的国家安全造成了直接的威胁，可能也损害了美国在美洲地区的"地位"。正是因为这种心理，尽管距离 1962

① Lindemann Thomas and Ringmar Erik, "The International Politics of Recognition", *Boulder: Paradigm* 2011; Thomas Volgy, et al., eds., *Major Powers and the Quest for Status in International Politics: Global and Regional Perspectives*, New York:Springer, 2011; Reinhard Wolf, "Respect and Disrespect in International Politics: the Significance of Status Recognition", *International Theory*, Vol.3, No.1, 2011, pp. 105-142；Deborah Welch Larson and Alexei Shevchenko, "Status Seekers: Chinese and Russian Responses to US Primacy", *International Security* , Vol.34, No.4, 2010, pp. 63-95；William C. Wohlforth, "Unipolarity, Status Competition, and Great Power War", pp.28-57；Richard Ned. Lebow, *A Cultural Theory of International Relations*, Cambridge: Cambridge University Press, 2008.

② Richard Ned. Lebow, *Why Nations Fight: Past and Future Motives for War*, Cambridge: Cambridge University Press, 2010, pp.171-172. 需要说明的是，书中 Richard Ned Lebow 在词语使用方面，对"standing"（地位、声望）的使用超过了 status（地位）或 prestige（声望）。

③ Finnemore Martha, "The Purpose of Intervention: Changing Beliefs about the Use of Force", 2003, pp.106-107.

④ John Glaser, "Status, Prestige, Activism and the Illusion of American Decline", pp. 173-197.

⑤ Tudor A. Onea, "Between Dominance and Decline: Status Anxiety and Great Power Rivalry", pp.125-152.

年已经过去了 60 多年，美国与古巴之间的“和解”也尚未完成。显然，1962 年苏联从古巴撤走导弹以后，美国在乎的并不是古巴对美国的安全损害，而是古巴布署导弹的举动以及古巴对社会主义制度的坚持，对美国在该地区的地位形成了损害。国家间有关地位的案例还有很多，例如：布什政府通过 2005 年的核协议接受了印度作为核武器国家的地位。① 湄公河地区中小国家通过接受大国在该地区成立自我主导的合作制度以及接受大国提供的公共产品，接受了这些国家在该地区作为重要大国的地位。金砖国家和二十国集团等新兴制度被认为旨在满足新兴大国对更大影响力和认可度的渴望。② 中国成立亚洲基础设施投资银行被认为是一种寻求地位的“练习”，旨在成为一个制度建设者，而不仅是一个制度追随者，进而将其理想的形象投射为负责任的大国。③

需要注意地位与声望的区别与联系。就两者的区别而言，地位是一种国家实力基础上在国家和地区秩序中形成和占有的位置，具有较强的稳定性。声望强调在特定事件或问题领域上被认可的程度，具有临时性和变动性。从联系看，声望是地位的外在表现，也可以认为是地位的重要组成部分。一般而言，拥有声望的国家未必与其预期的地位相符，但有地位的国家一般都拥有相应的声望。

在国际政治中，采用基于地位问题的分析框架的独特优势在于，它能够解释偏离理性选择的经济模型的行为。④ 丹尼尔 · 马基（Daniel Mar-

---

① T. V. Paul, “The US-India Nuclear Accord: Implications for the Nonproliferation Regime”, *international Journal* , Vol. 62, No. 4, 2007, pp.845-865 ; George Perkovich, Global Implications of the US-India Deal, *Daedalus*, Vol. 139, No. 1, 2010, pp. 20-31.

② Deborah Welch Larson, “New Perspectives on Rising Powers and Global Governance: Status and Clubs”, *International Studies Review*, Vol. 20, No. 2, 2018, pp.247-254.

③ Shaun Breslin, “China and the Global Order: Signalling Threat or Friendship?”, *International Affairs*, Vol. 89, No. 3, 2013, pp. 615-634.

④ James Jungbok Lee, “Will China’s Rise Be Peaceful? A Social Psychological Perspective”, *Asian Security,* Vol.12, No.1, 2016, pp. 29-52.

key）直言不讳地指出，追求地位和声望“在物质意义上是不合理的，因为（它）并不总是产生最佳的物质结果”。① 在欧洲各主要国家之间的长期霸权争斗中，各国的行为动机很难用物质成本和收益联系起来，许多证据都指向了承认和地位问题。② 甚至有观点认为，寻求地位会使人们的行为举止与他们对安全和 / 或繁荣的实质性利益相抵触。③ 例如，伊沃·尼古拉·兰比（Ivo Nikolai Lambi）认为，英国（在二战前）以昂贵的成本建造和保持庞大的海军力量，除了声称拥有全球大国地位外，没有其他合理的战略目的。④ 玛丽亚·拉克·弗莱雷（Maria Raquel Freire）指出，寻求地位和身份认同的要求渗透到莫斯科的国际活动中，从而导致外交政策对俄罗斯既有利又昂贵。⑤ 埃利亚斯·格茨（Elias Götz）也认为，对地位的渴望可以解释俄罗斯用核武器进行的军事演习，其目的是提高俄罗斯作为世界政治大国的形象。⑥

对于湄公河地区重叠的区域主义来说，如果中美日印韩等国可以参与一个合作制度，将大幅压缩进行重叠式制度合作所需的交易成本，精简机构和人员，提高地区发展治理的效率。对于越南和泰国来说也同样如此，如果两国主导成立的三个合作制度可以达成某种形式的整合与合并，显然

① Daniel Markey, “Prestige and the Origins of War: Returning to Realism’s Roots”, *Security Studies*, Vol. 8, No. 4 1999, pp.126-172.

② Daniel Markey, *The Prestige Motive in International Relations*, Diss, Princeton University, 2000；David Sylvan, Corinne Graff and Elisabetta Pugliese, “Status and Prestige in International Relations”, *Pan-European International Relations Conference*, 1998；Jeremy Black, ed., *The Origins of War in Early Modern Europe*, John Donald, 1987.

③ William C. Wohlforth, “Unipolarity, Status Competition, and Great Power War”, pp. 28-57.

④ Ivo Nikolai Lambi, *The Navy and German Power Politics, 1862-1914*, New York:Routledge, 2019.

⑤ Maria Raquel Freire, “The Quest for Status: How the Interplay of Power, Ideas, and Regime Security Shapes Russia’s Policy in the Post-Soviet Space”, *International Politics*, Vol.56, No.6, 2019, pp. 795-809.

⑥ Elias Götz, “Strategic Imperatives, Status Aspirations, or Domestic Interests? Explaining Russia’s Nuclear Weapons Policy”, *International Politics*, Vol.56, No.6, 2018, pp. 1-18.

更加有利于形成集体谈判的力量，增强湄公河地区中小国家的凝聚力。但是由于受到地位困境的制约，最终导致制度重叠、资源低效利用等不利局面，昂贵的次优解成为该地区制度化合作的现实结果。相关国家在湄公河地区的竞争并不关乎彼此的安全，而只是关乎他们在湄公河地区以及与之相连的东亚地区的地位与权威。

二、"地位"的稀缺性与"地位困境"

"地位"之所以在国际政治中具有如此广泛的吸引力，并在国家行为上具有强大的驱动力，是因为地位具有稀缺性。

地位政治往往具有竞争性。在许多情况下，各国在一个等级中竞争固定数量的有利位置。① 国际政治中，有利的地位和排序总是稀缺的。从国际体系中不同类型的国家数量可以得到清晰的证明。前文已提到，罗伯特·基欧汉等人将国际体系中的国家分为超级大国、大国、中等国、小国。② 这不仅是基于权力和影响力的分类方法，也是一种典型的基于地位的国家分类。从超级大国到小国拥有依次递减的地位排序。但从同一类型的国家数量看，是从超级大国到小国数量依次增多。即超级大国的数量最少，大国其次，中等国再次，小国数量最多。

地位就是力量，在国际社会中，简单地称自己为重要人物似乎是提高国家自我价值，至少是维持国际影响的幻觉的理想方式。③ 加拿大被认为从国家的角度最早提出中等国的概念，并在国际场合不断争取被承认是一个中，因为这种分类将增加加拿大在国际社会中的相对影响力。但英国

① Xiaoyu Pu, "One Mountain, Two Tigers: China, the United States, and the Status Dilemma in the Indo-Pacific", pp. 25-40.

② Robert O. Keohane, "Lilliputians' Dilemmas: Small States in Internatinal Politics", pp.295-296.

③ Adam Chapnick, "The Middle Power", pp. 73-82.

和法国从来没有主动讨论过自身是否属于中等国家，因为担心这种分类一旦被接受，它们在国际社会中就不再真正伟大。① 正如罗伯特·杰维斯（Robert Jervis）所指出："一旦一个国家享受了大国的特权，就会发现很难适应一个较小而特权较低的角色。"②

行为体彼此竞争是因为他们争取的对象相对稀少，各方都无法拥有他们想要的所有东西。③ 无论是人还是国家都追求拥有较高的地位，但高地位本质上是稀缺的，地位的竞争往往是零和博弈。④ 雅典的崛起不仅对斯巴达的安全或福利构成了无法接受的威胁，而且对它作为希腊世界领袖的身份也构成了不可接受的威胁，进而造成两者之间的对立和战争。⑤ 美国在亚洲的存在被认为限制了中国寻求建立以自身为中心的区域秩序的机会。⑥

"安全困境"通常指的是一个国家提高其防御能力的措施可能会产生军备竞赛的恶性循环，从而降低所有相关国家的安全。⑦ 类似于对安全困境的定义，本书认为"地位困境"是指：基于"地位"的稀缺性，在相对有限的地位竞争目标中，一方对地位的所得，即为另一方对地位的所失的困境或状态。由于地位较高的行为体与地位较低的行为体都倾向于追求更高的地位，相同的证据会提供相互矛盾的期望和主张，二者之间的不确定

---

① Adam Chapnick, "The Middle Power", pp. 73-82.

② Robert Jervis, *System Effects: Complexity in Political and Social Life*, Princeton:Princeton University Press, 1997, p.144.

③ Kentaro Sakuwa and William R. Thompson, "On the Origins, Persistence and Termination of Spatial and Positional Rivalries in World Politics: Elaborating a Two-issue Theory of Conflict Escalation", pp. 203-225.

④ Martin Shubik, "Games of Status", *Behavioral Science*, Vol. 16, No. 2, 1971, pp. 117-129.

⑤ William C. Wohlforth, "Unipolarity, Status Competition, and Great Power War", pp.28-57.

⑥ Xiaoyu Pu, "One Mountain, Two Tigers: China, the United States, and the Status Dilemma in the Indo-Pacific", pp. 25-40.

⑦ Robert Jervis, *Perception and Misperception in International Politics*, Princeton: Princeton University Press, 1976, pp. 62-67; Robert Jervis, "Cooperation under the Security Dilemma", *World Politics*, Vol. 30, No. 2, 1978, pp. 167-214.

性会加剧行为体之间发生冲突的可能,① 甚至导致地位困境的螺旋式上升。国家间的地位困境最早可以追溯至斯巴达和雅典的修昔底德陷阱。新兴崛起大国对守成大国的困境在于，大国的地位具有稀缺性，双方都有强烈的兴趣和动力去争取特定的“地位”，并导致一方之所得为另一方之所失的状态。詹姆斯·费伦（James D. Fearon）在对“是什么阻止各国达成避免战争代价的讨价还价?”的开创性研究中，认为“当所涉及的问题不可分割且无法轻易分配给双方时，这种讨价还价是不可行的”。②

需要指出的是，地位困境虽然具有稀缺性，争夺特定地位的国家之间也具有零和博弈的性质。但这并不意味着地位竞争必然会引发冲突和战争。正如佐桑健太郎（Kentaro Sakuwa）和威廉·汤普森（William R. Thompson）所强调，一般而言，位置意义的竞争不太可能升级为战争，具有领土空间意义的竞争则不然。③

蒲晓宇对安全困境和地位困境的相同点和不同点进行了梳理和比较，指出从理论上讲，安全困境和地位困境都认为民族国家在保持现状方面具有很大的防御性目的，但错误传达和错误认识意图会加剧竞争和紧张局势。区别在于，安全困境侧重于认为生存和安全问题是国家间开展军备竞赛的驱动因素，但地位困境侧重于强调民族国家的地位问题。④ 如果国家之间彼此的生存能够得到保障，双方竞争的目标是地位而不是安全，此时国家间面临的就是地位困境。⑤ 佐桑健太郎和威廉·汤普森认为行为体之

---

① William C. Wohlforth, “Unipolarity, Status Competition, and Great Power War”, pp.28-57.

② James D. Fearon, “Rationalist Explanations for War”, *International Organization,* Vol. 49, No. 3, 1995, pp. 379-414.

③ Kentaro Sakuwa and William R. Thompson, “On the Origins, Persistence and Termination of Spatial and Positional Rivalries in World Politics: Elaborating a Two-issue Theory of Conflict Escalation”, pp. 203-225.

④ Xiaoyu Pu, “One Mountain, Two Tigers: China, the United States, and the Status Dilemma in the Indo-Pacific”, pp. 25-40.

⑤ Xiaoyu Pu, *Rebranding China: Contested Status Signaling in the Changing Global Order*, p.64.

间的竞争倾向于在具有空间或位置争议的情况下形成。空间竞争主要涉及领土控制。① 该观点可以被分解为，安全困境和地位困境都会驱动国家之间形成竞争倾向，对于没有陷入安全困境的国家，地位困境是推动彼此之间竞争性互动的主要动力。

本书认为，区别于国际政治研究中安全困境的经典概念和研究范式，地位困境的概念既强调主权国家对权力和安全的竞争性需求，又充分认识到地区和体系中国家间关系的差异性，对冷战后区域主义的发展以及相应的国家间关系互动具有重要的理论解释力。在地位困境中，竞争性互动仍是这些国家的主要行为模式，但竞争的烈度是可控的，相比面临安全困境的国家间竞争具有更强的包容性。同时，地位困境的理论研究更加重视同类型国家之间的竞争性互动，并不局限此类国家是大国、中等国还是小国，有助于避免国际政治理论修辞下内核却是大国研究的路径局限。二战后尤其是冷战结束以来，小国和中等国的生存环境得到了大幅改善。很难说这是因为大国克制了自己的霸权欲望，角色变得更道德、更善良。也很少有人相信这是因为小国采取了长期、普遍和有效的平衡战略、见风使舵战略或对冲战略。多个层次类型的国家共存、共荣的原因可能主要得益于在国家间相互依存日益紧密、核武器形成强制和平的背景下，地位困境而非安全困境成为国家间行为动机的主要根源。从这个意义而言，地位困境有望补充和修正原有安全困境的理论假说，成为国际政治的重要结构。正如汤姆·朗（Tom Long）所指出的，倘若大国一直专注于生存（安全困境），那么小国面临的威胁必然更加严峻。② 中等国、小国生存环境的改善与国家间安全困境的弱化是紧密相关的。

① Kentaro Sakuwa and William R. Thompson, "On the Origins, Persistence and Termination of Spatial and Positional Rivalries in World Politics: Elaborating a Two-issue Theory of Conflict Escalation", pp. 203-225.

② Tom Long, "Small States, Great Power? Gaining Influence Through Intrinsic, Derivative, and Collective Power", *International Studies Review*, Vol. 19, No. 2, 2016, pp. 185-205.

三、国家实力的相对变化

在明确“地位”的稀缺性以及国家面临“地位困境”的结构以后，有必要进一步深入探析造成国家陷入地位困境的因素和来源，以有利于对地位困境的发生进行观测和调节。

肯尼斯·沃尔兹在其经典著作《国际政治理论》中明确指出，国家的地位等级（rank）取决于人口、领土、资源禀赋、经济能力、军事实力、政治稳定和能力等多个维度的得分。① 戴维·马拉斯（David R. Mares）在结构现实主义理论的基础上强调对国家在国际体系中的“位置”进行定义，认为国家在国际体系中的相对能力必须以为捍卫自己的利益而行动的能力来定义。② 一些历史学家从地位与国家行为的相关性视角指出，修正主义国家的主要行为动机之所以是积极寻求承认和地位，是因为随着国家能力的相对增长，对国际认可的需求也会相应增加。③ 从这些讨论可以看出，一国的国家实力基本决定了其国际地位，国家实力的相对变化是国家之间改变地位排序的主要来源。但新的问题是，国家实力的相对变化是一个常态化的发展过程，几乎在每一个时间观测点上，国家之间的相对实力都在发生变化。因此，有必要界定和找到国家实力相对变化的临界值或临界区间。在这个临界值或临界区间形成的时候，即可判定国家之间形成了地位困境。权力与权力转移理论的既有研究可以为解决这个问题提供借鉴和启示。

权力与国家实力的概念之间天然存在紧密的亲缘性。在传统现实主义者看来，国家的综合实力是国家权力的基础，国家权力是国家实力的集中体现，二者之间甚至可以相互替换。汉斯·摩根索（Hans J. Morgenthau）将国家权力解释为几个指标：地理、自然资源、工业能力、军费支出、人

---

① Kenneth Waltz, *Theory of International Politics*, New York: McGraw-Hill, Inc., 1979. p. 131.

② David R. Mares, “Middle Powers Under Regional Hegemony: To Challenge or Acquiesce in Hegemonic Enforcement”, *International Studies Quarterly*, Vol.32, No.4, 1988, pp. 453-471.

③ William C. Wohlforth, “Unipolarity, Status Competition, and Great Power War”, pp. 28-57.

口、外交质量、政府质量、士气和国家特征。① 雷·克莱因（Ray S.Cline）在 1975 年的著作中，对国家实力的测量提出了著名的“克莱因方程”：PP=（C +E +M）×（S+W）。其中，C 代表人口和领土，E 代表经济实力，M 代表军事实力，S 代表战略意图，W 代表国家意志。② 戴维·鲍德温（David A. Baldwin）则认为权力是资源、军事力量等要素汇总后在不同国家之间形成的权力分配。③

其他一些学者试图将“权力”的界定抽象化和简约化，认为权力主要是指国家对其他国家拥有的影响力。罗伯特·达尔（Robert A. Dahl）将权力定义为“A 能够让 B 做出 A 想做的事情”。④ 约翰·米尔斯海默（John J. Mearsheimer）指出，权力是“国家 A 迫使国家 B 做国家 B 不想做的事情的能力”。⑤ 约瑟夫·奈（Joseph S. Nye）强调，权力是“影响所需结果的能力，必要时可以改变他人的行为以实现这一目标”。⑥ 奈还提出了软实力（soft power）的概念，进一步强调国家对外体现出来的影响力。一些学者则认为，软实力的概念仅可以被视为美国权力的一个显著特征，却不宜因此修改“权力”的物质性内核。⑦ 奥根斯基（A. F. K. Organski）主张将国家权力分为自然组成部分和社会组成部分，前者主要指地理因素、自然资源和人口，后者主要包括经济发展、政治结构和国家士气等。⑧ 吴翠

① Hans J. Morgenthau, *Politics among Nations: Struggle for Power and Peace*, New York: Alfred and Knopf, 1948.

② Ray S. Cline, *World Power Assessment: A Calculus of Strategic Drift*, Boulder, CO: Westview Press, 1975.

③ David A. Baldwin, “Power and International”, *Handbook of International Relations,* Vol. 273, 2012.

④ Robert A. Dahl, “The Concept of Power”, *Behavioral Science*, Vol. 2, No. 3, 1957, p. 203.

⑤ John J. Mearsheimer, *The Tragedy of the Great Power Politics*, New York: Norton, 2003, p. 56.

⑥ Joseph S. Nye, *The Paradox of American Power: Why the World's Only Superpower Can't Go it Alone*, Oxford: Oxford University Press, 2003, p.4.

⑦ Christian Reus-Smit, “Power, Legitimacy, and Order”, *The Chinese Journal of International Politics,* Vol. 7, No.3, 2014, pp. 341-359.

⑧ A. F. K. Organski, *World politics*, Knopf, 1958.

玲认为，权力与影响力之间是有区别的：权力是指资源，影响力是指将这些资源转化为成果的能力。① 威廉·哈比布（William Habeeb）指出，大部分现实主义者侧重总体结构性权力（aggregate structural power），强调行为者对整个外部环境的权力和地位。其他学者则提出特定议题的结构性权力（issue-specific structural power）的概念，关注行为者在议题领域方面相对于另一个行为者的权力和地位。②

从这些既有文献的讨论可以看出，不同的学者关于国家实力和国家权力可能会提出不同的指标体系和分类标准，对国家权力的理解也不尽相同，但均强调国家实力与国家权力之间的基础性联系，认为前者为后者提供了物质内核。雅各布·彼得森–帕尔曼（Jacob D. Petersen-Perlman）等对权力的概念化方法进行了分类，指出权力可以通过权力平衡、关系权力、面子权力等多种方式概念化。③ 该分类具有一定的代表性，不仅表明国家权力与国家的声望和地位之间具有紧密的内在联系，同时也指出了国家权力与国家地位之间的逻辑联系，二者主要体现为包含与被包含的关系，国家地位是国家权力的重要组成部分。因此，佐桑健太郎和威廉·汤普森认为，国家之间的地位竞争主要基于相对的权力和影响力的变化。④ 吉尔平则指出，国际秩序在历史上的任何特定时刻都是对系统内部国家权力基本分配的反映。⑤ 现实主义者一般认为，秩序是由国家权力创造和维

① Evelyn Goh, "The Modes of China' s Influence: Cases from Southeast Asia" , *Asian Survey*, Vol. 54, No.5, 2014, pp. 825-848.

② William Habeeb, *Power and Tactics in International Negotiation: How Weak Nations Bargain with Strong Nations, Baltimore*, MD: Johns Hopkins University Press, 1988.

③ Jacob D. Petersen-Perlman and Itay Fischhendler, "The Weakness of the Strong: Re-examining Power in Transboundary Water Dynamics" , *International Environmental Agreements: Politics, Law and Economics*, Vol.18, No.2, 2018, pp. 275-294.

④ Kentaro Sakuwa and William R. Thompson, "On the Origins, Persistence and Termination of Spatial and Positional Rivalries in World Politics: Elaborating a Two-issue Theory of Conflict escalation" , pp. 203-225.

⑤ Robert Gilpin, *War and Change in World Politics*, pp. 41-44.

持，而秩序的变化最终是由国家权力分配的变化所驱动。[①] 可见，相关学者不仅认为国家实力和权力之间紧密相关，甚至也将权力分配和国家权力的相对变化视为引起国家之间地位变化和地位竞争的主要来源。本书同意国家权力的变化会导致国家地位的变化。但认为，在国际政治中权力的概念和内容过于抽象和复杂，因此倾向于采用国家实力这个更加物质性和基础性的词语去界定引起国家地位变化的主要来源。

基于权力发展出的权力转移理论可以为界定国家之间形成地位困境时国家实力相对变化的临界值或临界区间提供启示。奥根斯基在 1958 年的著作《世界政治》中首先提出了权力转移理论，将上升权力超过主导权力的情形称为权力转移。[②] 该理论概念的优点在于突出强调了权力上升国家和原来具有权力优势的国家，即崛起国和守成国之间权力的接近、相交并最终实现反超的权力变化过程。如图 1.1 所示，崛起国在横轴 t1 与 t2 的时间范围内，实现了相对守成国权力的接近、相交和反超。其中，t0 时刻表明崛起国和守成国权力相交或相等，t1 为崛起国权力迈入与守成国进行权力转移的初始点，t2 为崛起国具备足够的权力优势离开与原有权力守成国进行权力转移的终点。在 t1 之前，虽然两国的权力差距也发生了相对缩小，但因权力差距仍较大，并未形成有效或足以引起守成国警惕的权力转移。t2 以后，崛起国的权力已大幅领先原有的权力守成国，两国之间不再具有进行权力竞争的实质意义。当且仅当两国处于 t1 与 t2 的时间区间时，崛起国权力的持续提升会引起守成国的焦虑，并采取措施平衡和制约崛起国的权力上升态势。崛起国或急于加速缩短相对于守成国的权力差距，或对守成国针对自身的权力平衡和制约感到焦虑和不满，并可能采取相应的反制措施。从而在两国之间形成交替上升的困境和权力竞争。因此，t1 与 t2 之间的时间范围（图中虚线矩形部分）被界定为崛起国与守成国的权力

---

① G. John Ikenberry, *After Victory: Institutions, Strategic Restraint, and the Rebuilding of Order after Major Wars*, Princeton: Princeton University Press, 2001.

② A. F. K. Organski, *World politics*, Knopf, 1958.

转移区间。奥根斯基据此认为，权力转移会给体系带来不确定性，尽管转移的过程可能是和平的，但发生冲突的概率在相应增加。① 当守成国的权力明显高于崛起国的权力时，国际体系的结构相对稳定。当不满意的大国权力接近主导国家的权力时，国际体系的结构最不稳定。权力的上升通常会挑战系统中权力分配的稳定性或均衡性。② 权力的衰退造成未来的脆弱性，使各国担心竞争对手的崛起，尤其是那些意图不透明的竞争对手。③

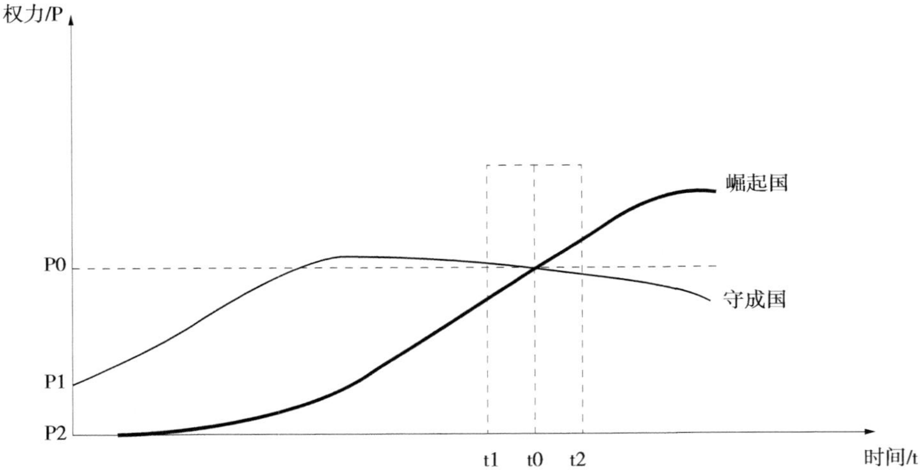

图 1.1　国家间权力转移的示意图

资料来源：笔者绘制。

---

① A. F. K. Organski, *World politics*, Knopf, 1958.

② Kai He, "Contested Regional Orders and Institutional Balancing in the Asia Pacific", *International Politics,* Vol. 52, No. 2, 2015, pp.208-222.

③ Dale C. Copeland, *The Origins of Major War*, Ithaca, New York: Cornell University Press, 2000; David M. Edelstein, *Over the Horizon: Time, Uncertainty, and the Rise of Great Powers*, New York: Cornell University Press, 2017 ; Jack S. Levy, "Declining Power and the Preventive Motivation for War", *World Politics*, Vol.40, No.1, 1987, pp.82-107; Robert Powell, "Uncertainty, Shifting Power, and Appeasement", *American Political Science Review*, Vol.90, No.4, 1996, pp.749-764; Brandon K. Yoder, "Hedging for Better Bets: Power Shifts, Credible Signals, and Preventive Conflict", *Journal of Conflict Resolution,* Vol. 63, No.4, 2019, pp.923-949.

权力转移理论可以较好地表明，国家实力的相对变化导致国家间权力和影响力发生变化，进而导致国家间形成关系和国家行为的困境。权力转移区间的概念也有利于解决和回答国家间关系和行为陷入困境时，国家实力相对变化的临界值或临界区间问题。这表明，权力转移理论可以为探寻国家间地位困境的来源提供有益的借鉴和启示。

但应注意到，权力转移理论在解释国家之间地位困境的形成和来源时也存在一定的不足或限制。在既有的研究中，权力转移的理论概念一般主要被用于解释体系中霸权国和崛起国之间的权力变化和行为逻辑。该理论主要基于两个基本观察：一是国家的权力主要源于内部发展，二是国际体系由占统治地位的霸权国家决定性地塑造。① 这使权力转移理论从源头上具有了主要关注大国，尤其是霸权国家之间权力变化的理论研究倾向。事实上，奥根斯基提出权力转移理论后，该理论概念长期没有受到学界的足够重视。直到近年来随着中国国家实力的不断提升，引起关于中国与美国之间的关系性质的热烈讨论，权力转移这一理论概念的作用和影响力才得以凸显。在很大程度上权力转移的理论概念主要被用于对中美国际关系性质的研究和讨论。尽管也有少数学者将其用于对中日关系研究的分析框架中，例如李相焕（Sang-Hwan Lee）尝试构建多层次的权力转移理论，对中国与美国在全球层面、中国与日本在地区层面的权力转移和关系性质进行了联合研究。② 但关于权力转移的讨论仍被认为具有典型的大国倾向，一般并不用于对中等国家之间、小国之间的关系研究。此外，在前面的讨论中已明确了国家地位与国家权力之间是包含与被包含的关系，因此如果采用权力转移的概念对引起国家地位变化的理解和论述，也有“小题大做”之嫌，不利于研究工作的准确性和规范性。

---

① A. F. K. Organski, *World politics*, Knopf, 1958.

② Sang-Hwan Lee, “Global and regional orders in the 21st century in terms of multi-layered power transition theory: The cases of US-China and China-Japan relations”, *International Area Studies Review,* Vol.18, No.3, 2015, pp.266-279.

因此，本书吸收并发展了权力转移理论的积极元素，对应提出了地位转移的理论概念。其中，地位转移是指国家之间因国家实力发生相对变化，在国家的地位和声望上出现了上升的地位超过主导地位的情形。相比传统权力转移理论对大国，尤其是对国际体系中崛起国与守成国的偏好和强调。本书提出的地位转移对大国、中等国和小国等所有类型的国家及其国家行为均具有解释力。只要两个国家之中一国的地位超过了另一国，就认为两国之间发生了地位转移。

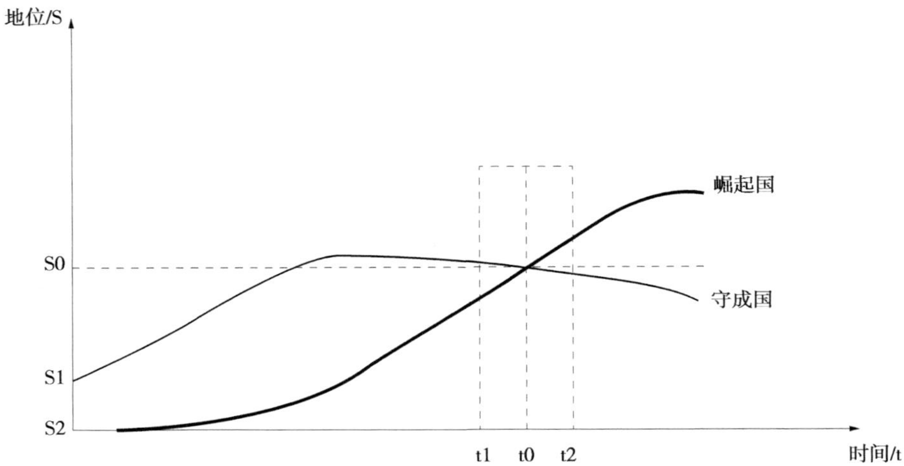

图 1.2　国家间地位转移的示意图

资料来源：笔者绘制。

如图 1.2，崛起国在横轴 t1 与 t2 的时间范围内，实现了相对守成国地位的接近、相交和反超。其中，t0 时刻表明崛起国和守成国地位相交或相等，t1 为崛起国地位迈入与守成国进行地位转移的初始点，t2 为崛起国具备足够的地位优势离开与原有守成国进行地位转移的终点。在 t1 之前，虽然两国的地位差距也发生了相对缩小，但因地位差距仍较大，并未形成有效或足以引起守成国警惕的地位转移。t2 以后，崛起国的地位已大幅领先原有的守成国，两国之间不再具有进行地位竞争的实质意义。地位转移和地位的相对差距是形成主体间主观差异的重要原因，[①] 也是造成国家间形成地位困境的主要来源。当且仅当两国处于 t1 与 t2 的时间区间时，崛起国地位的持续提升会引起守成国的地位焦虑，并采取措施平衡和制约崛起国的地位上升态势。崛起国或急于加速缩短与守成国的地位差距，或对守成国针对自身的地位平衡和制约感到焦虑和不满，并可能采取相应的反制措施。从而在两国之间形成交替上升的地位困境和地位竞争。因此，t1 与 t2 之间的时间范围（图中虚线矩形部分）被界定为崛起国与守成国的地位转移区间。在地位转移区间内，地位的崛起国与地位的守成国之间形成地位困境。需要补充强调的是，崛起国与守成国之间的地位困境并不局限在 t0 点，即不仅是两国实现国家实力和国际地位的相等和反超时（图中曲线相交的点）才形成地位困境。只要两国的国家实力和国际地位对比落入 t1 与 t2 形成的范围区间，即可认为两国发生了地位转移，并形成相应的地位困境。

权力转移与地位转移在形成国家间关系困境的性质上具有内在的区别。前者主要引起大国之间的权力竞争和安全困境。地位转移则主要引起不同类型层次的国家之间的地位竞争和地位困境。权力转移理论认为，在不断上升的挑战者和不断下降的霸主之间实现权力的和平过渡是可能的。[②] 本书中，国家间基于国家实力变化引起的地位转移，虽然会在地位下降与地位上升的国家之间形成类似于权力转移的焦虑，并引起国家行为的改变。但国家间和平的地位转移不仅是可能的，而且相比权力转移引起的“安全困境”，地位困境下和平的地位转移更加广泛而普遍地存在。无论是在国际体系层面，还是在地区层面，国家之间的地位转移总是在持续

---

① Dane Imerman, “Contested Legitimacy and Institutional Change: Unpacking the Dynamics of Institutional Legitimacy”, *International Studies Review*, Vol. 20, No. 1, March 2018, pp.74-100.

② Woosang Kim and Scott Gates, “Power Transition Theory and the Rise of China”, *International Area Studies Review*, Vol. 18, No. 3, 2015, pp. 219-226.

发生，但和平并未必然受到威胁。

在明确了地位转移与地位困境之间的因果联系之后，需要进一步思考如何对国家之间地位转移进行量化和观测。都铎·奥尼亚（Tudor A. Onea）认为，军事能力、经济能力和声望是决定国家国际地位的三个主要维度。如果一个具有地位优势的国家在这三个维度上都有被后来者超过的风险，曾具有优势的国家就将经历“地位焦虑”。[①] 这表明，对地位转移进行量化和观测可以依据引起国家之间地位变化的多维度指标进行。就本书而言，主要是基于国家实力的相对变化得出。

影响国家地位变化和转移的因素有很多，外交结盟、国际体系的结构变化等均可能影响国家之间的地位分配和变化。但本书认为，相比外界环境和突发事件等对国家地位的影响，基于国家实力的相对变化导致的地位转移具有更加重要的基础性作用，其他因素导致的地位变化附属于国家实力引起的地位变化。同时，基于国家实力相对变化的地位测量方法，也具有更好的可操作性。例如，在克莱因国家实力方程中，诸如战略意图和国家意志的重要性不言而喻，都铎·奥尼亚指出的国家声望对于国家地位也具有重要的作用和影响。但在实际的研究过程中，对这些维度指标进行量化和规范的比较面临较大的困难。相反，物质性的指标具有较好的外在性和可比性。因此，对于引起国家实力相对变化的因素和指标，本书主张坚持国家实力的物质性内核。在此基础上，借鉴已有研究中关于总体结构性权力和特定议题的结构性权力的分析路径，本书对应将国家地位分为总体结构性地位（aggregate structural status）和特定议题的结构性地位（issue-specific structural status）。其中，总体结构性地位强调国家在整个外部环境中所体现的总的能力和地位，特定议题的结构性地位主要关注国家在特定的议题领域相对于另一个国家所拥有的能力和地位。

① Tudor A. Onea, “Between Dominance and Decline: Status Anxiety and Great Power Rivalry”, pp. 125-152.

在总体结构性地位中，人口、领土、经济实力和军事实力是主要的考察指标。人口和领土对于国家实力构成来说具有非常重要的基础性地位，但数值变化缓慢，不适宜作为衡量国家间地位转移的指标。经济实力和军事实力对于国家实力的构成具有重要的支撑作用，以国内生产总值、军费开支为代表的相关数据也易于获得。另外，对于参与区域合作的国家来说，国家实力的相对变化还需要考察其在特定地区的投射能力。例如，美国在北美地区的力量投射能力高于俄罗斯，俄罗斯在中亚地区的力量则高于美国。为了便于测量和比较，本书主要选择国家在该地区的贸易和投资数据作为观察国家实力投射能力的考察指标。例如，对于参加湄公河地区制度化合作的中国和日本来说，其在湄公河地区的力量投射能力主要依据中国和日本分别与该地区的缅甸、老挝、泰国、柬埔寨、越南五个国家的贸易和投资数据获得。对于地区内外大国来说，在该地区的贸易和投资数据相比国内生产总值、军费开支来说，可能更为直接，影响也更为明显。一国与该地区国家间的贸易、投资与对手国家的相对升降也会成为两国地位竞争的重要驱动力。因此，本书主要选取国内生产总值、人均国内生产总值、军费开支、军费开支占国内生产总值的比率、区域国际制度的主导国对制度内成员的贸易和投资作为衡量参与区域合作的国家之间在总体结构性地位方面是否发生地位转移的观察指标。

在特定议题的结构性地位中，观察指标主要基于湄公河地区的特点进行提取。一般认为，对于位于跨境河流附近的国家来说，上游国家可能会拥有相对优势，并可能很好地影响国家间关系互动。尤其是在理解国际水电政治时，军事和经济权力等传统国家权力的重要性可能会变得相对有限。国家之间不仅需要观察总体的权力结构，也需要重视在特定议题上所具有的结构性权力。① 例如，老挝是湄公河地区最小的国家，2018 年总人

① Shlomi Dinar, "Power Asymmetry and Negotiations in International River Basins", *International Negotiation*, Vol. 14, No. 2, 2009, pp. 329-360.

口约700万。但由于老挝位于湄公河地区的中心，是唯一一个与其他五个湄公河国家均接壤的国家。该国在湄公河地区互联互通议题上就具有较强的结构性权力。同理，由于在湄公河流域拥有有利的地形和水电开发潜力，致力于成为“东南亚的蓄电池”的老挝在该区域水资源开发合作议题上也具有明显的结构性权力。总体上，跨境水资源的开发、区域互联互动是湄公河地区开发治理的主要领域，也是既有区域国际制度主要关注的合作领域。因此，本书主要将水资源开发、区域互联互动作为衡量参与区域合作的国家之间在特定议题的结构性地位方面是否发生地位转移的观察指标。

总体而言，国家之间在总体结构性地位和特定议题的结构性地位的多维度指标体系中，发生地位转移的维度越多，地位困境越明显，采取应对措施的可能性越大。反之，则越小。

第三节　地位困境的表现与应对：制度互动

国际政治中国家之间普遍面临地位困境的问题，基于国家实力相对变化引起的地位转移是导致地位困境的主要来源。但一个国家并不是与别的国家无差别、普遍地形成地位困境。在地位困境中的表现与应对措施也是相对缓和的，很少会出现冲突和战争之类极端的情形。国际制度的成员资格具有稀缺性，是国家间进行地位竞争的重要目标和渠道，同时由于国际制度具有一定的规则和规范性使其也成为容纳国家间地位竞争的主要场所。对于大国、中等国、小国等不同类型的国家来说，制度化的合作尽管可能有益于所有人，但仍然是政治的一部分。[①] 国际制度正在成为主导国

① Ernst B. Haas, “Why Collaborate? Issue-linkage and International Regimes”, *World Politics*, Vol. 32, No. 3, 1980, pp.357-405.

家和参与国家分配地位的重要途径。国际制度之间的互动则成为国家之间表现和应对地位困境的主要方式。

以金德尔伯格（Charles P. Kindleberger）和吉尔平（Robert Gilpin）为代表的霸权稳定论强调霸权国在国际制度中的制度性利益，以及非霸权国享有霸权国提供的公共物品等物质性利益。[①] 约翰·伊肯伯里（G. John Ikenberry）指出，国际制度的建立有助于在强弱国家之间建立稳定和相互接受的关系体系，帮助强国将原始权力转变为合法权力。[②] 以基欧汉为代表的新自由制度主义者认为，国际制度在霸权之后最重要。当霸权下降时，制度继续维持秩序与合作。[③] 伊肯伯里则强调制度在霸权开始时（或"胜利之后"）对于建立秩序并确保不平等国家之间的合作也至关重要。[④] 该理论可以解释大国与中小国家为什么能在国际制度中形成合作。却不能说明为什么中小国家在已参与大国主导的国际制度的情况下，还有动力参与别的大国建立的多个相似的国际制度，以及为何中等国家也要建立自我主导的国际制度。伊肯伯里同样指出，权力悬殊越大，弱国和次要国家参与建立国际制度的动机就越小。[⑤] 但在已经建立的国际制度中，国家间权力不对称几乎是一个普遍存在的常态。

---

① Charles P. Kindleberger, *The World in Depression, 1929-1939*, Berkeley: University of California Press, 1973; Robert Gilpin, *War and Change in World Politics*, Cambridge: Cambridge University Press, 1983.

② G. John. Ikenberry, *After Victory: Institutions, Strategic Restraint, and the Rebuilding of Order after Major Wars*, Princeton: Princeton University Press, 2001.

③ Robert O. Keohane, *After hegemony*, Vol.54, Princeton: Princeton University Press, 1984; Robert O. Keohane, "Institutional Theory and the Realist Challenge after the Cold War", *Neorealism and Neoliberalism: The Contemporary Debate*, Vol.269, 1993, p. 271.

④ Ikenberry, G. John. *After Victory: Institutions, Strategic Restraint, and the Rebuilding of Order after Major Wars*, 2001.

⑤ G. John Ikenberry, *After Victory: Institutions, Strategic Restraint, and the Rebuilding of Order after Major Wars*, 2001.

贺凯等制度现实主义的观点认为，国际制度可以是国家在国际体系中实现其现实目标的一种新的平衡策略，[①] 主要依靠多边制度来约束和破坏竞争对手的力量和影响力。[②] 国际制度的建立被认为是政府间对权力不对称困境的反应。[③] 但也有学者提醒，弱势国家试图通过制度来约束强者是完全合理的，但强国愿意接受制度约束的原因却是值得怀疑的。[④] 在有国家扮演领导性角色的区域国际制度中，需要具有相对优势的国家提供公共产品，承担制度建立和运营的成本，其他追随国家则更多“搭便车”，甚至成为援助的接受者。在这种情况下，制度平衡的逻辑会遇到更多难以解决的矛盾和难题。

另一些学者则认为，国际制度是中小国家对大国采取平衡（balance）、见风使舵（bandwagon）、对冲（hedge）等策略的主要场所。[⑤] 例如，一般认为东南亚国家与中国的接触可以最好地理解为对冲或采取平衡和迂回

① Kai He, “Contested Regional Orders and Institutional Balancing in the Asia Pacific”, *International Politics*, Vol.52, No. 2, 2015, pp.208-222.

② Kai He, *Institutional Balancing in the Asia Pacific: Economic Interdependence and China's Rise*, New York: Routledge Routledge, 2008.

③ John P. Willerton, Gary Goertz and Michael O. Slobodchikoff, “Mistrust and Hegemony: Regional Institutional Design”, *International Area Studies Review*, Vol. 18, No. 1, 2015, pp.26-52.

④ G. John Ikenberry, *After Victory: Institutions, Strategic Restraint, and the Rebuilding of Order after Major Wars*, 2001; G. John. Ikenberry, “The Problem of International Order Revisited”, *International Security*, Vol. 26, No. 1, 2001, pp. 161-186.

⑤ Jürgen Haacke, “The Concept of Hedging and Its Application to Southeast Asia: a Critique and a Proposal for a Modified Conceptual and Methodological Framework”, *International Relations of the Asia-Pacific,* Vol.19, No. 3, 2019, pp. 375-417；Thomas J. Pempel, “Soft Balancing, Hedging, and Institutional Darwinism: The Economic-security Nexus and East Asian Regionalism”, pp. 209-238；Phuc Thi Tran, Alena Vysotskaya G. Vieira and Laura C. Ferreira-Pereira, “Vietnam's Strategic Hedging vis-à-vis China: The Roles of the European Union and Russia”, *Revista Brasileira de Política Internacional*, Vol.56, No. 1, 2013, pp. 63-182；Lance Devreaux Jackson, “Geostrategic Competition and the Future of ASEAN's Hedging Strategy”, 2017.

的混合策略，旨在美国和中国之间保持平衡。① 有观点甚至认为，对冲正在成为亚洲国际关系的核心趋势。② 但这些理论观点主要是建立在三边互动，且有两边实力接近或两边相加之后与第三边实力相近的理论模型基础上，并没有充分考虑有多个大国、中等国、小国等不同类型的利益主体参与互动，且不同类型国家之间具有明显的实力差距的情形。此外，这三种理论观点主要用于宏观的国与国之间的外交政策原则以及较微观的特定议题的国家间互动，对于中观层面国际制度合作的角色效应重视不足。实际上，中小国家的确有动机利用国际制度约束大国的权力，大国也有动机利用国际制度促成自身权力的合法化。但在国际制度内，尤其是对于地区性国际制度来说，约束与被约束、平衡与被平衡的逻辑并不是三类国家之间关系的全部。这种将大国与中小国家“二分”的视角可能导致对中小国家各自角色特点以及中小国家间关系互动的忽视。正如前文已指出的，由于大国对于中等国尤其是小国来说权力优势巨大，中小国家采取平衡战略和对冲战略产生的功效相对有限。当大国竞争激烈时，中小国家对冲的空间会被缩小。③ 二战后以来，在大国周边的中小国家生存和发展环境已经大为改善。大多数小国的“死亡”并不是大国统一进程的结果。④ 战后的区

① Ja Ian. Chong, “Revisiting Responses to Power Preponderance: Going Beyond the Balancing-bandwagoning Dichotomy”, 2003；Evelyn Goh, “Great Powers and Hierarchical Order in Southeast Asia: Analyzing Regional Security Strategies”, *International Security*, Vol.32, No.3, 2008, pp.113-157; Bronson Percival, *The Dragon Looks South: China and Southeast Asia in the New Century*, Greenwood Publishing Group, 2007; Denny Roy, “Southeast Asia and China: Balancing or Bandwagoning?”, *Contemporary Southeast Asia: A Journal of International and Strategic Affairs*, Vol.27, No.2, 2005, pp.305-322.

② Van Jackson, “Power, Trust, and Network Complexity: Three Logics of Hedging in Asian Security”, *International Relations of the Asia-Pacific*, Vol.14, No. 3, 2014, pp.331-356.

③ Alexander Korolev, “Shrinking Room for Hedging: System-unit Dynamics and Behavior of Smaller Powers,” *International Relations of the Asia-Pacific*, Vol.19, No. 3, 2019, pp.419-452.

④ Tom Long, “It’s not the Size, It’s the Relationship: From ‘Small States’ to Asymmetry”, pp.144-160.

域主义发展还表明，许多较小的发展中国家非常愿意参与由主要大国主导的区域制度。① 这不一定是因为拥有权力优势的大国正在变得善良，而更可能是因为对于这些国家来说地位困境成为驱动彼此关系互动的主要结构。在这种结构内，中等国和小国获得了更多参与国际政治互动的空间，二者的角色效用也理应受到更多的重视和研究。

在生态学中，约瑟夫·格林内尔（Joseph Grinnell）等提出了生态位或小生境（niche）的概念，将其定义为生物在特定生态系统中与环境相互作用过程中所形成的相对地位与作用。② 在国际政治中，不同类型的国家对地位的竞争，在地位困境中的表现与应对部分类似于生态学中的生态位或小生境的理论概念。其中，一个主要的特点是地位竞争更容易在地位相近的国家之间进行。不同类型的国家之间则因为远离地位困境，而“彼此吸引和需要”。各种形式的权力不对称的广泛存在使国家之间更有可能发生合作。③ 在模棱两可的层次结构中，相对的地位问题会变得突出，围绕地位形成的冲突比在明显分层的结构中更有可能。在层次清晰的情况下，形成地位竞争的可能则很低。④

国家并不会将自己的相对权力与所有国家进行比较，而是倾向于与地

① Shaun Breslin and Jeffrey D. Wilson, “Towards Asian Regional Functional Futures: Bringing Mitrany Back In?”, *Australian Journal of International Affairs*, Vol. 69, No.2, 2015, pp.126-143.

② 约瑟夫·格林内尔（Joseph Grinnell）在 1924 年最早提出生态位的概念，并将其定义为一种“物种或亚种”的最终分布单位。格林内尔的生态位概念对两个方面的内容予以了强调，一是分布性质，即地理区域或生境类型之间的个体分布；二是潜在性质，指在自然环境中个体的理想化分布与其他物种之间没有相互作用。Charles Elton 在 1927 年的学术研究中认为“动物的生态位表明它在生物环境中的地位及其与食物和天敌的关系”。参见 John H. Vandermeer, “Niche theory”, *Annual Review of Ecology and Systematics*, Vol. 3, No.1, 1972, p.107; 张光明、谢寿昌：《生态位概念演变与展望》，《生态学杂志》1997 年第 6 期；朱春全：《生态位态势理论与扩充假说》，《生态学报》1997 年第 3 期。

③ Stephen J. Majeski, “Asymmetric Power Among Agents and the Generation and Maintenance of Cooperation in International Relations”, *International Studies Quarterly*, Vol.48, No. 2, 2004, pp.455-470.

④ William C. Wohlforth, “Unipolarity, Status Competition, and Great Power War”, pp.28-57.

位等级最为接近的国家进行比较。国家与不被视为地位竞争者的国家出现地位的相对下降，几乎不会形成地位焦虑。① 两国之间也不会因此形成地位困境。不同类型国家之间对地位竞争的敏感度依次变弱。大国对小国的地位竞争的敏感度最弱。小国最没有动力与大国展开地位竞争。中小国家的实力取得发展，并不会让大国产生地位焦虑。反之，大国的实力不断提升，也不会引起中小国家的地位焦虑。能力分布接近的国家之间才最有可能陷入地位焦虑。能力分配越分层，地位竞争的可能性就越小。② 如果一个行为体比另一个行为体强大得多，二者之间尽管理论上不能排除竞争，但实践中彼此竞争却不太可能。③ 强大的行为体不容易感受到威胁，弱小的行为体则从理性的角度反复掂量与强大行为体之间竞争的成本和收益。因此，地位竞争往往发生在同类型国家之间，地位困境也往往出现在同类型的国家之间。

日本贸易振兴机构亚洲经济研究所研究员滨中慎太郎（Shintaro Hamanaka）提出了潜在的区域领导者理论（potential regional leader theory），认为“成为一个小组的负责人比在一个大集团中占据一个不那么强大的位置更好”，这成为国家在区域主义中竞争领导性角色的重要驱动力。④ 泰国学者波温·布尼亚韦切温（Poowin Bunyavejchewin）借鉴该理论对中国成立澜湄合作机制的动因和意图等进行了解释。⑤ 潜在的区域领导者理论对地位和制度内成员资格分配等问题进行有益的理论阐释，但在地位竞争

① Tudor A. Onea, “Between Dominance and Decline: Status Anxiety and Great Power Rivalry”, pp.125-152.

② William C. Wohlforth, “Unipolarity, Status Competition, and Great Power War”, pp.28-57.

③ Kentaro Sakuwa and William R. Thompson, “On the Origins, Persistence and Termination of Spatial and Positional Rivalries in World Politics: Elaborating a Two-issue Theory of Conflict Escalation”, pp. 203-225.

④ Shintaro Hamanaka, *Asian Regionalism and Japan: The Politics of Membership in Regional Diplomatic, Financial and Trade Groups*, New York: Routledge, 2009, p.1.

⑤ Poowin Bunyavejchewin, “The Lancang-Mekong Cooperation（LMC）Viewed in Light of the Potential Regional Leader Theory”, p.61.

是否发生在同类型国家间的问题上模棱两可，对区域领导者与地区内外国家的不同身份之间的张力缺乏必要的讨论，也忽略了同一类型标准下非潜在的区域领导者在另一类型标准中可能属于潜在的区域领导者。因此，正如波温・布尼亚韦切温自己所承认，该理论尚未对澜湄合作的成立作出令人满意的解释，还需要对泰国等其他参与主体的角色、动机等进行更加详尽的研究和分析。

国际制度具有再分配的功能。① 由于国际制度的建立需要有相应的领导国家提供公共产品，使国际制度关于地位的再分配具有不对称性。制度还可能对非成员具有负外部性。② 国际制度内的领导国家数量是稀缺的，单一国际制度很难实现对多个国家的"地位"分配诉求，从而使国际制度内因领导权竞争形成新的地位困境。在区域国际制度中，行为体在一个合作制度内并不足以表达或获得足够的自我利益，也不宜公开表达自身在议程设置、利益分配等问题上的诉求和偏好。③ 威廉・沃尔弗斯睿智地指出，所有参与社会互动的人们都期望并试图建立一个等级体系：显然每个人都更希望成为第一，但如果现实情况不允许，则每个人都更倾向于一种模棱两可的现状，在这种现状中，任何其他一方都不占其明确排名的主导地位。④ 凯尔・海恩斯（Kyle Haynes）通过对权力转移期间国家间互动行为的研究认为，在某些条件下国家实际上可能会从自身参与构建的不确定性中受益。⑤ 只要国际制度为其成员提供净收益，相应的国家就更愿意加

① G. John. Ikenberry, *After Victory: Institutions, Strategic Restraint, and the Rebuilding of Order after Major Wars*, Princeton: Princeton University Press, 2001.

② Beth A. Simmons and Zachary Elkins, "The Globalization of Liberalization: Policy Diffusion in the International Political Economy", *American Political Science Review*, p.98, No. 1, 2004, p.172.

③ Joel AC. Baum and Christine Oliver, "Institutional Linkages and Organizational Mortality", *Administrative Science Quarterly*, 1991, pp. 187-218.

④ William C. Wohlforth, "Unipolarity, Status Competition, and Great Power War", pp.28-57.

⑤ Kyle Haynes, "Useful Ignorance: The Benefits of Uncertainty During Power Shifts", *International Interactions*, Vol. 45, No. 3, 2019, pp. 421-446.

入。[①] 更何况制度主导国之间因为对地位的竞争，可能会加大资源投入，提高制度参与国的净收益。因此，相关国家有动力推动成立和参与多个国际制度，扩大制度领导权、协助权等制度架构的供给数量，并对单个国家在某个国际制度中因领导权和协助权等形成的地位优势模糊化。因此，推动建立多个相似的国际制度，并在这些制度之间形成制度互动成为这些国家虽然可能无意识，却是共同的理性选择。

制度互动既不是一个新的现象，也不是一个新的概念。2000 年前后，随着学者们对合作制度不断增多、制度环境日趋复杂等相关现象的关注，制度互动的概念也被正式提出。在英文文献中，与制度互动（insititution interaction）相近的词还有 regime interaction[②]、regime interplay[③]、institutional interplay[④]、institutional interactions[⑤]、institutional linkages[⑥] 等。凯伦·阿尔特（Karen J. Alter）和索菲·莫尼耶（Sophie Meunier）强调，国际制度的复杂性使跨制度的“棋盘政治”成为可能，其中一个制度的战略决策或行动将对另一个制度的战略选择产生影响。[⑦] 乔尔·鲍姆（Joel AC. Baum）和克里斯汀·奥利弗（Christine Oliver）将制度联系（Institu-

---

① George W. Downs, David M. Rocke and Peter N. Barsoom, “Managing the Evolution of Multilateralism”, *International Organization*, Vol. 52, No. 2, 1998, pp. 397-419.

② Thomas Gehring and Sebastian Oberthür, “Exploring Regime Interaction: A Framework of Analysis”, 2004, pp. 247-279.

③ Regine Andersen, “The Time Dimension in International Regime Interplay”, *Global Environmental Politics*, Vol. 2, No. 3, 2002, pp. 98-117；Daphné Josselin, “Regime Interplay in Public-private Governance: Taking Stock of the Relationship Between the Paris Club and Private Creditors Between 1982 and 2005”, *Global Governance*, Vol. 15 2009, p.521.

④ Oran R. Young, “Institutional Interplay: The Environmental Consequences of Cross-scale Interactions”, *The Drama of the Commons*, 2002, pp. 263-291.

⑤ Amandine Orsini, “The Negotiation Burden of Institutional Interactions: Non-state organizations and the International Negotiations on Forests”, *Cambridge Review of International Affairs*, Vol. 29, No. 4, 2016, pp. 1421-1440.

⑥ Oran R. Young, “Institutional Linkages in International Society: Polar Perspectives”, *Global Governance*, Vol. 2, 1996, p.1.

⑦ Karen J. Alter and Sophie Meunier, “The Politics of International Regime Complexity”, pp.16-17.

tional linkages）定义为组织与制度在组织环境中的直接和正规的关系。① 托马斯·格林（Thomas Gehring）和塞巴斯蒂安·奥伯图尔（Sebastian Oberthür）更为明确地提出了制度互动（regime interaction）的概念框架，将其定义为“一个或多个国际制度对一个或多个其他制度或与其他制度有关的议题领域施加影响的情况”。② 由于制度互动的主要动机和目的是国家之间对地位困境的表现和应对，因此制度之间的竞争与合作成为不同国际制度之间建立因果联系的主要路径。前文已经指出，地位困境主要出现在同类型国家之间。因此有必要进一步就大国、中等国、小国不同类型的国家分别探究其地位困境的表现和制度互动的形式。

一、大国的地位困境与制度互动

大国之间的竞争自修昔底德时代以后一直占据着学术界关注的中心。然而，大部分研究都集中在能力的转变上，而忽略了地位竞争的动机。③ 在国际体系和地区层面占据有利“地位”是大国主导建立区域国际制度、推动符合自身偏好的区域主义计划的重要原因。具有强烈地位色彩的竞争不太可能保持严格的二元竞赛，而更有可能成为多边竞赛。④ 大国的领导地位需要区域国际制度等领导力项目来体现。⑤ 在这种多边竞赛中，赢得

① Joel AC. Baum and Christine Oliver, “Institutional Linkages and Organizational Mortality”, *Administrative Science Quarterly*, 1991, pp.187-218.

② Thomas Gehring and Sebastian Oberthür, “Exploring Regime Interaction: A Framework of Analysis”, 2004, p.248.

③ Tudor A. Onea, “Between Dominance and Decline: Status Anxiety and Great Power Rivalry”, pp. 125-152.

④ Kentaro Sakuwa and William R. Thompson, “On the Origins, Persistence and Termination of Spatial and Positional Rivalries in World Politics: Elaborating a Two-issue Theory of Conflict Escalation,” pp. 203-225.

⑤ Daniel Flemes and Leslie Wehner, “Drivers of Strategic Contestation: The case of South America”, *International Politics*, Vol. 52, No. 2, 2015, pp. 163-177.

中小国家的支持和追随一定程度上成为大国地位竞争的关键。尽管大国自身对于发起和维持一个特定的国际制度很重要，但他们往往也依赖于中小国家对该制度的支持和遵守。大国建立主导性的国际制度，其成员往往是中小国家，而不是其他的大国。要想在地位竞争中取得成功，他们必须得到中小国家等追随者的支持和接受。

在国际制度内部，大国通过影响制度设计，获得相对于其他成员的优势地位。① 在国际制度之间，大国往往通过增强自身主导的国际制度的吸引力和影响力、弱化竞争对手主导的国际制度的角色和影响力来获得地位优势。同时，对于竞争对手(大国）主导之外的国际制度，大国一般持"合作”态度。这主要是因为这类国际制度一般是由中等国家建立，中等国家的地位上升并不会与大国形成地位困境。同时，中等国家一般还是大国及其竞争对手主导成立的国际制度中重要的重叠性成员国。无论是通过与中等国家主导的国际制度进行制度间合作，换取中等国家在己方主导的国际制度中的支持度，还是分离中等国家在竞争性大国主导的国际制度中的支持度，对于该大国来说都是重要的。

同时，关于国家分类的讨论已指出，对于参与区域主义的大国来说，有必要区分区域内大国和区域外大国。两类大国因为地区内外的不同身份，在地位困境中的表现以及制度互动的特点亦有所不同。

对于地区外大国来说，虽然有充足的物质资源参与区域制度化合作，但如果缺少地区内国家的参与和支持，将从根本上动摇其参与地区内区域主义合作的“合法性”。“确定谁被视为成员的规则”以及“适当行为”是国际制度合法性的重要来源。对于区域外国家来说，合法的成员资格需要两个方面的支持和认可。一是在自身主导的合作制度内吸引到地区内国家的参与。显然，如果美国在湄公河地区成立的合作制度没有一个湄公河国

① Brigitte Weiffen, Leslie Wehner and Detlef Nolte, “Overlapping Regional Security Institutions in South America: The Case of OAS and UNASUR”, pp. 370-389.

家参与，该制度显然是缺乏合法性的。该制度在定义上就不属于湄公河地区国际制度的范畴。二是与该地区既有的合作制度建立友好的合作关系。如果湄公河地区已经成立的合作制度，例如，大湄公河次区域经济合作、湄公河委员会、柬老缅越合作等均拒绝与美国主导成立的合作制度建立合作关系，则该制度的合法性同样会受到质疑。

对于地区内大国来说，与地区内中小国家成立区域国际制度，加强地区合作治理相比地区外大国来说具有更好的合法性等天然优势。但如果由于某种历史原因，地区内大国在该地区的制度化合作中角色缺位，具有较强影响力的地区内中等国家则有动力成立自我主导的区域国际制度，地区外大国也可更加顺利地介入本地区制度化合作进程。在地区内大国角色复位的过程中，地区外大国与地区内中等国家之间的制度合作将会明显增强，地区外大国与地区内大国之间的制度竞争也会明显增加。但这并不是地区内中等国家主动推动，而是地区外大国为应对与地区内大国的地位困境，加强了制度互动的应对。可见，地区内大国的消极行为也会引发竞争政治。作为区域战略的一部分，区域大国必须适时证实对领导地位的隐性或显性主张。①

在地区内大国角色缺位和逐渐复位的过程中，地区内中等国和地区外大国推动了区域制度的重叠性扩张。地区内大国角色复位完成后，有动力推动地区既有国际制度进行整合，提升自身主导的国际制度的吸引力和影响力，扩大和巩固与地区外大国形成的地位优势。但面对区域国际制度已经大量建立和重叠、这些制度背后都有地区外大国和地区内中小国家参与和支持的既有事实，推动这些制度有序整合和退出并不容易，也未必符合地区内大国和该地区的整体利益。在这种形势下，以新成立的区域国际制度为基础、继续广泛参与和融入该地区其他国际制度，形成制度内地位分

① Daniel Flemes and Leslie Wehner, “Drivers of Strategic Contestation: The Case of South America”, *International Politics*, Vol. 52, No. 2, 2015, pp. 163-177.

配的“叠加”，引导制度间合作、避免竞争，尤其是避免成为制度间竞争的众矢之的，可能是地区内大国的有利选择。

二、中等国的地位困境与制度互动

中等国家在区域领导力塑造方面可能发挥着关键作用。[①] 国际社会中，中等国家的数量小于小国的数量，大于大国的数量。一般而言，地区内会存在两个及其以上的中等国家。基于同类型国家之间更容易形成“地位困境”的规律判断，这些地区内不同中等国家之间有很大可能会陷入“地位困境”。为了获得更好的地位分配，模糊竞争对手，中等国有动力参与并推动该地区的制度互动，中等国在其他区域国际制度中的“地位优势”，由于受到一定的能力限制，很少有中等国家有能力和意愿介入其他地区中等国家之间的地位竞争。如果有，也主要是基于该地区大国和中等国的默许和支持。

中等国家在地区秩序构建和大国的地位竞争中具有特殊的角色作用。因为他们对“领导国”的选择和支持对于区域极性具有最大影响。[②] 地区内小国的存在为中等国成立主导性的区域国际制度创造了条件。小国在中等国家成立的制度中的支持和追随也自然成为中等国之间地位竞争的对象和目标。但国际制度的建立需要以提供相应的公共产品为前提。中等国虽然具备一定的实力和能力，但相比大国来说，国际制度的运营成本仍然是昂贵和沉重的，这就使中等国有动力加强与大国的合作。通过参与大国主导的区域国际制度，并提供一定的支持和追随，推动大国及其成立的国际制度与己方成立的国际制度形成合作。借助大国的力量，

① Daniel Flemes and Steven E. Lobell, “Contested Leadership in International Relations”, pp. 139-145.

② Daniel Flemes and Steven E. Lobell, “Contested Leadership in International Relations”, pp. 139-145.

帮助自己与别的中等国进行地位竞争。对于地区内中等国来说，与大国之间并不会形成地位困境，建立有别于大国的影响范围也不一定需要公开反对大国的权力及其制度，可以通过建立一个被视为附属或嵌套的制度来实现。①

应指出的是，虽然不同类型国家之间一般不会陷入地位困境，但不同类型的国家之间可能存在一定程度的地位竞争和关于地位竞争的心理认知。只是相比同类型国家之间的地位困境，不同类型国家之间对地位竞争的敏感度依次变弱。对于中等国与大国来说，地位竞争在一定范围内是存在的，且程度大于小国与大国之间的地位竞争。大多数国家对邻国的担忧多于对遥远国家的担忧。② 相比地区内大国，地区内中等国家有一定的倾向和动力加强与地区外大国的合作。但整体上，地区内中等国家成立的国际制度并不以与地区内外大国建立的国际制度竞争“地位”为主要目的。中等国与大国成立的国际制度之间，尽管可能有一定的竞争性，但程度是相对温和、可控的。

同时，由于地位竞争往往需要以物质投入为前提，且可能“在物质意义上是不合理的，并不总是产生最佳的物质结果”。③ 相较于大国之间，中等国之间的地位困境程度也相对较弱。一般很少出现大国以普通成员身份加入另一个大国主导的区域国际制度，对于竞争性的大国之间更是困难。但地区中等国家之间往往会权衡利弊，一方作为合作成员加入另一方主导的国际制度的现象并不罕见。

① Brigitte Weiffen, Leslie Wehner and Detlef Nolte, “Overlapping Regional Security Institutions in South America: The Case of OAS and UNASUR”, pp. 370-389.

② Barry Buzan, et al., *Regions and Powers: The Structure of International Security*, Vol. 91, Cambridge: Cambridge University Press, 2003；Benjamin Miller, “When and How Regions Become Peaceful: Potential Theoretical Pathways to Peace”, *International Studies Review*, Vol. 7, No. 2, 2005, p.241.

③ Daniel Markey, “Prestige and the Origins of War: Returning to Realism’s Roots”, pp. 126-172.

三、小国的地位困境与制度互动

在国际社会中，小国的数量最多。小国的影响力相对较弱，因此在国际政治中的角色常常被忽视或轻视。相较而言，小国在多边国际制度中的角色得到了更多的重视和论述。小国的参与被认为对于国际制度的合法性至关重要。例如，马尔代夫使相关国际制度关注到了应对海平面上升的紧迫性。[①] 整体而言，小国除了在特定的功能领域发挥独特的作用。通过国际制度对大国进行约束和平衡成为相关学者讨论和研究的热点。历史上对小国地位的考验是“抵抗大国要求的能力”。[②] 弱势但有影响力的国家将制度视为制约强国的手段，并增加其在地区决策中的重要性。[③] 鲜少有研究指出，小国在国际政治中也有自己的地位诉求。尽管位于国家间实力金字塔的最底端，相比中等国和大国拥有更少的物质资源支撑对地位的渴求。但小国的群体是巨大的，基于同类型国家之间更容易形成“地位困境”的规律判断，小国之间不仅同样形成地位困境，可以结成地位竞争的潜在对手可能也是最多的。只不过小国之间由于可用于地位竞争的物质资源更加有限，形成地位困境的程度相比大国和中等国来说都更弱。

小国由于不具备承担领导成立区域国际制度所需成本的能力，且缺少追随和附属的国家，因此一般仅参与大国和中等国成立的区域国际制度，鲜少成立自我主导的制度。但小国具有两大优势。第一个优势是：相比中等国，小国与大国之间彼此形成的地位竞争最弱，且小国是大国和中等国成立的区域国际制度中必不可少的支持者和参与者。这使小国成为大国和

---

① Vaughan A. Lewis, “Foreword: Studying Small States over the Twentieth into the Twenty-first Centuries”, *The Diplomacies of Small States: Between Vulnerability and Resilience*, 2009, pp.vii-xv.

② Annette Baker Fox, *The Power of Small States: Diplomacy in World War II*, Chicago: University of Chicago Press, 1959, p.3.

③ Joseph M. Grieco, “The Maastricht Treaty, Economic and Monetary Union and the Neo-realist Research Programme”, *Review of International studies*, Vol.21, No. 1, 1995, pp. 21-40.

中等国均努力吸引的对象，可以借此广泛参与区域国际制度，成为重叠性最强的制度成员国。同时，小国与大国的关系更偏向于合作，也更能得到大国尤其是地区内大国的青睐和支持。第二个优势是：小国对于区域国际制度的合法性具有举足轻重的作用和影响。这不仅是由于“一国一票”的国际法原则使小国在国际制度中成为平等参与的一员，更由于小国在地区内一般主要以“弱者”的形象出现。地区合作的主要服务对象、地区发展治理的关键政策领域，主要都是建立在地区内小国的需求基础上的。缩短小国与地区内外国家之间的发展差距可以为大国和中等国在地区成立国际制度提供明显、有力的合法性来源。因此，国际制度通过寻求利用小国的参与来产生合法性。①

重叠的国际制度允许小国在分层制度的网络中掩盖其偏好，通过加入不同国家赞助的区域国际制度，小国可以获得更多的国家利益和政策灵活性。② 多数情况下，小国不会以同等关注的方式处理所有紧要问题。取而代之的是，他们将优先级的可用资源考虑并投入特别重要的议题上。③ 小国之间的地位困境主要通过广泛参与大国和中等国成立的国际制度，并引导和嵌入符合自身偏好的竞争性议题作为主要的方式和途径。例如，在湄公河地区，柬埔寨和老挝同属于小国的范畴，基于不同的国情条件，柬埔寨强调对湄公河流域加强管理和保护，而老挝则大力支持加强对湄公河的水电资源开发。为了获得两国的支持，湄公河地区既有国际制度中不同程度将水资源管理、水电开发与经济发展作为主要的合作议题。小国在地位

① Jack Corbett, Xu Yi-Chong and Patrick Weller, “Small States and the ‘Throughput’ Legitimacy of International Organizations”, *Cambridge Review of International Affairs*, Vol. 31, No. 2, 2018, pp. 183-202.

② Andrew I. Yeo, “Overlapping Regionalism in East Asia: Determinants and Potential Effects”, *International Relations of the Asia-Pacific*, Vol. 18, No. 2, 2016, p.184.

③ Brigid Laffan and Etain Tannam, “Ireland: the Rewards of Pragmatism”, in Kenneth Hanf and Ben Soetendorp eds., *Adapting to European Integration: Small States and the European Union*, 1998.

困境中的表现和应对虽不如大国和中等国明显，但通过为大国和中等国提供制度合法性以及重叠的制度内支持，小国不仅提升了自身的地位，还可能获得可观的物质回报。

第四节　制度互动的归宿：重叠的区域主义或制度达尔文主义

区域国际制度的竞争性、合作性互动是大国、中等国、小国三类国家之间表现和应对地位困境的主要方式。尽管地位困境主要在同类型国家之间产生和形成，相邻类型国家之间仅有一定的地位竞争，但三类国家共同参与并推动的制度互动不仅对各自类型对手国家的地位竞争产生影响，还会对该地区的区域国际制度、区域主义发展等产生系统性效应。戴维·米特兰尼（David Mitrany）认为，国际制度的设计主要遵循一个单一的原则：形式跟随功能驱动。① 功能主义旨在强调通过特定领域技术化和非政治化的合作，形成外溢（spill-over）并最终达到地区一体化为目的。② 与功能主义相对，形式主义主要强调政治化的合作，区域的巩固和制度化在很大程度上是一种政治活动，不以最终实现地区一体化为目的。功能的制度设计和制度互动被认为主要对区域主义的欧洲路径具有解释力。对于世界其他地区以新区域主义为代表的发展路径来说，形式的制度设计和制度互动仍具有较强的生命力。对于制度互动而言，两种路径将产生不同的区域主义归宿和结果。“形式的”制度互动将产生重叠的区域主义。“功能的”制度互动则出现制度达尔文主义。“新的制度是否旨在提供更好的替代方案

---

① David Mitrany, “A Working Peace System”, *The European Union*, London: Palgrave, 1994, pp. 77-97.

② 贺平：《区域性公共产品与东亚的功能性合作——日本的实践及其启示》，《世界经济与政治》2012 年第 1 期。

以及最终取代旧有的制度，或者它们是否意图共存”① 是区分形式的制度互动与功能的制度互动的主要标准。

一、“形式的”制度互动：重叠的区域主义

“形式的”制度互动指推动制度互动的国家将制度视为个体参与地位竞争的工具，制度之间的竞争与合作不以合并或取代对方为目的，也不寻求推动制度的变迁和功能的演化。乔尔·鲍姆和克里斯汀·奥利弗调查了 1971 年至 1987 年之间制度互动② 对加拿大多伦多儿童保育服务组织失败的影响，认为“参与制度互动的组织表现出显著的生存优势，并随着竞争强度的增加而增加”③。奥兰·扬也指出国际制度之间因互动而形成的制度联系使得解散为不同目的而建立的制度变得越来越难。④ 这类不以合并或取代对方为目的，因参与互动增强制度生存能力的制度互动形式即为形式的制度互动。对于区域国际制度来说，是相关国家推动了制度互动的进程，因此形式的制度互动主要基于国家的意愿和能力进行考察。

对于主导国家来说，区域国际制度运营和维持的成本远低于最初建立时的成本。只要主导建立该制度的国家仍将制度视为参与地位竞争的工具，就有动力继续为该制度提供存续下去的成本。在特殊时期，主导国家甚至可以通过让该制度进入“休眠”状态，用几乎零成本的方式继续维持

① Brigitte Weiffen, Leslie Wehner and Detlef Nolte,“Overlapping Regional Security Institutions in South America: The Case of OAS and UNASUR”, *International Area Studies Review*, Vol. 16, No. 4, 2013, pp. 370-389.

② 此处作者在文中采用的词是：制度联系（institutional linkages）。但前文已指出，制度联系（institutional linkages）与本文提出的制度互动（insitituion interaction）属于不同作者使用但意思相近的词，均指制度之间通过竞争与合作相互建立的联系与影响。

③ Joel AC. Baum and Christine Oliver,“Institutional Linkages and Organizational Mortality”, *Administrative Science Quarterly*, 1991, pp. 187-218.

④ Oran R. Young,“Institutional Linkages in International Society: Polar Perspectives”, *Global Governance*, Vol. 2 1996: 1.

制度存在，待条件好转时再进行“唤醒”。

对于其他参与国家，尤其是小国和没有建立主导性国际制度的中等国来说，凭借制度成员的身份，该制度的存在同样可以为其提供一定量的地位分配和相应的物质等利益，更能成为参与其他国际制度及其互动时讨价还价的砝码。在不能成为制度主导国的情况下，参与区域国家制度显然比没有参与或没有机会参与要好。

对于其他国际制度来说，如果两个制度各自的主导成员分别是大国和中等国，则主要进行合作性的制度间互动。在国际制度数量较多，既有制度间合作，也有制度间竞争的复杂环境中，多一个国际制度的合作伙伴显然更有利，因此该制度及其主导国家没有动力合并或取代对方。从能力来看，如果该制度的主导成员是中等国家，对于大国主导的国际制度，哪怕该制度因为某种原因暂时处于休眠，中等国家主导的国际制度也没有足够的能力对其进行合并或取代。大国主导的国际制度是地位的象征，显然也不会坐视中等国家对其进行合并或取代。如果两个制度各自的主导成员分别是大国与大国，制度互动主要是竞争性的。但竞争不等于冲突。多个国际制度共存，可以为相关国家提供平行或嵌套的地位供给。但如果致力于合并或取代对方，则可能将竞争性的制度互动推升为冲突性的制度互动，进而有可能将原本可控的地位困境升级到更难控制的安全困境。因此，大国 A 并没有足够的意愿去合并或取代大国 B 成立的区域国际制度。从能力看，很少出现地区内大国是超级大国，还有其他大国在该地区主导成立区域国际制度的情况。地区外超级大国介入地区内制度化合作，又因地理空间等距离限制，在该地区的实力相应递减为大国，也就是说，此时参与地区制度化合作的大国之间，很难形成明显的相对优势。加上重叠的成员国并不愿意看到大国主导的国际制度之间形成零和博弈。成员国会在制度互动中发挥对冲和平衡等效应，使大国主导的区域国际制度没有充足的能力去取代或合并另一大国主导的区域国际制度。

如果一个组织从其制度环境的外部组成部分获得合法性、社会支持和认可，则该组织更有可能生存。① 在“形式的”制度互动中，虽然各个区域国际制度之间出现了竞争性和合作性等复杂互动，但相关国家却没有足够的意愿和能力去推动彼此之间的取代或合并。确定的区域国际制度秩序为国家之间的相互作用提供稳定性和规则，并通过国际互动创造可预测的结果。② 多个国际制度的共存，可以为相关国家提供平行或嵌套的地位供给，投入资源去取代或合并对方主导的区域国际制度成为一个不必要的选项。这就导致该地区新的国际制度不断建立，旧的国家制度却并不减少，结果是国际制度越来越多。随着制度数量的不断增多，竞争性与合作性互动都在增强，且呈现出复杂化的发展趋势。参与制度互动，尤其是竞争性互动的前提是新的制度向旧的制度进行学习和模仿。在由“收件人驱动”而非“发件人驱动”的模仿机制中，③ 这些区域国际制度在议题领域等诸多方面变得越来越相似，形成同质化发展。反过来，又进一步使这些制度更加难以脱颖而出。制度对“成员国”的共同需要，以及地区层面的成员国数量是相对稀缺的，客观上又推动形成了制度之间在成员上的重叠。最终，“形式的”制度互动就引致产生了重叠的区域主义。

---

① John W. Meyer and Brian Rowan, “Institutionalized Organizations: Formal Structure as Myth and Ceremony”, *American Journal of Sociology*, Vol. 83, No. 2, 1977, pp. 340-363; Paul J. DiMaggio and Walter W. Powell, “The Iron Cage Revisited: Institutional Isomorphism and Collective Rationality in Organizational Fields”, *American Sociological Review*, 1983, pp. 147-160; John W. Meyer, “Centralization and the Legitimacy Problems of Local Government”, *Organizational Environments: Ritual and Rationality*, 1983; Paul J. DiMaggio, “Interest and Agency in Institutional Theory”, *Institutional Patterns and Organizations Culture and Environment*, 1988, pp.3-21; Walter W. Powell, “Institutional Effects on Organizational Structure and Performance”, *Institutional Patterns and Organizations: Culture and Environment*, 1988.

② David A. Lake, “Regional Hierarchy: Authority and Local International Order”, *Review of International Studies*, Vol. 35, No. S1, 2009, pp.35-58；David A. Lake, “Hobbesian Hierarchy: The Political Economy of Political Organization”, *Annual Review of Political Science*, Vol.12, 2009, pp. 263-283.

③ Thomas Risse, “The Diffusion of Regionalism”, *The Oxford Handbook of Comparative Regionalism*, 2016, pp. 87-108.

二、"功能的"制度互动：制度达尔文主义

"功能的"制度互动是指推动制度互动的国家不再将制度视为个体参与地位竞争的工具，而是将制度之间的竞争与合作在能力或意图上以合并或取代对方为目的，并寻求推动制度的变迁和功能的演化。托马斯·彭佩尔（Thomas J. Pempel）提出了"制度达尔文主义"的概念，并将其定义为某些制度的增强和其他制度的减少，实质是制度竞争和选择的过程。在制度达尔文主义的早期阶段，那些能适应不断变化的环境并能够在制度成员之间建立信任的制度将发展壮大。反之则可能出现制度发展的停滞和死亡。[①] 对于区域国际制度而言，推动"功能的"制度互动的同样是相关的国家。具体的制度互动主要分为以下三种情况。

第一，如果制度不再为国家形成不平等的地位分配，例如制度所需的公共产品由无偏的国际组织或机构提供，制度在架构设计、官僚人员组成、议程设置等环节保持公正和平等，制度利益通过设计实行合理的均等化分配。那么，制度互动在相关国家"地位困境"的表现和应对中的效用就会下降。此时，"合作性"将成为制度互动的主要形式，"竞争性"则大幅下降甚至最终消除。相关国家基于节省不必要的资源投入、提升制度合作的效率等角度考虑，将会发现地区层面过多的制度供给是不理性、不经济的。

第二，如果遭遇地区内外危机性事件和情势，或通过自下而上的区域合作培育出较好的区域认同，地区内国家将地区利益置于更高的位置，自愿让渡和共享部分国家主权给某个超国家的区域国际制度，制度互动将以推动制度的变迁和功能的演化为主要目的。例如，欧洲在 1965 年将欧洲煤钢共同体、欧洲原子能共同体和欧洲经济共同体统一起来，形成欧洲共

① Thomas J. Pempel, "Soft Balancing, Hedging, and Institutional Darwinism: The Economic-security Nexus and East Asian Regionalism", pp. 209-238.

同体，为欧盟的最终诞生奠定了基础。

第三，如果地区内大国通过持续的发展，加上有利的地区内身份和地缘条件，在国家实力分类上较为明显地超过其他大国。这是一种相对极端的情况。在这种情况下，地区内大国有充足的能力推动自己主导成立的区域国际制度在竞争性互动中最终取代或合并其他国家主导成立的制度，进而在该地区维持单一的区域国际制度。正如沃尔特·马特利（Walter Mattli）指出，成功进行区域整合的关键在于“无可争议的领导者”的存在。① 诚然，很少出现地区内大国是超级大国，还有其他大国在该地区主导成立区域国际制度的情况。但这是建立在地区内大国在时序上早已成为超级大国，并对其他大国进行排斥的前提下的。如果原先的地区内大国尚未成为超级大国，且在区域国际制度中角色缺位，地区内中等国、地区外大国都将获得先发优势，在地区内大国之前成立自我主导的区域国际制度。在这种情况下，尽管不容易，但地区内大国仍有一定的机会和概率发展为超级大国或与其他大国相比具有明显的领先优势。在地区内大国角色缺位期间，地区内中等国家与地区外大国成立的国际制度会形成制度间合作性互动，在地区内大国角色复位的过程中，这种制度间合作性互动会相应增强。而这将很可能诱导地区内大国误认为该地区既有的区域国际制度及其制度间互动是以与自身进行地位竞争和制度间的竞争性互动为目的。待地区内大国角色复位完成，与其他大国相比实力具有明显优势时，就有可能以合并或取代既有区域国际制度为目的，寻求推动制度的变迁和功能的演化。

在上述三种情况中，“功能的”制度互动将推动区域国际制度之间进行整合，寻求建立单一或数量有限的区域国际制度，不追求制度的重叠性增多，而追求推动制度的变迁和功能的演化。最终，“功能的”制度互动

① Walter Mattli, *The Logic of Regional Integration: Europe and Beyond*, Cambridge: Cambridge University Press, 1999.

将在该地区形成制度达尔文主义。

小　结

本章从国家间关系维度对参与区域主义合作的国家进行了分类，提出地位在国际政治中的重要性和普遍性，并指出地位的稀缺性导致同类型国家之间更易于形成地位困境。国际制度是国家进行地位竞争的重要工具，但单一国际制度并不能满足多个类型国家对地位的渴求。多个国际制度共存，可以增加对地位的供给，为相关国家提供或平行或嵌套的地位分配。因此，推动以竞争、合作为主要形式的制度间互动，成为不同类型国家之间可能无意识却是共同的理性选择。制度互动不仅对各自类型对手国家的地位竞争产生影响，还会对该地区的区域国际制度、区域主义发展等形成系统效应。但制度互动的归宿并不只有一个“终点”。以制度变迁和功能演化为主要特点，“功能的”制度互动将导致该地区出现“制度达尔文主义”。不以制度变迁和功能演化为主要特点，“形式的”制度互动将导致该地区出现“重叠的区域主义”。

1992 年至 2019 年，湄公河地区区域国际制度中合作成员与合作议题的重叠，表明该地区出现了重叠的区域主义。从国家间关系维度看，参与该地区区域国际制度合作的 10 个国家中，中国、缅甸、泰国、老挝、柬埔寨、越南属于地区内国家，印度、日本、美国、韩国属于地区外国家。同时，中国、印度、日本、美国属于大国，泰国、越南、韩国属于中等国家，缅甸、老挝、柬埔寨属于小国。在国际政治中，所有国家对地位均有天然的需求。但地位竞争和相应的地位困境往往出现在同等权力类型的国家之间。区域国际制度是国家间地位竞争的重要工具。中国作为地区内唯一的大国，长期在湄公河地区制度化合作中角色缺位，给地区内中等国成立自我主导的区域国际制度创造了机会。中等国家之间为了应对地位困境，形成竞争性制度互动。中等国与地区内其他已有合作制度形成了合作性互动，通过邀请地区外大国以发展伙伴的形式，为其提供和分摊区域国际制度的建立和运营成本，从而为相关大国介入湄公河地区多边合作进程创造了机会。

伴随着中国在该地区区域国际制度中角色的逐渐复位，地区外大国将在湄公河地区成立自我主导的区域国际制度作为与中国进行地位竞争的工具。湄公河地区内中小国家与地区外大国之间地位竞争相对较弱，且中等国家建立的区域国际制度还需要得到地区外大国提供的支持。因此，相关国家为地区外大国在该地区成立主导性的区域国际制度提供了支持和便利。地区内中等国家与地区外大国在湄公河地区成立的区域国际制度也形成了合作性互动。地区外大国纷纷介入、参与湄公河地区以区域国际制度为主要载体的地位竞争，加速了中国作为地区内大国的角色复位过程。中国与湄公河地区中小国家之间的地位竞争相对较弱，因此成立中国主导的区域国际制度同样得到了地区内中小国家的支持。为了应对大国之间的地位困境，中国最终也被迫跟随参与了该地区的区域国际制度互动。其中，与地区外大国主导的国际制度主要是竞争性互动，与地区内中等国家主导的国际制度主要是合作性互动。在这些制度互动中，由于相关国家均将制度视为个体参与地位竞争的工具，制度之间的竞争与合作不以合并或取代对方为目的，也不寻求推动制度的变迁和功能的演化，即主要是“形式的”制度互动，而不是“功能的”制度互动。因此，最终在湄公河地区形成了重叠的区域主义，而不是制度达尔文主义。

基于本章的理论分析以及上述讨论，针对本书的核心研究问题：为什么由6个国家组成的湄公河地区，却在27年内陆续建立了11个合作成员、议题领域高度重叠、拥堵的区域国际制度？其背后的动因和驱动机制是什么？

本书提出的研究假设是：湄公河地区同类型国家之间关于国际地位竞争的困境和为克服地位困境采取的制度互动共同导致该地区形成了重叠的

区域主义。其中，地区内大国在区域国际制度中领导力缺位，为地区内中等国家之间成立和推动制度互动创造了机会。地区内大国在区域国际制度中领导力复位，又与地区外大国之间形成新的地位困境与制度互动。两种不同类型国家之间的地位困境和制度互动，共同导致湄公河地区重叠区域主义的形成。

为了进一步验证这些研究假设，后文将对湄公河地区区域主义发展历程与中国的角色变迁进行梳理和介绍，然后提出三个案例对上述理论观点进行检验。其中，第一个案例主要基于地区内中等国家的视角，对泰国、越南在湄公河地区的地位困境和制度互动进行研究。第二个案例主要基于地区内外大国的视角，对印度、日本、美国、中国在湄公河地区的地位困境和制度互动进行研究。第三个案例是从“峰会年”的视角，对2018年湄公河地区重叠的区域主义与制度互动进行横截面式的系统评估。需要说明的是，本书没有针对小国在湄公河地区的地位困境与制度互动进行案例检验。这并不是否认小国在相关进程中角色作用的缺位，而是因为小国自身并没有足够的资源和条件建立自我主导的区域国际制度，小国的地位困境与制度互动主要是以重叠的成员身份在大国和中等国建立的区域国际制度中进行互动。在以上三个案例中，将会涉及柬埔寨、老挝等小国在湄公河地区制度互动中的角色与作用，因而不再单独对其进行案例检验。此外，从国家规模大小的身份识别看，由于韩国非常接近于大国，缅甸非常接近于中等国，两国与同类型国家之间的地位困境相对较弱，与大国和中等国等上层国家之间的地位困境也不强，事实上处于一种“模棱两可”的超然状态。因此，中国、印度、日本、美国四个湄公河地区内外大国分别在该地区成立国际制度，参与地位竞争；泰国、越南作为中等国家也在湄公河地区成立国际制度，参与地位竞争。但韩国和缅甸在湄公河地区国际制度中的角色与作用并不突出，前者虽然也成立了主导性的区域国际制度，但成立时间晚、资源投入少，参与制度互动是合作性的，主要起辅助作用。在本书关于湄公河地区区域主义的发展历程、地区内中等国家和地区内外大国在湄公河地区的地位困境与制度互动、湄公河地区制度互动的系统评估等章节中将会对涉及两国的角色作用的内容进行适当论述，但限于篇幅和典型性，本书的案例研究中不再对两国在湄公河地区的角色作用进行专门的讨论和检验。

第二章　湄公河地区区域主义发展历程与中国的角色变迁

从战场变为市场（From battlefield to market place）

——泰国总理差猜·春哈旺

在基于前文的理论分析和研究假设对湄公河地区出现重叠的区域主义的原因进行回答和案例检验之前，有必要对该地区区域主义的发展历程和中国在其中的角色变迁进行系统的梳理。前者有助于明晰湄公河地区重叠的区域主义扩散的起源和阶段性；后者有助于观察中国作为地区内唯一的大国，在该地区制度化合作进程中角色缺位、逐渐复位、复位完成等不同阶段，对湄公河地区重叠的区域主义的形成和扩散产生的作用和影响。

第一节　湄公河地区区域主义的发展历程

区域国际制度是区域主义的重要载体。从 1992 年至 2019 年，湄公河地区共有 11 个区域国际制度（表 2.1）。根据这些制度的成员国构成进行分组，可以对应将湄公河地区区域主义的发展历程分为四个阶段：(1)“湄公河地区 -”合作时期，主要指参与区域国际制度的国家行为体均为湄公河地区内国家，但并没有包括全部六个国家。对应的合作制度有：大湄公河次区域经济合作、湄公河委员会、柬老越发展三角、伊洛瓦底江—湄南河—湄公河经济合作战略、柬老缅越合作，成立的时间范围是1992年至2004年；(2)“湄公河地区+”合作时期，主要指参与区域国际制度的国家行为体不仅包括全部六个湄公河地区内国家，还包括地区外国家。对应的合作制度是东盟—湄公河流域开发合作，成立时间为1996年；(3)“湄公河下游+”合作时期，主要指参与区域国际制度的国家行为体仅包括五个湄公河下游国家和地区外国家，但不包括湄公河上游的中国。对应的合作制度有：恒河—湄公河合作、日本—湄公河合作、湄公河下游倡议、韩国—湄公河合作，成立的时间范围是2000年至2011年；(4)“湄公河地区”合作时期，主要指参与区域国际制度的国家行为体有且仅包括全部湄公河流域内六个国家。对应的合作制度为澜沧江—湄公河合作，成立的时间为2015年。四个阶段区域主义的发展历程在时间上对应四种不同成员构成的区域国际制度。其中，“湄公河地区-”与“湄公河地区+”合作时期在形成时间上有一定的嵌套和交叉。“湄公河下游+”与“湄公河地区”合作时期在时间上则有明确的先后顺序。同时，这些不同类型的区域国际制度仅只是在成立的时间范围上有先后性。在实际发展过程中，由于这些制度之间并没有出现制度达尔文主义，这11个区域国际制度是并行发展的。

表2.1 湄公河地区区域国际制度概况

序号	名称	时间（年）	参与成员	主导成员	合作领域（小类）	合作领域（大类）
1	大湄公河次区域经济合作	1992	柬埔寨、老挝、泰国、越南、缅甸、中国（云南、广西）	—	交通、能源、电信、环境、农业、人力资源开发、旅游、贸易便利化与投资	经济合作、社会人文
2	湄公河委员会	1995	柬埔寨、老挝、泰国、越南	—	湄公河流域综合开发利用、水资源保护、防灾减灾、航运安全	水资源与可持续发展

续表

序号	名称	时间（年）	参与成员	主导成员	合作领域（小类）	合作领域（大类）
3	东盟—湄公河流域开发合作	1996	柬埔寨、老挝、泰国、越南、缅甸、菲律宾、马来西亚、文莱、印度尼西亚、新加坡、中国、日本、韩国	—	基础设施、贸易、投资、农业、林业、矿产资源、工业部门、旅游业、人力资源开发、科学和技术	经济合作、社会人文
4	柬埔寨—老挝—越南发展三角	1999	柬埔寨、老挝	越南	区域经济一体化各领域合作	经济合作、社会人文、政治安全
5	恒河—湄公河合作	2000	柬埔寨、老挝、泰国、越南、缅甸	印度	旅游、文化、教育、交通运输	经济合作、社会人文
6	伊洛瓦底江—湄南河—湄公河经济合作战略	2003	柬埔寨、老挝、缅甸、越南（2004）	泰国	贸易、投资、农业、工业、运输、旅游和人力资源开发	经济合作、社会人文
7	柬老缅越合作	2004	柬埔寨、老挝、缅甸	越南	运输、贸易和投资便利化、工业、旅游、人力资源、农业、能源、信息通信技术	经济合作、社会人文
8	日本—湄公河合作	2008	柬埔寨、老挝、泰国、越南、缅甸	日本	充满活力和有效的联通性、以人为本的社会、实现绿色湄公河、区域和全球问题	经济合作、社会人文、水资源与可持续发展、政治安全
9	湄公河下游倡议	2009	柬埔寨、老挝、泰国、越南、缅甸	美国	农业、粮食安全、联通性、教育、能源、环境、水和健康	经济合作、水资源与可持续发展
10	韩国—湄公河合作	2011	柬埔寨、老挝、泰国、越南、缅甸	韩国	基础设施、信息和通信、环境、水资源、农业、农村和人力资源开发	经济合作、社会人文、水资源与可持续发展
11	澜沧江—湄公河合作	2015	柬埔寨、老挝、泰国、越南、缅甸	中国	政治与安全合作、经济和可持续发展合作、社会、文化和民间交流	经济合作、社会人文、水资源与可持续发展、政治安全

资料来源：笔者自制。

一、“湄公河地区－”合作时期（1992—2004 年）

（一）大湄公河次区域经济合作

1991 年 10 月《柬埔寨和平协定》在巴黎签署，制约湄公河地区制度化合作的最后一个政治和军事障碍被移除。[①] 在泰国总理差猜·春哈旺“将印度支那从战场转变为市场”[②] 的倡议鼓舞下，湄公河地区恢复和开启了政府间制度化合作的进程。之所以说“恢复”，是因为该地区早在 1957 年就成立了第一个区域国际制度——湄公河下游调查协调委员会（Committee for Coordination of Investigations of the Lower Mekong Basin，MC），但冷战的阴霾以及三次印度支那战争阻断了地区的制度化进程。一直到 1991 年“柬埔寨问题”和平解决后，湄公河地区制度化合作的进程才得以恢复。

1992 年 10 月，在亚洲开发银行的倡议和协调下，中国、老挝、泰国、缅甸、柬埔寨、越南六国在菲律宾首都马尼拉召开大湄公河次区域第一次经济合作部长级会议，并通过了关于次区域经济合作的总体框架报告，标志着大湄公河次区域经济合作（Great Mekong Subregion Cooperation，GMS）机制的正式建立。旨在共同的历史和文化基础上，加强流域各国之间的经济关系。[③] 在 1993 年 8 月举行的第二次大湄公河次区域经济部长会议上，正式采用“大湄公河次区域”的名称。[④] 最初，大湄公河次区域经济合作主要包括运输、能源、环境保护、人力资源开发、贸易和投资以

---

① Michael Leifer，“Indochina and ASEAN: Seeking a New Balance”, p.269.

② Pongphisoot Busbarat, “Thailand’s Foreign Policy: The Struggle for Regional Leadership in Southeast Asia”, in *Globalization, Development And Security In Asia: Foreign Policy and Security in an Asian Century: Threats, Strategies and Policy Choices*, 2014, p.135.

③ “Greater Mekong Subregion Economic Cooperation Program”, Asian Development Bank, https://www.adb.org/sites/default/files/publication/29387/gms-ecp-overview-2015.pdf, 2019-05-20.

④ Akira Suehiro, “China’s Offensive in Southeast Asia: Regional Architecture and the Process of Sinicization”, *Journal of Contemporary East Asia Studies*, Vol.6, No. 2, 2017, pp. 107-131.

及旅游 6 个合作领域。在此后的发展中，又逐渐增加了农业、电信等合作领域。1992 年至 2004 年，中国仅以云南省为“代表”参与该合作制度。2004 年 12 月，广西壮族自治区被接受为中国的新“代表”，截至目前中国也仅以云南和广西两个地方省份参加。因此该合作制度严格来说并没有包括全部湄公河流域六个国家，性质上仍属于“湄公河地区－”合作。

2002 年 11 月在柬埔寨首都金边举行的大湄公河次区域经济合作领导人会议。此后分别在 2005 年云南昆明、2008 年老挝万象、2011 年缅甸内比都、2014 年泰国曼谷、2018 年越南河内共举行了六次领导人会议。机构设置上，大湄公河次区域经济合作建立了领导人会议、部长级会议、工作组会议和专题论坛等一系列制度化机制平台（图 2.1）。亚洲开发银行作为参与方和出资方，为湄公河次区域经济合作有关会议及具体项目的实施提供技术和资金支持。日常事务也主要由设在菲律宾马尼拉的亚洲开发银行总部设立的秘书处负责处理。自成立以来至 2018 年年底，大湄公河次区域经济合作已为重点基础设施项目融资近 230 亿美

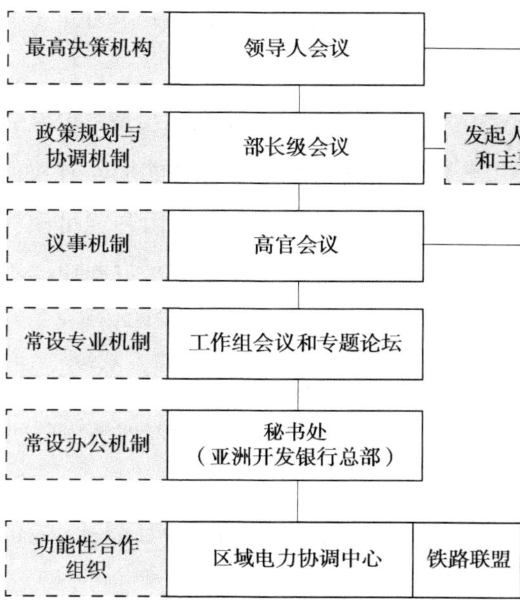

图 2.1　大湄公河次区域经济合作组织机构示意图

元。①2018 年 3 月，第六届领导人会议在越南河内举行，会议批准并发布《2022 区域投资框架》，提出将在未来五年为湄公河地区 227 个区域合作项目提供投资，总金额约 660 亿美元。②

（二）湄公河委员会

湄公河委员会（Mekong River Commission，MRC），简称“湄委会”，前身是联合国亚洲及太平洋经济社会委员会（ESCAP）于 1957 年发起的“湄公河下游调查协调委员会”。1977 年，柬埔寨因国内政治问题退出了该合作制度。此后，湄委会的运作趋于停滞。1991 年，随着“柬埔寨问题”的最后解决，柬埔寨政府正式提出“重返湄公河委员会”的要求。此后，泰国、老挝、柬埔寨和越南展开了一系列谈判，并于 1995 年 4 月在泰国清莱签署《湄公河流域发展合作协定》，成立了新的湄公河委员会。该合作制度致力于成为水外交和区域合作的平台，以及水资源管理的区域知识中心，为该地区根据科学证据为决策过程提供信息，③合作领域主要是湄公河流域综合开发利用、水资源保护、防灾减灾、航运安全。1996 年，中国和缅甸成为湄委会对话伙伴国。

组织机构方面，湄公河委员会主要由 3 个常设机构组成：理事会、联合委员会和秘书处。理事会由各成员国派 1 名部级官员参加，有权作出政策性决定，每年至少举行 1 次理事会会议。联合委员会由各成员国派 1 名厅级官员参加，具体执行理事会作出的决定，每年至少举行两次联合委员

① “GMS Ministers to Gather in Phnom Penh for the 23rd GMS Ministerial Conference”, Greater Mekong Subregion Secretariat, 15 November 2019, https://greatermekong.org/gms-ministers-gather-phnom-penh-23rd-gms-ministerial-conference, 2020-01-05.

② “GMS Economic Cooperation Program: Regional Investment Framework 2022”, Asian Development Bank, March 2018, https://www.adb.org/documents/gms-economic-cooperation-program-regional-investment-framework-2022, 2019-10-20.

③ “About MRC”, Mekong River Commission, http://www.mrcmekong.org/about-mrc/, 2019-08-01.

会全体会议。分设在老挝万象和柬埔寨金边的2个秘书处向理事会和联合委员会提供技术和行政性服务、负责湄公河委员会日常工作，并接受联合委员会的监督。秘书处的工作在首席执行官（CEO）的领导下进行，而首席执行官的任免则由理事会决定。① 2010年，泰国、老挝、柬埔寨和越南在泰国华欣举行第一次湄公河委员会领导人会议，并规定此后每四年举行一次。2014年和2018年，该合作制度分别在越南胡志明市和柬埔寨暹粒举行了第二次和第三次领导人会议。

湄公河委员会主要接受西方国家的资金援助②，而不是依靠成员国自身。2016年以前湄公河委员会的行政主管特别是秘书处的首席执行官全部来自非湄公河流域国家。③ 该制度一定程度上被认为属于由域外捐助者驱动并具有非本土性质。④ 近年来湄公河委员会接受的援助资金正在被大幅削减。2016—2020年，湄公河委员会获得的援助预算已从2010—2015年的1.15亿美元削减至5300万美元。⑤ 为了适应这种变化，湄公河委员会对自身的组织机构和人员构成等进行了调整，包括提出“2030年以前逐步由成员国独立提供运转资金”，承诺加快完成“2016—2020年新战略计划”，对湄公河委员会的机构和业务进行改革，优化流域管理活动的执行和融资方式，对部分机构和人员进行精简和裁撤等。⑥ 同时，湄委会也

① “About MRC”, Mekong River Commission，http://www.mrcmekong.org/about-mrc/, 2019-08-01.

② 湄公河委员会除前述四个成员外，还得到30个合作国、17个国际组织和6个国际金融机构的协助。

③ Apichai Sunchindah, “The Lancang-Mekong River Basin: Reflections on Cooperation Mechanisms Pertaining to a Shared Watercourse”, *Working Papers*, 2013.

④ Apichai Sunchindah, “Water Diplomacy in the Lancang-Mekong River Basin:Prospects and Challenges”, in *Workshop on the Growing Integration of Greater Mekong Sub-regional ASEAN States in Asian Region*, Vol. 20, 2005, p. 21.

⑤ Igor Kossov and Lay Samean, “Donors Slash Funding for MRC”, January 14, 2016, http://www.phnompenhpost.com/national/donors-slash-funding-mrc, 2019-08-01.

⑥ “Governance and Organisational Structure”, Mekong River Commission, http://www.mrcmekong.org/about-mrc/governance-and-organisational-structure/, 2019-08-01.

开始任命成员国国籍的技术专家担任秘书处的首席执行官，① 积极寻求与其他合作制度进行合作，对中国推动成立澜湄合作机制表示欢迎。②

（三）柬老越发展三角

1999 年 10 月，越南、柬埔寨和老挝三国在老挝首都万象举行柬埔寨和平以来首次国家元首会晤，共同商定发起成立柬老越发展三角（Cambodia-Laos-Vietnam，CLV），成为湄公河地区首个由单一国家在其中发挥主导性作用的区域国际制度。最初，柬老越发展三角范围覆盖了柬埔寨、老挝、越南三国边境地区的 10 个省份，2009 年增加到 13 个省。目的是加强彼此之间的团结与合作，确保安全、政治稳定和减贫，并促进该地区的经济社会发展。③ 2018 年 3 月，在该机制的第十届领导人峰会上，越南提议三国将合作范围从现有的 13 个边境省份扩展到三国的全境，④ 该建议

---

① 2016 年 1 月 18 日，越南籍官员 Pham Tuan Phan 在湄公河委员会秘书处担任首席执行官。这是湄公河委员会首次聘任成员国公民担任秘书处首席执行官职务。

② “Lancang-Mekong Cooperation: MRC Welcomes the New Initiative for Regional Cooperation by Six Countries in the Mekong River Basin”, Mekong River Commission, March 31, 2016, http://www.mrcmekong.org/news-and-events/news/lancang-mekong-cooperation-mrc-welcomes-the-new-initiative-for-regional-cooperation-by-six-countries-in-the-mekong-river-basin/, 2019-08-01.

③ “Vietnam, Laos, Cambodia Discusses Measures to Boost Border Trade”, Nhan Dan Online, March 10, 2019, https://en.nhandan.org.vn/business/item/7225902-vietnam-laos-cambodia-discusses-measures-to-boost-border-trade.html, 2019-10-20.

④ 柬埔寨和老挝对该建议的态度出现了两种不同解读，一种观点认为两国“同意逐步扩大三角地区，以覆盖三国的所有领土”。参见 Eijas Ariffin，“What is the CLV Development Triangle Area?”, *The Asean Post*, 14 November 2018, https://theaseanpost.com/article/what-clv-development-triangle-area, 2019-10-20; “Cambodia, Laos, Vietnam agree to connect their economies”, Xinhua News, March 31, 2018，http://www.xinhuanet.com/english/2018-03/31/c_137079321.htm, 2019-10-20。另一种观点认为，柬埔寨和老挝尚未对该提案做出正式回应。参见 Vannarith Chheang, “The Cambodia-Laos-Vietnam Development Triangle Area”, *ISEAS Perspectives*, No.30, 2018。但从峰会结束后发表的联合声明看，并未提及三国是否同意扩展三角区合作范围的相关表述。参见“Cambodia, Laos, Vietnam Vow to Further Deepening Comprehensive Cooperation”, Nhan Dan Online，March 31, 2018, https://en.nhandan.com.vn/politics/item/5993302-cambodia-laos-vietnam-vow-to-further-deepening-comprehensive-cooperation.html, 2019-10-20。

尚未被正式采用。

在湄公河地区的区域国际制度中，柬老越发展三角虽然参与的国家最少，参与合作的地理空间也最小，三国的经济实力也相对较弱，但该制度成立至今已连续运作超过20年，每两年一次的峰会对话机制从未中断。此外，柬老越发展三角不仅是区域经济合作的平台，还涵盖了政治、安全、社会人文等综合性合作领域。

（四）伊洛瓦底江—湄南河—湄公河经济合作战略

2003年4月，时任泰国总理他信与柬埔寨、老挝及缅甸领导人达成一项名为经济合作战略（Economic Cooperation Strategy，ECS）的计划。同年11月，在专门讨论抗击“非典”的东盟特别领导人会议上，泰国前总理他信·西那瓦（Thaksin Shinawatra）正式提出经济合作战略的合作倡议，之后柬老缅泰4国在缅甸蒲甘举行了首次经济合作战略峰会，发表了《蒲甘宣言》和《经济合作战略行动计划》，标志着该合作制度正式成立。起初，该区域国际制度的成员并不包括越南。经过泰国和越南政府举行联合内阁会议磋商，2004年5月，越南以合作成员的身份加入。① 该区域国际制度也被正式命名为伊洛瓦底江—湄南河—湄公河三河流域经济合作战略（Ayeyawady-Chao Phraya-Mekong Economic Coperation Strategy，ACMECS）。

伊洛瓦底江—湄南河—湄公河经济合作战略的合作范围覆盖贸易投资、农业、工业和能源、交通、旅游、人力资源发展、公共卫生、环境合作等八个合作领域。其中，美国负责协调至少一个合作领域。泰国负责贸易投资和卫生，越南负责人力资源发展与工业和能源，越南与柬埔寨共同负责环境领域，柬埔寨负责旅游合作，老挝负责交通领域，缅

① Hidetaka Yoshimatsu, “The Mekong Region, Regional Integration, and Political Rivalry among ASEAN, China and Japan”, pp.71-111.

甸负责农业领域。越南成立跨部门工作小组，该小组由越南外交部负责，其成员为各有关部委行业的代表。该合作制度每两年轮流在各成员国举行一次领导人会议，截至 2018 年已成功召开八届峰会。2018 年 6 月，在第八届领导人峰会上，泰国、老挝、缅甸、柬埔寨、越南五国共同通过了首个《伊洛瓦底江—湄南河—湄公河经济合作战略五年总体规划（2019—2023）》，并原则上同意泰方提出的设立合作基金等一系列合作计划。

（五）柬老缅越合作

2003 年，在日本首都东京举行的东盟与日本领导人会议上，柬埔寨、老挝、缅甸和越南四国领导人一致同意于第二年在老挝万象举行的第十届东盟峰会期间举行第一次柬老缅越领导人会议。2004 年 11 月，第一次柬老缅越合作与发展峰会如期在老挝首都万象举行，会议签署了关于加强柬老缅越经济合作和一体化的《万象宣言》，认为“成立柬老缅越合作（Cambodia-Lao-Myanmar-Vietnam，CLMV）已成为湄公河次区域和东盟一体化进程的客观需求”，呼吁各国和国际组织加大对四国的支持，旨在缩短发展差距。柬老缅越领导人会议两年举行一次。合作领域集中在贸易投资、农业、工业、能源、交通、旅游和人力资源培训等六个领域。

2006 年，第二次柬老缅越合作与发展峰会通过了行动计划，四国一致同意同泰国配合研究将柬老缅越合作与伊洛瓦底江—湄南河—湄公河经济合作战略实现对接的可能性，旨在避免重复并提高合作效益。2008 年，第三次柬老缅越合作与发展峰会表示注意到有关将柬老缅越合作与伊洛瓦底江—湄南河—湄公河经济合作战略进行对接的各项协议。此后，柬老缅越合作与发展峰会虽多次强调与伊洛瓦底江—湄南河—湄公河经济合作战略进行对接，但两个合作制度一直独立运行，尚未合并。2018 年 6 月 15 日至 16 日，在泰国曼谷举行了第九届柬老缅越合作领导人峰会和第八届伊洛瓦底江—湄南河—湄公河经济合作战略领导人峰会。

二、“湄公河地区 +”合作时期（1996 年）

与“湄公河地区 +”合作相对应的区域国际制度只有一个：东盟—湄公河流域开发合作。

1995 年 12 月，第五届东盟首脑会议提出将东盟与湄公河地区的经济联系起来，以加速大湄公河次区域经济的发展。1996 年 6 月，当时的五个东盟海上国家和六个湄公河地区内国家在马来西亚首都吉隆坡举行部长级会议，通过了《东盟—湄公河流域开发合作基本框架》，正式发起成立东盟湄公河流域开发合作（ASEAN-Mekong Basin Development Cooperation，AMBDC）。合作领域包括基础设施、贸易与投资、农业、矿业、工业及中小企业发展、人力资源开发、科技等方面，旨在促进东盟成员国之间的经济一体化，帮助到 2015 年建立东盟经济共同体，加强东盟与中国在湄公河地区经济发展和减贫合作等方面的政策对话。① 此后，受到 1997—1998 年亚洲金融危机的影响，1997—1999 年连续三年部长级会议中断，直到 2000 年 7 月才在越南首都河内举行第二次部长级会议。至 2014 年 8 月，该制度共举行了 16 次部长级会议。但由于 2015 年年底东盟已宣布正式建成东盟共同体，合作目的已初步完成。此后，东盟—湄公河流域开发合作没有再举行新的部长级会议。目前，东盟尚未明确是否会退出该机制，或是推出新的合作制度进行替换。有观点认为，东盟近年来日益重视在湄公河地区多边合作进程的角色作用，部分东盟国家智库和政府人员甚至提出希望由东盟扮演湄公河地区多边合作的“中心”。因此，东盟虽暂未明确对东盟—湄公河流域开发合作的制度作用进行强化，但未

---

① “Overview”, The ASEAN Secretariat, https://asean.org/asean-economic-community/asean-mekong-basin-development-cooperation-ambdc/overview/, 2019-10-20.

来并不会减少或退出在湄公河地区的制度化合作。①

早在 2000 年 7 月第二届东盟—湄公河流域开发合作部长级会议上，根据日本和韩国政府的申请，就讨论了吸收日、韩成为该制度核心成员的问题。②2003 年 8 月，东盟—湄公河流域开发合作第五次部长级会议在中国昆明举行，会议继续就邀请日本、韩国加入东盟—湄公河开发合作核心国等进行了讨论。如果该建议最后得到落实，东盟—湄公河流域开发合作将成为湄公河地区唯一一个包含中日两个大国，且包括地区外中等国家韩国的区域国际制度。但遗憾的是，此后的发展表明日本和韩国并未成为该制度的正式成员国。③ 鉴于日本在 2008 年、韩国在 2011 年相继在湄公河地区建立了主导性的合作制度。东盟—湄公河流域开发合作试图吸纳日本和韩国加入，重演“东盟＋中日韩（10+3）合作”的努力最终没有成为现实。

---

① 作者对中国国际问题研究院亚太所所长刘卿研究员的访谈内容。

② 水利部国际经济技术合作交流中心：《跨界水合作与发展》，社会科学文献出版社 2018 年版，第 128—129 页。

③ 部分中国研究人员曾提到“日本和韩国积极要求参加东盟—湄公河流域开发合作机制，并已获准成为该合作机制的核心国”。参见任若恩：《中日关系“融冰”与亚洲经济统合》，《首席财务官》2007 年第 5 期，第 16 页；马淑萍：《日电力开发模式与政府援助体制》，《中国电力报》2014 年 12 月 16 日，http://finance.china.com.cn/roll/20141216/2853712.shtml, 2019-10-20；水利部国际经济技术合作交流中心：《跨界水合作与发展》，第 128—129 页。但东盟—湄公河流域开发合作的历次合作文件，均未发现有相关内容，部长名单中也未曾出现日本。2007 年第九届东盟—湄公河流域开发合作外长会上，明确提到日本作为观察员出席会议。参见“The 9th Ministerial Meeting of the ASEAN- Mekong Basin Development Cooperation（AMBDC）Joint Media Statement”, https://www.asean.org/wp-content/uploads/images/2012/statement/ANNEX %208 % 20- % 20Consideration % 20and % 20Adoption % 20of % 20the % 20Joint % 20Media% 20Statement.pdf, 2019-10-20; 此外，美国智库战略与国际研究中心（the Center for Strategic and International Studies）在其网站上列出了东盟—湄公河流域开发合作的正式成员，清楚显示只包括中国和东盟十国。参见“ASEAN Mekong Basin Development Cooperation”, https://reconnectingasia.csis.org/database/initiatives/asean-mekong-basin-development-cooperation/13389a53-7298-47f3-b40e-127dc2aeb1b3/, 2019-10-20。在日本外务省关于湄公河地区合作的网站上也没有日本是东盟—湄公河流域开发合作核心成员的相关信息。

湄公河地区也可能因此失去了一次减少区域国际制度重叠的机会。

东盟—湄公河流域开发合作的基本框架明确提出将“补充湄公河委员会、捐助国和其他多边机构目前正在开展的合作举措”作为合作原则。① 同时，在《落实中国—东盟面向和平与繁荣的战略伙伴关系联合宣言的行动计划（2005—2010）》中也特别提到“加强大湄公河次区域经济合作和东盟—湄公河流域开发合作框架下的合作”。②

三、“湄公河下游 +”合作时期（2000 — 2011 年）

（一）恒河—湄公河合作

印度在下湄公河流域调查协调委员会（1957 年）成立之初就曾向其提供经济和技术援助。1990 年印度提出东向政策，最初瞄准东盟 6 个创始成员国，但是 20 世纪 90 年代中期，湄公河国家开始逐步加入东盟后，印度便开始加快与湄公河国家的交往与合作。1999 年东盟非正式首脑会议期间，泰国、缅甸、柬埔寨、老挝四国对开展地区性佛教旅游合作事宜达成意向，随后越南对此表示兴趣。2000 年 7 月 28 日在曼谷召开的第 33 次东盟部长级会议结束之际，印度外交部长和其他五国的外交部部长正式宣布了这个项目，当时被称为恒河—湄公河素万那普项目（Ganga-Mekong Suvarnbhumi Programame，GMSP）。2000 年 11 月在万象召开的第一次部长级会议上正式将名字改为恒河—湄公河合作，旨在加强与湄公河国家的

① “Basic Framework of ASEAN- Mekong Basin Development Cooperation”, The ASEAN Secretariat, 17 June 1996, https://www.asean.org/wp-content/uploads/images/2013/economic/mbdc/basic% 20framework% 20of% 20ambdc.pdf, 2019-10-20.

② “Plan of Action to Implement the Joint Declaration on ASEAN-China Strategic Partnership for Peace and Prosperity”, The ASEAN Secretariat, June 18th, 2012, https://asean.org/?static_post=plan-of-action-to-implement-the-joint-declaration-on-asean-china-strategic-partnership-for-peace-and-prosperity, 2019-10-20.

文化纽带、商业联系、广泛的联通性，[①] 为印度东北部地区的发展提供助力，[②] 并成为印度向东看（Look East Policy）[③] 和东向行动（Act East）的重要支柱。[④]

围绕该合作制度的英文名称，印度与湄公河国家也有过争论，起初印度提议将其称为 Ganga Mekong Cooperation，并得到了泰国的同意，但其他湄公河国家提出应将 Mekong（湄公河）放在 Ganga（恒河）的前面，以凸显湄公河国家的主体性。在一番讨价还价后，最终印度同意将该制度称为 Mekong-Ganga Cooperation。[⑤] 目前，东盟和印度官方网站上的英文版面仍主要使用 Mekong-Ganga Cooperation。由于此后其他地区外国家成立的合作制度均是该国的英文名称在前，如日本成立的日本—湄公河合作（Japan Mekong Cooperation），为了便于表述，本书在中文翻译中将其统一称为恒河—湄公河合作。

---

① "About Mekong-Ganga Cooperation（MGC）", Ministry of External Affairs, Government of India，March 2017, https://www.mea.gov.in/aseanindia/about-mgc.htm, 2019-10-20.

② Dinesh Kumar, "Asean: The Pivot of India's Act East Policy", Ministry of External Affairs, Government of India, February 11, 2016, https://mea.gov.in/articles-in-indian-media.htm?dtl/26341/asean+the+pivot+of+indias+act+east+policy, 2019-10-20.

③ Amit Baruah, "Looking East: The launch of the Mekong-Ganga Cooperation in Laos Signals a New Beginning in India's Foreign Policy, but Will It Gather Momentum?", *India's National Magazine*, December 8, 2000，https://frontline.thehindu.com/static/html/fl1724/17240490.htm, 2019-10-20.

④ "Opening Remarks by the Minister of State for External Affairs Dr. V. K. Singh at the 7th Mekong-Ganga Cooperation Foreign Ministers Meeting in Vientiane, Laos", Ministry of External Affairs, Government of India，August 1, 2016，https://www.mea.gov.in/aseanindia/Speech-StatementMGC.htm?dtl/22608/Opening+Remarks+by+the+Minister+of+State+for+External+Affairs+Dr+V+K+Singh+at+the+7th+MekongGanga+Cooperation+Foreign+Ministers+Meeting+in+Vientiane+Laos+July+24+2016, 2019-10-20.

⑤ 参见 Amit Baruah, "Looking East: The Launch of the Mekong-Ganga Cooperation in Laos Signals a New Beginning in India's Foreign Policy, but Will It Gather Momentum?", *India's National Magazine*，December 8, 2000，https://frontline.thehindu.com/static/html/fl1724/17240490.htm, 2019-10-20；邓蓝：《湄公河——恒河合作倡议：十年发展与前景展望》，《东南亚南亚研究》2010 年第 4 期。

最初，恒河—湄公河合作主要在旅游、文化、教育和交通四个领域加强合作，根据重点开展的合作领域划分，成立了五个工作小组，分别由五个国家负责相关工作：旅游（泰国）、教育（印度）、文化（柬埔寨）、通信和交通（老挝）以及行动计划（越南）。在2018年第九届外长会上，拓展为七个合作领域：旅游和文化、教育和科技、传统医学与健康、农业和相关部门、水资源管理、运输和通信、中小型企业。

恒河—湄公河合作形成了由部长会议、高官会议和工作小组构成的工作机制。其中，外长会主要在东盟外长会议期间举行。但由于各种原因，在发展过程中，恒河—湄公河合作外长会曾多次延迟举行或暂停举行，会期并不稳定。如2003年6月在柬埔寨金边举行第三次外长会以后，直到2007年1月才在菲律宾宿务市举行第四次。同年8月又在菲律宾马尼拉举行第五次外长会。但此后又趋于停滞，直到2012年才又举行第六次外长会。因此，尽管于2000年成立，并宣称每年举行一次外长会，但实际上截至2019年8月，恒河—湄公河合作一共才举行了10次外长会。

（二）日本—湄公河合作

日本一直是湄公河开发合作的重要捐助国和多个湄公河地区国际制度的发起者和协调者。早在1993年，日本就提出了印度支那综合发展计划（Comprehensive Development in Indochina），加强区域合作，以促进该地区的社会经济发展。大湄公河次区域经济合作成立以后，日本也曾长期通过亚洲开发银行最大股东的身份，在该制度平台加大在湄公河地区多边合作的参与力度。总的来看，日本长期以各种形式参与到湄公河地区多边合作进程中，日本—湄公河合作仅为其中一项。但自成立以来，该合作制度正在成为日本参与湄公河地区合作的主要平台。2008年1月，日本与湄公河5国在东京成立日本—湄公河合作（Japan Mekong Cooperation，JMC），并举行第一次外长会。2009年11月，日本进一步推动将外长会升级为领导人会议。日本—湄公河合作已建立起了以外长会、领导人峰会为主要框架的运行机制，每年各举行一次会议。其中，领导人峰会每三年在日本举行一次。截至2019年11月，日本—湄公河合作共举行了12次外长会、11次领导人峰会。

在日本举行峰会期间，日本多次通过发布“东京战略”或“行动计划”，对未来三年日本—湄公河合作的目标愿景、合作内容、保障措施等予以规定和更新。在日本以外举行的外长会和峰会则主要对“东京战略”或“行动计划”的合作内容进行年度审查。2018年10月，在日本举行的第10次峰会上，发布了最新的东京战略，将充满活力和有效连接、以人为本的社会、实现绿色湄公河作为未来三年日本—湄公河合作的三大支柱。① 自2009年开始，日本—湄公河合作就一直将水资源管理作为合作领域之一，并强调与湄公河委员会（MRC）的协调与合作。

（三）湄公河下游倡议

2009年7月第16届东盟地区论坛期间，时任美国国务卿希拉里宣布美国要“重返”东南亚，代表美国政府签署了《东南亚友好合作条约》。同时，希拉里组织参加了湄公河下游的老挝、泰国、柬埔寨、越南四国外长举行的会议，宣布启动湄公河下游倡议（Lower Mekong Initiative，LMI），主要围绕环境、医疗、教育和基础设施等领域加强合作，旨在为湄公河次区域跨界发展和政策挑战提供解决方案，在5个湄公河国家之间实现公平、可持续和包容性的经济增长。② 会议还决定将“美湄会议”定为东盟与对话伙伴国外长会议期间举行的年度会议。2011年3月，美国和湄公河下游各国共同起草《湄公河下游倡议》概念文件和行动计划，确定了《湄公河下游倡议》的指导原则和未来五年的具体目标。2012年，在美国的邀请下，缅甸正式加入，从而将五个湄公河国家完整纳入湄公河

① “Tokyo Strategy 2018 for Mekong-Japan Cooperation”, Ministry of Foreign Affairs of Japan, October 9, 2018，https://www.mofa.go.jp/files/000406731.pdf, 2019-10-20.

② “The Lower Mekong Initiative（LMI）”, https://www.lowermekong.org/about/lower-mekong-initiative-lmi, 2019-08-01.

下游倡议的合作框架下。2019 年 8 月，第 12 届湄公河下游倡议外长会议在泰国曼谷举行。美国国务卿蓬佩奥在致辞中对该制度外成员中国在湄公河地区的角色表示了“担忧和批评”，成为湄公河地区唯一一个公开批评其他区域国际制度主导方的合作制度。

（四）韩国—湄公河合作

韩国是湄公河地区重要的官方发展援助（ODA）来源国。据报道，1987—2017 年，韩国向湄公河地区提供的援助资金占该国向东盟提供 ODA 的 74%。①2011 年 10 月，韩国与泰国、缅甸、老挝、柬埔寨、越南五个湄公河中小国家在韩国首都首尔发起成立韩国—湄公河合作（Mekong-Republic of Korea Cooperation，MKC）②，并举行了第一次外长会议。会议发表的《汉江宣言》中，强调该制度旨在深化韩国与东盟的战略伙伴关系、为湄公河地区的可持续发展作出贡献、缩小东盟内部发展差距、加强东亚区域合作和共同体建设。③ 并提出六点优先合作领域：基础设施、信息通信科技、绿色发展、水资源保护、农业与农村发展及人力资源开发。韩国和湄公河五国还约定，韩国—湄公河合作外长会原则上每年召开一次，每隔三年在韩国召开，由韩国和湄公河国家共同主办。截至 2019 年 8 月共举行了 9 次外长会。2013—2017 年，韩国政府通过韩国—湄公合作基金向湄公河国家提供了 430 万美元的援助。④

---

① 《多国与东南亚湄公河流域国家增进合作》，环球网，2019 年 3 月 25 日，https://finance.huanqiu.com/article/9CaKrnKjhCN, 2019-08-01。

② 在英文中也将该制度表述为“ROK-Mekong”或“Mekong-ROK，为便于简写表示，且与湄公河委员会（MRC）相区别，本文采用“Mekong-Republic of Korea Cooperation，MKC”的英文表述和简写形式。

③ “Han-River Declaration of Establishing the Mekong-ROK Comprehensive Partnershihip for Mutual Prosperity”, March 15, 2012, http://www.mofa.go.kr/eng/brd/m_5467/view.do?seq=341589, 2019-08-01.

④ 《多国与东南亚湄公河流域国家增进合作》，环球网，2019 年 3 月 25 日，https://finance.huanqiu.com/article/9CaKrnKjhCN, 2019-08-01。

2017 年，韩国提出新南方政策，将湄公河地区视为重点区域。2018 年，韩国在第八届韩国—湄公河合作外长会上，表示为了更好地落实“新南方政策”，有意对韩国—湄公河合作进行升级，将该制度的最高决策机构从外长会提升为首脑会议。2019 年 11 月 27 日，首届韩国—湄公河合作领导人会议在釜山举行，会议发表了《汉江—湄公河宣言》，宣布将在文化旅游、人力资源开发、农业农村开发、基础设施、信息通信技术、环境和非传统安全七个领域优先开展合作。①

四、“湄公河地区”合作时期（2015 年）

与“湄公河地区”合作相对应的区域国际制度只有一个：澜沧江—湄公河合作。2012 年，泰国政府提出加强澜沧江—湄公河地区可持续发展合作的设想，中国予以积极回应。2014 年 11 月，国务院总理李克强在缅甸首都内比都举行的第十七次中国—东盟（10+1）领导人会议上表示“中方愿积极响应泰方倡议，在 10+1 框架下探讨建立澜沧江—湄公河对话合作机制”。2015 年 11 月 12 日，中国、柬埔寨、老挝、缅甸、泰国、越南六个湄公河地区内国家在中国云南省景洪市举行首次澜沧江—湄公河合作外长会，标志着澜沧江—湄公河合作（Lancang Mekong Cooperation, LMC）（简称“澜湄合作”）正式建立。

2016 年 3 月 23 日，六国在海南省三亚市举行首次澜湄合作领导人会议，发布《澜沧江—湄公河合作首次领导人会议三亚宣言》《澜沧江—湄公河国家产能合作联合声明》等合作文件，提出每年举行一次外长会，每两年举行一次领导人峰会。强调澜湄合作旨在“促进澜湄沿岸各国经济社会发展，增进各国人民福祉，缩小本区域国家发展差距，支持

① 《文在寅：韩与湄公河国家将共创东亚和平繁荣》，韩联社，2019 年 11 月 27 日，https://cn.yna.co.kr/view/ACK20191127002200881, 2019-12-30。

东盟共同体建设，并推动落实联合国2030年可持续发展议程，促进南南合作”①。截至2019年，澜湄合作共举行两次领导人会议、四次外长会。2018年1月10日，澜湄合作第二次领导人会议在柬埔寨首都金边举行，发布了《金边宣言》和《澜沧江—湄公河合作五年行动计划（2018—2022）》。

截至2019年，澜湄合作已建立起包括领导人会议、外长会、高官会、工作组会在内的多层次、多领域机制架构。②形成了“3+5+X合作框架”，即坚持政治安全、经济和可持续发展、社会人文三大支柱协调发展，在互联互通、产能、跨境经济、水资源、农业和减贫五大优先领域开展合作，逐步拓展数字经济、环保、卫生、海关、青年等多领域合作。③同时，澜湄合作还建立三个功能性合作中心：澜湄水资源合作中心、澜湄环境合作中心、全球湄公河研究中心，目前均已进行实质性运作。

从上述区域国际制度成员国的地理空间分布看（图2.2），湄公河地区国际制度在发展过程中经历了相应“地区”地理空间范围的变化。“湄公河地区－”时期（1992—2004年），湄公河地区区域主义整体上处于萌芽和探索期，参与合作的地理空间范围较小。“湄公河地区+”合作（1996年），湄公河地区区域主义的范围、参与的国家出现了大幅的增加和扩张。但由于缺乏资金支持和明确的领导力，东盟—湄公河流域开发合作在实践方面并未取得预期的影响和成效，制度建设多次处于停滞和休眠状态。此后进入“湄公河下游+”时期（2000—2011年），参与合作的国家数量有所下降，地区外国家纷纷介入湄公河地区多边合作进程。但这些地区外国家成立的制度，成员只包括湄公河地区的中小国家，而将地区内大国中国排斥在外。2015年，随着澜沧江—湄公河合作的成立，湄公河地区才首次出现由地区内所有国家自主参加的区域国际制度。

① 《澜沧江—湄公河合作首次领导人会议三亚宣言》，《人民日报》2016年3月24日。

② 《澜沧江—湄公河合作首次领导人会议三亚宣言》，《人民日报》2016年3月24日。

③ 《在澜沧江—湄公河合作第二次领导人会议上的讲话》，《人民日报》2018年1月11日。

“湄公河地区－”合作		
	大湄公河次区域经济合作（GMS），1992	湄公河委员会（MRC），1995

	柬埔寨—老挝—越南发展三角地区（CLV），1999	伊洛瓦底江—湄南河—湄公河经济合作（ACMECS），2003

	柬老缅越合作（CLMV），2004	
“湄公河地区＋”合作		
	东盟—湄公河流域开发合作（AMBDC），1996	
“湄公河下游＋”合作		
	恒河—湄公河合作（MGC），2000	日本—湄公河合作（JMC），2008

	湄公河下游倡议（LMI），2009	韩国—湄公河合作（MKC），2011

“湄公河地区”合作		
	澜沧江—湄公河合作（LMC），2015	

图 2.2　湄公河地区区域国际制度中成员国的地理空间分布

资料来源：笔者绘制。

从湄公河地区区域国际制度的成员国看（图 2.3），1992 年至 2019 年 11 个区域国际制度的成员国出现了明显的重叠。其中，柬埔寨、老挝、越南是重叠度最高的国家，是全部 11 个区域国际制度重叠的成员国。其次是泰国，参加了除柬老越发展三角、柬老缅越之外的全部 9 个区域国际制度。中国作为湄公河地区内大国，参加大湄公河次区域经济合作、东盟—湄公河流域开发合作、澜沧江—湄公河合作 3 个制度。印度、日本、美国、韩国作为地区外国家各自主导成立了 1 个制度。东盟以政府间合作组织的身份，在湄公河地区推动成立了 1 个合作制度。总体上，湄公河地

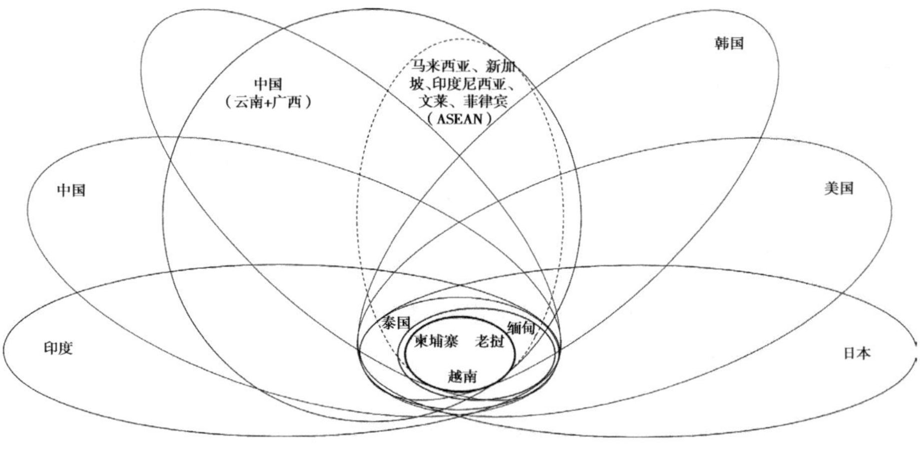

图 2.3　湄公河地区区域国际制度中重叠的成员国

资料来源：笔者绘制。

区内国家均是重叠的成员国，且大国、中等国、小国呈现出重叠度依次递增的特点。

从湄公河地区区域国际制度的合作领域看（表 2.1 和图 2.4），1992 年至 2019 年 11 个区域国际制度的合作领域同样也出现了明显的重叠。由于每个合作制度对同一类合作领域的界定和表述并不一致，例如有些将基础设施作为合作领域，有些则表述为交通、运输、联通性、互联互通等意义相近的替代性用语。为了便于观察和比较，本书对其进行了规范和简化处理，分为经济合作、社会人文、水资源与可持续发展、政治安全四类。图中，除了湄公河委员会专注于水资源与可持续发展外，其他区域国际制度在合作领域上都不同程度地重叠。其中，日本—湄公河合作与澜湄合作在四类合作领域均有涉足，重叠度最高。结合前文关于重叠的区域主义的定义，可以看出湄公河地区区域国际制度中成员国和治理领域的重叠已经使该地区形成了重叠的区域主义。

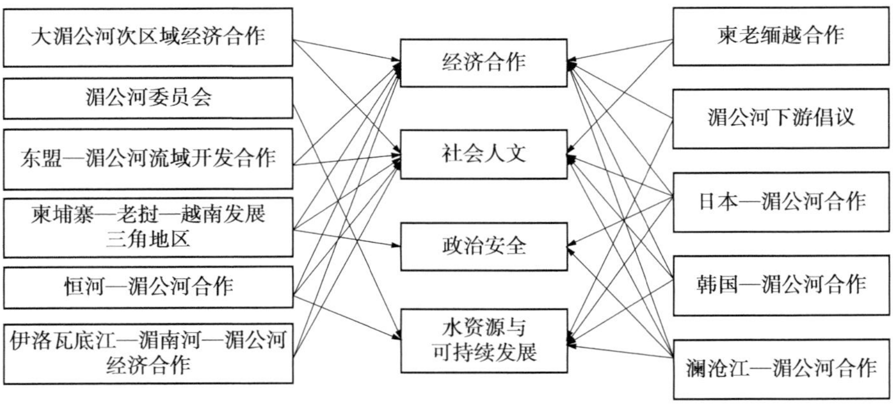

图 2.4　湄公河区域国际制度中重叠的合作议题

资料来源：笔者绘制。

关于湄公河地区重叠的区域主义与区域合作、区域一体化的关系，早在 1997 年，唐纳德·韦瑟比（Donald E. Weatherbee）就指出“在东南亚大陆中心建立一个完全经济一体化的湄公河流域的有远见的概念尚未完全与国家发展计划或政治计划联系起来”。① 从亚洲开发银行亚洲区域一体化中心发布的《亚洲经济一体化报告：人口变化、生产力和技术的作用(2019/2020)》中关于2006年至2017年亚太地区区域合作与一体化指数看，湄公河地区的区域合作与一体化指数长期领先于东南亚、东亚、南亚、中亚、大洋洲等地区（表2.2）。这表明湄公河地区的区域国际制度在推动该地区的区域合作与一体化方面起到了一定的促进作用。然而，从具体的区域合作与一体化指数得分情况看，2006年至2017年，尽管湄公河地区区域国际制度的数量又增加了4个（至2015年制度总数达到了11个），但该地区的区域合作与一体化得分却没有出现明显的增加或波动。这部分表明，总体上湄公河地区重叠的区域国际制度主要是“形式主义”而非“功能主义”的，主要成为相关国家地位竞争的工具，而没有以寻求推动制度的变迁和功能的演化为主要目的，在湄公河地区的区域合作与一体化方面的促进作用并不显著。因此，奥利弗·享森格斯（Oliver Hensengerth）甚至悲观地认为，湄公河地区没有明确的解决问题的规范和制度：没有制度化，只有“合作的升级”。② 约恩·多施（Jörn Dosch）也认为湄公河地区缺乏内在的区域一致性，“看起来更像是许多次区域的集合，而不是一个有凝聚力的次区域”。③

表2.2　亚太地区区域合作与一体化指数

年份	中亚	东亚	东南亚	大湄公河次区域	南亚	大洋洲	中亚区域经济合作	南亚次区域
2006	0.363	0.558	0.554	0.547	0.417	0.555	0.408	0.429
2007	0.35	0.53	0.567	0.571	0.432	0.531	0.417	0.435

① Donald E. Weatherbee, “Cooperation and Conflict in the Mekong River Basin”, *Studies in Conflict & Terrorism*, Vol.20, No. 2, 1997, pp.167-184.

② Oliver Hensengerth, “Vietnam’s Security Objectives in Mekong Basin Governance”, *Journal of Vietnamese Studies*, Vol.3, No.2, 2008, pp.101-127.

③ Jörn Dosch, “Crossing Cold War Divides: Cooperation in the Mekong Valley”, *The Changing Dynamics of Southeast Asian Politics, Boulder, Lynne Rienner Publishers*, 2007, p.135.

续表

年份	中亚	东亚	东南亚	大湄公河次区域	南亚	大洋洲	中亚区域经济合作	南亚次区域
2008	0.35	0.535	0.55	0.55	0.431	0.532	0.408	0.443
2009	0.361	0.534	0.551	0.55	0.423	0.54	0.412	0.433
2010	0.338	0.541	0.551	0.553	0.447	0.558	0.424	0.456
2011	0.363	0.537	0.558	0.552	0.443	0.54	0.419	0.456
2012	0.353	0.543	0.554	0.548	0.429	0.537	0.428	0.428
2013	0.369	0.544	0.56	0.557	0.412	0.544	0.427	0.418
2014	0.379	0.557	0.567	0.566	0.423	0.54	0.442	0.425
2015	0.374	0.546	0.564	0.564	0.428	0.522	0.434	0.435
2016	0.362	0.583	0.571	0.574	0.453	0.537	0.44	0.469
2017	0.375	0.558	0.553	0.548	0.435	0.52	0.438	0.441

资料来源："Asian Economic Integration Report 2019/2020: Demographic Change, Productivity, and the Role of Technology", Asian Development Bank，https://aric.adb.org/pdf/aeir/AEIR2019-2020_complete.pdf, 2020-02-10；"南亚次区域"是指南亚次区域经济合作（SASEC）覆盖的地区，成员国包括孟加拉国、不丹、印度、马尔代夫、缅甸、尼泊尔、斯里兰卡。

从国际水事数据库（Transboundary Freshwater Dispute Database，TFDD）[①] 对 1950 年至 2008 年间湄公河地区水资源领域冲突与合作事件的记录、编码和统计看，1990—1999 年随着合作制度的建立，该地区冲突行为显著减少，合作行为大幅增加(表 2.3)。但随着合作制度的不断增多，2000—2008 年湄公河地区的合作行为的"强度等级"（BAR Scale）相比前 10 年却出现了较大幅度的下降，"温和的言语表达在互动中表现出不和谐"出现的频率由 1990—1999 年的 2 次上升为 12 次。尽管这可能是由于开发

① 国际水事数据库是一个可搜索的数据库，记录了 1948 年至 2008 年之间的 6400 多个历史国际水关系。数据库中的水事与水资源有关，是一种稀缺或消耗性资源，也属于管理数量。这些事件来自各种新闻文章，并根据国家 / 地区的互动进行编码。该数据库包含有关流域和国家 / 地区，发生日期，议题区域，水事件强度等级以及事件详细摘要的信息。

合作的增加，湄公河流域与水有关的资源的竞争也在增加。① 但一定程度上也表明湄公河地区新成立的区域国际制度并没有继续显著提升流域国家之间的合作性，甚至可能形成了一定的负面效应。

表 2.3　湄公河地区水事强度等级

时间表	–7	–6	–5	–4	–3	–2	–1	0	1	2	3	4	5	6	7	平均强度等级
1950—1959	0	0	0	0	0	0	0	0	0	3	5	3	0	1	0	0.80
1960—1969	0	0	0	0	0	0	0	1	1	1	1	20	1	1	0	1.73
1970—1979	0	0	0	0	0	0	0	0	0	0	0	0	1	0	0	0.07
1980—1989	0	0	0	0	0	0	0	0	4	0	4	4	0	0	0	0.80
1990—1999	0	0	0	0	0	1	2	3	17	28	11	12	0	2	0	5.07
2000—2008	0	0	0	0	0	0	12	1	30	2	4	8	0	0	0	3.80
所有年份	0	0	0	0	0	1	14	5	52	34	25	47	2	4	0	

注：“强度等级”（BAR Scale）指标说明：–7：正式宣战；–6：导致死亡、流离失所或高昂战略成本的广泛战争法；–5：小型军事行动；–4：政治军事敌对行动；–3：外交经济敌对行动；–2：强烈的口头表达在互动中表现出敌意；–1：温和的言语表达在互动中表现出不和谐；0：在国际形势下的中立或无意义的行为；1：轻微的官方交流、对话或政策表达——温和的言语支持；2：官方语言对目标的支持、价值观或制度；3：文化或科学协议或支持（非战略）；4：非军事经济、技术或工业协议；5：军事经济或战略支持；6：国际淡水条约、主要战略联盟（区域或国际）；7：自愿统一为一个国家。

资料来源：Transboundary Freshwater Dispute Database（TFDD），http://gis.nacse.org/tfdd/index.php，2019-12-30。

第二节　中国在湄公河地区区域主义发展中的角色变迁

中国作为湄公河地区内唯一的大国，对该地区区域主义的发展历程具

① Poul Erik Lauridsen, “Transboundary Water Management in the Mekong: River of Controversy or River of Promise?”, in J. Bosen and H.E. Ravnborg, eds., *From water “Wars” to Water “Riots”? - lessons from Transboundary Water Management*, pp. 47-79；Evelyn Goh, *Developing the Mekong: Regionalism and Regional Security in China–southeast Asian Relations*, New York: Routledge, 2013.

有重要的作用和影响，深入把握中国在湄公河地区制度化合作中的角色变迁对于理解该地区重叠的区域主义的形成动因和内在规律具有重要意义。

冷战期间，受特定的国际环境影响，中国对区域主义及其载体区域国际制度主要持防范和观望的态度。① 冷战结束后，随着地缘政治环境的改善，中国才开始逐步融入区域合作中。史蒂文·莱文（Steven I. Levine）在 20 世纪 80 年代早期的研究中也认为“在很大程度上，中国一直是一个没有区域政策的地区大国”。② 冷战结束后，中国采取新的措施稳步推动周边区域观的回归和地区发展、安全秩序的构建。③ 但直到 20 世纪 90 年代中期，中国整体上仍对区域国际制度保持警惕，倾向于通过双边渠道与其他亚洲国家交往。④

就湄公河地区而言，中国是地区内唯一的大国，还是位于流域起源的国家，但中国在该地区的区域主义发展中却长期扮演相对间接的角色。⑤ 尽管该地区早在 1957 年就建立了第一个区域国际制度，但直到 20 世纪 90 年代初期，中国与湄公河下游的联合开发活动仍未建立合作关系。⑥1992 年，中国以云南省为代表加入亚洲开发银行倡议的大湄公河次区域经济合作，标志着中国正式参与到湄公河地区制度化合作的进程中。约恩·多施和亚历山大·武温（Alexander L. Vuving）认为大湄公河次区域经济合作将中国吸纳为正式成员，使其成为促进并观察中国湄公河地区

---

① 马嬰：《区域主义与发展中国家》，中国社会科学出版社 2002 年版，第 178 页。

② Steven I. Levine, “China in Asia: the PRC as a regional power”, *China's Foreign Relations in the 1980s*, 1984, pp. 107-114.

③ 张蕴岭：《中国的周边区域观回归与新秩序构建》，《世界经济与政治》2015 年第 1 期。

④ Ellen L. Frost, James J. Przystup and Phillip Charles Saunders, “*China's Rising Influence in Asia, Implications for US Policy*”, Institute for National Strategic Studies, Washington, D.C.: National Defense University, 2008.

⑤ [泰] Chayodom Sabhasri, Piti Srisangnam：《澜湄合作：从“信任危机”到“可持续的信任建构过程”》，王海峰、蓝襄云译，《中国—东盟研究》2017 年第 2 期。

⑥ Kayo Onishi, “Interstate Negotiation Mechanisms for Cooperation in the Mekong River Basin”, *Water International*, Vol. 32, No. 4, 2007, pp.524-537.

政策的主要平台，为建立全流域合作结构铺平了道路。[①] 但此后相当长一段时期，中国在湄公河地区区域主义发展历程中的角色与作用仍相对有限，长期扮演相对间接的角色。[②] 湄公河地区既有的区域国际制度被认为并没有为中国在该地区发挥领导作用提供场所。[③] 在 2015 年“澜湄合作”之前，中国在湄公河地区缺乏自己明确的区域性举措。[④] 中国推动成立该合作制度被认为是一个迟来的认识（a belated recognition）。[⑤] 总体而言，1992 年至 2019 年，中国在湄公河地区区域主义发展中的角色变迁大致可以分为四个阶段：(1) 有限参与阶段（1992—1996 年）；(2) 被动跟随阶段（1996—2002 年）；(3) 积极参与阶段（2002—2014 年）；(4) 方案提供阶段（2014—2019 年）。

一、有限参与阶段（1992—1996 年）

在 20 世纪 90 年代初，亚洲开发银行提出大湄公河次区域经济合作倡议之初，菲律宾前总理凯撒·维拉塔（Cesar Virata）曾认为中国应该在湄公河地区发挥核心作用，建议中国以完全成员身份加入该合作制度。但是相关会议召开后，确定了将云南而不是中国纳入该制度的新方案。[⑥] 部分

---

① Jörn Dosch and Alexander L. Vuving, “The Impact of China on Governance Structures in Vietnam”, 2008, p.15.

② Jörn Dosch and Alexander L. Vuving, “The Impact of China on Governance Structures in Vietnam”, p.526.

③ Pongphisoot Busbarat, “Grabbing the Forgotten: China’s Leadership Consolidation in Mainland Southeast Asia through the Mekong-Lancang Cooperation”, *ISEAS Perspective*, 2018.

④ Carl Middleton and Jeremy Allouche, “Watershed or Powershed? Critical Hydropolitics, China and the ‘Lancang-Mekong Cooperation Framework’”, pp.100-117.

⑤ Catherine Wong, “Is Mekong River Set to Become the New South China Sea for Regional Disputes?”, AFP News, 2 January 2018, https://ph.news.yahoo.com/mekong-river-set-become-south-130034231.html?guccounter=1, 2019-10-20.

⑥ 赵姝岚：《日本对大湄公河次区域合作的参与及其对中国的影响》，中国社会科学出版社 2018 年版，第 34 页。

学者认为，之所以是由云南作为代表参加，是因为中国土地广阔、人口众多，在区域合作中不适宜以全国而只能以地方为单位参与。①

1992年，国务院政府工作报告强调"继续发展同周边国家睦邻友好关系是我国外交政策的重要组成部分"。②中国加入大湄公河次区域经济合作一定程度上受到了这一周边外交精神的指引。云南与缅甸、老挝和越南共享边界，并通过湄公河与泰国相连，被认为是中国"通向南方的门户"。早在1984年，云南的27个边境地区就已获批与湄公河国家进行商品交易。因此，云南在参与湄公河地区合作中具有突出的地缘优势。1993年2月，亚洲开发银行提出题为《次区域经济合作——关于柬埔寨、老挝、泰国、越南和中国云南省进行合作的可能性》的报告，提出开发湄公河水能资源和建立中南半岛—云南水陆交通网的初步设想。此后至2004年，中国均只是由云南作为代表参加该区域国际制度。

云南也是中国参与湄公河地区"水政治"的主要省份。20世纪90年代初期，中国在澜沧江流域提出了"电力先行、矿电结合、对外开放、综合开发"的总方针。③云南境内的澜沧江主要流经狭窄的高山峡谷地带，通过建造大坝进行水电开发是对其最优的开发方式。对于长期贫穷的云南省来说，也是云南地方经济社会发展的重要推动力。1984年开始，云南在中央政府的支持下开始在澜沧江上建造曼湾大坝，并于1993年完工。截至2019年，中国在湄公河上游的澜沧江河段自上而下修建完成了功果桥、小湾、漫湾、大朝山、糯扎渡、景洪六座梯级电站，另有橄榄坝水电站正在建设中。④这些水电项目旨在通过合理开发，提升云南的经济社会发展和减贫。但由于湄公河地区的季节性干旱和洪水等地质灾害频发，中

① 杨洪常：《云南省与湄公河区域合作：中国地方自主性的发展》，香港中文大学香港亚太研究所2001年版，第xii页。

② 李鹏：《1992年国务院政府工作报告》，中华人民共和国中央人民政府，2006年2月16日，http://www.gov.cn/test/2006-02/16/content_200922.htm，2019-08-01。

③ 徐建国、汤家麟：《从澜沧江到湄公河》，云南民族出版社2001年版，第259页。

④ 2009年中国决定暂停勐松大坝（Mensong）的建设，以便为鱼类建立替代通道。

国作为湄公河的上游国家，水电开发活动被认为具有负外部性，进而成为国际非政府组织和域外国家炒作湄公河地区“水政治”时被诘难的对象。部分由于这个原因，在20世纪90年代初早期中国对参与湄公河地区制度化合作并不积极，尤其与湄公河委员会也保持一定距离。①

1995年4月，柬埔寨、老挝、泰国、越南四国恢复和成立了湄公河委员会。泰国等湄公河下游国家曾邀请中国作为正式成员加入，但最终中国选择成为该制度的对话伙伴（dialogue partners），而非正式成员。因此，这段时期尽管中国较早就参与了湄公河地区制度化合作，但无论是在大湄公河次区域经济合作还是湄公河委员会参与的程度都是相对有限的。

二、被动跟随阶段（1996—2002年）

1996年6月，在海上东盟国家的积极推动下，湄公河地区成立了东盟—湄公河流域开发合作。中国仅作为一般成员参加，对东盟在该区域国际制度中的中心性给予了充分支持，跟随和配合东盟在湄公河地区制定的合作议程。

1996年7月，中国与东盟建立全面对话伙伴关系。1997—1998年，亚洲金融危机席卷了东南亚各国，尤其重挫了泰国经济。湄公河地区合作进程被打断。其间，大湄公河次区域经济合作、湄公河委员会、东盟—

① 作者对澳大利亚悉尼大学Philip Hirsch教授的访谈内容。Philip Hirsch教授是少数长期从事湄公河地区研究的学者之一，著述颇丰。代表性成果有：Philip Hirsch, et al. *National Interests and Transboundary Water Governance in the Mekong*, Australian Mekong Resource Centre, in collaboration with Danish International Development Assistance, 2006; Philip Hirsch, “Water Governance Reform and Catchment Management in the Mekong Region”, in *The Journal of Environment & Development*, Vol.15, No.2, 2006, pp.184-201; Philip Hirsch, “The Changing Political Dynamics of Dam Building on the Mekong”, *Water Alternatives*, Vol.3, No.2, 2010；Philip Hirsch, “The Shifting Regional Geopolitics of Mekong Dams”, *Political Geography*, Vol.51, 2016, pp.63-74.

湄公河流域开发合作三个既有合作制度受到不同程度冲击和影响，进展缓慢。1998 年 8 月，大湄公河次区域经济合作第七届部长级会议提出了东西、南北、南部三大经济走廊的合作计划，但项目实施因肇始于泰国的亚洲金融危机而停滞不前。直到 2000 年第八届部长级会议才得以正式启动。① 金融危机期间，中国通过国际货币基金组织的援助计划和其他双边渠道向泰国和其他受影响国家提供了超过 40 亿美元的资金，并宣布人民币不贬值，为东南亚经济复苏作出了积极贡献。② 中国与东南亚国家在危机期间的积极互动迅速拉近了双方的关系，中国—东盟框架下的相关合作也取得了快速发展。2000 年 10 月，中国时任国务院总理朱镕基在新加坡举行的中国与东盟领导人会议上，提出建立中国—东盟自贸区的设想，中国—东盟关系进一步提质升级。中国的政策资源也部分从湄公河地区合作转移到更大范围的中国—东盟框架内，进一步强化了东盟在区域合作中的中心地位。中国和东盟双方逐渐将湄公河地区合作列为中国—东盟相关合作的一部分。中国在东盟—湄公河流域开发合作的角色一定程度上也被转移到“中国—东盟”的关系框架下。2001 年，在中国—东盟领导人会议上，朱镕基总理将湄公河流域开发列为了与东盟合作的五个优先领域之一，建议加强湄公河流域基础设施建设。③

这一时期，中国与湄公河委员会取得了一定进展。尽管中国在 1997 年投票反对通过“联合国水道公约”，被解读为对参与包括湄公河流域在内的跨境水资源合作持消极态度。④ 但 2000 年，在柬埔寨金边举行的湄公

① Masami Ishida, “GMS Economic Cooperation and Its Impact on CLMV Development”, *ERIA Research Project Report*, Vol.4, 2007.

② Tomotaka Shoji, “Pursuing a Multi-dimensional Relationship: Rising China and Japan’s Southeast Asia policy”, *Southeast Asia*, Vol.22, No. 2, 2009.

③ 刘秀平：《资料：东盟—中国领导人会议》，新华社，2001 年 11 月 5 日，http://www.people.com.cn/GB/shizheng/19/20011105/598391.html, 2019-10-20。

④ Seungho Lee, “Benefit Sharing in the Mekong River Basin”, *Water International*, Vol.40, No. 1, 2015, p.141.

河委员会第五次对话会议上，中国表示愿意向其提供湄公河上游的水文信息，从而促成水文数据交换协议的合作成果。中国主动向湄公河委员会提供水文信息不仅是重要的技术性合作，对于湄公河委员会的有效运作不可或缺，更是对参与流域水资源合作的单方面善意释放。①

三、积极参与阶段（2002—2014 年）

通过 1992 年到 2002 年参与湄公河地区合作的十年实践，尤其是中国在 1997—1998 年亚洲金融危机中与东南亚国家的患难与共，中国对湄公河地区合作的看法和态度开始从谨慎和怀疑、被动跟随，逐渐转变为了乐观和热情。

这一时期，大湄公河次区域经济合作逐渐脱颖而出，成为中国参与湄公河地区合作的主要平台。在做好项目的协调配合等具体工作的同时，中国积极承担大国责任，为大湄公河次区域经济合作框架下的相关合作提供支持。2002 年 11 月，在柬埔寨金边举行的第一次大湄公河次区域经济合作领导人会议上，时任国务院总理朱镕基强调“(中国) 愿在更广泛的范围，以更积极的姿态参与大湄公河次区域的经济合作”。②2005 年 3 月，中国政府在亚洲开发银行内捐款 2000 万美元，设立了区域合作与减贫基金，其中 860 多万美元用于支持大湄公河次区域经济合作。2011 年 5 月，中国政府宣布再次捐资 2000 万美元续设中国基金。③ 此外，中国还积极向开发银行的亚洲发展基金提供捐款，截至 2012 年年底累计捐资

① Kayo Onishi, “Interstate Negotiation Mechanisms for Cooperation in the Mekong River Basin”, pp.524-537.

② 《朱镕基出席大湄公河次区域经济合作领导人会议并讲话》，《人民日报》2002 年 11 月 4 日。

③ 《携手共进务实合作——谢旭人谈大湄公河次区域经济合作》，《人民日报》2011 年 12 月 16 日。

1.1 亿美元。① 中国还积极利用由中方出资的中国—东盟合作基金和亚洲区域合作专项资金与湄公河国家加强人力资源开发、动物疫病防控等领域合作。②

2005 年 7 月，在云南昆明举行的大湄公河次区域领导人会议上，温家宝总理承诺向较小的湄公河国家提供大量中国援助和合作，被认为使中国在湄公河地区的作用和影响力更加突出。③ 对于 1998 年提出、2000 年开始启动的经济走廊建设，中国在南北经济走廊不受日本和亚洲开发银行重视的情况下，独立提供相应的资源投入，积极推动该经济走廊建设，加快了边境地区的高速公路建设。南北经济走廊因此一度被认为是中国参与大湄公河次区域经济合作的中心。④ 为了加强泛亚铁路合作，打通次区域铁路连接，温家宝总理在 2008 年举行的大湄公河次区域经济合作第三次领导人会议上表示“中国愿出资 2000 万元人民币对泛亚铁路东线缺失段（巴登至禄宁）进行工程可行性研究，愿与各方一道探讨建设融资的可行性，并提供技术、管理和设备支持，争取使东线早日贯通”。⑤ 从大湄公河次区域经济合作框架下的项目投资看，2008—2012 年中国开始逐渐位居主要投资国之首，投资份额约占总投资的 32%。⑥ 同时，在中国—东盟自由贸易区建设过程中，中国通过将柬埔寨、老挝、缅甸、越南四个湄公河国家的农产品纳入早期收获计划（EHP），对其进行单方面让步，为

① 《中国的对外援助（2014）》，《人民日报》2014 年 7 月 11 日。

② 《中国参与大湄公河次区域经济合作国家报告》，《人民日报》2008 年 3 月 28 日。

③ Evelyn Goh, “Chapter Three: Development Cooperation and Regionalism”, *The Adelphi Papers*, Vol.46, No.387, 2007, pp. 25-39.

④ Truong-Minh Vu, “Between System Maker and Privileges Taker: The Role of China in the Greater Mekong Sub-region”, *Revista Brasileira de Política Internacional*, Vol.57, 2014, pp.157-173.

⑤ 《合作的纽带共同的家园——在大湄公河次区域经济合作第三次领导人会议上的讲话》，《人民日报》2008 年 4 月 1 日。

⑥ Akira Suehiro, “China’s Offensive in Southeast Asia: Regional Architecture and the Process of Sinicization”, *Journal of Contemporary East Asia Studies*, Vol. 6, No.2, 2017, pp.107-131.

这些国家带来了巨大利益。[①]

在为大湄公河次区域经济合作积极提供公共产品的同时，这一时期中国也对参与该制度的成员代表进行了调整和拓展。2005 年 7 月在云南昆明举行的第二次领导人会议上，广西壮族自治区在云南的基础上被吸纳为新的成员代表。表明中国加大了对大湄公河次区域经济合作的参与和支持力度，同时中国在该合作制度中的影响力得到了增强。[②] 为了全面展示中国参与湄公河地区合作的决心和路径，中国在 2005 年、2008 年、2011 年三次发表了《中国参与湄公河次区域合作国家报告》，系统阐明了中国今后参与湄公河次区域合作的计划和重点项目，启动了我国与沿岸国家进行湄公河次区域开发的全面合作。

此外，中国还加强了在湄公河地区的安全合作。2011 年 10 月 5 日，湄公河金三角水域发生了震惊中外的“湄公河惨案”，13 名中国船员无辜受害。中国充分认识到加强湄公河流域跨境安全治理的重要性。在与泰国、老挝加强警务合作携手破案的同时，中国还推动了中老缅泰湄公河联合巡航的常态化、制度化合作，于当年 12 月 10 日进行了首次四国联合执法。

在加强对大湄公河次区域经济合作的参与和支持力度之外，中国还积极稳步推进与湄公河委员会的合作关系。湄公河季节性的洪水和干旱一直是地区治理的重要议题。2000 年湄公河地区有 800 多人因洪灾死亡，造成超过 4 亿美元财产损失。[③]2011 年 7 月至 12 月，仅泰国就有 708 人在洪涝灾害中罹难。[④] 为了加强流域综合治理，中国于 2002 年 4 月与湄公

① Hidetaka Yoshimatsu, “The Mekong Region, Regional Integration, and Political Rivalry among ASEAN, China and Japan”, pp.71-111.

② Hidetaka Yoshimatsu, “The Mekong Region, Regional Integration, and Political Rivalry among ASEAN, China and Japan”, pp.71-111.

③ Jörn Dosch and Oliver Hensengerth, “Sub-regional Cooperation in Southeast Asia: the Mekong Basin”, *European Journal of East Asian Studies*, Vol.4, No. 2, 2005, pp.263-286.

④ 《泰国洪灾死亡人数上升至 708 人 3 人失踪》，2011 年 12 月，中国气象局公共气象服务中心，http://www.weather.com.cn/index/gjtq/12/1572000.shtml, 2019-10-20。

河委员会正式签署技术合作协议，在云南省昆明市水资源局建立数据中心，并改善了澜沧江流域的两个水文站，同意在每年的6月15日至10月15日的汛期与湄公河委员会分享河流的水位数据。有学者对此评论认为，与普遍看法相反，中国在湄公河地区并没有充分享受其优越的资源或优越的流域国家地位。①2009年中国决定暂停勐松大坝的建设，以便为鱼类洄游建立替代通道。②中国的相关做法受到了好评，被认为加强了与湄公河下游国家在水资源领域的合作。③

四、方案提供阶段（2014—2019年）

2014年12月20日，在大湄公河次区域经济合作第五次领导人会议上，李克强总理倡议与各方共同“打造大湄公河次区域合作升级版”，并强调“深化大湄公河次区域发展合作……也是打造中国—东盟合作升级版的重要组成部分”。④尽管此后的发展表明，该倡议没有得到各方的有力响应和积极推进，但倡议本身表明中国在参与湄公河地区合作20余年后，从最初的有限参与、被动跟随、积极参与开始进入方案提供⑤阶段。

---

① Kayo Onishi, “Interstate Negotiation Mechanisms for Cooperation in the Mekong River Basin”, pp.524-537.

② Seungho Lee, “Benefit Sharing in the Mekong River Basin”, *Water International*, Vol.40, No.1, 2015, pp.139-152.

③ Sebastian Biba, “China's Continuous dam-Building on the Mekong River”, *Journal of Contemporary Asia*, Vol.42, No.4, 2012, pp.603-628; Kayo Onishi, “Reassessing Water Security in the Mekong: The Chinese Rapprochement with Southeast Asia”, *Journal of Natural Resources Policy Research*, Vol.3, No.4, 2011, pp.393-412.

④ 《李克强出席大湄公河次区域经济合作第五次领导人会议开幕式》，《人民日报》2014年12月21日。

⑤ “中国方案”的概念最早出现在2014年3月习近平主席在德国科尔伯基金会的演讲中。他表示，中国将“从世界和平与发展的大义出发，贡献处理当代国际关系的中国智慧，贡献完善全球治理的中国方案，为人类社会应对21世纪的各种挑战作出自己的贡献”。参见习近平：《在德国科尔伯基金会的演讲》，《人民日报》2014年3月30日。

中国积极响应泰国的倡议，于2015年正式成立澜沧江—湄公河合作，该制度成为湄公河地区唯一一个有且仅有六个湄公河地区内国家参与的区域国际制度。为了尽快取得实效，在首次澜湄合作领导人会议上，中国宣布设立100亿元人民币优惠贷款、100亿美元信贷额度、优先使用2亿美元南南合作援助基金、5年内提供3亿美元支持6国提出的中小型合作项目等一系列资助计划。①

澜湄合作逐渐成为中国推动湄公河地区合作的重要平台。2018年1月，李克强总理在第二次领导人会议上强调，澜湄合作形成了“领导人引领、全方位覆盖、各部门参与”的澜湄格局，创造了“天天有进展、月月有成果、年年上台阶”的澜湄速度，培育了“平等相待、真诚互助、亲如一家”的澜湄文化。② 针对湄公河地区存在众多多利益相关方的现状，外交部部长王毅强调：“中方愿同日本、韩国、新加坡等国在湄公河次区域开展三方或四方合作，共同促进次区域发展。”③ 在加强澜湄合作的同时，中国也继续加强对大湄公河次区域经济合作的参与和支持力度。在大湄公河次区域区域投资框架执行计划（2014—2018年）中，中国的投资占比进一步增加，占总投资的62%。同期，亚洲开发银行的投资额下降到17.4%，除中国以外其他国家政府提供的投资价值仅占总金额的8.2%。④

2014年以后，中国与湄公河委员会的关系也得到了进一步夯实，并在合作内容、形式等方面进行了创新。作为上游国家，中国不仅在汛期向

① 《在澜沧江—湄公河合作首次领导人会议上的讲话》，《人民日报》2016年3月24日。

② 《在澜沧江—湄公河合作第二次领导人会议上的讲话》，《人民日报》2018年1月11日。

③ 《王毅谈澜湄合作未来发展六大方向》，新华网，2018年12月17日，http://www.xinhuanet.com/world/2018-12/17/c_1210017351.htm, 2019-12-30。

④ “Greater Mekong Subregion Regional Investment Framework Implementation Plan（2014-2018）”, Greater Mekong Subregion Secretariat, 12 December 2014, pp.5-15, https://www.greatermekong.org/greater-mekong-subregion-regional-investment-framework-implementation-plan-2014-2018, 2019-10-20; Akira Suehiro, “China's Offensive in Southeast Asia: Regional Architecture and the Process of Sinicization”, *Journal of Contemporary East Asia Studies*, Vol.6, No.2, 2017, pp.107-131.

湄公河国家提供水文数据，还利用云南省内修建的小湾、糯扎渡、景洪等梯级水电站，通过调丰补枯，帮助下游各国防洪、抗旱。2016年年初，澜湄流域普遍遭遇严重干旱，中国克服自身困难，通过境内的景洪水电站对湄公河下游国家实施应急补水，帮助其缓解旱情。① 澜湄合作成立后，中国将水资源列为优先合作领域之一，并加强了与湄公河委员会的对话与合作。

小　结

1992年至2019年间，湄公河地区区域主义的发展历程可以分为“湄公河地区－”“湄公河地区＋”“湄公河下游＋”“湄公河地区”四个合作时期。每个时期参与相应区域国际制度的国家的身份、大小、地理空间分布等均发生了相应的变化。在“湄公河地区－”时期，合作成员仅包括部分湄公河地区内国家。“湄公河地区＋”时期，合作成员上进行了“跃进”，既包括全部湄公河地区内国家，也包括另外的5个海上东盟国家，参与的国家数量在四个阶段中最多。但由于缺乏明确的领导力，该制度取得的合作成效十分有限。此后的“湄公河下游＋”时期，地区外国家的介入、对地区内大国——中国的排斥成为主要特征。直到2015年，进入“湄公河地区”时期，该地区才成立了有且仅有湄公河地区内全部国家参与的区域国际制度。

从湄公河地区区域国际制度的成员国构成、合作领域看，该地区的区域合作完全符合前文关于重叠的区域主义的定义。基于湄公河地区重叠的区域主义与区域合作、区域一体化的关系讨论，可以看出湄公河地区的区

① 《湄公河流域遭遇百年大旱：中国开闸放水，越南民众称充满善意》，澎湃新闻，2016年3月20日，http://www.thepaper.cn/newsDetail_forward_1446307, 2019-08-01。

域国际制度在推动该地区的区域合作与一体化方面曾起到了一定的促进作用，但并不显著。其中，2006年至2017年区域国际制度仍在不断增多，但该地区区域合作与一体化水平并未取得相应提升。总体上，湄公河地区重叠的区域国际制度是“形式主义”而非“功能主义”的，成为相关国家地位竞争的工具，而没有以寻求推动制度的变迁和功能的演化为主要目的，在湄公河地区的区域合作与一体化方面的促进作用并不显著。

从国际水事数据库对1950年至2008年湄公河地区水资源领域冲突与合作事件的记录、编码和统计看，1990—1999年，随着合作制度的建立，该地区冲突行为显著减少，合作行为大幅增加。但随着合作制度的不断增多，2000—2008年湄公河地区的合作行为的强度等级相比前10年却出现了较大幅度的下降。部分表明湄公河地区新成立的区域国际制度并没有继续显著提升流域国家之间的合作性，甚至可能形成了一定的负面效应。

中国在湄公河地区区域主义发展中，大致经历了有限参与（1992—1996年）、被动跟随（1996—2002年）、积极参与（2002—2014年）、方案提供（2014—2019年）四个阶段，从初期的谨慎和怀疑逐渐转变为乐观和热情。1992—2002年，中国在湄公河地区基本上处于角色缺位的状态。作为地区内唯一的大国，在该地区区域国际制度萌芽、发展的过程中并没有扮演相应的领导性角色，没有为相关区域制度提供发展所需的公共产品。2002—2014年，中国在湄公河地区处于角色复位的过程，开始为大湄公河次区域经济合作等提供公共产品，并积极尝试承担地区发展合作的领导性角色。2014—2019年，中国成立了主导性的澜沧江—湄公河合作，积极为湄公河地区发展合作提供“中国方案”，大体上处于接近复位完成的阶段。与湄公河地区区域主义的发展历程进行比较，在中国在角色缺位期间，越南、泰国两个中等国家成立了各自主导的区域国际制度。在角色复位过程中，日本、美国、韩国三个地区外国家成立了各自主导的区域国际制度。印度作为地区外大国在2000年成立了恒河—湄公河合作，但在 2002 年前缺乏实质性合作，2003—2007 年、2008—2012 年主要处于休眠状态。

区域主义的发展并不遵从民主路径，而是需要领导国家提供公共产品予以推动。地区合作中领导能力的缺乏从一开始就会破坏区域主义。① 中东和北非区域治理不足的原因之一就是没有区域力量来推动。② 中国作为湄公河地区内唯一的大国，由于多种原因在该地区区域主义发展的过程中长期角色缺位，为地区内中等国家成立自我主导的区域国际制度提供了空间和便利。在此后角色复位的过程中，又与地区外大国形成地位困境与制度互动，从而导致湄公河地区又一次出现了区域国际制度的重叠性扩张。

---

① Shaun Breslin and Jeffrey D. Wilson, "Towards Asian Regional Functional Futures: Bringing Mitrany Back in?", *Australian Journal of International Affairs*, Vol.69, No. 2, 2015, pp.126-143.

② Anoushiravan Ehteshami, "MENA Region: Security and Regional Governance", *Comparative Regional Security Governance*, 2012, pp.131-153.

第三章　地区内中等国家在湄公河地区的地位困境与制度互动

宁为鸡口，无为牛后。

——《战国策·韩一·苏秦为楚合从说韩王》

从对湄公河地区区域主义发展历程的梳理中可以发现，越南和泰国作为湄公河地区的两个中等国家，早在1999年、2003年、2004年就密集成立了三个区域国际制度。其中，越南在1999年推动成立的柬老越发展三角合作是湄公河地区第一个由单一国家发挥领导性角色成立的区域国际制度。以此为开端，1999年至2015年，湄公河地区的8个区域制度均是由单一国家领导成立的。因此，对越南和泰国在湄公河地区的地位困境与制度互动进行案例检验，对于从国家间关系维度理解湄公河地区重叠的区域主义形成的原因和内在规律显然具有重要的意义。

第一节　越南、泰国在湄公河地区的地位困境

国际政治中所有的国家都非常在意自己的地位。越南和泰国作为湄公河地区两个彼此相邻的中等国家，历史上一直有相互竞争的传统。两国之间在湄公河地区基于国家实力变化引起的地位转移导致了地位困境的形成。

一、越南、泰国相互竞争的传统和影响

越南和泰国作为湄公河下游地区两个最大的国家，在历史上长期相互竞争，以影响较弱和较小的柬埔寨、老挝和缅甸。① 越南和泰国进入柬埔寨和老挝的湄公河中部国家之间的权力交汇已有数百年之久。近代以来，两国一直在印度支那地区相互竞争，② 对湄公河地区的冲突与合作产生了持久的影响。

泰国在近代关于地位的重视可以追溯至20世纪30年代末期，銮披汶·颂堪（Phibun Songkhram）政府时期兴起的“大泰族主义”思潮。二战期间，泰国是唯一一个没有被殖民并以战胜国身份重返国际社会的湄公河国家。泰国的外交技巧被认为是帮助该国管理不确定因素的骄傲。③ 二战结束后，由于远离战争，专注国内发展，泰国经济在中南半岛地区很早就确定了自己的领先优势。冷战期间，泰国通过加入东南亚条约组织、发起成立东南亚国家联盟，使自身一度成为湄公河乃至东南亚地区区域合作的中心。尤其泰国还是东盟的诞生地和共同创始人，对东盟的发展演变曾发挥了不可或缺的作用。1985年以后，受益于美国和日本之间《广场协议》的签署，泰铢进一步贬值，在出口和吸引外商投资等方面都更具有竞争力，泰国经济迎来了新一轮蓬勃发展。泰国开始将与其他湄公河流域国家之间的合作、构建“泰铢经济圈”视为提升国家影响力的重要手段，④ 致力于将自身打造成为湄公河地区政治经济的中心。⑤ 由于在历史上长期

① Chum Sonya, *Regional Integration and Political Rivalries among the East Asian States and Their Impacts on Mekong Sub-Regional Development*, CICP E-BOOK No. 3, 2010.

② Shaun Narine, *Explaining ASEAN: Regionalism in Southeast Asia*, Lynne Rienner Publishers, 2002. p.113.

③ Pongphisoot Busbarat, “Thailand’s Foreign Policy: The Struggle for Regional Leadership in Southeast Asia”, pp. 133-153.

④ Chum Sonya, *Regional Integration and Political Rivalries among the East Asian States and Their Impacts on Mekong Sub-Regional Development*, 2010.

⑤ Donald E. Weatherbee, “Cooperation and Conflict in the Mekong River Basin”, p.179.

处于领先地位，在心理上塑造了泰国精英甚至公众的观点，即泰国是该地区的重要角色，并应继续在其中发挥主导作用。亚洲金融危机虽然曾暂时限制泰国在地区内领导权的行使，但其参与地位竞争的愿望并未消失。① 危机以后，泰国对区域合作更加充满热情。时任总理他信曾试图接替马来西亚前总理马哈蒂尔作为下一个区域领导人，将泰国打造成为地区合作的中心。②

越南在地区合作中提升自身“地位”的策略主要是基于与前法属印度支那国家的“团结”。19 世纪法国对越南、柬埔寨和老挝的占领为三国创造了一个新的空间想象和身份符号——法属印度支那（French Indochina)。③ 领导印度支那半岛的国家并成为承担区域权力的重要角色一直是越南的“基因编码”(genetically coded)。④ 1975 年越南统一后，立即着手加紧努力试图恢复和加强对老挝和柬埔寨的政治统治。1977 年，越南与老挝缔结《友好合作条约》，使老挝成为越南事实上的保护国，进一步鼓励越南试图通过与老挝和柬埔寨的特殊关系重建“印度支那联邦”。⑤ 在 1986 年提出革新开放战略后，越南向柬埔寨、老挝等前印度支那国家采用了“平等的第一”战略，即虽没有公开宣示但却以稳步进取的方式不断提升自身在印度支那地区的优势地位。⑥ 柬埔寨因国内有较强的反越南民族主义情绪，与越南保持一定距离，两国的关系定位是“全面友

---

① Pongphisoot Busbarat, “Thailand’s Foreign Policy: The Struggle for Regional Leadership in Southeast Asia”, pp. 133-153.

② “Thaksin Asserts Regional Ambitions”, Bangkok Post, 16 July 2003.

③ St. John and Ronald Bruce, *Revolution, Reform and Regionalism in Southeast Asia: Cambodia, Laos and Vietnam*, New York: Routledge, 2006. p.189.

④ Joanna Dobkowska, “Vietnam as ‘a Middle Power’ on the Example of Its Cooperation with Indo-Chinese Countries”, *Myśl Ekonomiczna i Polityczna*, Vol.3, No. 50, 2015, pp.115-140.

⑤ Withaya Sucharithanarugse, “Concept and Function of the ACMECS”, *South Asian Survey*, Vol.13, No. 2, 2006, pp.285-294.

⑥ Joanna Dobkowska, “Vietnam as ‘a Middle Power’ on the Example of Its Cooperation with Indo-Chinese Countries”, pp.115-140.

好合作关系”。① 但时至今日，越南在与老挝的党政军等高层领导人会晤中，仍不断强调巩固两国之间的“特殊团结”关系。② 因此，甚至有观点认为，自第二次世界大战后，越南对印度支那的霸权野心一直是与东南亚国家关系中的一个主要问题。③

泰国对越南通过深化与柬埔寨、老挝之间的战略关系，提升自身地位的做法高度警惕。1978 年 12 月，越南入侵柬埔寨，泰国受到冲突和难民潮的直接冲击。④1980 年 6 月，越南在泰国边境地区进行了直接挑衅，两国爆发了短暂的武装冲突。⑤ 泰国一度成为对抗越南的前线国家。由于柬老越组成的国家集团历史上曾是对抗泰国的堡垒，⑥ 越南与柬埔寨、老挝加强“特殊团结”关系的任何动向仍将会持续引起泰国的警惕和防范。越南在印度支那发挥领导角色的愿望将会引起泰国持久的平衡反应。⑦

越南和泰国长期的相互竞争曾对湄公河地区合作进程产生了重要影响，对阻止和启动湄公河地区区域主义的萌芽和发展扮演了关键角色。越南在 1946 年至 1989 年深度参与了三次印度支那战争，对 1957 年“下湄公河流域调查协调委员会”的成立、发展、停滞起着关键作用。例如，20

---

① “Strengthening Vietnam-Cambodia friendship and Comprehensive Cooperation”, Nhan Dan Online, February 25, 2019, https://en.nhandan.org.vn/politics/editorial/item/7182802-strengthening-vietnam-cambodia-friendship-and-comprehensive-cooperation.html, 2019-10-20.

② “Preserving and Promoting Vietnam-Laos Special Solidarity”, Nhan Dan Online, January 16, 2019, https://en.nhandan.org.vn/politics/editorial/item/7030002-preserving-and-promoting-vietnam-laos-special-solidarity.html, 2019-10-20.

③ Joanna Dobkowska, “Vietnam as ‘a Middle Power’ on the Example of Its Cooperation with Indo-Chinese Countries”, *Myśl Ekonomiczna i Polityczna*, Vol. 3, No. 50, 2015.

④ Andrea Pressello, “The Fukuda Doctrine and Japan’s Role in Shaping Post-Vietnam War Southeast Asia”, *Japanese Studies*, Vol. 34, No. 1, 2014, pp.37-59.

⑤ Sukhumbhand Paribatra, “The Challenge of Co-existence: ASEAN's Relations with Vietnam in the 1990s”, *Contemporary Southeast Asia*, Vol. 9, No. 2, 1987, pp.140-156.

⑥ Ronald Bruce St John, *Revolution, Reform and Regionalism in Southeast Asia: Cambodia, Laos and Vietnam*, New York: Routledge, 2006. p.6.

⑦ Hidetaka Yoshimatsu, “The Mekong Region, Regional Integration, and Political Rivalry among ASEAN, China and Japan”, pp. 71-111.

世纪 70 年代末柬埔寨国内政局变化，越南随后进行干涉和入侵，直接导致柬埔寨宣布退出下湄公河流域调查协调委员会。1978 年，该委员会被松散的“临时湄公河委员会”取代。同时，泰国及其国际联盟对越南入侵柬埔寨、试图重建“印度支那联邦”的警惕和坚决抵制让这两个国家的外交关系一度充满了敌意。柬埔寨战争曾是制约越南、泰国关系发展最主要的结构性障碍，甚至被称为越南、泰国之间的“代理人战争”。① 如果泰国和越南之间发生持久的战争，显然冷战结束后湄公河地区的制度化合作不会形成。

越南和泰国的在冷战结束前后的角色调整、良性互动为此后湄公河地区的开发合作创造了条件。1986 年越南提出“革新开放”（越南语：Đổi mới），对内重视市场经济，对外秉持政策开放，逐渐改善了和平解决柬埔寨冲突的前景。1989 年 9 月 27 日，越南政府宣布从柬埔寨全面撤军。1990 年 8 月，最后一批越军撤离柬埔寨。柬越战争的结束，为湄公河地区开始多边合作进程提供了前提。在此期间，时任泰国总理差猜·春哈旺敏感捕捉到越南“革新开放”带来的政治和经济机遇，主动接受并鼓励越南推动国家角色变迁和地区身份的回归，适时提出和倡导“将印度支那从战场转变为市场”②，成为推动湄公河地区进行战争与和平、冲突与合作转换的宣言。

但很快，越南与泰国又在重新谈判和商定湄公河委员会关于水资源开发管理的合作原则、程序和组织结构等事项上进行了竞争。越南认为柬埔寨回归后，四国应回到 1957 年“湄公河下游调查协调委员会”时期的合作协定，流域各国所有提议的项目都需要委员会审查和批准。泰国则认为，四国应在 1978 年临时湄公河委员会时代（IMC）的合作原则的基础

① Greg Browder and Leonard Ortolano, “The Evolution of an International Water Resources Management Regime in the Mekong river basin”, *Nat. Resources J.*, Vol. 40, 2000, p.499.

② Pongphisoot Busbarat, “Thailand’s Foreign Policy: The Struggle for Regional Leadership in Southeast Asia”, p.135.

上，即湄公河委员会只是被授权“推动”项目，而不能“控制和监督”项目。泰国继而支持制定一套更灵活的规则，认为不需要在湄公河委员会内就所有拟议项目达成协议。① 从 1992 年到 1994 年，越南和泰国围绕重启湄公河委员会进行了漫长的讨价还价，中间甚至一度陷入停滞。② 为了迫使泰国退让，越南在 1994 年 5 月甚至与老挝、柬埔寨单独举行会晤，试图形成反对泰国立场的印度支那联盟。③ 最终，越南和泰国退回到湄公河国家的身份立场，选择了妥协与合作，于 1995 年共同推动成立了新的湄公河委员会。

二、越南、泰国在湄公河地区的国家实力变化与地位困境

基于前文关于地位转移的梳理和讨论，对越南和泰国的地位转移主要考察两国在湄公河地区总体结构性地位和特定议题的结构性地位及其变化。其中，总体结构性地位主要包括两国的经济实力（表 3.1）、军事实力（表 3.2）以及对柬埔寨、老挝、缅甸的贸易（表 3.3）和投资（表 3.4）。选择两国在 1992 年至 2018 年对柬埔寨、老挝、缅甸的贸易和投资进行考察，是因为三国是越南和泰国各自成立合作制度中重叠的成员国，是其进行地位竞争需要争取的“追随者”。特定议题的结构性地位主要依据两国在湄公河流域不同的地理位置，评估两国在该地区水资源开发、基础设施建设两大合作领域中不同的偏好和能力。

① Greg Browder and Leonard Ortolano, “The Evolution of an International Water Resources Management Regime in the Mekong River Basin”, p.499.

② Greg Browder, “An analysis of the negotiations for the 1995 Mekong Agreement”, *International Negotiation*, Vol.5, No. 2, 2000, pp.237-261.

③ Abigail Makim, *The Changing Face of Mekong Resource Politics in the Post-Cold War Era: Re-negotiating Arrangements for Water Resource Management in the Lower Mekong River Basin*（*1991-1995*）, Australian Mekong Resource Center, 2002. p.14.

表 3.1　1992—2018 年越南、泰国的经济实力比较

年份	国内生产总值（亿美元）		人均国内生产总值（美元）	
	越南	泰国	越南	泰国
1992	98.67	1114.53	139.20	1927.88
1993	131.81	1288.90	182.31	2209.37
1994	162.86	1466.83	221.13	2491.43
1995	207.36	1692.79	276.81	2846.58
1996	246.57	1830.35	324.15	3043.98
1997	268.44	1501.80	348.02	2468.18
1998	272.10	1136.76	348.32	1845.83
1999	286.84	1266.69	362.92	2033.26
2000	311.73	1263.92	390.09	2007.74
2001	326.85	1202.97	404.81	1893.27
2002	350.64	1343.01	430.05	2096.19
2003	395.53	1522.81	480.58	2359.12
2004	454.28	1728.95	546.91	2660.12
2005	576.33	1893.18	687.48	2894.06
2006	663.72	2217.58	784.37	3369.55
2007	774.14	2629.43	906.28	3973.02
2008	991.30	2913.83	1149.42	4379.66
2009	1060.15	2817.10	1217.27	4213.00
2010	1159.32	3411.05	1317.89	5076.34
2011	1355.39	3708.19	1525.12	5492.12
2012	1558.20	3975.58	1735.14	5860.58
2013	1712.22	4203.33	1886.67	6168.26
2014	1862.05	4073.39	2030.26	5951.88
2015	1932.41	4012.96	2085.10	5840.05
2016	2052.76	4123.53	2192.21	5978.61
2017	2237.80	4552.76	2365.62	6578.19
2018	2449.48	5049.93	2563.82	7273.56

资料来源："GDP（current US$）", The World Bank, https://data.worldbank.org/indicator/NY.GDP.MKTP.CD, 2020-01-05; "GDP Per Capita（current US$）", The World Bank, https://data.worldbank.org/indicator/NY.GDP.MKTP.CD, 2020-01-05。

表 3.2　1992—2018 年越南、泰国的军事实力比较

年份	军费支出（亿美元）		军费占 GDP 的比重（%）	
	越南	泰国	越南	泰国
1992	3.33	29.62	3.37	2.66
1993	2.98	31.56	2.26	2.52
1994	4.31	36.11	2.65	2.50
1995	—	38.49	—	2.29
1996	—	39.38	—	2.16
1997	—	32.65	—	2.16
1998	—	21.10	—	1.89
1999	—	20.57	—	1.68
2000	—	18.81	—	1.53
2001	—	17.25	—	1.49
2002	—	18.13	—	1.43
2003	8.42	18.92	2.13	1.32
2004	9.15	18.67	2.01	1.15
2005	10.26	19.84	1.78	1.12
2006	12.87	24.42	1.94	1.18
2007	17.84	35.23	2.30	1.43
2008	21.38	44.66	2.16	1.64
2009	24.01	48.00	2.27	1.82
2010	26.72	49.62	2.31	1.56
2011	26.87	55.13	1.98	1.59
2012	33.61	54.92	2.16	1.38
2013	37.27	59.01	2.18	1.40
2014	42.56	57.30	2.29	1.41
2015	45.63	57.25	2.36	1.43
2016	50.17	58.76	2.44	1.44
2017	50.74	63.06	2.27	1.37
2018	55.00	68.29	2.30	1.33

资料来源："SIPRI Military Expenditure Database", Stockholm International Peace Research Institute, https://sipri.org/databases/milex, 2020-01-05。

表 3.3　1992—2018 年越南、泰国分别与老挝、柬埔寨、缅甸三国的对外贸易

单位：亿美元

年份	越南	泰国
1992	—	5.42
1993	—	8.20
1994	—	11.43
1995	—	14.87
1996	—	12.90
1997	—	13.10
1998	—	11.32
1999	—	13.41
2000	3.63	15.74
2001	3.11	21.39
2002	3.84	22.50
2003	5.05	26.04
2004	6.91	34.04
2005	9.40	44.34
2006	12.93	59.11
2007	16.65	64.53
2008	22.93	91.67
2009	18.72	80.90
2010	24.85	103.29
2011	38.62	131.15
2012	45.83	156.81
2013	48.83	175.52
2014	50.75	187.14
2015	48.83	190.44
2016	43.04	180.14
2017	55.13	191.45
2018	66.52	227.58

数据来源：“UN Comtrade Database”, https://comtrade.un.org/data。

表 3.4　1995—2001 年越南、泰国分别与老挝、柬埔寨、缅甸三国的对外投资①

单位：百万美元

年份	越南	泰国
1995	0	38
1996	0	121.4
1997	0.2	38.3
1998	0.6	84.3
1999	1.1	29.2
2000	1.4	11.6
2001	0.6	7.5

资料来源：ASEAN Statistical YearBook 2003，The ASEAN Secretariat，https://www.aseanstats.org/wp-content/uploads/2016/10/ASEAN_Statistical_YearBook_2003.pdf, 2020-01-05。

从越南和泰国的国内生产总值（图 3.1）和人均国内生产总值（图 3.2）走势图看，1992 年至 2018 年，越南在两个数据上均低于泰国，表明泰国的

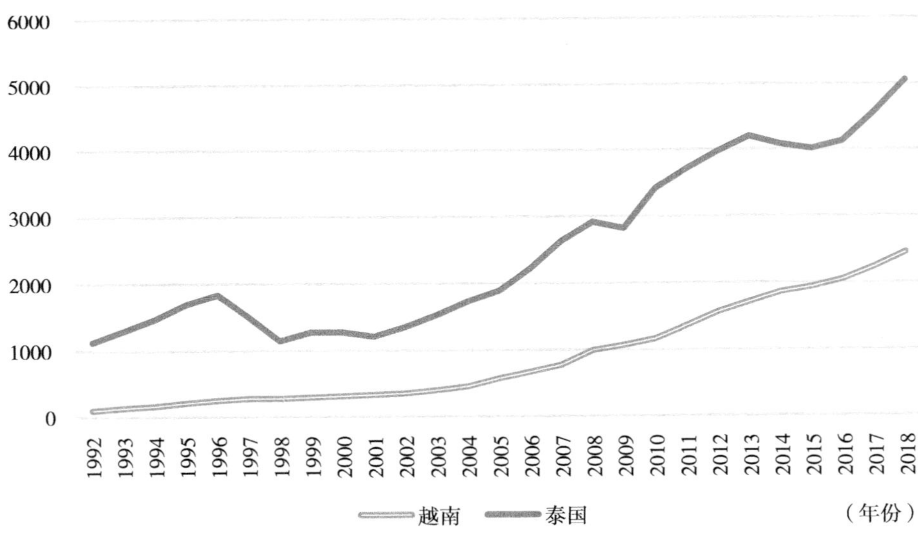

图 3.1　1992—2018 年越南、泰国的国内生产总值（单位：亿美元）

资料来源："GDP（current US$）", The World Bank, https://data. worldbank. org/ indicator/ NY. GDP. MKTP. CD, 2020-01-05。

① 因部分数据缺失或难以获取，此处仅整理了 1995 年至 2001 年越南、泰国分别与老挝、柬埔寨、缅甸三国的对外投资数据。

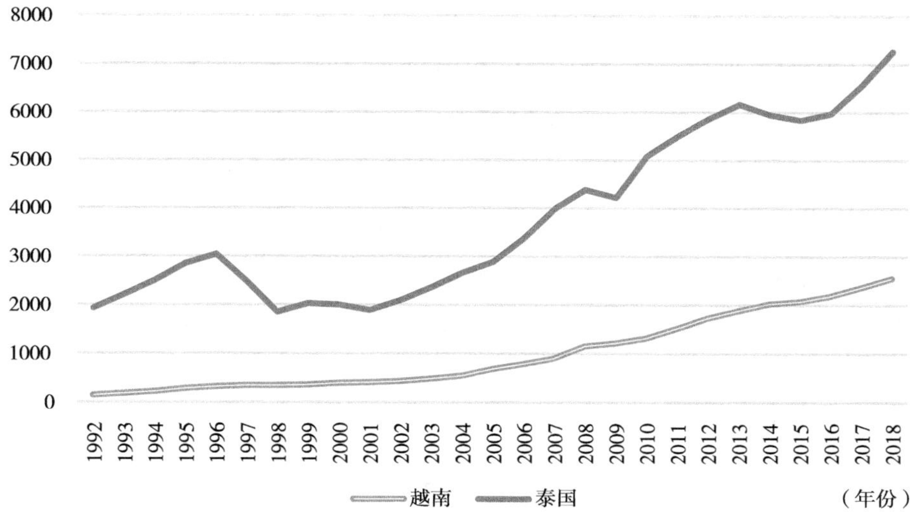

图 3.2　1992—2018 年越南、泰国的人均国内生产总值（单位：美元）

资料来源："GDP per capita（current US$）", The World Bank, https://data.worldbank.org/indicator/NY.GDP.PCAP.CD, 2020-01-05。

经济实力长期高于越南。但在 1998 年至 1999 年，相差的幅度最小。

从越南和泰国的军费支出看（图 3.3），泰国的军费支出在 1992 年至

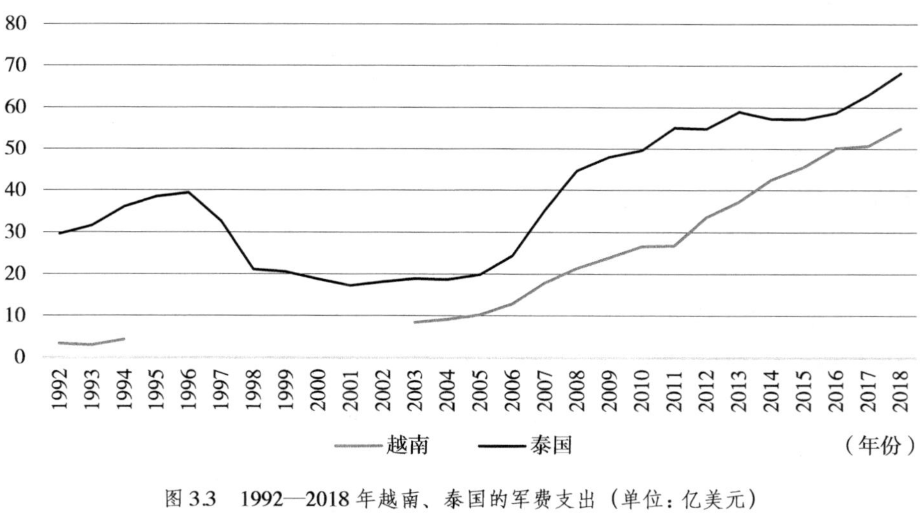

图 3.3　1992—2018 年越南、泰国的军费支出（单位：亿美元）

资料来源："SIPRI Military Expenditure Database", Stockholm International Peace Research Institute, https://sipri.org/databases/milex, 2020-01-05。

1994 年、2003 年至 2018 年均高于越南。但从越南和泰国的军费支出占国内生产总值的比重看（图 3.4），除了 1993 年越南的军费支出占国内生产总值的比重低于泰国外，在 1992 年至 1994 年、2003 年至 2018 年均高于泰国。这表明越南的经济实力虽与泰国相比长期存在差距，但越南对军事力量的重视程度长期高于泰国。遗憾的是，在斯德哥尔摩国际和平研究所的数据库中，越南在 1995 年至 2002 年的军费支出数据缺失。但从趋势看，1998 年至 2003 年越南与泰国的军费支出相差的幅度可能也最接近。

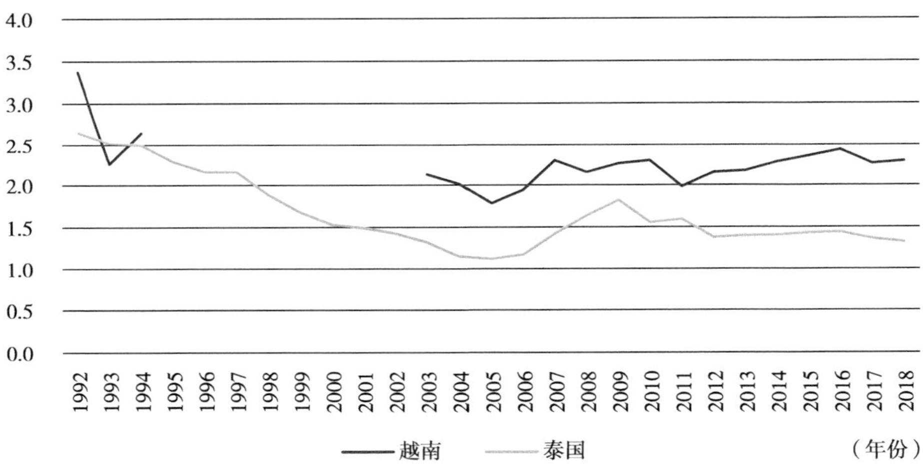

图 3.4　1992—2018 年越南、泰国的军费支出占 GDP 的比重（单位：%）

资料来源："SIPRI Military Expenditure Database", Stockholm International Peace Research Institute, https://sipri.org/databases/milex, 2020-01-05。

从越南和泰国对柬埔寨、老挝、缅甸三国的对外贸易看（图 3.5），泰国在 2000 年至 2017 年对柬埔寨、老挝、缅甸的对外贸易额均高于越南。1992 年至 2000 年，越南与三国的贸易数据缺失，但从趋势看，泰国与三国的贸易额均高于越南与三国的贸易额。同时，2000 年前后越南、泰国与柬埔寨、老挝、缅甸三国对外贸易总额相差幅度最小。

从 1995 年至 2001 年越南、泰国对柬埔寨、老挝、缅甸的对外投资

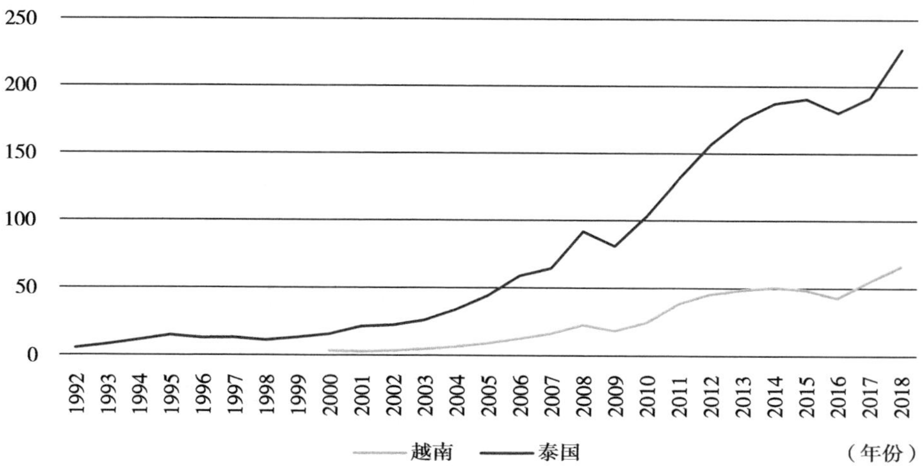

图 3.5　1992—2018 年越南、泰国对柬埔寨、老挝、缅甸的对外贸易（单位：亿美元）

资料来源："UN Comtrade Database"，https://comtrade.un.org/data, 2020-01-05。

看（图 3.6），泰国对三国的投资均高于越南，但 1998 年至 2001 年相差的幅度越来越小。从 1978—2005 年泰国对外投资净流出量看（图 3.7），泰国受亚洲金融危机影响，1997—1998 年的对外投资净流出量出现了断崖

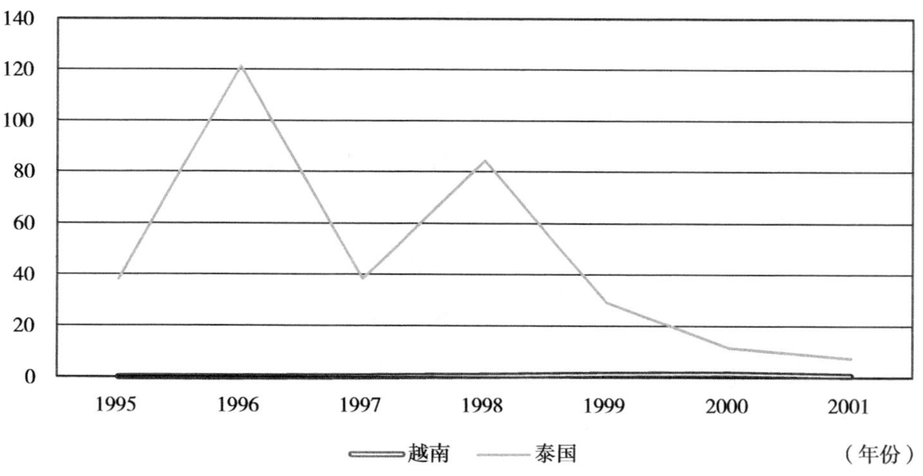

图 3.6　1995—2001 年越南、泰国对柬埔寨、老挝、缅甸的对外投资（单位：百万美元）

资料来源：ASEAN Statistical YearBook 2003，The ASEAN Secretariat，https://www.aseanstats.org/wp-content/uploads/2016/10/ASEAN_Statistical_YearBook_2003.pdf, 2020-01-05。

式的下降。越南受亚洲金融危机相对较小。这一时期，两国对柬埔寨、老挝、缅甸的对外投资的相差幅度最小。

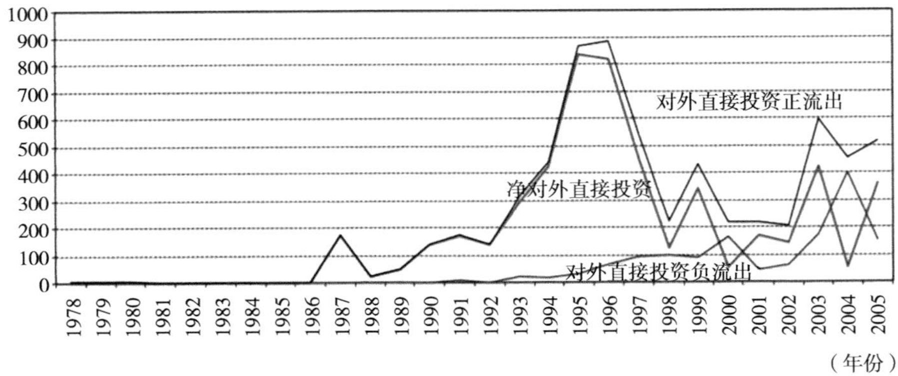

图 3.7　1978—2005 年泰国对外投资净流出量（单位：百万美元）

资料来源：Bank of Thailand；转引自 Wee, Kee Hwee，“Outward foreign direct investment by enterprises from Thailand”, *Transnational Corporations*, Vol.16, No.1, 2007，p.93。注：2004 年和 2005 年的对外投资数字为初步数字。正流出（Positive outflows）是指泰国公司的对外直接投资中股本流动和公司内部贷款的部分。负流出（Negative outflows）指归还股本资金以及泰国公司在国外的公司的内部贷款。

从越南和泰国的经济实力、军事实力以及两国对柬埔寨、老挝、缅甸的贸易和投资等总体结构性地位看，两国在 1998—1999 年前后出现了较为明显的地位转移。两国在这个时间段的地位相差最小，进入了地位转移区间，并相应形成了地位困境。但整体上，越南与泰国在总体结构性地位的各项指标中，泰国的国家实力均高于越南，仅军费支出占国内生产总值的比例单项指标上越南高于泰国。两国的国家实力差距曾大幅缩小，但同样仅只有军费支出占国内生产总值的比例单项指标上两国曾出现地位的相交点。表明越南和泰国之间虽形成了一定程度的地位转移，但涉及的指标维度较少，程度也比较有限。两国在总体结构性地位方面形成的地位困境相对可控，双方的地位焦虑虽然存在但并不明显。

从特定议题的结构性地位看，泰国位于湄公河的相对上游，越南位于湄公河流域的绝对下游。上游国家对流域水资源的开发和利用被认为具有一定的负外部性，下游国家因此被认为处于不利位置。因此，越南和泰国在湄公河流域的不同地理位置不仅表明两国在水资源议题上具有不同的利益偏好，如泰国支持“开发”，越南强调“保护”，也表明泰国在该议题上相对越南具有特定议题的结构性地位优势。因此，越南在 1991 年柬埔寨问题解决后，积极提出恢复湄公河委员会，希望通过建立和完善该区域国际制度，平衡自身与上游国家相比相对劣势的特定议题的结构性地位。例如，当泰国在 20 世纪 80 年代酝酿提出孔河—齐河—蒙河（Khong-Chi-Mun）的引水计划以后，[①] 越南立即对泰国的这一计划表示“震惊”，并在此后湄公河委员会的制度重建的谈判等过程中，持续向泰国提出交涉，希望泰国能慎重考虑并最终取消对湄公河的引水计划。[②] 因此，1995 年湄公河委员会正式建立，对越南来说明显有助于减少自身与泰国在水资源议题上不利的结构性权力。尽管越南最希望的是将其恢复到以 1975 年四国联合声明时期，即权限最大、管理最严的“湄委会”。在泰国的强烈坚持下，最后建立的却是管理相对松弛的新湄公河委员会。[③]

总的来看，无论是基于经济实力、军事实力以及两国对柬埔寨、老挝、缅甸的贸易和投资等总体结构性地位，还是因为湄公河委员会成立越南和泰国在水资源议题上缩小的特定议题的结构性地位，20 世纪 90 年代末期，越南与泰国发生了一定程度的地位转移，进而在两国之间形成了地位困境。尤其在 1998 年和 1999 年的亚洲金融危机期间，泰国专注于国内经济事务，在湄公河地区的影响力相对下降。没有直接卷入危机的越南开始倡导柬老越发展三角合作制度，试图在泰国削弱影响力的情况下提高其

① 该计划试图抽取部分湄公河的水，转移到齐河和蒙河，据称可以为泰国东北部提供 50 万公顷的灌溉用水。参见 Greg Browder and Leonard Ortolano, “The Evolution of an International Water Resources Management Regime in the Mekong River Basin”, p.499。

② Greg Browder and Leonard Ortolano, “The Evolution of an International Water Resources Management Regime in the Mekong River Basin”, *Nat. Resources J.*, Vol. 40, 2000, p.499.

③ Greg Browder and Leonard Ortolano, “The Evolution of an International Water Resources Management Regime in the Mekong River Basin”, *Nat. Resources J.*, Vol. 40, 2000, p.499.

区域存在。① 随后，逐渐走出危机的泰国也在2003年成立了伊洛瓦底江—湄南河—湄公河三河流域经济合作战略。此举被认为是在中国没有参与的情况下，泰国加强其在湄公河地区主导地位的直接体现。② 越南则在2004年推动成立了柬老缅越合作。两国之间以地位竞争为目的的制度互动也因此逐渐拉开了序幕。

第二节 越南、泰国在湄公河地区的制度互动

作为湄公河地区内的中等国家，越南和泰国长期以来就有相互竞争的传统。两国在冷战结束前后的角色调整为该地区此后如雨后春笋般形成的制度化合作创造了条件。越南和泰国作为湄公河地区相邻的中等国家，彼此之间关于地位的竞争不会轻易停息。不同的是，相比冷战期间的冲突和摩擦，冷战后的区域国际制度为两国提供了更好的互动模式和环境。但20世纪90年代初在湄公河委员会内关于合作原则的一系列竞争表明，单一合作制度很难同时满足两国关于地位的诉求。因此，当20世纪90年代末发生地位转移并形成地位困境时，两国选择成立自我主导的区域国际制度进行应对。以1999年越南成立柬老越发展三角为开端，越南和泰国的地位困境与应对导致两国湄公河地区合作制度的扩散，并推动该地区区域国际制度之间形成竞争性与合作性互动。

一、竞争性互动

区域国际制度是国家间进行地位竞争的工具。对于越南和泰国来说，

① Shiraishi,"Mekon chiiki kyoryoku to betonamu", pp. 226-227.

② Thitinan Pongsudhirak,"World War II and Thailand after Sixty Years: Legacies and Latent Side Effects", *Legacies of World War II in South and East Asia*, Koh, D., Hock, W., eds., 2007, pp.104-116.

冷战期间因安全困境形成的冲突和摩擦都不利于自身利益，在冷战结束后新的国际环境中也不再具有可行性。两国在湄公河地区的霸权愿望，注定要隐藏在合作的外表下。① 区域国际制度成为两国竞争影响力、提升国际地位的主要场所。但大湄公河次区域经济合作主要是由亚洲开发银行倡议成立并承担协调人和主要筹资方的角色，越南和泰国在其中可以进行地位竞争的空间有限。在湄公河委员会成立的谈判过程中，越南和泰国曾围绕该制度的合作原则等进行了竞争性互动，但该制度致力于成为四国平等参与的政府间组织，越南和泰国都缺乏自己的“追随者”，地位竞争的“效用”无法体现。同样，东盟—湄公河流域开发合作中马来西亚、新加坡等海上东盟国家成为事实上的领导者，越南和泰国对地位的诉求也不能得到满足。直到越南于1999年成立柬老越发展三角开始，越南和泰国相继在湄公河地区建立了自我主导的区域国际制度，彼此之间开展地位竞争才有了场所和工具。由于地位困境主要在同类型国家之间形成，因此在越南和泰国参与和推动的制度互动中，竞争性互动主要是在越南主导的柬老越发展三角、柬老缅越合作和泰国主导的伊洛瓦底江—湄南河—湄公河三河流域经济合作战略之间进行的。

越南和泰国在湄公河地区区域国际制度中的竞争性互动主要是在彼此建立的合作制度之间进行的。主要体现在三个方面：一是排斥地区内其他中等国家参加自身主导的区域国际制度；二是加强对重叠性成员国的影响力和凝聚力；三是争取“发展伙伴”。

（一）排斥地区内其他中等国家参加自身主导的区域国际制度

赢得地区内小国的支持是中等国家成立区域国际制度、进行地位竞争的主要考量。牢牢掌握领导性成员身份是彰显地区内国家地位的基本

① Joanna Dobkowska, “Vietnam as ‘a Middle Power’ on the Example of Its Cooperation with Indo-Chinese Countries”, *Myśl Ekonomiczna i Polityczna*, Vol.3, No. 50, 2015, pp.115-140.

方法。对于同为中等国家的越南和泰国来说，成立自我主导的区域国际制度，并拒绝与对方共享制度内的领导权成为地位困境下两国的理性行为。

由于越南的国家权力相对于泰国处于弱势，如果和泰国共同容纳于一个区域合作制度中越南很难让泰国成为辅助者或追随者。因此，对于越南来说，在羽翼未丰之前将泰国排斥在合作制度的成员身份之外，是保证自身获得领导性角色的重要途径。对于泰国来说，能让越南在区域国际制度内承认自身的领导性角色当然是理想的地位竞争目标。但越南同为中等类型国家，要顺利实现这个目标也并不容易。因此，对于泰国来说，将越南排斥在自己主导的合作制度成员身份之外同样是一个诱人的选择。

建立自我主导的区域国际制度并将与自己进行地位竞争的对手排斥在外，成为越南和泰国在湄公河地区进行竞争性制度互动的第一步。正是在这种动机下，越南在 1999 年柬埔寨和平以来的首次国家元首会晤上就推动成立了柬老越发展三角。该制度仅选择三国边境地区的相邻省份作为合作的主体和地理空间，弱化曾经“印度支那联盟”的国家身份，既可以将泰国的猜疑稳定在可控的“区间”，又可以巧妙地将泰国排斥在该合作制度之外。

在 2003 年泰国主导成立伊洛瓦底江—湄南河—湄公河三河流域经济合作战略时，排斥越南参加同样是泰国的合理选择。无论是 2003 年 4 月合作倡议提出，还是与柬埔寨、老挝、缅甸在缅甸蒲甘举行第一次领导人会议，参与方都没有包括越南。但越南与老挝、柬埔寨不仅基于曾经的印度支那身份，更长期受到印度支那战争的破坏，亟须加强互利合作，谋求共同发展。泰国很快发现自己缺乏像越南那样的合理的理由去排斥与自己进行地位竞争的对手加入。于是，2004 年 5 月泰国与越南签署了“关于越南加入伊洛瓦底江—湄南河—湄公河三河流域经济合作战略（ACMECS）的《蒲甘宣言》议定书”，越南顺利获得了该合作制度的成员身份。

2004 年 11 月，越南又故技重施，推动成立了柬老缅越合作，并将泰国成功排斥在外。由于历史原因，越南（1995 年）、老挝（1997 年）、缅甸（1997 年）和柬埔寨（1999 年）都是东盟的新成员国。四国与东盟创始成员国之间存在较大的发展差距，被认为是制约东盟一体化的重要障碍。向越南、柬埔寨、老挝、缅甸四个东盟新成员国提供援助和支持、缩小新旧成员之间的发展差距，成为东盟的一项主要工作，也为国际组织和区域外国家以支持东盟共同体建设的名义向四个东盟新成员国提供发展援助创造了机会。①

东盟新成员国是由四个国家组成，形成集体谈判显然有助于四国与东盟、其他国际组织和域外大国争取利益和发展援助时的议价能力。② 越南和泰国都看到了这一点，并认为自身可以在其中发挥领导作用。

泰国作为东盟创始成员国，曾希望利用自身与印度支那国家密切的文化联系，成为这些国家与东盟创始成员国、国际社会连接的桥梁，或域外国家和国际组织援助这些欠发达国家的“漏斗”。③ 但越南则采取了“平等的第一”战略，④ 表面上强调自身与其他国家拥有平等的身份和地位，实质上却基于国家实力和治理能力的优势地位，成为柬埔寨、老挝、缅甸、越南国家集团事实上的领导者。最终，越南获得了地位竞争的胜利，在缩短东盟新成员国发展差距的旗帜下，利用与柬埔寨、老挝、缅甸同属

① Kiyoshi Kobayashi, Khairuddin Abdul Rashid, Masahiko Furuichi and William P. Anderson, eds., *Economic Integration and Regional Development: The ASEAN Economic Community*, New York: Routledge, 2017.

② 阿米塔夫·阿查亚（Amitav Acharya）认为集体谈判是一种有效的方式，可以增强弱国在与大国或区域外行动者打交道时的议价能力。参见 Amitav Acharya, “Constructing a Security Community in Southeast Asia: ASEAN and the Problem of Regional Order”, 2003, p.120。

③ Khatharya Um, “Thailand and the Dynamics of Economic and Security Complex in Mainland Southeast Asia”, *Contemporary Southeast Asia*, Vol.13, No.3, 1991, p.246.

④ Richard Stubbs, “ASEAN’s Leadership in East Asian Region-building: Strength in Weakness”, *The Pacific Review*, Vol.27, No. 4, 2014, pp.523-541.

东盟新成员国的共同身份，推动成立了柬老缅越合作。不仅在湄公河地区成立了第二个自我主导的区域国际制度，更再一次成功将泰国排斥在该制度的成员身份之外。

（二）加强对重叠性成员国的影响力和凝聚力

越南和泰国在湄公河地区区域国际制度中的竞争性互动还表现在对重叠的成员国的影响力竞争上。柬埔寨和老挝一直被认为是越南和泰国之间的关键缓冲国家，维持着这两个权力竞争者之间的战略平衡。① 柬老越发展三角提出在柬埔寨、老挝、越南三国的边境身份之间加强跨境合作。对此，伊洛瓦底江—湄南河—湄公河三河流域经济合作战略相应提出与柬埔寨、老挝、缅甸共同建立三对姐妹城市，并提供赠款和贷款，加强这些城市之间的道路建设，赋予其类似柬老越发展三角一样的定位。由于柬老越发展三角没有邀请泰国参加，在伊洛瓦底江—湄南河—湄公河三河流域经济合作战略峰会期间，泰国与柬埔寨、老挝、缅甸关于三对姐妹城市的项目会议中，越南也没有被邀请参加。② 泰国还通过承诺建立更系统的合作和援助计划，从以往援助的接受国转变为援助的提供国，通过成立邻国经济发展合作署（Neighbouring Countries Economic Development Cooperation Agency，NEDA），向缅甸、老挝、柬埔寨等临近的湄公河国家提供财政援助。使泰国能够在区域发展中发挥主导作用。③ 近年来，越南积极通过与柬埔寨、缅甸、老挝的双边渠道，加强彼此在湄公河地区区域国际制度中的合作。越南和柬埔寨建立了共享区域和国际事务信息的机制，特别强

① Khatharya Um, “Thailand and the Dynamics of Economic and Security Complex in Mainland Southeast Asia”, pp.245-270.

② Chum Sonya, *Regional Integration and Political Rivalries among the East Asian States and Their Impacts on Mekong Sub-Regional Development*, 2010.

③ Pongphisoot Busbarat, “Thailand’s Foreign Policy: The Struggle for Regional Leadership in Southeast Asia”, pp.133-153.

调在联合国、东盟和湄公河次区域合作制度内加强协作。[①]2019 年 12 月，越南与缅甸的联合声明中强调双方同意在区域和国际论坛上保持密切协调与合作，并特别列举了湄公河次区域国际制度。[②] 老挝对越南的外交承诺则更为明确。2019 年 12 月，越南副总理张和平（Truong Hoa Binh）在对老挝进行工作访问期间，老挝领导人声明将在柬老越发展三角、柬老缅越合作、伊洛瓦底江—湄南河—湄公河经济合作战略中继续与越南紧密合作，为其提供支持。[③] 但很少看到越南在与泰国的双边会谈中，强调双方要在湄公河地区加强合作。

（三）争取“发展伙伴”

争取“发展伙伴”（development partner）是指越南和泰国为自身主导的区域国际制度寻找合作的国家或寻求其他国际制度的支持，开展的竞争性制度互动。目的在于从发展伙伴那里获得支持，减少自身运营区域国际制度的成本。“发展伙伴”的支持对于越南和泰国及其主导的制度来说，不仅意味着相应的物质利益，还表明两国可以用实质上自身支付相对较少的成本支出，维持和发展自我主导的区域国际制度，为地位竞争提供助力。因此，越南和泰国对湄公河地区可以成为发展伙伴的国家和区域国际制度主要进行合作性互动。越南和泰国之间则为了赢得发展伙伴而进行竞争性制度互动。2014 年，第八届柬老越发展三角领导人会议上，与会国家明确强调除了最大限度地利用每个成员国的资源外，还应从日本、韩

① “Vietnam, Cambodia to Hold Joint Rescue Drill”, Vietnam News Agency, December 17, 2019, https://en.vietnamplus.vn/vietnam-cambodia-to-hold-joint-rescue-drill/166796.vnp, 2019-12-30.

② “Vietnam, Myanmar Issue Joint Statement”, Vietnam News Agency, December 18, 2019, https://en.vietnamplus.vn/vietnam-myanmar-issue-joint-statement/165717.vnp, 2019-12-30.

③ “Deputy PM Truong Hoa Binh Meets with Lao top Leaders”, Vietnam News Agency, December 11, 2019, https://en.vietnamplus.vn/deputy-pm-truong-hoa-binh-meets-with-lao-top-leaders/165280.vnp, 2019-12-30.

国、世界银行、亚洲开发银行等发展伙伴那里获得额外的国家资源。① 近年来，伊洛瓦底江—湄南河—湄公河三河流域经济合作战略也与恒河—湄公河合作、日本—湄公河合作、湄公河下游倡议建立了发展伙伴关系。其中，日本及其主导的日本—湄公河合作一直是越南和泰国竞相争取的发展伙伴。在 2009 年至 2016 年的日本—湄公河合作峰会中，对伊洛瓦底江—湄南河—湄公河三河流域经济合作战略、柬老缅越合作和柬老越发展三角予以相对平衡的同等重视。但从 2017 年至今，峰会的联合声明中已不再出现柬老越发展三角、柬老缅越合作的相关信息。这表明，近年来越南和泰国在针对日本及其日本—湄公河合作的发展伙伴竞争中，泰国逐渐取得了优势。

二、合作性互动

越南、泰国在湄公河地区区域国际制度中的合作性互动主要体现在三个方面：与已有区域国际制度建立合作关系、与大国成立的区域国际制度形成发展伙伴、成为地区合作制度之间的“桥梁”。

（一）与已有区域国际制度建立合作关系

在越南和泰国在湄公河地区成立各自主导的区域国际制度之前，该地区已有大湄公河次区域经济合作、湄公河委员会、东盟—湄公河流域开发合作三个区域国际制度，且越南和泰国均作为成员参与其中。因此，越南和泰国有必要向既有的制度和外界表明他们新成立的区域国际制度的目的和意图，尤其是在既有合作制度得到广泛认可的情况下。因此，加强自身

① “Summit Regional Development Triangle of Cambodia and Laos-Vietnam 8th”, Vietnam Ministry of Foreign Affairs，November 25, 2014，https://vnconsulate-nanning.mofa.gov.vn/en-us/About % 20Vietnam/General % 20Information/Economic/Pages/Summit-development-triangle-area-of-Cambodia-and-Laos-Vietnam-8th.aspx?p=19, 2019-10-20.

主导的制度与既有制度之间建立合作性关系，向既有制度"致敬"或"示好"成为越南和泰国各自成立的制度获得"合法性支持"的关键。

正是在获得"合法性支持"的动机驱使下，柬老越发展三角在自身的峰会合作文件中，强调"亚洲开发银行通过大湄公河次区域经济合作可以帮助柬老越国家的竞争力"，"大湄公河次区域经济合作可以与柬老越国家密切合作，提供区域公共产品"。① 伊洛瓦底江—湄南河—湄公河三河流域经济合作战略也强调其可以"为大湄公河次区域经济合作等现有合作框架提供补充"。②"伊洛瓦底江—湄南河—湄公河三河流域经济合作战略致力于与湄公河委员会和其他区域国际制度加强合作，以实现跨境水资源及相关资源的可持续管理、开发、利用和保护。"③

（二）与大国成立的区域国际制度形成发展伙伴

前文已指出，区域国际制度的建立和运营需要以公共产品等成本提供为前提。中等国家相对于小国来说，具备一定的物质基础和实力。但作为长期承担制度成本的提供者仍面临较大困难。甚至有观点认为，由于越南、柬埔寨、老挝的经济发展处于早期阶段，对于合作规模更小的柬老越发展三角它们都无力承担。④ 由于地位困境主要在同类型国家之间形成，

① "Statement at the 10th Cambodia–Lao People's Democratic Republic–Viet Nam Summit on Development Triangle Area-Takehiko Nakao", Asian Development Bank，31 March 2018，https://www.adb.org/news/speeches/statement-10th-cambodia-lao-peoples-democratic-republic-viet-nam-summit-development, 2019-10-20.

② "ACMECS Ministerial Retreat Krabi, Thailand", November 4, 2004，https://www.ryt9.com/es/ryt9/34343, 2019-04-27.

③ "Ha Noi Declartion of The 7th Ayeyawady – Chao Phraya – Mekong Economic Cooperation Strategy Summit", Vietnam Ministry of Foreign Affairs, 26 October 2016，http://www.mofahcm.gov.vn/vi/mofa/nr160927152528/nr160927152956/ns161026153339, 2019-10-20.

④ Takayuki Ogasawara, "Vietnam, Thailand, and Mekong Basin Development", in Akie Ishida and Fumio Goto eds., *Vietnam's Growing Participation in the Global Economy*, Chiba: Ajia Keizai Kenkyujo. pp.458-459.

大国与中等国之间虽有一定的竞争性，但程度相对较弱，合作性互动是中等国与大国成立的制度之间交往的主要方式。由于大国具有中等国为运营区域国际制度所需的物质资源，双方逐渐形成了以“发展伙伴”为主要形式的制度间合作性互动。越南和泰国都高度重视与其他发展伙伴的合作性互动，几乎在各自历届领导人会议等合作文件中都会对其予以强调。2016年，柬老越发展三角峰会上特别强调“我们欢迎日本和其他发展伙伴继续协助湄公河流域国家的区域发展”。“我们同意加强柬老越发展三角与湄公河次区域其他合作框架之间的合作，特别是日本—湄公河合作。”①2008年，第三届伊洛瓦底江—湄南河—湄公河三河流域经济合作战略领导人会议也强调“在与发展伙伴的合作方面，领导人高度赞赏他们积极有效地支持了伊洛瓦底江—湄南河—湄公河三河流域经济合作战略成员国家的社会经济发展”②。

（三）成为地区合作制度之间的“桥梁”

泰国不仅积极建立自身主导的合作制度，还致力于成为地区不同合作制度之间的“桥梁”。例如，他信时期的泰国政府认为，尽管湄公河地区有很多层次的区域合作，但它们之间的联系薄弱，泰国可以弥补这一差距。③

近年来，泰国正在通过振兴伊洛瓦底江—湄南河—湄公河三河流域经济合作战略，稳步推进湄公河五国之间的内部整合。越南已部分接受了泰

① “Joint Declaration of the 9th CLV Summit”, Nhan Dan Online，November 24, 2016，https://en.nhandan.org.vn/politics/external-relations/item/4810702-joint-declaration-of-the-9th-clv-summit.html, 2019-10-20.

② “Third ACMECS Summit Meeting a Platform for More Co-operation”, November 7th，2008，https://vietnamnews.vn/politics-laws/182139/third-acmecs-summit-meeting-a-platform-for-more-co-operation.html#WLF8VK4Iu7wUOzl8.97, 2019-10-20.

③ Pongphisoot Busbarat, “Thailand’s Foreign Policy: The Struggle for Regional Leadership in Southeast Asia”, pp. 133-153.

国取得的优势地位。伊洛瓦底江—湄南河—湄公河三河流域经济合作战略正在努力与湄公河地区其他区域国际制度建立网络状的合作关系。目前，印度、韩国、美国、日本均与伊洛瓦底江—湄南河—湄公河三河流域经济合作战略建立了发展伙伴关系。四国在湄公河地区成立的合作制度也向其释放了积极的合作信号。2019 年，第十一届日本—湄公河合作领导人会议强调"承诺加强伊洛瓦底江—湄南河—湄公河三河流域经济合作战略（ACMECS）与日本—湄公河合作及其他次区域和区域合作框架之间的协同作用"，[①] 进一步表明该制度俨然已成为湄公河地区区域国际制度之间共同的中心或交往合作的桥梁。

总的来看，无论是湄公河地区区域国际制度的竞争性互动，还是合作性互动，越南和泰国作为地区内中等国家，都展示了自身在该地区具有重要的影响力。不仅在自身主导的合作制度内发挥着引领作用，对地区内其他合作制度的建立和发展、制度之间的竞争与合作等同样具有举足轻重的作用与影响。尤其是通过重叠的成员国，以及合作之间的"发展伙伴"关系，对内外大国在湄公河地区成立新的区域国际制度、参与制度之间的竞争与合作等均发挥着隐秘但重要的推动作用。

同时应指出，越南、泰国在湄公河地区的区域国际制度在开展竞争性互动的同时，彼此之间也有一定的合作性互动。这是因为两国之间的地位困境相对可控，地位焦虑程度也比较有限。加上两国在湄公河地区既有的和后续新增的合作制度中，均是重叠性的成员国，彼此之间有大量需要相互配合和协调的需求，因此两国之间不仅相互竞争，同时也相互合作。两国需要协调在同一制度内的利益偏好和地位诉求。在自身主导的合作制度间，也需要加强对接与合作。早在 2005 年，第二届柬老缅越领导人会议就已提出将探讨柬老缅越合作与伊洛瓦底江—湄南河—湄公河三河流域经

① "Joint Statement of the 11th Mekong-Japan Summit", Ministry of Foreign Affairs of Japan, November 4, 2019, https://www.mofa.go.jp/files/000535954.pdf, 2019-12-30.

济合作战略进行制度对接的可能性，避免形成重叠合作。[1] 此后，两个合作制度之间也曾多次强调将加强彼此之间的对接与合作，甚至二者还将彼此的峰会通过“背靠背”的形式联合举办，以此向外界展示双方的合作关系。这部分内容将在本书后续的论述中进一步展示。总的来看，越南、泰国及其各自主导的区域国际制度在湄公河地区虽然参与和推动了一定程度的合作性互动，但相比二者之间的竞争性互动，合作性互动的内容和形式都相对缺乏。在制度互动中，竞争仍是主要的方面，合作则更多缺乏实质性的内容。因此，两国虽多次强调柬老缅越合作与伊洛瓦底江—湄南河—湄公河三河流域经济合作战略进行对接合作，但至今两个合作制度仍独立存在、各自领导。

第三节　越南、泰国在湄公河地区制度互动的结果

从越南和泰国在湄公河地区制度互动的历程看，无论是竞争性的，还是合作性的，双方都不以合并或取代其他合作制度为目的，也不寻求推动制度的变迁和功能的演化，是“形式的”而非“功能的”制度互动。

越南和泰国各自主导的区域国际制度之间虽然主要进行竞争性的制度互动，但竞争中也有“合作”。越南于 2004 年 5 月加入泰国主导的伊洛瓦底江—湄南河—湄公河经济合作（ACMECS），几个月以后即 2004 年 11 月越南就推动成立了柬老缅越合作。仅过了一年，第二次柬老缅越峰会就提出，为了避免重叠性合作，同意加强与泰国的协调，共同探讨柬老缅越合作与伊洛瓦底江—湄南河—湄公河经济合作进行机制对接的

① “Mekong Subregion: The Establishment and Development of Ayeyawady – Chao Praya – Mekong Economic Strategy（ACMECS）and Cambodia – Laos – Myanmar – Vietnam Cooperation（CLMV）”, Vietnam Ministry of Foreign Affairs，http://www.mofahcm.gov.vn/vi/mofa/nr160927152528/nr160927152956/nr161013092918/ns161029084258/view, 2019-12-30.

可能性。[①] 同时，在 2008 年柬老缅越第四次领导人会议上，四国领导人同意以后峰会应按英文字母顺序每两年在柬老缅越国家召开一次，或与伊洛瓦底江—湄南河—湄公河经济合作“背靠背”召开。[②] 这表明，越南最初推动成立柬老缅越合作的部分原因可能是为了增强自身在泰国主导的伊洛瓦底江—湄南河—湄公河经济合作中的议价能力。

近年来，越南作为伊洛瓦底江—湄南河—湄公河三河流域经济合作战略的成员，在该制度内已获得了一定的利益和影响力。尤其是在美国、日本、印度等地区外大国竞相向伊洛瓦底江—湄南河—湄公河三河流域经济合作战略“示好”并加强“发展伙伴”合作的情况下，越南正在加快适应在该制度框架内的角色身份，通过推动伊洛瓦底江—湄南河—湄公河三河流域经济合作战略进行机构精简等改革，渐进扩大自身在该制度内的地位和影响力。越南还积极参与到“将 ACMECS 基金和 ACMECS 基础设施基金和信托建立为该地区合作项目的融资机制”的议程讨论中，强调有必要进一步改善 ACMECS 的工作机制。[③]2018 年 6 月 15 日和 16 日，第九届柬老缅越合作峰会和第八届伊洛瓦底江—湄南河—湄公河经济合作峰会在泰国曼谷“背靠背”举行。向外界展示越南和泰国各自主导的合作制度形成合作性互动的形象。[④] 峰会期间，越南还建议将柬老缅越合作与伊洛

① “Cambodia – Lao PDR – Myanmar – Viet Nam Cooperation”, Vietnam Ministry of Foreign Affairs，http://www.mofahcm.gov.vn/vi/mofa/nr160927152528/nr160927152956/nr161013092918/ns161021084145?b_start:int=15, 2019-12-30.

② “Joint Statement of the Fourth Summit among Cambodia, Laos, Myanmar and Vietnam Ha Noi”, November 6th, 2008，https://asean.org/joint-statement-of-the-fourth-summit-among-cambodia-laos-myanmar-and-vietnam-ha-noi/, 2019-12-30.

③ “PM Concludes Trip to Attend ACMECS 8, CLMV 9”, Nhan Dan Online，June 16, 2018，https://en.nhandan.org.vn/politics/item/6284202-pm-concludes-trip-to-attend-acmecs-8-clmv-9.html, 2019-10-20.

④ “Prime Minister Nguyen Xuan Phuc Attended the 8th ACMECS Summit and the 9th CLMV Summit”, Communist Review，July 11, 2018，http://english.tapchicongsan.org.vn/Home/Current-Affairs/2018/1138/Prime-Minister-Nguyen-Xuan-Phuc-attended-the-8th-ACMECS-Summit-and-the.aspx, 2019-10-20.

瓦底江—湄南河—湄公河三河流域经济合作战略之间加强合作，形成协同效应。①

越南和泰国在湄公河地区区域国际制度中的合作性互动同样也是“形式的”。两国虽然都非常重视与地区内外大国及其主导的区域国际制度建立发展伙伴等合作性关系，但并不谋求与合作性的区域国际制度之间进行合并或退出。正如《战国策·韩一·苏秦为楚合从说韩王》中“宁为鸡口，毋为牛后”蕴含的道理：“成为一个小组的负责人比在一个大集团中占据一个不那么强大的位置更好。”②尽管越南和泰国主导成立的区域国际制度在成员规模和能力上都不如大湄公河次区域经济合作等20世纪90年代初就已成立的区域国际制度，两国也是印度、日本、美国、中国主导建立的制度中重叠的成员国，但在自我主导的制度中，越南和泰国可以得到更好的地位分配，并更好地应对彼此之间的地位困境。诚然，两国借助大国及其制度的支持，以支撑自己更好地参与地位竞争。但两国也深知，掌握区域国际制度的自主性对于提升自身地位、获得相应的物质利益都是至关重要的前提条件。

小　结

在中国角色缺位的背景下，越南和泰国作为湄公河地区内彼此相邻的中等国家，在1997—1998年亚洲金融危机等事件的冲击和影响下，在总体结构性地位和特定议题的结构性地位方面均发生了有利于越南的地位转

① 该建议尚未在成员国之间达成共识。ACMECS与CLMV以何种形式融合，泰国和越南如何分享在新的合作框架中的领导权是分歧的焦点。参见“ACMECS and CLMV need reforms”, Mekong Eye，June 13, 2018，https://www.mekongeye.com/2018/06/13/acmecs-and-clmv-need-reforms/, 2019-10-20。

② Shintaro Hamanaka, *Asian Regionalism and Japan: The Politics of Membership in Regional Diplomatic, Financial and Trade Groups*, New York: Routledge, 2009, p.1.

移。这种地位转移在越南和泰国之间形成了地位困境。为了进行应对，越南在1999年推动成立了柬老越发展三角合作——湄公河地区第一个由单一国家担任领导性角色的区域国际制度。2003年泰国成立了伊洛瓦底江—湄南河—湄公河三河流域经济合作战略。2004年越南又成立了柬老缅越合作。越南因此成为湄公河地区唯一在两个区域国际制度中均扮演领导性角色的国家。越南和泰国在湄公河地区区域国际制度中进行了针对彼此的竞争性互动：排斥对方加入自身主导建立的区域国际制度、加强对重叠性合作成员的影响力和凝聚力、竞相争取与地区外大国形成“发展伙伴”。同时，为了营造良好的制度发展环境，两国也在湄公河地区参与和推动了与其他区域国际制度的合作性互动：与大湄公河次区域经济合作、湄公河委员会、东盟—湄公河流域开发合作等20世纪90年代初成立的区域国际制度建立合作关系，与印度、日本、美国、韩国、中国成立的合作制度形成发展伙伴，试图成为湄公河地区合作制度之间的“桥梁”。越南和泰国在湄公河地区的竞争性制度互动和合作性制度互动，都不以合并或取代对方为目的，也不愿在与大国成立的区域国际制度的合作性互动中丧失自主权。地位竞争是相关制度互动的主要动力，而非功能主义外溢。以上多方面原因最终导致湄公河地区出现了重叠的区域主义，而没有出现制度达尔文主义。

第四章　地区内外大国在湄公河地区的地位困境与制度互动

我住江之头，君住江之尾。彼此情无限，共饮一江水。我吸川上流，君喝川下水。川流永不息，彼此共甘美。

——陈毅:《赠缅甸友人》

在越南于20世纪90年代末在湄公河地区主导成立柬老越发展三角后，印度、日本、美国三个湄公河地区外大国于2000年、2008年、2009年各自在湄公河地区成立了自身主导的合作制度。中国作为湄公河地区内唯一的大国，也于2015年成立了澜沧江—湄公河合作。这些区域国际制度的成立，标志着湄公河地区形成了第二波区域主义的重叠性扩张。对印度、日本、美国、中国四个地区内外大国在湄公河地区的地位困境与制度互动进行案例检验，有助于从国家间关系维度更好地理解湄公河地区重叠的区域主义形成的原因和内在规律。

第一节　印、日、美、中在湄公河地区的地位困境

长期以来，大国竞争一直是国际政治研究的中心和主题。关于印度、日本、美国、中国之间相互竞争的“传统”和影响已有大量全面和深入的梳理和论述，本书不必再为此赘言。地位困境主要在同类型国家之间形

成，理论上印度、日本、美国、中国之间均有可能出现地位困境。但在湄公河地区，中国是地区内大国，印度、日本、美国是地区外大国。尽管在全球化背景下，印度、日本和美国在湄公河和全球其他地区均有各自的利益和影响。但显然湄公河地区的冲突与合作、战争与和平对中国的国家利益影响最大。本节将分别对印度与中国、日本与中国、美国与中国之间的地位转移进行考察，验证其是否因为地位转移与中国形成了地位困境。同时，对印度、日本、美国之间的地位转移进行对比研究，探究三国之间是否也有可能形成地位困境。

与越南和泰国的分析路径相同，对印度、日本、美国、中国在湄公河地区的地位转移的考察也主要依据四国在 1992 年至 2018 年的总体结构性地位和特定议题的结构性地位比较获得。其中，总体结构性地位主要包括四国的经济实力（表 4.1）、军事实力（表 4.2）、对湄公河五国（老挝、缅甸、泰国、柬埔寨、越南）的贸易（表 4.3）和投资（表 4.4）。选择四国在 1992 年至 2018 年对老挝、缅甸、泰国、柬埔寨、越南的贸易、投资进行考察，是因为这五个国家是印度、日本、美国、中国在湄公河地区合作制度中重叠的成员国，是其进行地位竞争需要争取的“追随者”。中国是湄公河地区内国家，且位于湄公河的最上游，在水资源合作、区域互联互动等特定议题的结构性地位长期高于地区外国家。因此，本章关于印度、日本、美国、中国之间地位困境的分析主要依据四国在 1992 年至 2018 年的总体结构性地位进行比较。特定议题的结构性地位则主要在四国在湄公河地区的制度互动部分进行相应的论述。

表 4.1　1992—2018 年印度、日本、美国与中国的经济实力比较

年份	国内生产总值（亿美元）				人均国内生产总值（美元）			
	印度	日本	美国	中国	印度	日本	美国	中国
1992	2882.08	39088.09	65203.27	4269.16	316.9539	31464.55	25418.99	366.46069
1993	2792.96	44541.44	68585.59	4447.31	301.159	35765.91	26387.29	377.38984

续表

年份	国内生产总值（亿美元）				人均国内生产总值（美元）			
	印度	日本	美国	中国	印度	日本	美国	中国
1994	3272.76	49070.39	72872.36	5643.25	346.103	39268.57	27694.85	473.49228
1995	3602.82	54491.16	76397.49	7345.48	373.7665	43440.37	28690.88	609.65668
1996	3928.97	48337.13	80731.22	8637.47	399.9501	38436.93	29967.71	709.41376
1997	4158.68	44147.33	85775.54	9616.04	415.4938	35021.72	31459.14	781.74416
1998	4213.51	40325.10	90628.18	10290.43	413.2989	31902.77	32853.68	828.58048
1999	4588.20	45620.79	96306.64	10939.97	441.9988	36026.56	34513.56	873.28706
2000	4683.95	48875.20	102523.5	12113.47	443.3142	38532.04	36334.91	959.37248
2001	4854.41	43035.44	105818.2	13393.96	451.573	33846.47	37133.24	1053.1082
2002	5149.38	41151.16	109364.2	14705.50	470.9868	32289.35	38023.16	1148.5083
2003	6076.99	44456.58	114582.4	16602.88	546.7266	34808.39	39496.49	1288.6433
2004	7091.49	48151.49	122137.3	19553.47	627.7742	37688.72	41712.8	1508.6681
2005	8203.82	47554.11	130366.4	22859.66	714.861	37217.65	44114.75	1753.4178
2006	9402.60	45303.77	138146.1	27521.32	806.7533	35433.99	46298.73	2099.2294
2007	12167.35	45152.65	144518.6	35503.42	1028.335	35275.23	47975.97	2693.9698
2008	11988.96	50379.08	147128.4	45943.07	998.5223	39339.3	48382.56	3468.3045
2009	13418.87	52313.83	144489.3	51017.02	1101.961	40855.18	47099.98	3832.236
2010	16756.15	57000.98	149920.5	60871.65	1357.564	44507.68	48466.82	4550.4536
2011	18230.50	61574.60	155425.8	75515.00	1458.104	48168	49883.11	5618.1325
2012	18276.38	62032.13	161970.1	85322.31	1443.88	48603.48	51603.5	6316.9189
2013	18567.22	51557.17	167848.5	95704.06	1449.606	40454.45	53106.91	7050.6459
2014	20391.27	48504.14	175217.5	104385.29	1573.881	38109.41	55032.96	7651.366
2015	21035.88	43894.76	182193	110155.42	1605.605	34524.47	56803.47	8033.388
2016	22904.32	49266.67	187071.9	111379.46	1729.268	38794.33	57904.2	8078.7905
2017	26522.43	48599.51	194853.9	121434.91	1981.269	38331.98	59927.93	8759.0416
2018	27187.32	49713.23	205443.4	136081.52	2009.979	39289.96	62794.59	9770.8471

资料来源："GDP（current US$）", The World Bank, https://data.worldbank.org/indicator/NY.GDP.MKTP.CD, 2020-01-05，"GDP per capita（current US$）", The World Bank, https://data.worldbank.org/indicator/NY.GDP.PCAP.CD, 2020-01-05。

表 4.2　1992—2018 年印度、日本、美国与中国的军事实力比较

年份	军费支出（亿美元）				军费占 GDP 的比重（%）			
	印度	日本	美国	中国	印度	日本	美国	中国
1992	80.83	359.99	3051.41	124.20	2.70	0.95	4.67	2.48
1993	82.54	413.54	2976.37	125.77	2.82	0.95	4.33	1.96
1994	88.81	452.86	2880.59	100.51	2.66	0.92	3.94	1.72
1995	97.54	499.62	2788.56	126.06	2.58	0.92	3.64	1.72
1996	99.05	440.47	2714.17	145.63	2.47	0.91	3.35	1.69
1997	114.65	406.35	2763.25	161.05	2.65	0.92	3.21	1.67
1998	119.21	378.49	2742.78	175.28	2.73	0.94	3.02	1.70
1999	138.96	431.23	2809.69	210.27	2.96	0.95	2.91	1.92
2000	142.88	455.10	3016.97	229.30	2.95	0.93	2.93	1.89
2001	146.01	407.58	3127.43	278.75	2.92	0.95	2.94	2.07
2002	147.50	393.34	3567.20	321.38	2.83	0.96	3.25	2.18
2003	163.34	424.86	4152.23	351.26	2.68	0.96	3.61	2.10
2004	202.39	453.40	4646.76	403.53	2.83	0.94	3.79	2.05
2005	230.72	443.01	5033.53	459.19	2.75	0.93	3.86	1.99
2006	239.52	415.53	5276.60	553.37	2.53	0.92	3.82	1.99
2007	282.55	405.30	5569.61	680.12	2.34	0.90	3.85	1.90
2008	330.02	463.61	6211.31	863.62	2.55	0.92	4.22	1.88
2009	387.22	514.65	6685.67	1056.44	2.89	0.98	4.63	2.06
2010	460.90	546.55	6981.80	1157.12	2.71	0.96	4.66	1.91
2011	496.34	607.62	7113.38	1379.67	2.65	0.99	4.58	1.83
2012	472.17	600.12	6847.80	1573.90	2.54	0.97	4.23	1.84
2013	474.04	490.24	6397.04	1798.80	2.47	0.95	3.81	1.87
2014	509.14	468.81	6099.14	2007.72	2.50	0.97	3.48	1.91
2015	512.95	421.06	5961.05	2140.93	2.41	0.96	3.27	1.91
2016	566.38	464.71	6001.06	2160.31	2.51	0.94	3.21	1.92
2017	645.59	453.87	6058.03	2278.29	2.51	0.93	3.11	1.90
2018	665.10	466.18	6487.98	2499.97	2.42	0.92	3.16	1.87

资料来源：“SIPRI Military Expenditure Database”, Stockholm International Peace Research Institute, https://sipri.org/databases/milex, 2020-01-05。

表 4.3　1992—2018 年印度、日本、美国、中国分别与湄公河五国[①] 的对外贸易

单位：亿美元

年份	印度	日本	美国	中国
1992	5.78	180.42	119.82	19.33
1993	6.31	207.95	128.51	23.01
1994	8.33	251.41	159.94	31.45
1995	9.75	328.84	188.67	52.94
1996	9.88	321.15	201.62	50.60
1997	9.82	280.59	213.92	57.45
1998	9.42	210.03	207.05	56.82
1999	11.65	241.40	220.14	62.34
2000	13.08	292.96	255.51	99.76
2001	16.84	270.73	237.11	107.93
2002	18.85	287.48	252.74	130.23
2003	21.42	340.81	298.77	188.04
2004	27.56	419.09	335.19	258.25
2005	36.52	466.51	386.54	319.09
2006	48.15	498.05	446.29	400.87
2007	62.81	564.96	483.47	530.97
2008	80.61	680.15	530.93	649.14
2009	82.26	525.86	451.35	638.47
2010	110.41	726.70	548.34	899.88
2011	147.44	849.87	625.82	1152.47
2012	167.21	959.97	670.25	1318.10
2013	209.25	856.06	731.54	1534.20
2014	209.83	836.67	811.13	1886.02
2015	190.60	794.86	916.24	1936.12
2016	199.17	804.78	986.25	1933.72
2017	245.44	895.83	1040.86	2244.20
2018	279.36	991.78	1117.73	2621.68

资料来源："UN Comtrade Database", https://comtrade.un.org/data, 2020-01-05。

① 老挝、缅甸、泰国、柬埔寨、越南五个湄公河国家，下同。

表 4.4　1995—2018 年[①] 印度、日本、美国、中国分别与湄公河五国的对外投资

单位：百万美元

年份	印度	日本	美国	中国
1995	0	692	337.3	13.7
1996	0.7	698.1	577.6	9.6
1997	1.5	1804.9	894.1	23.4
1998	0.5	1909	1456.6	12.2
1999	1.7	908.5	684.9	6
2000	4.1	1027	723.7	37.3
2001	1.1	1469.5	170.5	37.5
2002	3.3	1995	320.2	85.6
2003	10.4	2623.5	391.1	53.3
2004	-6.8	3075.3	91.5	223
2005	2.5	3074.4	255.9	168.3
2006	0.8	2915.43	364.5	275.5
2007	48.9	4079.62	1505.7	841.6
2008	152	3737.42	618.1	539.7
2009	90.8	1737.4	3269.2	784.9
2010	111.1	5466.8	2375.5	2441.9
2011	52.7	-86.6	393.8	1532.1
2012	74.4	6614.5	4064.7	1638.5
2013	74.4	13366.9	942.7	2966.5
2014	-31.8	3524.8	2204	1227
2015	79.3	4184.7	1250.7	1874.3
2016	93.1	4584.6	745.5	3458.3
2017	30.3	7216.6	317.1	3411
2018	-113.7	9545	1165	3658.1

资料来源：ASEAN Statistical YearBook 2019, 2010, 2003, The ASEAN Secretariat, https://www.aseanstats.org/wp-content/uploads/2020/01/ASYB_2019.pdf, 2020-01-05.; https://www.aseanstats.org/wp-content/uploads/2017/03/ASYB_2010.pdf, 2020-01-05.; https://www.aseanstats.org/wp-content/uploads/2016/10/ASEAN_Statistical_YearBook_2003.pdf, 2020-01-05。

① 因部分数据缺失或难以获取，此处仅整理了 1995 年至 2018 年印度、日本、美国、中国分别与湄公河五国的对外贸易数据。

一、印度与中国在湄公河地区的国家实力变化与地位困境

印度灿烂和丰富的文化使其在东南亚地区拥有较强的软实力。最早的印度化国家出现在东南亚大陆，即湄公河下游地区。现当代，湄公河地区国家同样能感受到印度化的存在。[①] 越南、老挝、柬埔寨、缅甸、泰国等五个国家构成的区域因地理位置上临近印度和中国，长期受到印度和中国的影响，在国际上常被称为“印度支那”。这个名称的使用表明印度与中国在该地区既具有长期的重要影响，同时也是地位竞争的潜在对手。

从印度和中国的国内生产总值（图 4.1）和人均国内生产总值（图 4.2）看，1992 年至 2018 年，印度在两个数值上均低于中国，表明中国的经济实力在这个时间区间长期高于印度。但总体上，在 1992 年至 2000 年印度

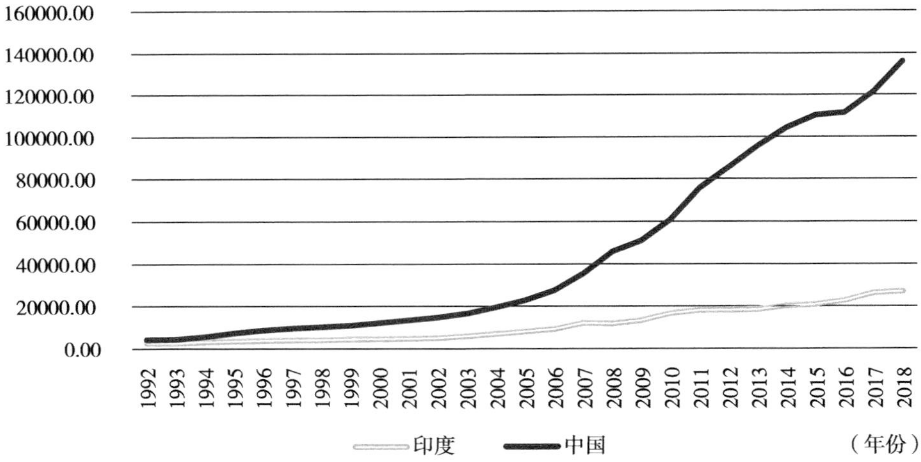

图 4.1　1992—2018 年印度、中国的国内生产总值（单位：亿美元）

资料来源：“GDP（current US$）”, The World Bank, https://data.worldbank.org/indicator/NY.GDP.MKTP.CD, 2020-01-05。

① Kishore Mahbubani and Jeffery Sng, *The ASEAN miracle: A catalyst for peace*, Singapore: NUS Press, 2017, p.20.

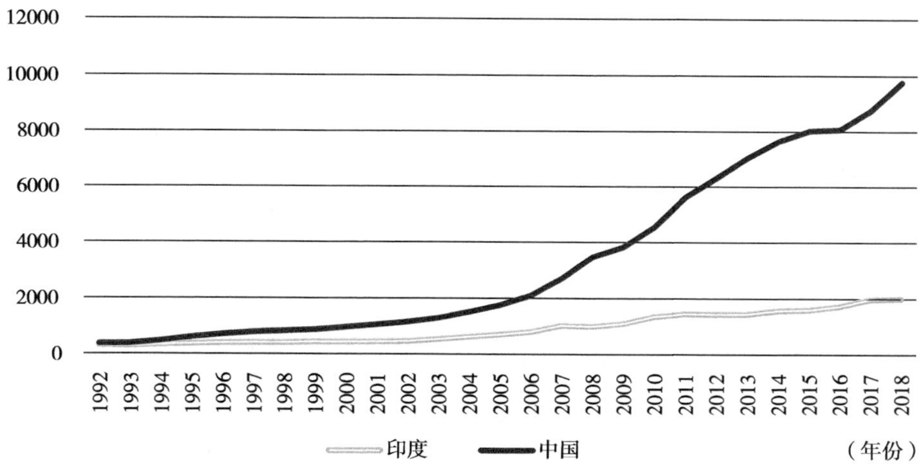

图 4.2　1992—2018 年印度、中国的人均国内生产总值（单位：美元）

资料来源："GDP per capita（current US$）", The World Bank, https://data.worldbank.org/indicator/NY.GDP.PCAP.CD, 2020-01-05。

与中国的经济发展水平相差并不大，2000 年以后两国之间的国内生产总值和人均国内生产总值相差的幅度才进一步拉大。

从印度和中国的军费支出（图 4.3）看，1992 年至 2018 年中国的军费支出也一直高于印度。同样，在 1992 年至 2000 年国的军费支出相差幅度最小，2000 年以后幅度不断拉大。但从印度和中国的军费支出占国内生产总值的比重看（图 4.4），则是印度长期高于中国。表明印度的经济实力虽长期落后于中国，但对军事力量建设的重视程度却高于中国。同时，有必要指出，印度在 1998 年 5 月连续进行了 5 次核武器试验，向世界高调宣布自己已成为"有核国家"。虽然在斯德哥尔摩国际和平研究所的军费支出数据中没有体现出拐点，但从印度和世界其他国家来看，显然印度在这一年军事力量的发展取得了大幅的跃升。印度得以与中国共同成为有核国家，印度在军事领域与中国的地位差距有所缩小。

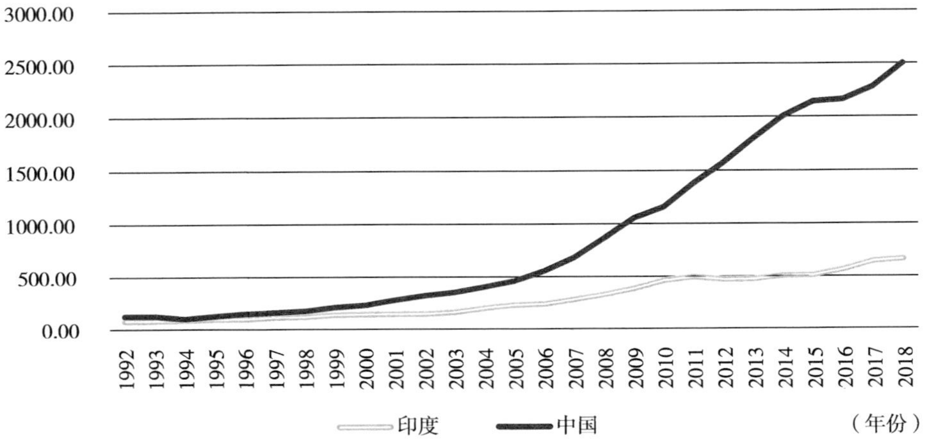

图 4.3　1992—2018 年印度、中国的军费支出（单位：亿美元）

资料来源："SIPRI Military Expenditure Database", Stockholm International Peace Research Institute, https://sipri.org/databases/milex, 2020-01-05。

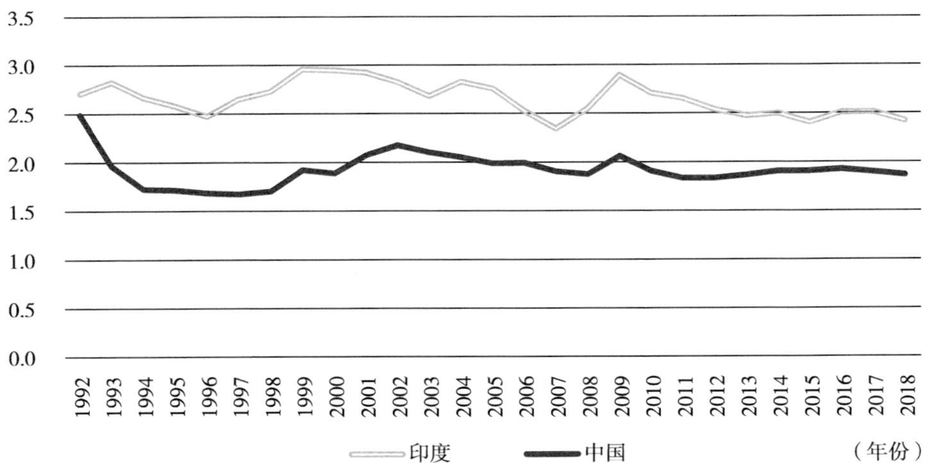

图 4.4　1992—2018 年印度、中国的军费支出占 GDP 的比重（单位：%）

资料来源："SIPRI Military Expenditure Database", Stockholm International Peace Research Institute, https://sipri.org/databases/milex, 2020-01-05。

从 1992 年至 2018 年，印度、中国对老挝、缅甸、泰国、柬埔寨、越南五个湄公河国家的贸易往来看（图 4.5），中国与五国的贸易数据长期高于印度。同样，相差的幅度主要从 2000 年前后发生较大幅度变化。在 1992 年至 2000 年，两国与湄公河五国的贸易往来较为接近，2000 年以后中国与五国的贸易额开始大幅高于印度与五国的贸易额。

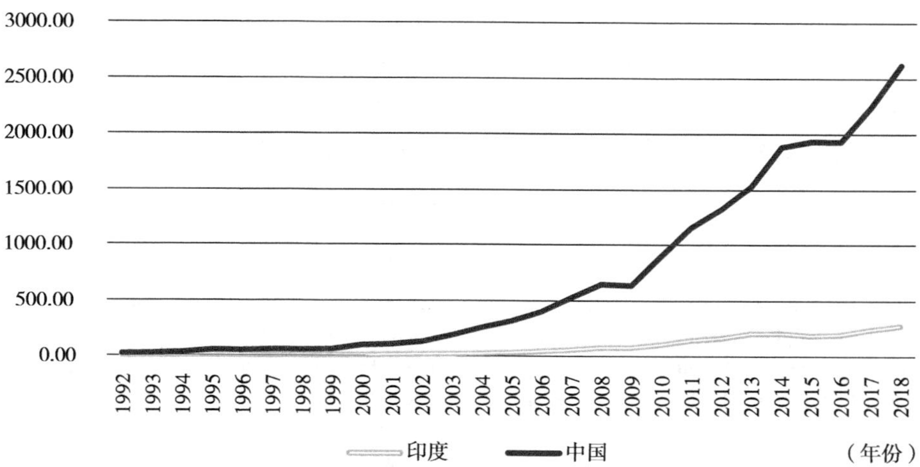

图 4.5　1992—2018 年印度、中国对湄公河五国的对外贸易（单位：亿美元）

资料来源："UN Comtrade Database"，https://comtrade.un.org/data, 2020-01-05。

从印度与中国对老挝、缅甸、泰国、柬埔寨、越南的对外投资（FDI）看（图 4.6），中国对五国的投资额一直高于印度。印度在 1995 年至 2001 年对湄公河五国的投资总额约为 960 万美元，中国为 1397 万美元。[①]2003 年以后，中国对老挝、缅甸、泰国、柬埔寨、越南的投资额不断增加，相对于印度的领先幅度也逐渐拉大。

综合来看，在 1992 年至 2000 年，印度除了在军费支出占 GDP 的比重上数值长期高于中国，其他各项经济实力、军事实力指标，以及对老

① ASEAN Statistical YearBook 2003，The ASEAN Secretariat，https://www.aseanstats.org/wp-content/uploads/2016/10/ASEAN_Statistical_YearBook_2003.pdf, 2020-01-05.

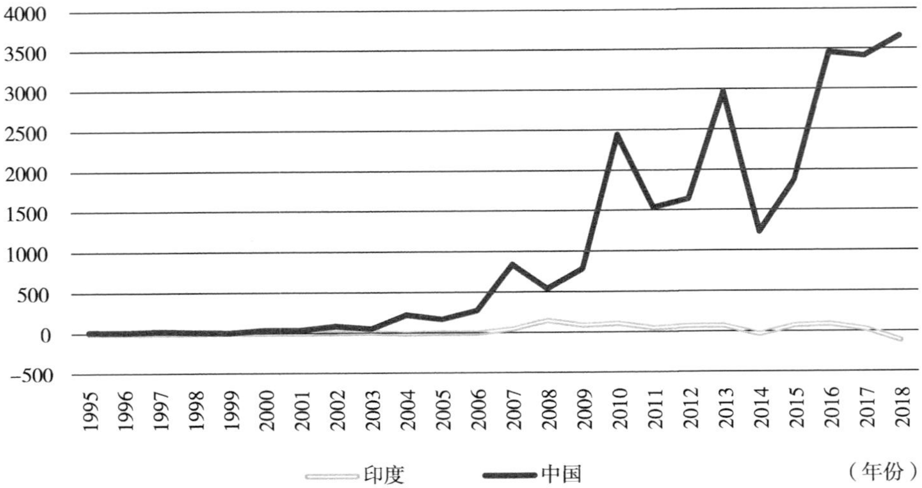

图 4.6　1995—2018 年印度、中国对湄公河五国的对外投资（单位：百万美元）

资料来源：ASEAN Statistical YearBook 2019, 2010, 2003, The ASEAN Secretariat，https://www.aseanstats.org/wp-content/uploads/2020/01/ASYB_2019.pdf, 2020-01-05; https://www.aseanstats.org/wp-content/uploads/2017/03/ASYB_2010.pdf, 2020-01-05; https://www.aseanstats.org/wp-content/uploads/2016/10/ASEAN_Statistical_YearBook_2003.pdf, 2020-01-05。

挝、缅甸、泰国、柬埔寨、越南的对外贸易和投资方面的数值均低于中国。但 1992 年至 2000 年，两国在上述各项指标上或接近或相等，相差的幅度较小，2000 年至 2018 年相差幅度才被进一步拉大。也就是说，在 2000 年前后中印两国在总体结构性地位上取值最为接近。自建国以来，印度一直将开国元勋尼赫鲁“做有声有色的大国”的目标作为国家发展的重要指引。在中国改革开放以后，印度在国家实力上长期落后于中国。但印度一直将自己定位为“大国”，将中国视为主要的地位竞争对手，而不是它的邻国巴基斯坦。2000 年前后成为印度与中国在湄公河地区地位转移的重要转折点。尤其是在印度于 1998 年 5 次核武器爆炸试验以后至 2000 年以前，印度在国家权力地位方面最为接近中国。2000 年以后，中国相对印度的优势逐渐扩大。因此，印度与中国之间的地位困境并不在于印度试图在国际地位上超越中国，而是为了防范和避免在国家实力以及相应的国际地位上进一步扩大与中国的差距。因此，印度在 20 世纪 90 年代提出“东向政策”的基础上，于2000年在湄公河地区成立恒河—湄公河合作，可以被视为印度发起与中国进行地位竞争的诸多外交行动的重要组成部分。目的在于稳定与中国在湄公河地区的地位分配，避免中国的国际地位和影响力进一步扩大。

值得注意的是，在1992年至2018年印度与中国在湄公河地区的总体结构性地位的多个维度比较中，同样可以看到中国在2000年以后继续扩大了相对于印度的国家实力优势和地位优势，事实上逐渐脱离了与印度形成的地位转移区间，表明自2000年以后印中两国在湄公河地区的地位困境一定程度上得到了改善。也正是基于这个原因，印度此后多年内一直没有加大对恒河—湄公河合作的资源投入力度，截至目前也仅将该制度维持在部长级合作的水平，且在2003年至2007年、2008年至2012年多次停止举行恒河—湄公河合作外长会，使该区域国际制度长期处于休眠状态。

二、日本与中国在湄公河地区的国家实力变化与地位困境

二战以后，日本不断加大对湄公河地区的资源投入，是最早援助“湄公河下游调查协调委员会”的国家之一。冷战结束后，日本通过亚洲开发银行等继续在该地区发挥巨大的影响力。在中日关系的互动历史中，最近第一次进入了两个国家同时强大的阶段，这种新形势促成了两国之间的竞争。① 日本与中国之间在湄公河地区也是地位竞争的潜在对手。湄公河地区是中日之间“区域领导”竞赛② 的一部分。早在1993年，保罗·汉德利（Paul Handley）就将中国和日本在湄公河地区的竞争的远景描述为“亚

---

① Kent E. Calder, “China and Japan’s Simmering Rivalry”, *Foreign Affairs*, 2006, pp. 129-139.

② Christopher M. Dent, “Free Trade Agreements in the Asia-Pacific a Decade on: Evaluating the Past, Looking to the Future”, *International Relations of the Asia-Pacific*, Vol. 10, No. 2, 2010, pp. 201-245.

洲最大的政治长期博弈”。①

从1992—2018年日本、中国的国内生产总值看（图4.7），1992年至2009年日本的国内生产总值一直领先中国，但2009年至2010年，中国

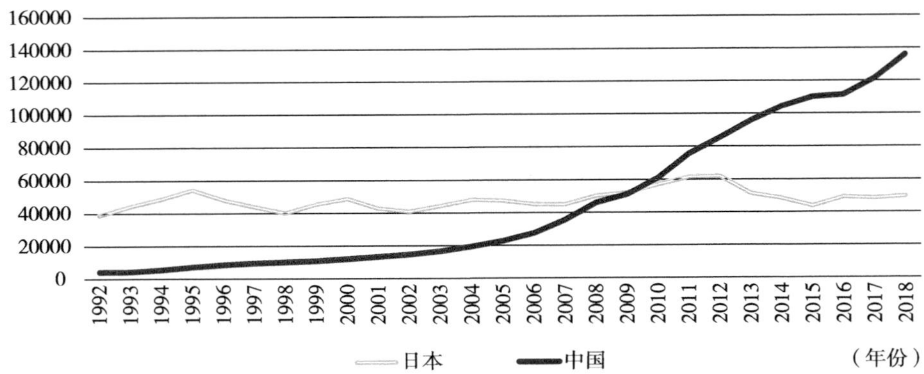

图4.7　1992—2018年日本、中国的国内生产总值（单位：亿美元）

资料来源：“GDP（current US$）”, The World Bank, https://data.worldbank.org/indicator/NY.GDP.MKTP.CD, 2020-01-05。

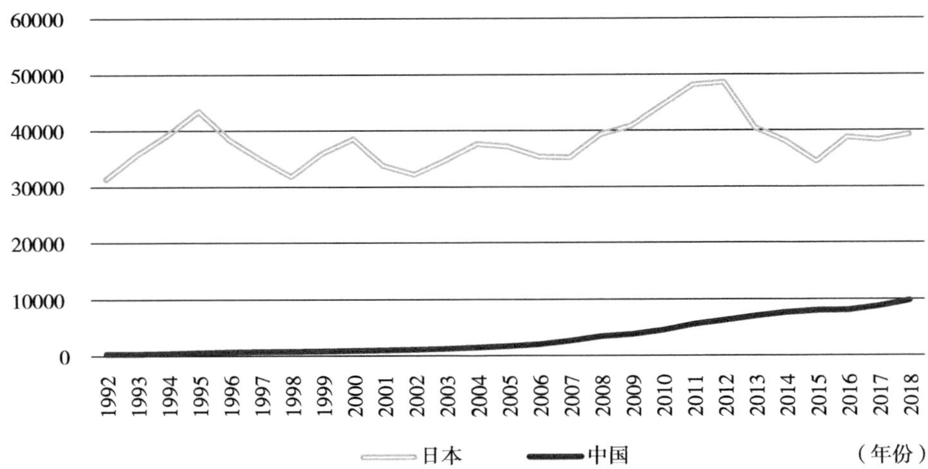

图4.8　1992—2018年日本、中国的人均国内生产总值（单位：美元）

资料来源：“GDP per capita（current US$）”, The World Bank, https://data.worldbank.org/indicator/NY.GDP.PCAP.CD, 2020-01-05。

① Paul Handley, “Shadow Play”, *Far Eastern Economic Review*, Vol. 156, No. 37, 1993, p. 70.

实现了反超。2010年，中国的国内生产总值是60871.65亿美元，日本为57000.98亿美元。此后，中国的国内生产总值一直高于日本，且领先的幅度不断加大。从两国的人均国内生产总值看（图4.8），由于中国的人口基数较大，日本的人均国内生产总值一直大幅领先中国。

从1992—2018年日本、中国的军费支出看（图4.9），日本与中国也经历了较为明显的地位转移。在2005年以前，日本的军费支出一直高于中国。2005年，日本的军费支出为443.01亿美元，中国为459.19亿美元。此后，中国的军费支出一直高于日本，且保持了较高的领先幅度。从1992—2018年日本、中国的军费支出占GDP的比重看（图4.10），日本由于在战后制定了“和平宪法”且安全上主要依赖于美国的军事同盟提供保护，日本的军费支出占GDP的比重一直低于中国。

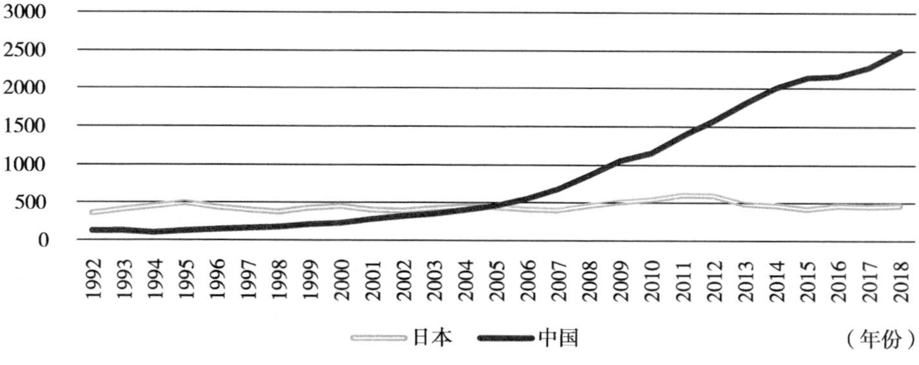

图4.9　1992—2018年日本、中国的军费支出（单位：亿美元）

资料来源：“SIPRI Military Expenditure Database”, Stockholm International Peace Research Institute, https://sipri.org/databases/milex, 2020-01-05。

从日本、中国对老挝、缅甸、泰国、柬埔寨、越南的对外贸易看（图4.11），1992年至2008年，日本与五国的对外贸易一直高于中国与五国的对外贸易。但2009年日本与老挝、缅甸、泰国、柬埔寨、越南的贸易总额为525.86亿美元，中国为638.47亿美元，中国首次实现了反超。自此以后，2009年至2018年中国与五国的贸易额一直高于日本，且保持了较

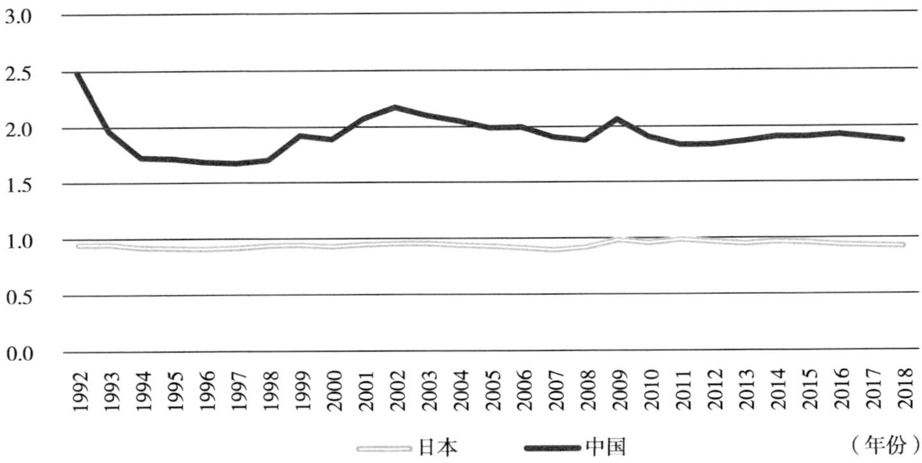

图 4.10　1992—2018 年日本、中国的军费支出占 GDP 的比重（单位：%）

资料来源："SIPRI Military Expenditure Database", Stockholm International Peace Research Institute, https://sipri.org/databases/milex, 2020-01-05。

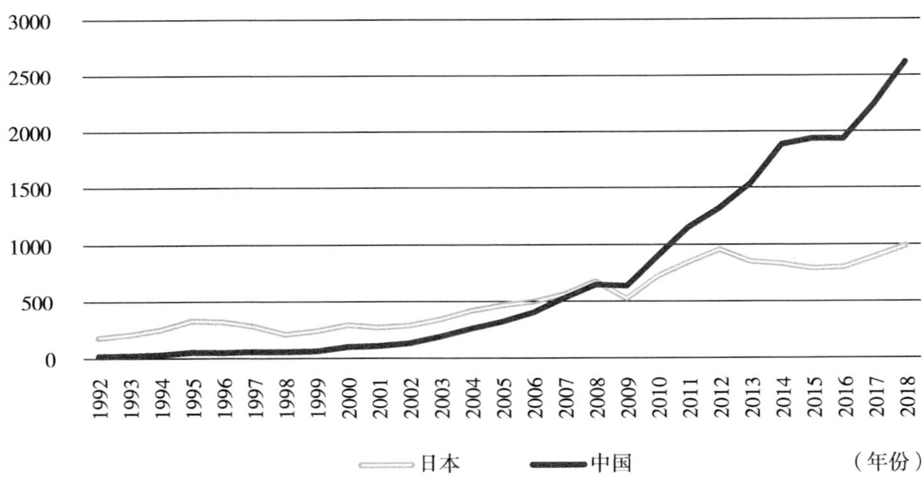

图 4.11　1992—2018 年日本、中国对湄公河五国的对外贸易（单位：亿美元）

资料来源："UN Comtrade Database", https://comtrade.un.org/data, 2020-01-05。

高的领先幅度。

从 1995 年至 2018 年日本、中国对老挝、缅甸、泰国、柬埔寨、越南的对外投资看（图 4.12），日本对五国的对外投资额总体上普遍高于中国，表明湄公河地区一直是日本对外投资的重要目的地。仅在 2011 年因为泰国发生洪灾，日本的东芝、日立、丰田、本田等在泰企业损失巨大，日本对泰国的投资进行了大幅撤回，该年度中国对五国的投资额高于日本。

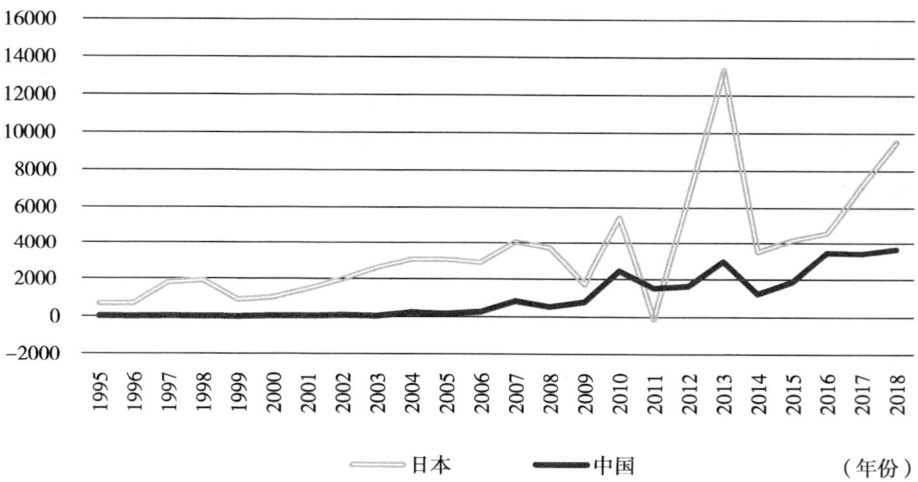

图 4.12　1995—2018 年日本、中国对湄公河五国的对外投资（单位：百万美元）

资料来源：ASEAN Statistical YearBook 2019, 2010, 2003, The ASEAN Secretariat，https://www.aseanstats.org/wp-content/uploads/2020/01/ASYB_2019.pdf, 2020-01-05; https://www.aseanstats.org/wp-content/uploads/2017/03/ASYB_2010.pdf, 2020-01-05; https://www.aseanstats.org/wp-content/uploads/2016/10/ASEAN_Statistical_YearBook_2003.pdf, 2020-01-05。

综合来看，日本与中国在国内生产总值、军费支出以及对老挝、缅甸、泰国、柬埔寨、越南的对外贸易方面，2005 年至 2009 年两国在这三个维度的指标上均发生了地位转移，且都是日本在此之前处于领先，随后被中国赶超。这使日本对与中国在湄公河地区的地位竞争出现了较为全面和明显的地位困境。日本在 2005 年竞选联合国安理会常任理事国席位的经历也给日本造成了较大的心理冲击。起初，东京预计所有东南亚国家都会给予日本明确的支持，但结果却让日本大失所望。在东盟十个成员国中，只有新加坡公开支持它，越南私下支持，但其他八个东盟成员国均保持沉默或中立。[①] 这被解读为是因为中国反对日本的竞选。因此，日本对与中国在东南亚国家中此消彼长的地位变动越发警惕。[②]

中日之间的地位困境也可以通过1991年至2016年日本国内民众对中国的好感度调查结果（图4.13）得到印证。从日本内阁关于"对中国回答'感觉友好'和'感觉有些友好'的日本受访者所占百分比"的长期民意调查结果看，2005年至2008年日本民众对中国的友好度相比1991年至2004年的数值出现了较大幅度的下降。尽管2009年，受时任国家副主席访问日本等积极因素的影响，曾出现了短暂回暖。但2010年中国的国内生产总值超过日本，日本对中国的友好度又再次下降，并在此后几年间一直保持较低的数值。这一事态表明日本与中国之间的地位困境已经对日本的国内对华舆论产生了负面影响。

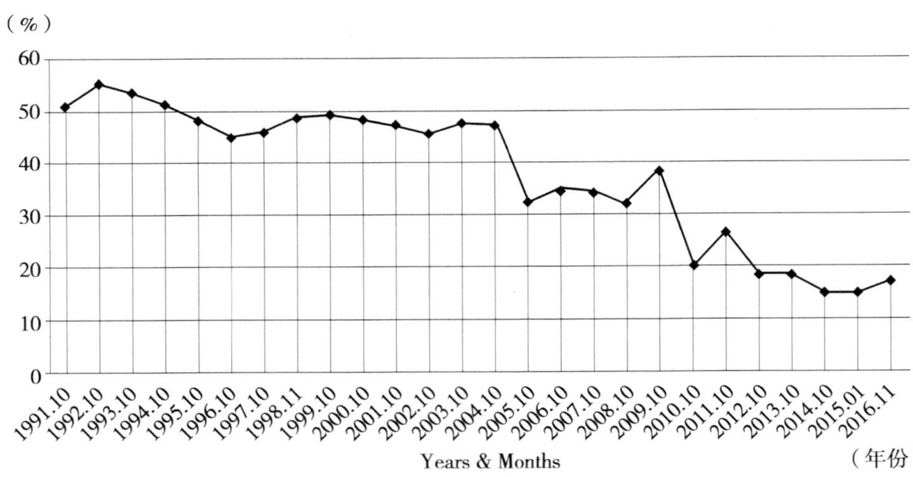

图4.13　对中国回答"感觉友好"和"感觉有些友好"的日本受访者所占百分比

资料来源：Japan Cabinet Office, http://survey.gov-online.go.jp/index.html, 2019-06-05. 参见Natsuyo Ishibashi, "Japan's policy toward India since 2000: for the sake of maintaining US leadership in East Asia", *The Pacific Review*, Vol.31, No. 4, 2018, p.524。

---

① Kishore Mahbubani and Jeffery Sng, *The ASEAN Miracle: A Catalyst for Peace*, p.132.

② Hidetaka Yoshimatsu, "The Mekong region, Regional Integration, and Political Rivalry among ASEAN, China and Japan", pp.71-111.

三、美国与中国在湄公河地区的国家实力变化与地位困境

在 1957 年成立“湄公河下游调查协调委员会”以及该委员会的早期行动中，美国发挥了很大作用。1965 年，美国曾提出将出资 10 亿美元援助湄公河流域开发。① 截至 1970 年，美国是非流域国家中对下湄公河委员会捐助资金最多的国家，仅 1969 年就捐助了 3300 万美元，是第二大非流域捐助国德国的近 2 倍。② 美国尤其支持对湄公河流域的大坝建设，如巴旺大坝。此后，由于越南战争失利以及地缘政治重心的转移，从 1970 年开始，美国削减了对湄公河委员会的捐助，一度疏远了“湄公河地区”。2009 年，随着“亚太再平衡”战略的实施，湄公河区域再度为美国所重视。美国作为世界范围内综合实力最强的国家，自然不会缺席在湄公河地区的地位竞争。中国作为地区内大国，也就成为美国进行地位竞争的潜在对手。

从美国和中国的国内生产总值（图 4.14）和人均国内生产总值（图 4.15）看，1992 年至 2018 年，美国均大幅领先中国。其中，中国的人均国内生产总值于 2010 年后增长幅度较快，部分缩小了与美国的差距。

从 1992—2018 年美国、中国的军费支出（图 4.16）和军费支出占 GDP 的比重（图 4.17）看，美国同样大幅领先中国。

从美国、中国对老挝、缅甸、泰国、柬埔寨、越南的对外贸易看（图 4.18），1992 年至 2007 年美国与五国的对外贸易额一直高于中国。但在 2007 年，中国对老挝、缅甸、泰国、柬埔寨、越南的对外贸易为 530.97 亿美元，美国为 483.47 亿美元，中国实现了反超。2007 年至 2018 年，中国与湄公河五国的贸易额继续以较大幅度的优势领先美国。

---

① Lyndon Johnson, “Patterns for Peace in Southeast Asia”, Address at Johns Hopkins University, 17 April 1965, *Department of State Bulletin*, 26 April 1965, pp. 606-610. 参见 Donald E. Weatherbee, “Cooperation and conflict in the Mekong River Basin”, pp. 167-184。

② 水利部国际经济技术合作交流中心：《跨界水合作与发展》，第 123 页。

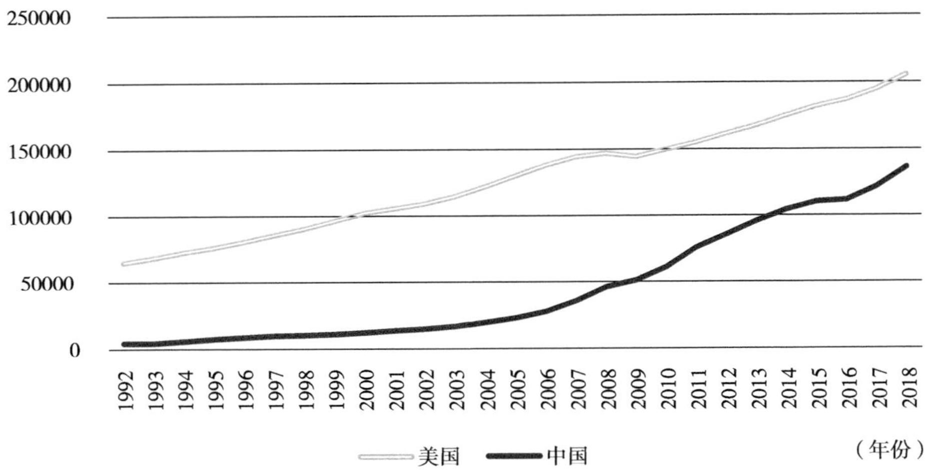

图 4.14　1992—2018 年美国、中国的国内生产总值（单位：亿美元）

资料来源："GDP（current US$）", The World Bank, https://data.worldbank.org/indicator/NY.GDP.MKTP.CD, 2020-01-05。

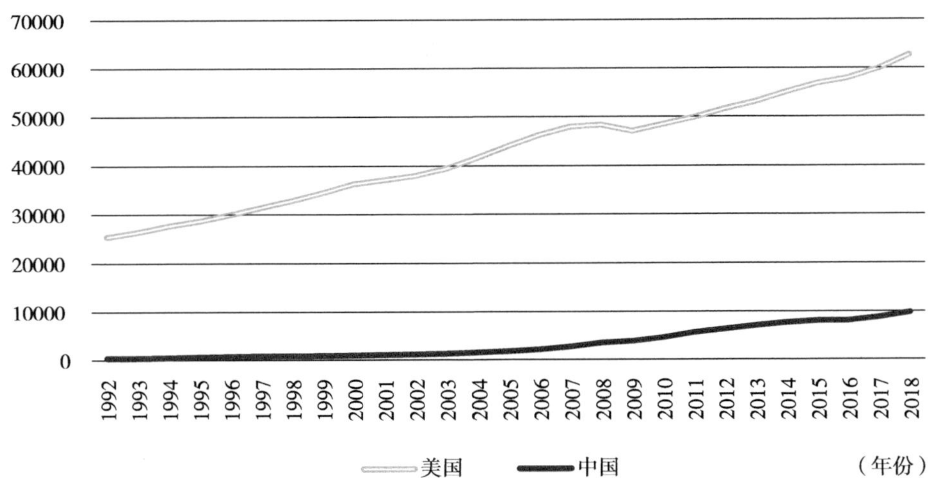

图 4.15　1992—2018 年美国、中国的人均国内生产总值（单位：美元）

资料来源："GDP per capita（current US$）", The World Bank, https://data.worldbank.org/indicator/NY.GDP.PCAP.CD, 2020-01-05。

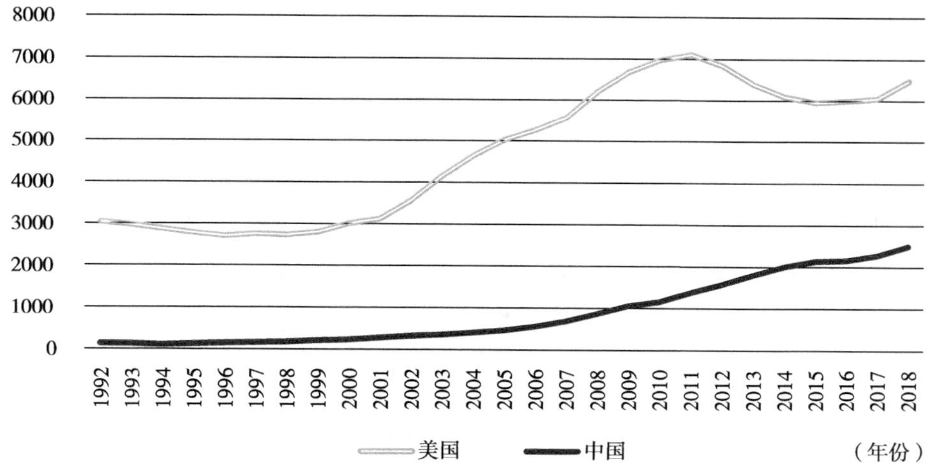

图 4.16　1992—2018 年美国、中国的军费支出（单位：亿美元）

资料来源："SIPRI Military Expenditure Database", Stockholm International Peace Research Institute, https://sipri.org/databases/milex, 2020-01-05。

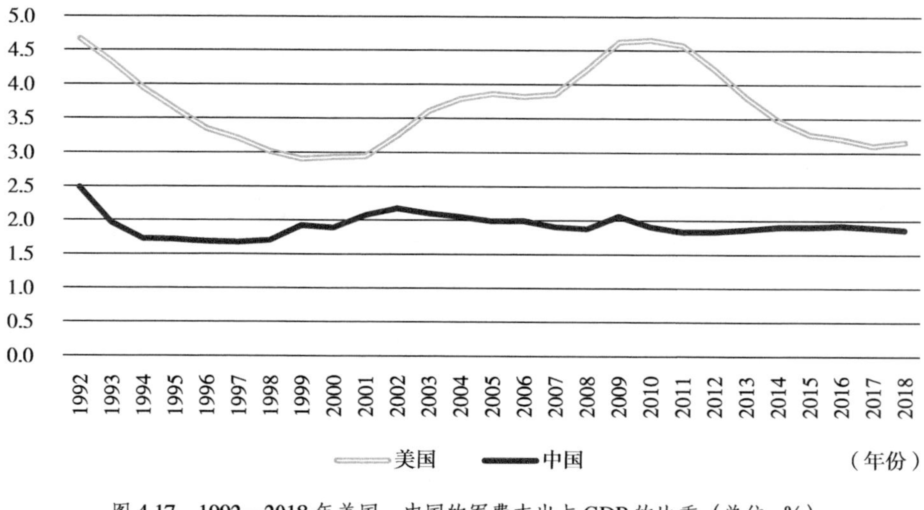

图 4.17　1992—2018 年美国、中国的军费支出占 GDP 的比重（单位：%）

资料来源："SIPRI Military Expenditure Database", Stockholm International Peace Research Institute, https://sipri.org/databases/milex, 2020-01-05。

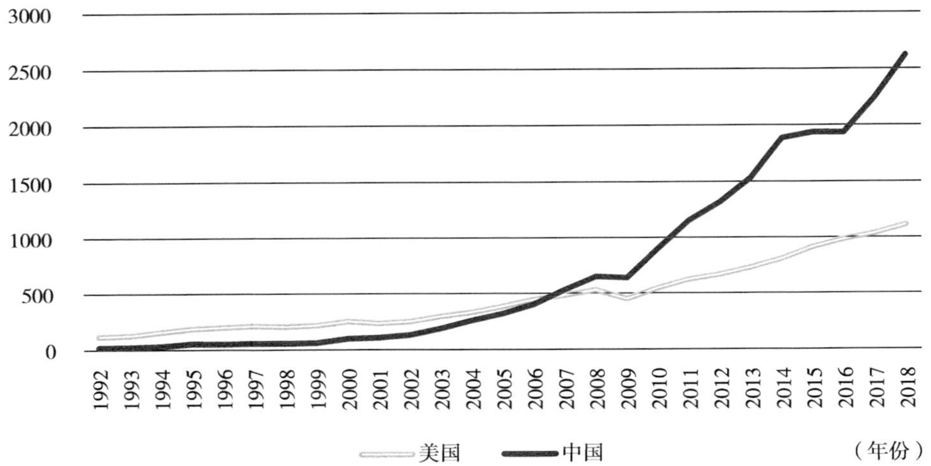

图 4.18　1992—2018 年美国、中国对湄公河五国的对外贸易（单位：亿美元）

资料来源："UN Comtrade Database"，https://comtrade.un.org/data, 2020-01-05。

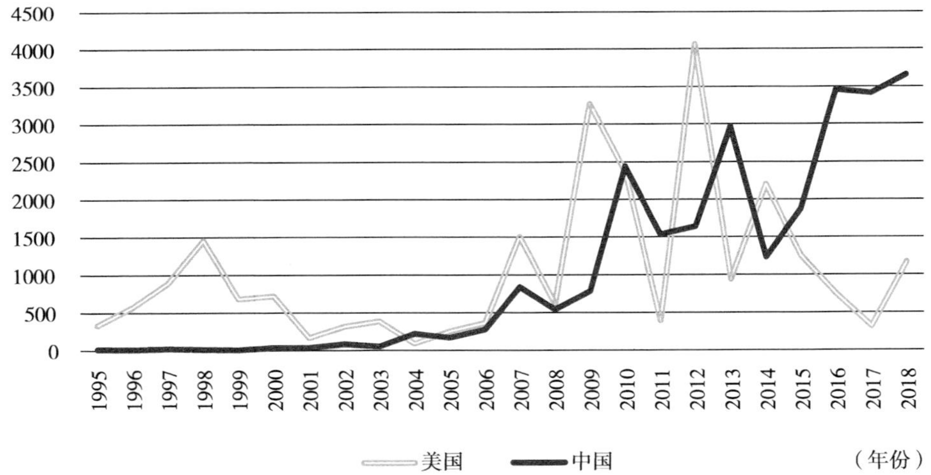

图 4.19　1995—2018 年美国、中国对湄公河五国的对外投资（单位：百万美元）

资料来源：ASEAN Statistical YearBook 2019, 2010, 2003, The ASEAN Secretariat，https://www.aseanstats.org/wp-content/uploads/2020/01/ASYB_2019.pdf, 2020-01-05; https://www.aseanstats.org/wp-content/uploads/2017/03/ASYB_2010.pdf, 2020-01-05; https://www.aseanstats.org/wp-content/uploads/2016/10/ASEAN_Statistical_YearBook_2003.pdf, 2020-01-05。

从美国、中国对老挝、缅甸、泰国、柬埔寨、越南的对外投资看（图4.19），1995年至2003年，美国对湄公河五国的投资额一直高于中国。2004年美国对老挝、缅甸、泰国、柬埔寨、越南的对外投资约为9150万美元，中国为2.23亿美元，中国首次实现了反超。2007年至2015年，美国、中国对老挝、缅甸、泰国、柬埔寨、越南的对外投资“交替超出”。此后，中国对五国的投资稳步上升。2015年至2018年，中国对湄公河五国的投资额超过了同期美国对五国的投资额。

综合来看，1992年至2018年美国在经济、军事领域继续以较大幅度保持对中国的相对优势。美、中两国并没有在经济和军事领域进入“地位转移区间”。两国之间的地位转移主要出现在两国对老挝、缅甸、泰国、柬埔寨、越南的贸易和投资领域，即两国在湄公河地区地位的投射能力上。其中，中国对五国的对外贸易在2007年超过美国，并在此后一直保持较大幅度的领先优势。同样，美、中两国在2007年至2015年对湄公河五国的投资呈现出“交替超出”的态势，也表明两国在2007年开始进入了相应的地位转移区间，并因此在湄公河地区形成了一定的地位困境。

通过比较可以发现，印度、日本、美国与中国的地位困境呈现出不同的特点。1992年至2018年，印度在经济、军事、与湄公河五国的对外贸易和投资四个维度的权力均弱于中国。但1992年至2000年，中、印两国在这四个维度上的实力地位相差的幅度并不大。在1998年印度成功进行5次核武器试验，拥有有核国家身份后，两国的权力差距进一步缩小。因此，印度于2000年在湄公河地区成立恒河—湄公河合作，目的主要是稳定与中国之间的地位格局，避免两国的权力差距进一步扩大。

1992年至2018年间，日本在经济、军事、与湄公河五国的对外贸易和投资四个维度上曾长期领先中国。但中国的国内生产总值、军费支出、与湄公河五国的对外贸易分别于2010年、2005年、2009年超过了日本，并在此后长期保持对日本的领先优势。这表明日本与中国在2005年至2010年进入了地位转移区间。由于两国进入地位转移区间的指标维度最多且涉及经济、军事两个构成国家实力的基础，中日之间在湄公河地区形成的地位困境最全面，程度也最深。同时，由于日本曾在相关领域长期领先中国，属于“守成大国”。在被中国赶超后，日本的心理落差也相应最大。日本政治和经济地位不断下降导致东京重新考虑其对湄公河地区的态度，日本外务省认为有必要提高日本在财政援助和多边合作制度方面对湄公河地区的承诺。[①]2007 年 10 月，日本经济团体联合会 Nippon Keidanren 发表了“呼吁制定和促进积极的对外经济战略”，特别呼吁加强与中国的经济伙伴关系，但未提及湄公河地区。[②] 这表明商业行为者的偏好并不是鼓励日本政府对湄公河地区作出更多承诺的主要原因。相反，日本政府试图利用与湄公河国家的联系来获得国际事务的支持。日本的湄公河地区政策体现出追求政治国家利益的现实主义倾向。[③] 正是在这种背景下，日本于 2008 年成立日本—湄公河合作，试图以更直接的方式重建与湄公河地区的联系，[④] 并将其作为与中国进行地位竞争的工具。与之前在湄公河地区的角色相比，日本—湄公河合作的成立给予其在该地区的区域国际制度中正式和具体的成员资格，使其能够更直接地展示其政策偏好。更重要的是，为日本提供了与中国相同的“地位”，中国通过大湄公河次区域经济合作与五个湄公河流域国家举行了部长级会议和峰会，日本通过新的合作框架也实现了这一点。[⑤] 吉松

---

① Hidetaka Yoshimatsu, “The Mekong Region, Regional Integration, and Political Rivalry among ASEAN, China and Japan”, pp.71-111.

② “A Call for the Development and Promotion of Proactive External Economic Strategies”, Nippon Keidanren, October 16, 2007, http://www.keidanren.or.jp/english/policy/2007/081.html, 2019-10-20.

③ Hidetaka Yoshimatsu, “The Mekong Region, Regional Integration, and Political Rivalry among ASEAN, China and Japan”, pp.71-111.

④ Hidetaka Yoshimatsu, “The Mekong Region, Regional Integration, and Political Rivalry among ASEAN, China and Japan”, pp.71-111.

⑤ Hidetaka Yoshimatsu, “Identity, Policy Ideas, and Asian Diplomacy: Japan’s Response to the Rise of China”, *International Area Studies Review*, Vol.15, No.4, 2012, pp.359-376.

秀隆甚至认为，自 2008 年以来中国组织了中日湄公河政策对话。该次由中国发起的对话向日本提供了交流湄公河地区观念和分享湄公河个别政策信息的机会。① 日本因此一定程度上拉近了与中国在湄公河地区的“地位”差距。

1992 年至 2018 年，美国在国内生产总值、人均国内生产总值、军费支出、军费支出占国内生产总值的比例四个指标的比较中，均较大幅度高于中国，仅只是在湄公河五国的对外贸易和投资上两国进入了地位转移区间。因此，美国与中国在湄公河地区虽然形成了地位困境，但涉及的维度较少，主要集中在对湄公河地区五个国家的实力和地位投射能力上，两国之间形成的地位困境程度也相对有限。对于全球霸权来说，防范体系内国家建立区域霸权一直是其国际战略的核心之一。② 中美竞争的结果和性质被认为主要取决于中国与邻国的关系。③ 美国成立湄公河下游倡议，可能是基于防范地区大国崛起的需要，也可能是美国在东南亚等范围更大的地区与中国进行地位竞争的重要组成部分。2008 年的全球金融危机促使美国与中国之间的国家实力出现了此消彼长的发展态势。2009—2010 年成为美国对包括湄公河地区在内的亚太政策进行调整的转折点。④ 在美国与中国没有在经济、军事等国家实力的基础维度进入地位转移区间的情况下，美国在湄公河地区出资成立湄公河下游倡议（LMI），更可能是美国采取的防御性策略，因此美国并无动力为该制度投入大量的资源和力度。

---

① Hidetaka Yoshimatsu, “The United States, China, and Geopolitics in the Mekong region”, pp. 173-194.

② Zbigniew Brzezinski, “The Grand Chessboard: American Primacy and Its Geostrategic Imperatives”, Basic books, 2016.

③ Brantly Womack, “Asymmetry and China’s Tributary System”, *Chinese Journal of International Politics*, Vol.5, No.1, 2012, pp. 37-54.

④ Quang Minh Pham, “ASEAN’s Indispensable Role in Regional Construction”, *Asia-Pacific Review*, Vol.22, No.2, 2015, pp. 82-101.

四、印度、日本、美国之间在湄公河地区的国家实力变化与地位困境

印度、日本、美国是湄公河地区外大国，中国是地区内国家，三国在湄公河地区成立自我主导的区域国际制度具有一定的指向性，主要是为了应对与中国形成的地位困境。但地位困境主要在同类型国家之间形成，印度、日本、美国之间也不会例外。只是由于印度、日本、美国各自与中国的地位竞争更加明显，三国之间的地位困境程度相对缓和，导致三国之间在湄公河地区的国家、实力变化与地位困境更容易被忽视。

从印度、日本与美国的国内生产总值看（图 4.20），1992 年至 1995 年日本与美国的国内生产总值相差幅度最小，2015 年至 2018 年印度与日本的国内生产总值相差幅度最小，在这两个时段日本与美国、印度与日本之间都有可能进入地位转移区间。从三国的人均国内生产总值看（图

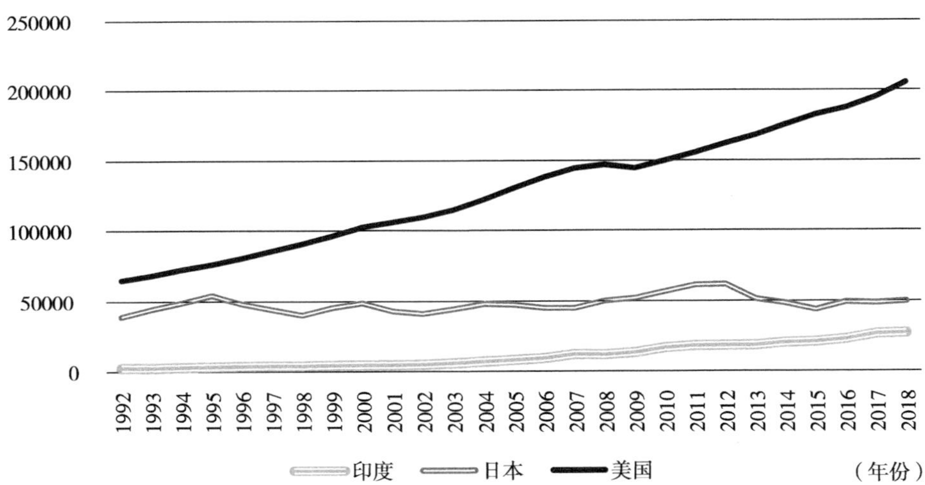

图 4.20　1992—2018 年印度、日本、美国的国内生产总值（单位：亿美元）

资料来源："GDP（current US$）", The World Bank, https://data.worldbank.org/indicator/NY.GDP.MKTP.CD, 2020-01-05。

4.21)，美国和日本的人均国内生产总值一直大幅领先印度。对于日本和美国来说，2000 年以前日本的人均国内生产总值一直高于美国，2001 年后美国实现了赶超并在此后一直保持相对于日本的领先优势。这表明日本与美国至少在经济领域曾进入过相应的地位转移区间。

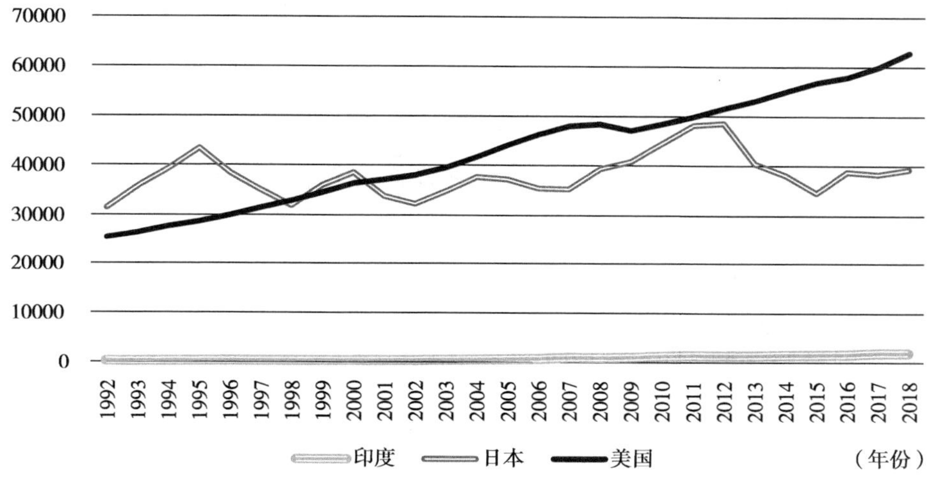

图 4.21　1992—2018 年印度、日本、美国的人均国内生产总值（单位：美元）

资料来源："GDP per capita（current US$)", The World Bank, https://data.worldbank.org/indicator/NY.GDP.PCAP.CD, 2020-01-05。

从 1992 年至 2018 年印度、日本与美国的军费支出看（图 4.22），美国一直大幅领先日本和印度。日本与印度的军费支出则一直处于较为接近的区间。尤其是 2014 年印度的军费支出首次超过日本，并在此后至 2018 年继续保持领先。这表明日本与印度在军事维度上曾发生过地位转移。从军费支出占 GDP 的比重看（图 4.23），日本一直处于较低的水平。但在 1999 年和 2000 年印度的军费支出占 GDP 的比重连续高于美国，表明印度对军事力量的重视赶超了美国。考虑到印度曾于 1999 年五次试验核武器，跻身美国所在的"有核国家"，并直接违反美国带头建立的《禁止核武器条约》，可以认为印度在 1999 年前后曾与美国在一定程度上进入了军事领域的地位转移区间。

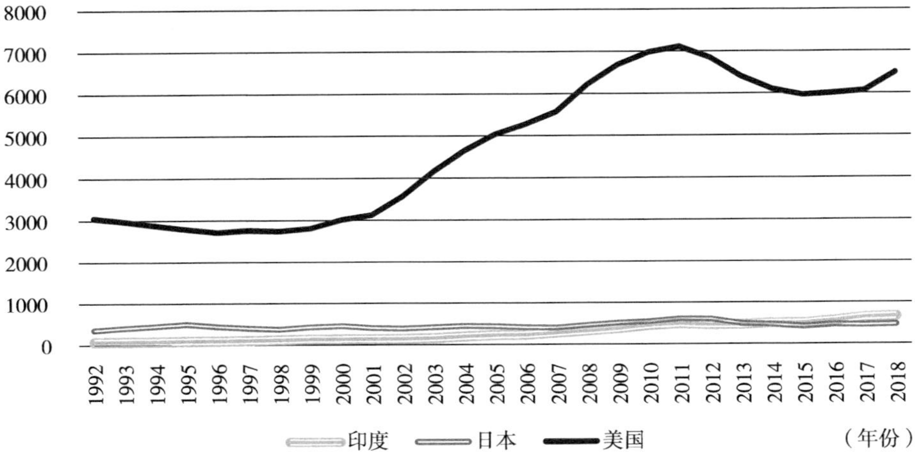

图 4.22　1992—2018 年印度、日本、美国的军费支出（单位：亿美元）

资料来源："SIPRI Military Expenditure Database", Stockholm International Peace Research Institute, https://sipri.org/databases/milex, 2020-01-05。

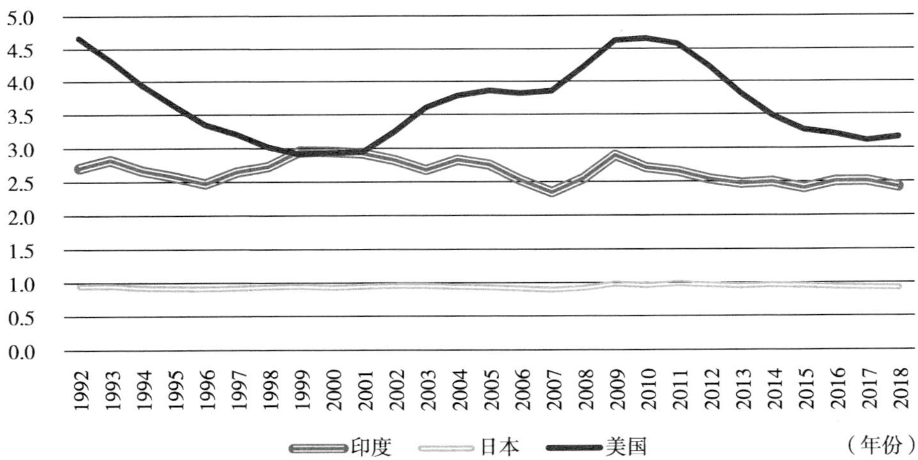

图 4.23　1992—2018 年印度、日本、美国的军费支出占 GDP 的比重（单位：%）

资料来源："SIPRI Military Expenditure Database", Stockholm International Peace Research Institute, https://sipri.org/databases/milex, 2020-01-05。

从印度、日本、美国对老挝、缅甸、泰国、柬埔寨、越南的对外贸易看（图 4.24），日本、美国与印度相比均长期保持领先优势。日本在大部分时间与湄公河五国的对外贸易也领先美国。但在1998年日本与五国的贸易额为210.03亿美元，美国为207.05亿美元，两国处于非常邻近的区间。2015年，美国与湄公河五国的贸易额为916.24亿美元，日本为794.86亿美元，美国最终实现了反超，并在2018年以前一直保持相对于日本的领先优势。这表明，美国与日本在对老挝、缅甸、泰国、柬埔寨、越南的对外贸易上发生了地位转移。

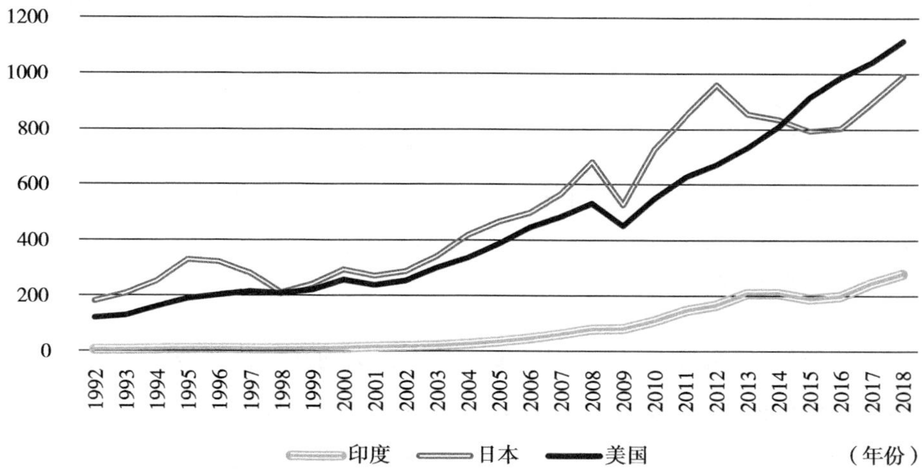

图4.24　1992—2018年印度、日本、美国对湄公河五国的对外贸易（单位：亿美元）

资料来源："UN Comtrade Database"，https://comtrade.un.org/data, 2020-01-05。

从印度、日本、美国对老挝、缅甸、泰国、柬埔寨、越南的对外投资看（图4.25），日本对湄公河五国的对外投资保持了长期领先。美国对五国的投资整体上也高于印度。但三国在2010年至2012年对老挝、缅甸、泰国、柬埔寨、越南的投资总额曾出现了交替领先。这表明印度、日本、美国在对老挝、缅甸、泰国、柬埔寨、越南的对外投资维度上也曾短暂进入"地位转移区间"。

综合来看，印度、日本、美国在经济、军事领域，以及与老挝、缅甸、泰国、柬埔寨、越南的对外贸易和对外投资四个维度上均曾不同程度

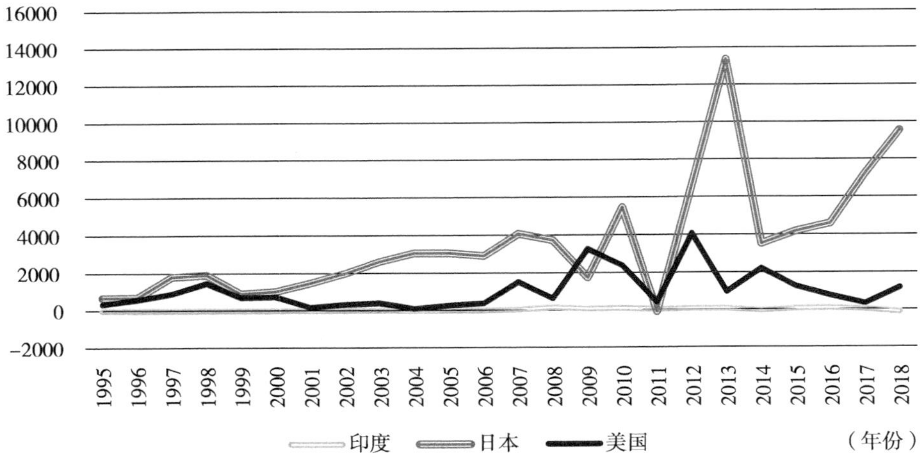

图 4.25　1995—2018 年印度、日本、美国对湄公河五国的对外投资（单位：百万美元）

资料来源：ASEAN Statistical YearBook 2019，The ASEAN Secretariat，https://www.aseanstats.org/wp-content/uploads/2020/01/ASYB_2019.pdf, 2020-01-05。

进入过地位转移区间。这表明印度、日本、美国在湄公河地区不仅会与中国形成地位困境，三国之间同样可能因发生不同维度的地位转移相应形成地位困境。只是在不同时期，彼此之间地位困境的程度、成因可能会有所不同。从湄公河地区区域国际制度的发展和运行情况看，印度、日本、美国选择分别在 2000 年、2008 年、2009 年在该地区成立了各自主导的合作制度。在这些合作制度的成员中，均排斥对方参加，或者说均没有参加彼此在湄公河地区成立的区域国际制度。显然，两个或三个大国共同参与和推动一个合作制度，能在节约公共产品支出的同时，提升合作效率，优化制度内的资源配置，减少制度之间的竞争与拥堵，形成合作效益的最大化。三国作为亲密的伙伴和盟友，各自在湄公河地区成立自我主导的制度并排斥对方参加的行为逻辑的确令人惊异。这种反常的行为和事实背后，表明三国之间在湄公河地区成立区域国际制度不仅是为了应对各自与中国形成的地位困境，也可能部分是为了应对三国之间的地位困境。例如，美国在日本推动成立日本—湄公河合作仅一年后，就发起成立了湄公河下游倡议，而不是选择加入日本主导的合作倡议或与日本形成某种形式的合作。美国这样做的原因，不仅有中国的因素，也有可能是为了防范日本在湄公河地区影响力的进一步扩大。对于日本新近提出打造“自由与繁荣之弧”等新的动向，美国也很可能会“一分为二”地冷静看待。从日本在 1997 年亚洲金融危机后，试图领导建立亚洲货币基金组织（AMF）彰显的雄心以及随后因为美国反对遭遇的巨大挫折看，美国与日本之间在湄公河地区的地位困境似乎可以变得更加清晰可见。从后文即将介绍的关于印度、日本、美国、中国在湄公河地区的制度互动，也可以看出印度、日本、美国在湄公河地区成立的区域国际制度之间，合作性互动相对较弱，彼此之间甚至形成了一定的竞争性互动。这也表明，地位困境主要在同类型国家之间形成，湄公河地区不仅面临“一山不容二虎”式的地位困境，更面临“一山不容多虎”的复杂情况。该地区区域国际制度的竞争性互动与合作性互动则是这种多维度、多层次地位困境及其国家行为应对的真实写照。

第二节　印、日、美、中在湄公河地区的制度互动

印度、日本、美国、中国是湄公河地区区域国际制度中有重要影响力的四个大国。其中，印度、日本、美国是湄公河地区外大国，中国是地区内大国。印度、日本、美国由于历史和地缘等原因，很早就与湄公河地区内国家进行交往和联系。同时，湄公河地区被认为具有地缘战略重要性，是中国南部的“后院”，也是南亚与东北亚之间地缘联通的关键。湄公河流域的大陆东南亚国家还占到了东南亚国家联盟（东盟）成员数量的一半。[①] 因此，该地区历来在地缘政治与国家利益上复杂交织，是大国竞争

① Hidetaka Yoshimatsu, “The United States, China, and Geopolitics in the Mekong Region”, pp.173-194.

的前沿。冷战期间，大国之间在湄公河地区的意识形态斗争和权力斗争，在该地区形成了以“安全困境”为主要内容和形式的国家间互动，并与地区内中小国家相互缠绕，推动和卷入了三次印度支那战争。冷战结束后，制度化合作成为湄公河地区国家间互动的主要平台和形式。区域国际制度也相应成为大国在该地区角逐国家利益、提升国际地位的主要场所。1992年至2018年，印度、日本、美国与中国之间，以及印度、日本、美国之间在湄公河地区均分别发生了不同程度的地位转移，并形成了相应的地位困境。中国作为地区内大国，成为印度、日本、美国在湄公河地区成立国际制度并与之进行竞争性互动的主要对象。印度、日本、美国三国之间在湄公河地区的制度互动同样具有一定的竞争性，只不过因为三国属于地区外国家，竞争性制度互动的程度相对较弱。同时，印度、日本、美国、中国在湄公河地区进行竞争性制度互动的同时，也在加强与湄公河地区内中等国家成立的区域国际制度以及湄公河委员会等其他既有合作制度之间的合作性互动。中国在2015年以前，参与湄公河地区制度互动的方式主要是被动跟随。澜沧江—湄公河合作成立后，中国开始以更加积极的姿态应对和参与湄公河地区的制度互动。

一、竞争性互动

印度、日本、美国与中国在湄公河区域国际制度中的竞争性互动主要体现在三个方面：一是排斥其他大国参加自身主导的区域国际制度；二是加强对重叠性成员国的影响力和凝聚力；三是拓展特定议题领域的影响力。

（一）排斥其他大国参加自身主导的区域国际制度

印度、日本、美国、中国分别于2000年、2008年、2009年、2015年在湄公河地区成立了恒河—湄公河合作、日本—湄公河合作、湄公河下游倡议、澜沧江—湄公河合作四个区域国际制度。从合作成员看，这四个制度均包含了六个国家，除了出资主导成立的地区内外大国外，还包括老挝、缅甸、泰国、柬埔寨、越南五个湄公河地区内中小国家。印度、日本、美国、中国作为制度内的领导国家，既排斥其他大国参加自身主导的区域国际制度，也没有试图通过普通成员的身份加入其他大国主导的制度。老挝、缅甸、泰国、柬埔寨、越南五国则成为这些制度内重叠的成员国（图 4.26）。

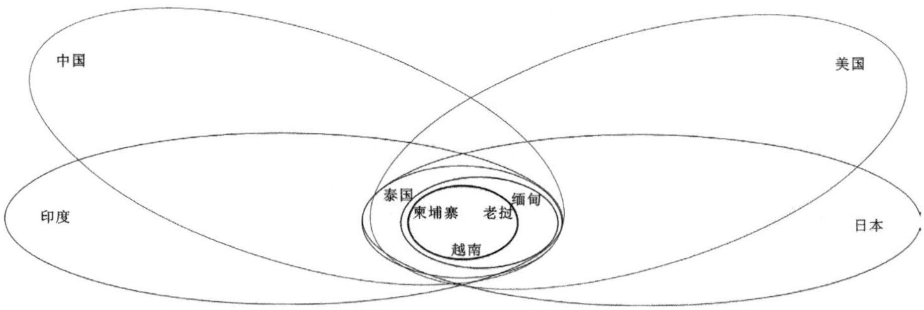

图 4.26　印度、日本、美国、中国在湄公河地区合作制度中的成员构成

资料来源：笔者绘制。

中国作为地区内大国，与印度、日本、美国地区外大国成立的合作制度相互排斥常被解读为中国与地区外三个大国之间形成的竞争。但时常被忽视的是，印度、日本、美国各自成立的制度里也相互排斥。正如前文所提到的，考虑到日本和美国是全球范围内长期且关系紧密的重要盟国，以及近年来美国、日本积极向印度示好，试图与印度合作推动所谓“印太战略”，三国在湄公河地区建立的合作制度相互排斥对方加入的行为逻辑的确较为反常。如果说三国在湄公河地区成立主导性的区域国际制度是由于与中国在该地区形成了地位困境，并将成立区域国际制度作为地位困境的应对策略。那么三国在湄公河地区区域国际制度成员相互排斥的现象，显然也说明印度、日本、美国同样存在一定程度的地位困境。作为地位竞争的衍生性行为，印度、日本、美国不仅与中国在湄公河地区推动形成制度

间的竞争性互动，三国之间的制度互动也具有一定的竞争性。正是印度、日本、美国、中国之间“一山不容二虎”式的排他性，导致了该地区进一步出现了区域国际制度的重叠性增多。老挝、缅甸、泰国、柬埔寨、越南五个湄公河地区内国家，则左右逢源成为这些合作制度中重叠性的成员国。

（二）加强对重叠性成员国的影响力和凝聚力

老挝、缅甸、泰国、柬埔寨、越南五国均参加了印度、日本、美国、中国在湄公河地区成立的合作制度，属于重叠性的成员国。为了更好地发挥这些制度在大国之间进行地位竞争时的有效性，印度、日本、美国、中国竞相加强了对这些重叠性成员国的影响力和凝聚力。大国之间的湄公河地区合作，一定程度上演变成了针对这些重叠性成员国发起的魅力竞争。

在恒河—湄公河合作（MGC）成立之初印度并没有准备好为该制度提供公共产品，甚至希望吸引经济发展水平较好的泰国共同为该制度提供资金来源。① 近年来，在其他大国均相继加大资源投入的背景下，印度逐渐调整自身参与湄公河地区的制度互动策略，不断加强对恒河—湄公河合作成员国的资金支持。2012 年，印度成立每年 100 万美元额度的“柬埔寨—老挝—缅甸—越南快速影响项目基金”（Quick Impact Projects Scheme，QIPS），并通过印度文化关系委员会（ICCR）向老挝、缅甸、泰国、柬埔寨、越南提供 50 个年度奖学金名额。②2019 年，在第十届恒河—湄公河合作部长级会议上，印度承诺将通过项目基金，提

① Rajiv Sikri, “India's ‘Look East’ Policy”, *Asia-Pacific Review*, Vol.16, No. 1, 2009, pp.131-145.

② “11th Mekong Ganga Cooperation Senior Officials' Meeting”, Ministry of External Affairs, Government of India, July 9, 2019，https://www.mea.gov.in/press-releases.htm?dtl/31560/11th+Mekong+Ganga+Cooperation+Senior+Officials+Meeting, 2019-12-30.

供50亿卢比（约7250万美元）促进在柬埔寨、老挝、缅甸、越南的投资。①

日本—湄公河合作（JMC）成立后，日本投入重金分别在2009年、2012年和2015年向湄公河地区提供了5000亿日元②、6000亿日元③、7500亿日元④的官方发展援助。2015年7月，在第七届日本—湄公河首脑会议上，日本还强调将通过与亚洲开发银行合作设立的1100亿美元“优质基础设施伙伴关系”计划加大对湄公河地区基础设施建设的支持。⑤日本将越南最早提出的东西经济走廊视为日本—湄公河合作的联通性项目的核心，对越南的岘港等东西经济走廊的关节点长期予以援助建设。⑥由于泰国在湄公河国家中经济发展水平相对较好，日本的对外援助主要偏向柬老缅越四国。为了吸引泰国对日本—湄公河合作的支持，日本在该制度框架内单独对泰国的“地位”予以了特别强调，一定程度上向泰国分享了一定的“领导权”。2008年，在首届日本—湄公河外交部长会议上单独指出“湄

① “Joint Ministerial Statement of the 10th Mekong-Ganga Cooperation Ministerial Meeting”, Ministry of External Affairs, Government of India, August 2, 2019, https://mea.gov.in/bilateral-documents.htm?dtl/31713/joint+ministerial+statement+of+the+10th+mekongganga+cooperation+ministerial+meeting, 2019-10-20.

② “Joint Press Conference by the Leaders of Japan and the Mekong Region Countries following the Mekong-Japan Summit Meeting”, Ministry of Foreign Affairs of Japan, 7 November 2009, http://japan.kantei.go.jp/hatoyama/statement/200911/07mekong_e.html, 2019-12-30.

③ “Tokyo Strategy 2012 for Mekong-Japan Cooperation”, Ministry of Foreign Affairs of Japan, April 21, 2012, https://www.mofa.go.jp/region/asia-paci/mekong/summit04/joint_statement_en.html, 2019-10-20.

④ “The Seventh Mekong-Japan Summit Meeting”, Ministry of Foreign Affairs of Japan, July 4, 2015, https://www.mofa.go.jp/s_sa/sea1/page3e_000354.html, 2019-10-20.

⑤ “The Seventh Mekong-Japan Summit Meeting”, Ministry of Foreign Affairs of Japan, July 4, 2015, https://www.mofa.go.jp/s_sa/sea1/page3e_000354.html, 2019-10-20.

⑥ “Joint Statement of the Third Mekong-Japan Summit”, Ministry of Foreign Affairs of Japan, November 18, 2011, https://www.mofa.go.jp/region/asia-paci/mekong/summit03/joint_statement.html.

公河流域各国高度赞赏日本和泰国继续支持该地区的社会和经济发展”①，给予泰国区别于其他湄公河国家的特殊地位。此后日本对泰国的角色地位进行了一定调整，新的合作文件中不再单独强调泰国的突出地位，但在2011年6月推动成立了“绿色湄公河论坛”，将泰国与日本并列为永久的共同主办国。

湄公河下游倡议（LMI）成立后，美国也通过该制度加大对成员国的支持和援助。2009年至2015年，美国在6年的时间里共为该合作制度提供了超过1亿美元。②同时，自2009年至2019年，美国通过相关机构向老挝、缅甸、泰国、柬埔寨、越南五个湄公河流域国家提供了超过35亿美元的援助。③为了加强成员国在湄公河下游倡议中的参与感和积极性，湄公河下游倡议还对合作领域的管理进行了“制度创新”，六个合作领域分别由美国和一个湄公河国家共同主持管理。例如，环境和水由越南与美国共同主持。通过这种制度设计，美国部分实现了与湄公河国家共享湄公河下游倡议的领导权。此外，2012年第五届外长会上，湄公河下游倡议还提出将建立一个以区域为基础的“协调中心”，以加强2011年建立的“虚拟秘书处”的协调和规划作用。④该协调中心最后设立在曼谷，部分加强了泰国在该制度框架内的地位和影响。2019年12月，美国助理国务卿在与来访的越南外交部常务副部长裴青山会晤时重申，美国珍视与越南的全面伙伴关系，并致力于支持强大、独立和繁荣的越南，越南在该地区发挥着越来越重要的作用。美国希望在“湄公河下游倡议”的框架内加强合作，

---

① “Chair’s Statement Mekong-Japan Foreign Minister’s Meeting”, Ministry of Foreign Affairs of Japan, 16 January, 2008，https://www.mofa.go.jp/region/asia-paci/mekong/meet0801.html.

② “Lower Mekong Initiative FAQ’s”, U.S. Department of State，https://2009-2017.state.gov/p/eap/mekong/faq/index.htm, 2019-10-20.

③ “Strengthening the U.S.-Mekong Partnership”, U.S. Department of State, August 2, 2019, https://www.state.gov/strengthening-the-u-s-mekong-partnership/, 2019-12-30.

④ “Statement on the Fifth Lower Mekong Initiative Ministerial Meeting”, U.S. Department of State, July 13, 2012, https://2009-2017.state.gov/r/pa/prs/ps/2012/07/194959.htm, 2019-10-20.

在区域和全球论坛上加强与越南的协调。①

澜沧江—湄公河合作成立时间较晚，但中国为了加强合作成效也提出了一系列的资金支持计划，以吸引成员国的参与热情。2016 年 3 月，在首次澜湄合作领导人会议上，李克强总理宣布在澜湄合作框架下设立 100 亿元人民币优惠贷款、100 亿美元信贷额度、优先使用 2 亿美元南南合作援助基金、5 年内提供 3 亿美元支持 6 国提出的中小型合作项目等一系列资助计划，用以帮助湄公河国家经济社会发展。② 在 2018 年 1 月举行的澜湄合作第二次领导人会议上，李克强总理进一步提出中国将向湄公河国家提供 2000 个短期研修和在职学历学位教育名额、100 个为期四年的本科奖学金名额，实施“澜湄国家专项减贫惠民计划”，在湄公河国家开展 100 个医疗卫生等领域援助项目 ③ 等一系列公共产品。

（三）拓展特定议题领域的影响力

前文已初步介绍，由于中国是湄公河地区内国家，且位于湄公河的最上游，湄公河下游国家在水资源、区域互联互动等议题领域的合作均离不开中国的支持和配合，相比地区外大国，中国在特定议题的结构性地位上具有一定的优势。为了缩短在该部分与中国的地位差距，印度、日本、美国也在各自主导的区域国际制度内加快调整和布局，试图拓展特定议题领域的影响力。

基于地理位置、资源禀赋的不同，湄公河地区中小国家与中国在水资源等合作议题上具有不同的利益偏好（表 4.5），容易成为引起湄公河地区内国家间出现分歧的“敏感”来源。这为地区外大国在湄公河地区拓展特定议题领域的影响力提供了机会。2008 年的洪水和 2010 年的干旱，泰国、

① “Deputy FM Holds Talks with US Assistant Secretary of State”, Vietnam News Agency, December 18, 2019, https://en.vietnamplus.vn/deputy-fm-holds-talks-with-us-assistant-secretary-of-state/165721.vnp, 2019-12-30.

② 《在澜沧江—湄公河合作首次领导人会议上的讲话》，《人民日报》2016 年 3 月 24 日。

③ 《在澜沧江—湄公河合作第二次领导人会议上的讲话》，《人民日报》2018 年 1 月 11 日。

老挝、柬埔寨和越南国内的部分非政府组织（NGO）和舆论认为与中国在上游兴建的大坝有关。① 有观点认为，中国在湄公河地区的角色主要集中在基础设施和水资源管理两个方面。中国是前者的重要推动力量，在水资源管理上态度却相对消极，表明中国拒绝为该地区提供包容性领导。这为美国和日本介入该地区并参与水资源管理和环境领域合作创造了机会，中国可能因此面临更多不确定性和风险的领导力竞争。②

从积极的方面看，中国可以凭借在水资源、区域互联互通等议题领域的优势地位，吸引并加强湄公河下游国家对澜湄合作机制等的支持和配合，从而提高自身在湄公河地区相对其他大国的地位。从消极的方面看，中国在相关议题领域的优势地位在特殊的情况和背景下也可能成为中国进一步提升在湄公河地区地位和影响力的束缚。就水资源领域而言，如果遇到气候反常的年份，无论是干旱还是洪水灾害，均可能成为下游国家和国际舆论、非政府组织（NGO）通过将跨境水资源议题"安全化"③，与中国在上游地区兴建的水坝建设等联系起来，共同作为向中国施加压力的论据。由于中国境外的湄公河流域国家主要处于亚热带季风气候，季节性雨季和旱季的出现是该地区常态化的气候现象。但近年来，全球气候变暖等因素使该地区出现极端气候现象的概率正在上升。2010 年、2016 年和 2019 年湄公河地区都出现了较为严重的干旱气候。中国作为湄公河最上游的国家，在享有水资源开发管理的优势地位的同时，也可能因为这一特

① Philip Hirsch, China and the Cascading Geopolitics of Lower Mekong Dams, *Asia-Pacific Journal*, Vol. 9, No 2, 2011.

② Truong-Minh Vu, "Between System Maker and Privileges Taker: The Role of China in the Greater Mekong Sub-region", *Revista Brasileira de Política Internacional*, Vol. 57, No. 2014, pp. 157-173.

③ "安全化"是指行为者将问题从较低层次的冲突转变为安全化的"存在主义威胁"的行为方式。安全化并不一定意味着存在实际的威胁，而只是以这种方式构建问题。参见 Barry Buzan, et al., *Security: A new framework for analysis*, Lynne Rienner Publishers, 1998. p.24；Marlen Rein, "Power Asymmetry in the Mekong River Basin: The Impact of Hydro-Hegemony on Sharing Transboundary Water", *Vienna Journal of East Asian Studies*, Vol. 8, No. 1, 2017, pp. 127-162。

定的议题领域承受相应的国际和地区舆论压力。

表 4.5　湄公河地区内国家在流域水资源领域的利益偏好

中国	·云南省的发展（西部区域发展计划）·水力发电（主流和支流梯级）·改善河流航行（思茅和琅勃拉邦之间的航行）
缅甸	·水力发电（销往泰国和中国），但尚未开发
老挝	·水力发电（出售给泰国、中国和越南）·在区域机构的帮助下融入区域（通过基础设施，增长三角形）·湄公河的渔业 / 灌溉潜力对人口与发展具有决定性作用
泰国	·灌溉 / 农业用水，曼谷供水·水力发电和电力购买（来自老挝）·避免重大环境恶化
柬埔寨	·保持洞里萨湖地区的水流量和水位，保证渔业、农业、航海等·水电（目的是出口到泰国并替代石油进口），但尚未开发
越南	·湄公河支流上高地的水力发电·湄公河三角洲的灌溉（包括避免咸水入侵）和水产养殖

资料来源：Susanne Schmeier, “Regional Cooperation Efforts in the Mekong River Basin: Mitigating River-Related Security Threats and Promoting Regional Development” , *Austrian Journal for Southeast Asian Studies*, Vol.2, No. 2, 2009, p.39。

就区域互联互通而言，中国与湄公河下游的缅甸、泰国、老挝、柬埔寨和越南山水相连，无论是陆路、水陆还是航空等领域，相较于印度、日本、美国等地区外国家均具有天然优势。日本等地区外国家甚至将中国在湄公河地区互联互通领域的优势地位，视为中国进一步提升在湄公河地区的地位和国家影响力的重要途径。因此，为了平衡中国在湄公河地区特定议题领域的地位和影响力，印度、日本、美国在该地区成立自我主导的区域国际制度后，也纷纷将水资源开发管理、基础设施建设与区域互联互通等作为主要的合作议题予以推动，积极吸引该地区中小国家在相关议题领域的附和与支持，从而在这些议题领域与中国进行竞争性的制度互动。

恒河—湄公河合作在成立之初，主要聚焦文化、旅游、人力资源开发和教育、交通和通信四个合作领域。① 印度在 2018 年 8 月举行的第九届

① “Sixth Mekong-Ganga Cooperation Meetings” , Ministry of External Affairs, Government of India，September 1, 2012，https://mea.gov.in/in-focus-article.htm?20441/Sixth+Mekong++Ganga+Cooperation+Meetings, 2019-10-20.

恒河—湄公河合作外长会上提出“外长们同意探讨加强印度和湄公河流域国家在自然资源管理，特别是水和相关资源管理方面的合作”。① 在 2019 年第十届恒河—湄公河合作外长会上，正式提出将“水资源管理”作为恒河—湄公河合作新的合作领域。② 同时，在恒河—湄公河合作行动计划（2019—2022）中对“水资源管理方面的合作”的内容与形式等进行了细化。③ 此外，在 2017 年菲律宾马尼拉举行的第八届恒河—湄公河合作部长级会议的联合声明中，特别强调应加强印度与湄公河地区之间的联通性，拓展印度与柬埔寨、老挝和越南公路建设的互联互通，并将湄公河地区的东西经济走廊和南部沿海经济走廊与印度次大陆连接起来。④

日本在 2009 年首次日本—湄公河合作领导人会议上就提出“绿色湄公河倡议”，强调“促进湄公河水资源管理方面的合作”。⑤ 日本—湄公河合作加强水资源领域合作还受到了越南等湄公河下游国家的推动和支持。2010 年，第二届日本—湄公河合作指出“越南领导人在第一次湄公河—日本首脑会议上强调了促进湄公河水资源管理方面合作必要性”，“领导人

① “Joint Ministerial Statement for the 9th Mekong- Ganga Cooperation Ministerial Meeting in Singapore”, Ministry of External Affairs, Government of India，August 4, 2018，https://www.mea.gov.in/Speeches-Statements.htm?dtl/30237/Joint_Ministerial_Statement_for_the_9th_Mekong_Ganga_Cooperation_Ministerial_Meeting_in_Singapore, 2019-10-20.

② “Joint Ministerial Statement of the 10th Mekong-Ganga Cooperation Ministerial Meeting”, Ministry of External Affairs, Government of India, August 02, 2019, https://mea.gov.in/bilateral-documents.htm?dtl/31713/joint+ministerial+statement+of+the+10th+mekongganga+cooperation+ministerial+meeting, 2019-10-20.

③ “Mekong Ganga Cooperation（MGC）Plan of Action（2019-2022）”, Ministry of External Affairs, Government of India, August 2, 2019，https://mea.gov.in/bilateral-documents.htm?dtl/31712/Mekong+Ganga+Cooperation+MGC+Plan+of+Action+20192022, 2019-10-20.

④ “Joint Ministerial Statement for the 8th Mekong-Ganga Cooperation Ministerial Meeting in Manila, Philippines”, Ministry of External Affairs, Government of India，August 9, 2017, https://www.mea.gov.in/bilateral-documents.htm?dtl/28815/Joint, 2019-10-20.

⑤ “Joint Press Conference by the Leaders of Japan and the Mekong Region Countries following the Mekong-Japan Summit Meeting”, Ministry of Foreign Affairs of Japan, 7 November 2009, http://japan.kantei.go.jp/hatoyama/statement/200911/07mekong_e.html, 2019-05-20.

高度赞赏日本决定支持湄公河委员会（MRC）的洪水和干旱项目”。① 日本—湄公河合作自成立以来一直坚持将水资源领域作为重要的合作领域之一。2019 年第十一届日本—湄公河首脑会议再次指出“我们希望在能源、水资源管理和人力资源开发等领域加深合作，以促进湄公河地区的可持续发展”。② 在“水资源议题”外，日本与中国之间还长期在湄公河地区以经济走廊建设为代表的互联互通领域进行竞争。早在 1998 年亚洲开发银行提出在湄公河地区实施东西、南北、南部三大经济走廊建设计划之初③，日本与中国的分歧和竞争就已显现。日本于 2001 年 7 月向亚洲开发银行

① “Joint Statement of the Second Mekong-Japan Summit”, Ministry of Foreign Affairs of Japan, October 29, 2010, https://www.mofa.go.jp/region/asia-paci/mekong/summit02/summit02_js.html, 2019-05-20.

② “The 11th Mekong-Japan Summit Meeting”, Ministry of Foreign Affairs of Japan, November 4, 2019, https://www.mofa.go.jp/s_sa/sea1/page3e_001125.html, 2019-12-30.

③ 南北经济走廊主要指沿着湄公河地区南北轴线的三条路线，即西线：昆明—清莱（泰国）—曼谷（泰国）通过老挝或缅甸；中线：昆明—河内（越南）—海防（越南），与从越南北部到南部的现有 1 号公路相连；东线：南宁—越南河内—经友谊关或防城港—东兴—芒街（越南）。东西走廊从越南的岘港港，经过老挝、泰国，一直延伸到缅甸的毛淡棉港口。它延伸了 1320 公里，与泰国的来兴府（Tak）和彭世洛府的南北经济走廊相交。具体途径节点有：缅甸的毛淡棉；泰国湄索（mae sot）口岸—彭世洛府（Phitsanulok）—孔敬（Khon Kaen）—华欣（Kalasin）—莫达汉府（Mukdahan）；老挝沙湾拿吉（Savannakhet）—丹萨凡（Dansavanh）；越南劳保（Lao Bao）—顺化（Hue）—东河（Dong Ha）—岘港（Da Nang）。南部经济走廊将柬埔寨与泰国的六个省（包括曼谷），越南的四个区域（包括胡志明市）和老挝的六个省相连，并到达缅甸的土瓦县（Dawei）。涵盖以下子走廊的开发，即中线：曼谷—金边—胡志明—头顿；北线：泰国曼谷—柬埔寨暹粒（Siem Reap）—上丁（Stung Treng）—拉达纳基里（Rattanakiri）—O Yadov—波来古（Pleiku）—归仁（Quy Nhon）；南部沿海线：泰国曼谷—叻府（Trat）—柬埔寨戈公（Koh Kong）—贡布（Kampot）—河仙（Ha Tien）—卡茂市（Ca Mau City）—南根（NamCan）；走廊间连接线：柬埔寨西哈努克城（Sihanoukville）—金边（Phnom Penh）—桔胶（Kratie）—上丁（Stung Treng）—Dong Kralor（Tra Pang Kriel）—巴色（Pakse）—沙湾拿吉（savannakhet），将三个南部经济走廊的分线与东西经济走廊相连。近年来，大湄公河次区域合作中各国已同意对南北、东西、南部经济走廊线路进行延伸和拓展。参见“Economic Corridors in the Greater Mekong Subregion”, Greater Mekong Subregion Secretariat, 25 August 2017, https://greatermekong.org/content/economic-corridors-in-the-greater-mekong-subregion, 2019-10-20。

派遣了一个联合特派团。根据特派团的调查结果，日本优先考虑东西经济走廊项目和南部经济走廊项目，① 对中国支持的南北经济走廊建设则选择保持沉默。②2003 年 12 月，日本在与东盟的特别峰会上提出湄公河地区发展的新举措："湄公河地区发展新概念"，宣布将在未来三年内向湄公河国家提供约 15 亿美元的援助，主要用于东西经济走廊建设。③ 因此，有观点认为，中日在湄公河地区的竞争没有比"经济走廊建设"更好的证据。④2008 年 1 月，在日本—湄公河合作（JMC）第一次外长会议上，日本继续强调自身是湄公河地区东西经济走廊等主要基础设施发展不可或缺的合作伙伴。⑤2009 年，在日本—湄公河合作领导人会议上日本表示"将进一步协助建设包括道路和桥梁在内的基础设施，以完成东西经济走廊和南部经济走廊的其余部分"。⑥ 这表明，中日之间关于湄公河地区经济走廊建设的竞争从最初在大湄公河次区域经济合作内较为"隐蔽"的方式开始转移到大湄公河次区域经济合作与日本—湄公河合作的制度间进行。2014 年 11 月，日本在第六届日本—湄公河合作首脑会议

① Sueo Sudo, "Japan's ASEAN Policy: Reactive or Proactive in the Face of a Rising China in East Asia?", *Asian Perspective*, Vol. 33, No. 1, 2009, pp.137-158.

② Masami Ishida, "Evaluating the Effectiveness of GMS Economic Corridors: Why is There More Focus on the Bangkok-Hanoi Road than the East-West Corridor?", 2007, p.1; Sueo Sudo, "Japan's ASEAN Policy: Reactive or Proactive in the Face of a Rising China in East Asia?", *Asian Perspective*, Vol. 33, No. 1, 2009, pp.137-158.

③ Katsumi Uchida and Toshihiro Kudo, "Japan's Policy and Strategy of Economic Cooperation in CLMV", *Economic Research Institute for Asean and East Asia's Research Project*, Vol. 4, 2008.

④ Quang Minh Pham, "ASEAN's Indispensable Role in Regional Construction", *Asia-Pacific Review*, Vol. 22, No. 2, 2015, pp. 82-101.

⑤ "The First Japan-Mekong Foreign Ministers' Meeting", Ministry of Foreign Affairs of Japan, August 1, 2008, https://www.mofa.go.jp/region/asia-paci/mekong/fm0801.html, 2019-05-20.

⑥ "Mekong-Japan Action Plan 63", Ministry of Foreign Affairs of Japan, November 7, 2009, https://www.mofa.go.jp/region/asia-paci/mekong/summit0911/action.html, 2019-05-20.

上提出了“优质基础设施”（Quality infrastructure）的概念①，以此暗示与中国在基础设施建设上强调成本优势的不同。2017 年第九届日本—湄公河合作领导人会议提出“领导人赞扬了湄公河流域各国在促进优质基础设施方面采取的措施，并强调了沿东西经济走廊发展交通基础设施的重要性”。②

湄公河下游倡议在 2009 年成立之初在环境、健康、教育、基础设施四个合作领域的基础上，提出探讨“水资源管理”等新的合作领域。③此后，湄公河下游倡议一直通过加强与湄公河委员会的合作关系积极推进与湄公河国家在水资源领域的合作。为了突破地区外国家的身份限制并强调水资源合作的重要性，美国在 2009 年首次湄公河下游倡议外长会上提议将美国国内的密西西比河与湄公河建立“姐妹河”伙伴关系。④2010 年第十次湄公河下游倡议外长会上，美国提出建立“湄公河水资源数据”的合作倡议（MWDI），强调通过密切与湄公河委员会的合作，在水文数据的生成、分享、分析和应用等方面加强合作，基于科学的决策提供信息，改善湄公河的管理。⑤2019 年 8 月，美国国务卿迈克·蓬佩奥在第十二届湄公河下游倡议上指责中国在湄公河上游的建设活动与湄公河下游地区的干

① “Joint Statement of the Sixth Mekong-Japan Summit”, Ministry of Foreign Affairs of Japan, 12 November 2014, https://www.mofa.go.jp/files/000059391.pdf, 2019-05-20.

② “Joint Statement of the Ninth Mekong-Japan Summit”, Ministry of Foreign Affairs of Japan, November 13, 2017, https://www.mofa.go.jp/files/000312900.pdf, 2019-10-20.

③ “Joint Press Statement of the U.S.-Lower Mekong Ministerial Meeting”, U.S. Department of State, July 23, 2009, https://2009-2017.state.gov/r/pa/prs/ps/2009/july/126377.htm, 2019-05-20.

④ “Joint Press Statement of the U.S.-Lower Mekong Ministerial Meeting”, U.S. Department of State, July 23, 2009, https://2009-2017.state.gov/r/pa/prs/ps/2009/july/126377.htm, 2019-10-20.

⑤ “Lower Mekong Initiative--Master Plan of Action 2016-2020,” The Lower Mekong Initiative, July 31, 2018, https://www.lowermekong.org/sites/default/files/Master % 20Plan % 20of % 20Action % 20to % 20Implement % 20LMI % 202016-2020 % 20 % 282019 % 29.pdf, 2019-10-20.

旱有关，并认为中国正在通过制定新的河流管理规则来削弱湄公河委员会。[①] 这是湄公河地区11个合作制度中第一次一个合作制度的主导成员公开指责非成员国及其主导的合作制度，也是第一次一个合作制度公开挑拨另外两个区域国际制度之间的关系。这表明美国和中国之间在湄公河地区的竞争性制度互动的烈度正在加强。区域互联互通方面，美国并没有选择印度、日本提出的加强湄公河地区东西、南部经济走廊建设的合作路径，而是特别强调了对湄公河地区水电能源等基础设施建设的合作与支持。湄公河下游倡议自成立以后便将基础设施建设作为主要的合作领域予以长期的推进和坚持。2019年8月，美国与日本共同发布了湄公河电力伙伴关系（JUMPP）的联合声明，强调"与湄公河流域国家合作，按照'G20质量基础设施投资原则'，维持和促进更加可持续的能源部门和优质能源基础设施的发展，以满足湄公河人民的需求"，[②] 美国将出资2950万美元用于促进和发展基于可持续发展原则的湄公河区域能源基础设施。[③] 水电等能源基础设施是中国与湄公河地区内五国合作的优势领域，也是中国在特定议题领域相对于地区外大国具有相对地位优势的重要组成。美国加强在该合作领域的角色与作用，将与中国形成直接竞争。

总的来看，印度、日本、美国在特定议题领域拓展影响力的做法给中国在湄公河的利益和国家形象造成了一定的压力。由于中国长期没有在湄公河地区成立自我主导的区域国际制度，在大湄公河次区域经济合

① "Opening Remarks at the Lower Mekong Initiative Ministerial", U.S. Department of State, August 1, 2019, https://www.state.gov/opening-remarks-at-the-lower-mekong-initiative-ministerial/, 2019-10-20.

② "Joint Statement on the Japan-United States Mekong Power Partnership（JUMPP）", U.S. Department of State, August 2, 2019, https://www.state.gov/joint-statement-on-the-japan-united-states-mekong-power-partnership-jumpp/, 2019-10-20.

③ "Strengthening the U.S.-Mekong Partnership", U.S. Department of State, August 2, 2019, https://www.state.gov/strengthening-the-u-s-mekong-partnership/, 2019-10-20.

作内也未承担领导性角色。因此，中国在应对三国在这些议题领域的竞争性制度互动时，更多只能被动跟随。直到2015年澜湄合作制度的成立，中国才开始逐渐拥有在水资源开发管理、地区互联互通建设等领域与印度、日本、美国等地区外大国平等竞争的机会和平台。2016年3月，在澜湄合作首次领导人会议上，中国正式提出将水资源作为优先合作领域之一，强调"通过各种活动加强澜湄国家水资源可持续管理及利用方面合作"，并在中国建立澜湄水资源合作中心。① 中国作为湄公河上游国家，曾被认为对流域水资源管理缺乏兴趣。但在印度、日本、美国竞相拓展水资源领域影响力的背景下，中国正在以更加积极的态度参与湄公河地区水资源合作。为了加强与日本在地区互联互通中的竞争，中国也在澜湄合作中将互联互通列为优先合作领域。2018年1月举行的第二次澜湄合作领导人会议还提出"探索在该地区建立经济走廊的可能性，以促进澜沧江—湄公河国家之间的全面联通"。② 由于印度、日本、美国与中国之间在水资源、区域互联互通等特定议题领域存在天然的地位差距，三国在各自成立的区域国际制度内均将相关领域作为自身的主要合作内容，并与中国参与和主导成立的区域国际制度之间形成竞争性互动，以此提升相对于中国在特定议题领域的地位。中国在2015年以前只能被动跟随三国在这些议题领域发起的竞争。2015年以后，中国开始拥有了新的平台对印度、日本、美国在水资源、区域互联互通等议题领域的竞争进行积极应对。这种竞争性互动的结果，部分导致了四国之间在湄公河地区成立的区域国际制度在合作领域出现了高度的相似和重叠。

---

① 《澜沧江—湄公河合作首次领导人会议三亚宣言》，《人民日报》2016年3月24日。

② "Phnom Penh Declaration of the Second Mekong-Lancang Cooperation（MLC）Leaders' Meeting 'Our River of Peace and Sustainable Development'", Press and Quick Reaction Unit Phnom Penh, Cambodia, 11 January, 2018，http://pressocm.gov.kh/en/archives/21699, 2019-10-20.

二、合作性互动

印度、日本、美国、中国在湄公河地区区域国际制度中的合作性互动主要体现在两个方面：一是与已有区域国际制度建立合作关系；二是与越南、泰国成立的区域国际制度形成发展伙伴。

（一）与已有区域国际制度建立合作关系

新的制度比较老的制度从制度互动中受益更多。① 新成立的区域国际制度一般都有动力与已有的制度之间加强合作。大湄公河次区域经济合作和湄公河委员会是成立时间最早、成效最显著的两个区域国际制度。大国在湄公河地区新成立的合作制度一般均会强调与这两个已有制度建立合作关系，通过与已有制度加强合作提升自我在湄公河地区制度互动中的合法性和影响力。

恒河—湄公河合作对与已有区域国际制度建立合作关系相对消极，一直到 2018 年才提出印度有兴趣成为湄公河委员会（MRC）的合作伙伴，印度中央水务委员会和湄公河委员会可以与流域国家分享他们在水资源信息管理方面的专业知识。②

日本—湄公河合作在与湄公河地区已有制度进行合作关系方面最为积极。2009 年，日本—湄公河合作领导人会议上分别列举了湄公河委员会、东盟—湄公河流域开发合作、大湄公河次区域经济合作、伊洛瓦底江—湄南河—湄公河三河流域经济合作战略、恒河—湄公河合作以及美国启动的

① Joel A. C. Baum and Christine Oliver, “Institutional linkages and organizational mortality”, *Administrative science quarterly*, 1991, pp.187-218.

② “Joint Ministerial Statement for the 9th Mekong- Ganga Cooperation Ministerial Meeting in Singapore”, Ministry of External Affairs, Government of India, August 04, 2018, https://www.mea.gov.in/Speeches-Statements.htm?dtl/30237/Joint_Ministerial_Statement_for_the_9th_Mekong_Ganga_Cooperation_Ministerial_Meeting_in_Singapore, 2019-10-20.

湄公河下游倡议等区域合作制度，强调日本—湄公河合作将与上述制度加强合作，以促进湄公河地区的发展和繁荣。①

湄公河下游倡议与已有区域国际制度建立合作关系主要是通过美国密西西比河委员会与湄公河委员会建立“姐妹河”伙伴关系，以加强水资源领域合作为主要目的。2010 年湄公河下游倡议提出建立“湄公河水资源数据”后，与湄公河委员在分享数据、改进洪水和干旱预报等方面的合作变得更加直接、密切。② 美国甚至将密西西比河委员会和湄公河委员会之间独特的“姐妹河”合作伙伴关系视为湄公河下游倡议（LMI）的核心。③ 同时，在美国推动下，于 2011 年 7 月举行的首届湄公河下游之友（Friends of the Lower Mekong）部长级会议强调加强与大湄公河次区域经济合作（GMS）的密切协调。

由于印度、日本、美国在湄公河地区合作制度的相关会议，如果不在各自国家举行，都会选择在东盟外长会或东盟峰会期间进行，这给地区外国家加强制度间合作性互动也提供了平台和机会。

澜沧江—湄公河合作在成立之初，也高度重视与湄公河地区已有制度建立合作关系。在 2015 年首次外长会上，澜湄合作强调“秉持开放包容精神，与大湄公河次区域经济合作、东盟—湄公河流域开发合作（AMBDC）和湄公河委员会等现有次区域合作制度相互补充，协调发展，共同推进区

① “Tokyo Declaration of the First Meeting between the Heads of the Governments of Japan and the Mekong region countries-- Establishment of a New Partnership for the Common Flourishing Future”, Ministry of Foreign Affairs of Japan, November 7, 2009, https://www.mofa.go.jp/region/asia-paci/mekong/summit0911/declaration.html, 2019-10-20.

② “Lower Mekong Initiative--Master Plan of Action 2016-2020”, The Lower Mekong Initiative, July 31, 2018, https://www.lowermekong.org/sites/default/files/Master % 20Plan % 20of % 20Action % 20to % 20Implement % 20LMI % 202016-2020 % 20 % 282019 % 29.pdf, 2019-10-20.

③ “Lower Mekong Initiative FAQ’s”, U.S. Department of State, https://2009-2017.state.gov/p/eap/mekong/faq/index.htm, 2019-10-20.

域一体化进程”。[①] 此后，在2016年和2018年澜湄合作的两次领导人会议上，李克强总理再次强调澜湄合作可以与大湄公河次区域经济合作等既有合作制度相互补充。[②] 澜湄合作成立后，多次向湄公河委员会表达了加强制度间合作的意愿。2019 年 12 月 17 日，澜湄水资源合作中心与湄公河委员会秘书处签署合作谅解备忘录，双方将在“水资源及相关资源开发与管理的经验分享、数据与信息交流、监测、联合评估、联合研究、知识管理和相关能力建设”等领域加强合作。[③] 作为第一步，双方将对 2019 年湄公河流域的干旱和低流量情况的成因和影响等进行联合研究。[④] 澜湄水资源合作中心钟勇主任指出，谅解备忘录的签署将使澜湄水资源合作中心与湄公河委员会秘书处的关系更加紧密，并在区域水资源合作中产生协同作用。[⑤]

（二）与越南、泰国成立的区域国际制度形成发展伙伴

越南和泰国是湄公河地区内的中等国家，两国不仅是印度、日本、美国、中国成立的合作制度中重要的重叠性成员国，更分别在 2000 年前后在湄公河地区建立了自我主导的区域合作制度。越南于 1999 年和 2004 年成立了柬老越发展三角、柬老缅越合作，泰国在 2003 年成立了伊洛瓦底

① 《澜沧江—湄公河合作首次外长会联合新闻公报》，新华网，2015 年 11 月 12 日，http://www.xinhuanet.com//world/2015-11/12/c_1117126335.htm, 2019-10-20。

② 《在澜沧江—湄公河合作首次领导人会议上的讲话》，《人民日报》2016 年 3 月 24 日；《在澜沧江—湄公河合作第二次领导人会议上的讲话》，《人民日报》 2018 年 1 月 11 日。

③ 《澜湄水资源合作中心与湄委会秘书处合作谅解备忘录》，中华人民共和国水利部，2019 年 12 月 23 日，http://www.mwr.gov.cn/ztpd/2019ztbd/lmszybzhy/hycg/201912/t20191224_1375862.html, 2019-12-30。

④ “MRC, Partner Sign Deal for Sustainable Development”, Vietnam News Agency，December 18, 2019，https://en.vietnamplus.vn/mrc-partner-sign-deal-for-sustainable-development/165718.vnp, 2019-12-30.

⑤ “MRC Secretariat, LMC Water Center Ink First MOU for Better Upper-lower Mekong Management”, 18 Dec 2019，Mekong River Commission，http://www.mrcmekong.org/news-and-events/news/mrc-secretariat-lmc-water-center-ink-first-mou-for-better-upper-lower-mekong-management/, 2019-12-30.

江—湄南河—湄公河三河流域经济合作战略。为了部分转让制度运营的成本，两国一直以“发展伙伴”的形式积极拓展与大国之间合作制度的合作性互动。大国与中等国家之间虽有一定的地位竞争，但并不会形成地位困境。通过与中等国家的合作制度建立“发展伙伴”，不仅能争取其作为重叠的成员国加强对大国主导的合作制度的支持度和向心力，还能在合作制度之间形成合作性互动。因此，越南和泰国成立的区域合作制度也成为大国之间竞相争取的合作对象。

直到2019年以前，印度一直没有在恒河—湄公河合作框架下提出自己与其他合作制度建立发展伙伴的计划。但在2019年的第十届恒河—湄公河合作外长会上，首次明确提出“欢迎印度作为发展伙伴加入伊洛瓦底江—湄南河—湄公河三河流域经济合作战略”，并强调两个合作制度之间将讨论和确认潜在的联合执行优先项目。①

日本一直是柬老越发展三角的主要发展伙伴。在2008年首次日本—湄公河外长会上，日本宣布通过日本—东盟一体化基金（JAIF）向柬老越发展三角提供2000万美元资助，并将其简写为“CLV+J”。②2010年，日本—湄公河首脑会曾对与泰国、越南主导的三个合作制度的关系进行了较为清晰和准确的界定，强调“日本愿意继续协助发展柬老越发展三角”，同时“湄公河地区国家领导人要求日本与柬老缅越和伊洛瓦底江—湄南河—湄公河三河流域经济合作战略加强项目合作”③。但有迹象表明，从

① “Joint Ministerial Statement of the 10th Mekong-Ganga Cooperation Ministerial Meeting”, Ministry of External Affairs, Government of India, August 2, 2019, https://mea.gov.in/bilateral-documents.htm?dtl/31713/joint+ministerial+statement+of+the+10th+mekongganga+cooperation+ministerial+meeting, 2019-12-30.

② “Chair’s Statement Mekong-Japan Foreign Minister’s Meeting”, Ministry of Foreign Affairs of Japan, January 16, 2008, https://www.mofa.go.jp/region/asia-paci/mekong/meet0801.html, 2019-10-20.

③ “Joint Statement of the Second Mekong-Japan Summit”, Ministry of Foreign Affairs of Japan, October 29, 2010, https://www.mofa.go.jp/region/asia-paci/mekong/summit02/summit02_js.html, 2019-10-20.

2017 年开始，日本—湄公河合作调整与泰越主导的三个合作制度的“发展伙伴”关系。2017 年、2018 年的合作文件中已不再出现柬老越发展三角、柬老缅越合作的相关表述，但对伊洛瓦底江—湄南河—湄公河三河流域经济合作的重视程度却在明显增加。2017 年的第九届日本—湄公河领导人宣言表示：“湄公河国家欢迎日本在实施伊洛瓦底江—湄南河—湄公河三河流域经济合作战略（ACMECS）总体规划方面的补充作用。”①2019 年第十一届日本—湄公河合作领导人会议再次强调“湄公河国家的领导人欢迎日本正式成为伊洛瓦底江—湄南河—湄公河三河流域经济合作战略发展合作伙伴，以为实现 ACMECS 总体规划（2019—2023）作出贡献”。②

湄公河下游倡议在 2009 年至 2018 年，与印度一样并没有明确提出自己与其他区域合作制度的发展伙伴合作计划。直到 2019 年 8 月的第十二届部长会议上，关于“加强美国与湄公河伙伴关系”的演讲中，美国才首次明确提出“支持将泰国主导的伊洛瓦底江—湄南河—湄公河三河流域经济合作战略作为发展伙伴，并确保湄公河下游倡议与该制度的目标保持一致”。③

在印度、日本、美国不断加强与越南、泰国成立的区域国际制度之间以发展伙伴为主要形式的合作性互动背景下，2018 年 12 月，中国在澜沧江—湄公河合作第四次外交部长会议上，也首次提出将加强澜湄合作与泰国主导的伊洛瓦底江—湄南河—湄公河经济合作战略的规划对接和协调发展。④

---

① “Joint Statement of the Ninth Mekong-Japan Summit”, Ministry of Foreign Affairs of Japan, November 13, 2017, https://www.mofa.go.jp/files/000312900.pdf, 2019-10-20.

② “Joint Statement of the 11th Mekong-Japan Summit”, Ministry of Foreign Affairs of Japan, November 4, 2019, https://www.mofa.go.jp/files/000535954.pdf, 2019-12-30.

③ “Strengthening the U.S.-Mekong Partnership”, U.S. Department of State, August 2, 2019, https://www.state.gov/strengthening-the-u-s-mekong-partnership/, 2019-10-20.

④ 《澜湄合作第四次外长会联合新闻公报》，新华网，2018 年 12 月 17 日，http://www.xinhuanet.com/world/2018-12/17/c_1123866664.htm, 2019-05-20。

需要补充说明的是，印度、日本、美国、中国在湄公河地区的区域国际制度开展竞争性互动的同时，彼此之间也有一定的合作性互动。主要体现在两个方面：一是印度、日本、美国之间形成以中国为共同地位竞争对手的合作。美国于 2011 年 7 月发起了湄公河下游之友（Friends of the Lower Mekong），在排斥中国参加的同时，广泛邀请湄公河地区内外国家、国际组织代表参加，日本也作为代表参加。近年来美国、日本也积极推动实施所谓的“印太战略”，试图加强与印度的战略合作，共同提升三国在东南亚等地区相对中国的地位和影响力。印太的概念已多次出现在日本—湄公河合作的框架内。三国可能会进一步将印太战略作为动力来源，在湄公河地区加强针对中国的合作性互动。

二是中日之间为了避免制度之间竞争性互动失控，主动释放一定的合作信号。2008 年日本成立日本—湄公河合作以后，在当年就与中国建立了湄公河政策对话机制，协调两国在湄公河地区的互动和利益。在澜湄合作处于构想阶段，尚未举行首次外交部长会议前，日本—湄公河合作在《2015 年新东京战略》中，曾表示“期待与正在构思的澜沧江—湄公河合作机制加强合作”，向中国成立的澜湄合作制度释放合作性互动的信号。① 李克强总理同样在 2018 年 1 月举行的澜湄合作第二次领导人会议上明确表示“对有利于地区发展的倡议和机制都持开放态度”，对包括日本—湄公河合作在内的地区既有合作制度释放了合作信号。②

但应看到，无论是印度、日本与美国之间针对中国的合作性互动，还是中日之间为了避免制度之间竞争性互动失控而进行的合作性互动，都更多是一种试探和形式化的表态，缺乏实质性的合作内容和成果。四个地区内外大国之间的地位困境及其彼此之间的竞争性互动，仍是其在湄公河地

① “New Tokyo Strategy 2015 for Mekong-Japan Cooperation（MJC2015）”, Ministry of Foreign Affairs of Japan，July 4, 2015, https://www.mofa.go.jp/s_sa/sea1/page1e_000044.html, 2019-10-20.

② 《在澜沧江—湄公河合作第二次领导人会议上的讲话》,《人民日报》2018 年 1 月 11 日。

区参与制度互动的主要内容。2019 年 8 月，日本与美国之间建立的湄公河电力伙伴关系（JUMPP）是两国在该地区开展制度间合作性互动的重要尝试，表明两国开始迈出合作性互动的有力步伐。但该合作的规模较小，提出时间较为临近，未来是否会进一步软化美日两国之间在湄公河地区的地位困境，形成有效的合作性互动，或是成为类似湄公河下游之友那样的清谈馆，均有待观察。

第三节　印、日、美、中在湄公河地区制度互动的结果

从印度、日本、美国、中国在湄公河地区的制度互动的内容和形式看，无论是竞争性的，还是合作性的，各方都不以合并或取代其他合作制度为目的，也不寻求推动制度的变迁和功能的演化，是“形式的”制度互动，而非“功能的”制度互动。

四国在湄公河地区建立的制度均排斥其他大国参加，充分表明不仅印度、日本、美国主导建立的制度与中国建立的澜湄合作机制具有竞争性，三国各自成立的合作制度之间也同样具有一定的竞争性。尽管中国由于是地区内大国，三国与中国的地位竞争目的更明显，制度互动的竞争性也更强。但由于印度、日本、美国未能在湄公河地区形成针对中国的强有力合作，在制度能力和意愿上三国成立的制度均不能也不会对澜湄合作制度的存在和发展构成威胁。

2011 年 7 月，美国推动召集澳大利亚、日本、韩国、新西兰的外交部部长和高级代表，以及欧盟部长、亚洲开发银行和世界银行的高级代表与柬埔寨、老挝、越南和泰国举行“湄公河下游之友”部长级会议。2012 年的会议缅甸也作为正式成员参加，唯独排斥湄公河上游的中国参加。从“湄公河下游倡议”到“湄公河下游之友”，美国与中国进行竞争性互动的意图明显，旨在“隔离”中国在湄公河地区的参与和影响。但美国对“湄公河

下游倡议"的资源投入有限，并不是一个有效的湄公河流域治理组织。[①]"湄公河下游之友"则更像一个"清谈馆"。2014年举行了第四次会议后，湄公河下游之友趋于停滞。直到2019年8月，在美国的推动下才与各方发布了《关于加强湄公河下游之友之间协调的联合声明》，试图重新唤醒该对话平台。但总体上，参与湄公河下游之友的成员与美国形成的"合作"是有限的。日本并没有太大的兴趣追求与美国合作推进自己的湄公河政策。[②]正如有学者指出，如果日本被认为是在按照美国的吩咐行事，那么在区域秩序中获取领导力的尝试将更难以实现。[③]美国在2009年成立"湄公河下游倡议"后，在当年的日本—湄公河合作《东京宣言》中日本就强调与"湄公河下游倡议"加强合作。但当美国在2011年发起湄公河下游部长级之友（FLM）会议，试图领导并整合湄公河地区主要利益相关方后，日本对其持谨慎态度，直到2014年日本—湄公河合作外长会议声明中，日本才提到了与湄公河下游之友加强合作。[④]印度则一直没有参加美国发起的"湄公河下游之友"。同样，日本试图加强自身在区域合作中领导地位的意图也会遭到美国的猜疑和限制。例如，1997年8月，日本提出建立亚洲货币基金组织（AMF）的想法，以展示日本成为区域合作领导的自信心。[⑤]但美国坚决反对任何削弱自身在该地区影响力的措施，该建议最终被美国所阻止。[⑥]

---

① Catharin Dalpino, "Both Push and Pull: Japan Steps Up in Southeast Asia", *Comparative Connections: A Triannual E-Journal on East Asian Bilateral Relations*, Vol.19, No.1, 2017, p.128.

② Hidetaka Yoshimatsu, "The United States, China, and Geopolitics in the Mekong region", pp.173-194.

③ Thitinan Pongsudhirak, "Mainland Southeast Asia, ASEAN and the Major Powers in East Asian Regional Order", *Regional order in East Asia: ASEAN and Japan perspectives*, 2007.

④ "The seventh Japan-Mekong Foreign Ministers' Meeting（Summary）", Ministry of Foreign Affairs of Japan, June 30, 2013, http://www.mofa.go.jp/ mofaj/a o/rp/page3 000886.html, 2019-10-20.

⑤ Emilio de Miguel, "Japan and Southeast Asia: From the Fukuda Doctrine to Abe's Five Principles", UNISCI Discussion Paper 32, May 2013, https://revistas. ucm.es/index.php/UNIS/article/viewFile/44792/42219/, 2019-10-20.

⑥ Kishore Mahbubani and Jeffery Sng, *The ASEAN Miracle: A Catalyst for Peace*, pp.131-132.

印度、日本、美国与中国在湄公河地区合作制度的竞争性互动相对明显。但除了在各自成立的制度中进行“相互排斥”以外，主要集中在对重叠性成员国的影响力和水资源、互联互通等议题领域的影响力争夺上。三国与中国的竞争性制度互动的烈度仍相对可控。甚至竞争中同样包含合作。例如，日本于 2008 年 1 月成立了日本—湄公河合作，仅 3 个月以后，中国与日本就举行了首次“湄公河地区政策对话”。[①] 截至 2019 年，两国共举行了 6 次湄公河地区政策对话。[②]

同时，印度、日本、美国、中国均积极与湄公河地区已有区域国际制度建立合作关系，并与湄公河地区内中等国家成立的合作制度形成发展伙伴，这给四国成立的制度提供了较好的制度发展环境，尤其给印度、日本、美国地区外大国成立的制度提供了支持和合法性。加上老挝、缅甸、泰国、柬埔寨、越南作为印度、日本、美国、中国成立的合作制度中重叠的成员国，基于国家利益的最大化考虑，并不愿在四个大国的合作制度之间进行“选择”，进一步增加了印度、日本、美国、中国各自制度的适应性。

因此，印、日、美、中在湄公河地区制度互动的归宿并不会形成制度达尔文主义，而是进一步导致重叠的区域主义。

小　结

在中国角色复位的过程中，印度、美国、日本作为地区外大国，与中国在经济实力、军事实力，以及对老挝、缅甸、泰国、柬埔寨、越南的

① “The First Japan-China Policy Dialogue on the Mekong Region”, Ministry of Foreign Affairs of Japan, April 22, 2008, https://www.mofa.go.jp/announce/event/2008/4/1179410_932.html, 2019-05-20.

② “The Sixth Meeting of the Japan-China Policy Dialogue on the Mekong Region”, Ministry of Foreign Affairs of Japan, September 13, 2019, https://www.mofa.go.jp/s_sa/sea1/page22e_000917.html, 2019-12-30.

对外贸易和投资等四个维度的总体结构性地位上发生了不同程度的地位转移。

特定议题的结构性地位方面，由于中国是地区内国家，相比印度、美国、日本三个地区外国家一直处于优势。为了应对大国在湄公河地区地位转移导致的地位困境，四国先后在湄公河地区成立了自我主导的区域国际制度，并推动形成制度互动。

在总体结构性地位的比较中，印度在四个维度上的实力均弱于中国，但2000年前两国相差的幅度不大。在1998年进行5次核武器爆炸试验的背景下，印度的权力地位一度与中国最为接近。印度于2000年在湄公河地区成立恒河—湄公河合作，是与中国进行地位竞争的"向东看"的重要组成部分，目的是避免中国在湄公河地区取得进一步的"地位"优势。日本在四个维度上的实力曾长期领先中国。但于2010年、2005年、2009年在国内生产总值、军费支出、与湄公河五国的对外贸易三方面均被中国反超，并在此后一直保持相对弱势，这表明日本与中国在2005年至2010年间发生了地位转移。由于发生地位转移的维度最多且涉及经济、军事等国家实力的基础方面，日本的心理落差也相应最大，与中国在湄公河地区形成的地位困境最为严重。日本在2008年成立日本—湄公河合作，将其视为与中国进行地位竞争工具的动力最强，投入的资源、力度也相应最大。美国于2007年前后在对湄公河下游5个国家的对外贸易和投资领域与中国发生了地位转移，但在经济、军事等国家实力的基本方面仍大幅领先中国。美国在2009年成立"湄公河下游倡议"，更像是对地位困境的防御性策略，并无动力为其投入大量的精力和资源。

印度、日本、美国在四个维度的权力比较表明，三国间也曾发生不同程度的地位转移。通过建立主导性的区域国际制度与中国进行地位竞争，是印度、日本、美国在湄公河地区进行竞争性制度互动的主要考量。但同时，三国之间同样存在一定的地位困境。虽然因三国均属地区外国家，地位困境的程度较弱，不会在湄公河地区形成明显的竞争性制度互动予以表现，但却因此抑制了三国在该地区的合作性制度互动。

为了对地位困境进行应对，四国先后在湄公河地区推动和参与了一系列制度互动。竞争性互动主要体现在三个方面：排斥其他大国参加自身主导的区域国际制度；加强对重叠性成员国的影响力和凝聚力；拓展“特定议题领域”的影响力。合作性互动主要体现在两个方面：与已有区域国际制度建立合作关系；与越南、泰国成立的区域国际制度形成发展伙伴。

从这些制度互动的内容和形式看，无论是竞争性的，还是合作性的，各方都不以合并或取代其他合作制度为目的，也不寻求推动制度的变迁和功能的演化，是“形式的”制度互动，而非“功能的”制度互动。印度、日本、美国在针对中国的竞争性制度互动中，也未形成紧密的“合作”和统一的立场。四国之间的地位困境与制度互动同样没有出现制度达尔文主义，而是进一步推动了湄公河地区重叠的区域主义的形成。

第五章 湄公河地区制度互动的系统评估：“峰会年”的视角

竞争的时代可能难以避免，但审慎的选择可以帮助区分竞争和灾难。

——帕特里克·波特（Patrick Porter）

本书第三章和第四章分别从中等国和大国的国家类型，以国家间关系维度为视角，对湄公河地区重叠的区域主义形成的动因和内在规律进行了案例检验。两个案例分别验证了本书提出的以下观点：地位困境主要在同类型国家间形成，制度间的竞争性互动也主要在同类型国家之间出现。但由于时间跨度较大，前文对制度互动的内容、形式、强弱的观察存在一定的限制，且难于集中展现中等国与大国之间区域国际制度的合作性互动。2018年，湄公河地区设置有领导人会议的全部7个合作制度相继举行了峰会，为集中讨论和系统评估该地区的制度互动提供了契机。本章从“峰会年”切入，对2018年湄公河地区区域国际制度的竞争性与合作性互动进行了系统评估，旨在进一步集中讨论中等国与大国之间的制度互动及其系统效应。

第一节 湄公河地区区域国际制度的“峰会年”

2018年1月，澜湄合作机制在柬埔寨金边举行峰会。此后，湄公河地区设置有领导人会晤架构的7个合作制度在一年内均各自举行了峰会。2018年成为湄公河地区制度的“峰会年”。由于峰会周期不同，例如，湄公河委员会（MRC）规定每4年举行一次领导人会议，大湄公河次区域经济合作（GMS）为3年，澜湄合作为2年。总的来看，这样的“峰会年”每隔12年才会出现一次。2018年作为“峰会年”，可以为评估该地区重叠的区域主义提供有效视角。

本章从“峰会年”的视角试图对湄公河地区重叠区域主义的效用与路径进行阐明，在此基础上探索建立一套科学合理的方法体系对湄公河地区合作制度之间的竞争性、合作性互动进行更加集中的梳理和系统评估，进一步展现湄公河地区复杂的“制度互动”。在进一步明确参与制度互动的对象、确定主次的情况下，厘清制度间竞争的主要形式，探寻制度间竞争与合作共存、竞合转换的内在机理。为进一步检验和明确湄公河地区重叠的区域主义形成的动因、规律提供特定年份时间“横截面”的系统评估与案例检验。

峰会具有权威性和互动性。参与多边合作机制峰会的主体是各个国家的政府首脑或国际组织负责人，属于最高级别的外交形式。由于是面对面交流，相比电话和信件往来等需要付出更多的时间和精力，也更郑重其事。① 峰会主要承担审议合作内容、设置合作议程、制定战略规划等核心职能。② 相比高官会、外长会等其他层级的会晤形式，峰会具有更高的权威性。同时，作为一项复杂的外交活动，峰会前、峰会中和峰会后均有大量的需求和空间为各国各个层级的政府官员和技术专家提供沟通协商和互动博弈的机会。

同一地区功能定位相似、合作成员重叠的合作机制在一年内相继举行

① Peter R. Weilemann, “The Summit Meeting: The Role and Agenda of Diplomacy at its Highest Level”, *Nira Review*, Vol.7, No.2, 2000, pp.16-20.

② 门洪华、王骁：《中国峰会外交（1993—2018）：发展进程、战略评估与未来展望》，《当代亚太》2018年第6期。

峰会形成的"峰会年"，可以将峰会的权威性和互动性形成倍增效应和叠加效应。从"峰会年"入手，不仅可以对湄公河地区单个区域国际制度的整体概况和成员互动进行静态观察和比较，还可以为评估制度之间的竞争与合作提供新的视角。湄公河地区制度竞争与合作受到诸多因素的作用和影响，处于动态发展之中。在不同时间、背景和条件下，单个合作制度的战略定位、合作内容和支撑条件往往各不相同。若采用简单的"峰会"视角，将不同年份、不同的合作制度之间的关系互动进行"错位"和"碎片化"比较，得出的结论很可能存在"系统误差"。"峰会年"是峰会的有机集成，相比后者具有更好的时效性和完整性，可以为评估湄公河地区区域国际制度之间的互动提供有效的观察视角。

目前，在湄公河地区的11个区域国际制度中，7个定期举行峰会，4个举行外长会。是否设置并定期举行峰会体现了各方对该制度的重视程度和资源投入力度，并导致竞争力和影响力的不同。一般而言，定期举行峰会的合作制度其主要出资国和领导国更加重视在湄公河地区的相对地位，参与制度间竞争与合作的意愿、能力更强；反之，则不够重视自身在湄公河地区的相对地位，参与制度间竞争与合作等互动的意愿、能力也更弱。因此，"峰会年"探究湄公河地区制度互动的第一步是将7个定期举行峰会的合作制度作为研究对象（表5.1），4个仅举行外长会的合作制度则予以排除。

表5.1　2018年湄公河地区区域国际制度的峰会举行情况

制度名称与成立时间	峰会周期（年）	2018年峰会时间	峰会届数	主导成员	承办国	参与成员
湄公河委员会（MRC，1957）	4	4月5日	3	无	柬埔寨	老挝、泰国、越南
大湄公河次区域经济合作（GMS，1992）	3	3月31日	6	无	越南	柬埔寨、老挝、泰国、缅甸、中国
柬老越发展三角（CLV，1999）	2	3月31日	10	越南	越南	柬埔寨、老挝

续表

制度名称与成立时间	峰会周期（年）	2018 年峰会时间	峰会届数	主导成员	承办国	参与成员
伊洛瓦底江—湄南河—湄公河三河流域经济合作战略（ACMECS，2003）	2	6 月 15 日	8	泰国	泰国	柬埔寨、老挝、缅甸、越南
柬老缅越合作（CLMV，2004）	2	6 月 16 日	9	越南	泰国	柬埔寨、老挝、缅甸
日本—湄公河合作（JMC，2009）	1	10 月 9 日	10	日本	日本	柬埔寨、老挝、泰国、缅甸、越南
澜沧江—湄公河合作（LMC，2015）	2	1 月 10 日	2	中国	柬埔寨	老挝、泰国、越南、缅甸

资料来源：笔者根据相关资料整理。

“峰会年”评估湄公河地区制度竞合的第二步是将峰会上发布的领导人宣言、未来行动计划等合作文件作为核心的分析文本，通过对制度间竞争与合作的主要特征、测度指标进行讨论和提取，建立相应的分析框架，对湄公河地区制度竞争的烈度、动因和对象等进行系统评估。

在单个制度中，主导国、参与国和峰会承办国因不同的身份和利益，在峰会前、峰会中和峰会后会形成复杂的互动。重叠的成员国可以在不同的合作制度之间发挥桥梁和杠杆作用，推动湄公河地区制度之间形成复杂的竞争与合作。因此，“峰会年”评估湄公河地区制度竞合的第三步是基于峰会的互动性，对中国、日本、越南和泰国四个“关键国家”在单一峰会内和不同峰会间的角色和作用进行探析。

第二节　湄公河地区制度互动的系统评估

行为体之间是否存在竞争或合作是一个需要感知和评估的问题。“感知"在竞争的概念中起着重要作用。即使在竞争对手没有做出回应的情况下，参与者也可能根据对竞争的看法做出决定。① 当行为体 X 将行为体 Y 视为决定其外交政策的"他者"时，竞争就会存在。② 不同行为体之间的竞争是不对称的，需要对相互感知的重要性予以重视，③ 分别进行考察。对于多边合作制度来说，成员构成、合作议题与目标原则是形成各自身份和利益偏好的关键要素，也是感知和评估彼此之间竞争与合作意图、能力的主要维度。

根据在合作制度中对公共产品的消费 / 提供情况，成员构成可以进一步被分为"参与成员"和"主导成员"。国际制度对受益者的非竞争性，来源于国际制度作为公共产品的本质属性。④ 成为"参与成员"是无差别享有制度利益的前提。对于被制度 A 排斥在外的国家，如果建立或参加了制度 B，则 A 与 B 之间更易形成竞争关系。如果被排斥的国家是地区内国家，二者之间的竞争性感知会更明显。从主导成员看，是否为同类型国家是进行竞合信号感知的主要标准。这是因为，国家倾向于在同一等级中竞争固定数量的有利位置，从而形成地位困境，⑤ 即所谓的"一山不容二虎"。同类型的国家通常形成竞争性的关系。在制度间互动的过程中，

---

① Kai Schulze and Verena Blechinger-Talcott, "Introduction Special Issue: Dimensions of Sino–Japanese Rivalry in a Global Context", *The Pacific Review*, Vol.32, No.5, 2019, p.743.

② Miwa Hirono, "Asymmetrical Rivalry between China and Japan in Africa: To what Extent has Sino-Japan Rivalry become a Global Phenomenon?", *The Pacific Review*, Vol.32, No.5, 2019, p.837.

③ Cameron G.Thies, "The Construction of a Latin American Interstate Culture of Rivalry", *International Interactions*, Vol. 34, No. 3, 2008, pp. 231-257; William R. Thompson, "Identifying Rivals and Rivalries in World Politics", *International Studies Quarterly*, Vol. 45, No. 4, 2001, pp. 557-586; Kai Schulze, "Rivalry in the Middle East? Japan's CEAPAD Initiative and China's Rise", *The Pacific Review*, Vol.32, No.5, 2019, pp. 809-830.

④ 李杨、黄艳希：《中美国际贸易制度之争——基于国际公共产品提供的视角》，《世界经济与政治》2016 年第 10 期。

⑤ Xiaoyu Pu, "One Mountain, Two Tigers: China, the United States, and the Status Dilemma in the Indo-Pacific", pp. 25-40.

同类型国家主导成立的制度之间更可能彼此竞争，不同类型国家主导成立的制度之间更可能相互合作。

根据功能和性质的不同，“合作议题”可以进一步分为“议题领域”和“合作内容”。议题领域相互重叠是制度间互动的前提。如果重叠部分是各自的最优先领域，则彼此之间释放竞争信号；如果不是，则为合作信号。重叠部分的占比越多，则关系感知越倾向于竞争；重叠部分占比越少，关系感知越倾向于合作。对合作内容来说，性质是否涉及“高级政治”是感知竞合信号的主要评估标准。安全是稀缺的，国家对安全的考虑迫使经济收益服从于政治利益。① 地区制度将政治、安全等“高级政治”作为合作内容，将对外释放明显的竞争信号；反之，则释放合作信号。

目标原则是观察合作制度自身意图的主要窗口。如果专注于内部事务，表明该合作制度并不寻求参与制度间的竞争与合作；如果涉及非成员国或其他合作制度等外部事务，则表明该合作制度积极参与制度间的竞争与合作。具体而言，如果涉及其他合作制度，释放合作信号；涉及非成员国，则释放竞争信号。

基于上述讨论，本书提出5个系统评估湄公河地区制度竞合的观测指标：(1) 参与成员是否具有排他性；(2) 主导成员是否为同类型国家；(3) 议题领域是否重叠；(4) 合作内容是否涉及“高级政治”；(5) 目标原则是否具有外向性。为了便于比较，根据制度竞合烈度的强弱，笔者又对应提出7个不同层级的定性标准，分别是强合作、(中) 合作、弱合作、和谐、弱竞争、(中) 竞争、强竞争。② 其中，“和谐”是指既没有竞争，也没有合作的关系状态。

---

① [美] 肯尼思·华尔兹：《国际政治理论》，信强译，上海人民出版社2008年版，第111—113页。

② 为了表述简洁，本文将竞合烈度指标的“中合作”“中竞争”对应简化为“合作”“竞争”。

一、参与成员是否具有排他性?

对于合作制度A来说，如果参与成员包含b国，而b又在该地区成立了自己主导的合作制度B，则A与B之间的关系性质为合作。如果A的合作成员不包括b国，则A与B的关系性质为竞争。具体的竞合烈度则根据合作制度A是否有主导国家，以及国家b是否为地区内国家进行判断，两个条件同时满足，烈度为"强"；只满足一个条件，烈度为"中"；两个条件均不满足，则烈度为"弱"。因此，合作制度A与B之间可以排列组合出六种关系类型（图5.1）。如果合作制度A的主导国家a，在同一地区主导成立了合作制度B，即A与B均为同一个国家主导成立，此时A与B的关系为"和谐"。这是因为，无论A与B形成竞争、彼此消耗，还是形成合作、功能定位重叠，都不利于主导国家的利益。如果A与B形成较明显的合作关系，更会引起其他的合作制度及其主导方的猜疑和平衡。因此，两个合作制度的同一个主导国家将致力于减少A与B之间的互动联系，形成差异化的定位和布局，使A与B的关系趋向"和谐"。此外，关于"参与成员是否具有排他性"的讨论是在b国主导成立合作制度B的基础上的，如果合作制度B没有主导国或主导国

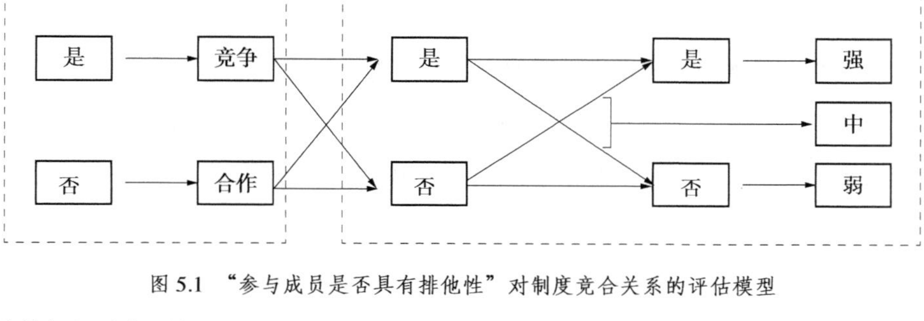

图5.1 "参与成员是否具有排他性"对制度竞合关系的评估模型

资料来源：笔者绘制。

不是 b，制度 A 的参与成员是否排斥国家 b 不能成为 A 与 B 的关系判定标准。

从 2018 年湄公河地区举行峰会的 7 个合作制度看，大湄公河次区域经济合作自身没有主导国家，参与成员不包括日本，但包括中国。因此，日本—湄公河合作对大湄公河次区域经济合作的关系感知为“竞争”。澜湄合作对大湄公河次区域经济合作的关系感知为“合作”。日本—湄公河合作与澜湄合作的参与成员相互排斥对方的主导国，但中国是地区内国家，日本则是地区外国家。因此，日本—湄公河合作对澜湄合作的关系感知类型是“竞争”。澜湄合作对日本—湄公河合作的关系感知类型则是“强竞争”。这三个合作制度的成员均包含湄公河五国，但由这五国主导的合作制度成员均不包括中国和日本。因此，日本—湄公河合作对柬老越发展三角、柬老缅越合作和伊洛瓦底江—湄南河—湄公河三河流域经济合作战略的关系感知为“竞争”，这三个合作制度对日本—湄公河合作的关系感知为“合作”。澜湄合作对柬老越发展三角、柬老缅越合作和伊洛瓦底江—湄南河—湄公河三河流域经济合作战略的关系感知为“强竞争”，三者对澜湄合作的关系感知为“强合作”。柬老越发展三角、柬老缅越合作和伊洛瓦底江—湄南河—湄公河三河流域经济合作战略对大湄公河次区域经济合作和湄公河委员会的关系感知均为“合作”。由于柬老越发展三角和柬老缅越合作的主导国均是越南，因此二者的关系为“和谐”，但二者的合作成员均不包括泰国，而伊洛瓦底江—湄南河—湄公河三河流域经济合作战略的成员包括越南。因此，柬老越发展三角和柬老缅越合作对伊洛瓦底江—湄南河—湄公河三河流域经济合作战略的关系感知为“强合作”，但后者对前两者的关系感知却为“强竞争”。大湄公河次区域经济合作与湄公河委员会均无主导国家，因此二者之间，以及其他合作制度对二者的关系感知均不能依据“参与成员是否具有排他性”进行判定。

二、主导成员是否为同类型国家？

对于合作制度 A 和 B 及其对应的主导国 a 和 b 来说，如果两国同为大国、中等国或小国，则 A、B 的关系性质为竞争，如果 a、b 不是同一类型的国家，则 A、B 的关系性质为合作。竞合烈度主要与国家实力以及国家实力的落差大小有关系。同时，还应注意到，不同规模的国家，彼此竞争和需要的程度也是不同的。综合来看，如果 a、b 同为大国，则 A、B 的关系互为"强竞争"；同为中等国则关系互为"竞争"，同为小国则关系互为"弱竞争"。由于更加重视自己主导的合作制度，对大国来说，与中等国和小国主导的合作制度形成"弱合作"，中等国与小国各自主导的合作制度也是"弱合作"。小国对中等国、中等国对大国均有一定的援助需求，因此合作制度之间的关系为"合作"。由于小国对大国的需求最大，大国能为小国提供的支持也最多，此时 A、B 的关系为"强合作"（图 5.2）。

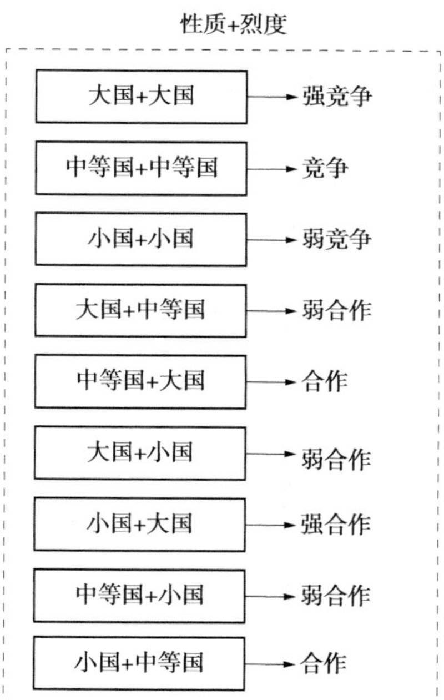

图 5.2 "主导成员是否为同类型国家"对制度竞合关系的评估模型

资料来源：笔者绘制。

理论上，从大国、中等国、小国在"主导成员是否为同类型国家"中可以形成 9 类关系组合。但从 2018 年举行峰会的 7 个合作制度看，主导成员只有中国、日本、越南和泰国四个国家。其中比较而言，中国和日本是大国，越南和泰国是中等国。因此，中国主导的澜湄合作与日本主导的日本—湄公河合作的关系为"强竞争"。泰国主导的伊洛瓦底江—湄南河—湄公河三河流域经济合作战略与越南主导的柬老越发展三角合作、柬老缅越合作的关系为“竞争”。澜湄合作、日本—湄公河合作与伊洛瓦底江—湄南河—湄公河三河流域经济合作战略、柬老越发展三角合作、柬老缅越合作的关系为“弱合作”。三者对澜湄合作、日本—湄公河合作的关系则为“合作”。

三、议题领域是否重叠?

对于合作制度 A 和 B 来说，如果议题领域不重叠，表明二者之间缺乏互动，A、B 的关系互为“和谐”。如果 A、B 的议题领域相互重叠，则看“重叠部分是否为该合作制度最优先的合作领域”，如果是，则两个合作制度之间的关系性质为竞争；反之，关系性质则为合作。竞合烈度主要与重叠数量的多少以及重叠部分占自身议题领域总量的多少有关。议题领域重叠的数量越多、重叠部分占自身议题领域总量越多，竞合烈度越强；反之，则越弱（图 5.3）。但应注意，对于最优先合作领域涉及政治和安全的合作制度，应主要通过“合作内容是否涉及‘高级政治’”进行评估。

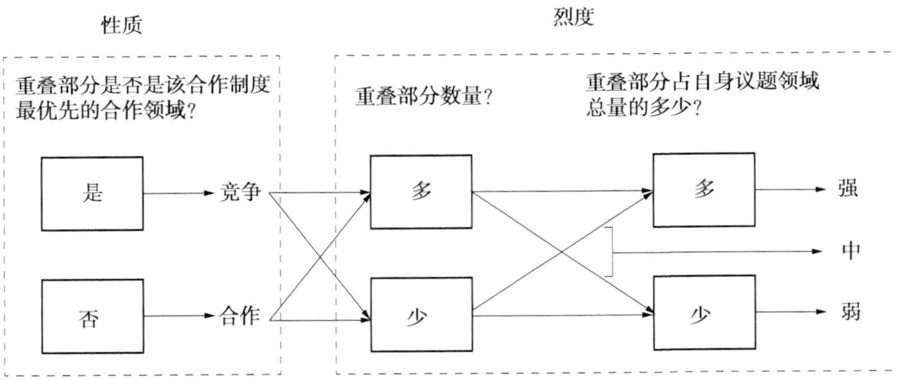

图 5.3 “议题领域是否重叠”对制度竞合关系的评估模型

资料来源：笔者绘制。

由于湄公河地区制度涉及的具体议题领域较多，为了便于比较，本书将其简化合并为四大类：经济合作、社会人文、水资源与可持续发展、政治安全。从 2018 年举行峰会的 7 个合作制度看，澜湄合作、日本—湄公河合作、大湄公河次区域经济合作、伊洛瓦底江—湄南河—湄公河三河流域经济合作战略、柬老缅越合作的最优先合作领域都是"互联互通"，即经济合作。因此，它们彼此之间的关系性质是"竞争"。但澜湄合作与日本—湄公河合作的细分合作领域最多，彼此之间互为"强竞争"。澜湄合作与日本—湄公河合作对大湄公河次区域经济合作的关系感知为"竞争"，后者对前两者的关系感知为"强竞争"。澜湄合作、日本—湄公河合作对伊洛瓦底江—湄南河—湄公河三河流域经济合作战略、柬老缅越合作的关系感知为"弱竞争"，后两者对澜湄合作、日本—湄公河合作的关系感知为"竞争"。大湄公河次区域经济合作对伊洛瓦底江—湄南河—湄公河三河流域经济合作战略、柬老缅越合作的关系感知为"弱竞争"，后两者对大湄公河次区域经济合作的关系感知为"竞争"。柬老越发展三角的最优先合作领域是"制度联通性"（institutional connectivity），即政治合作，因此将在"合作内容是否涉及'高级政治'"中进行评估。

湄公河委员会唯一且最优先的合作领域是"水资源与可持续发展"，与澜湄合作、日本—湄公河合作的议题领域互有重叠，但最优先合作领域不同，因此关系性质为"合作"。同时，湄公河委员会与二者之间议题领域重叠的多少和占比不一致。湄公河委员会的议题领域单一，属于完全重叠，对澜湄合作、日本—湄公河合作的关系感知为"合作"。澜湄合作、日本—湄公河合作的议题领域较多，重叠部分为各自的四分之一，与湄公河委员会的关系为"弱合作"。

四、合作内容是否涉及"高级政治"？

对于合作制度 A 和 B 来说，如果合作内容涉及政治、安全等"高级政治"（high politics），则彼此之间的关系性质为竞争。进一步考察 A、B 的主导成员 a、b，高级政治的合作内容具有稀缺性，同等规模的国家间不仅利益目标更容易趋同，破坏彼此利益平衡的能力也更接近，"相对收益”带来的好处更明显。国家实力规模相差越大，在多边合作的进程中，高级政治的合作内容越不容易彼此构成威胁（图 5.4）。如果 a、b 为同类型国家，无论其是否同为大国、中等国或小国，A、B 的竞争烈度均为“强”。同时，如果 a、b 为“大国 + 中等国”或“中等国 + 小国”，A、B 的竞争烈度均为“中”。如果 a、b 中一个为大国，另一个是小国，A、B 的竞争烈度则为“弱”。如果 A、B 的合作内容不涉及高级政治，则应返回“议题领域是否重叠”进行关系评估。

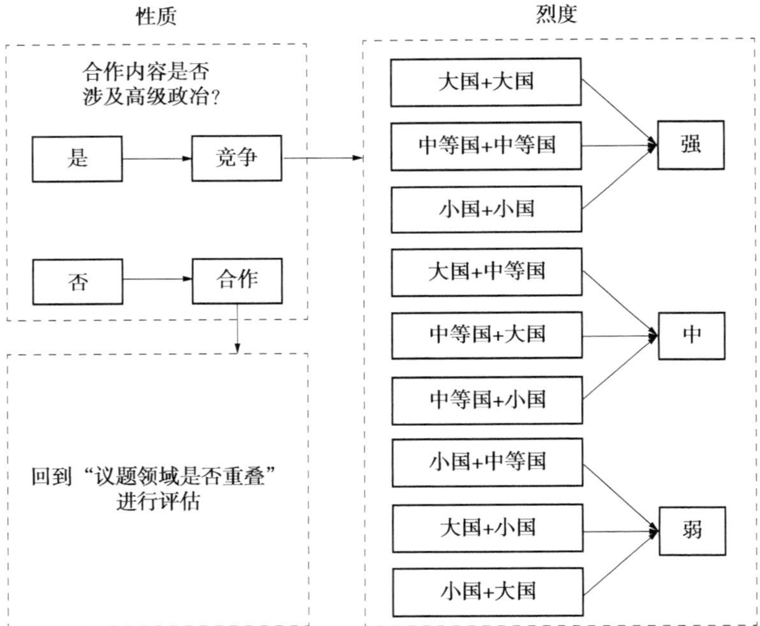

图 5.4 “合作内容是否涉及‘高级政治’”对制度竞合关系的评估模型

资料来源：笔者绘制。

从 2018 年举行峰会的 7 个合作制度看，合作内容涉及“高级政治”的合作制度主要有 3 个，分别是澜湄合作、日本—湄公河合作和柬老越发展三角。澜湄合作将“政治与安全合作”作为主要的合作内容之一。[①] 日

① 《澜沧江—湄公河合作五年行动计划（2018—2022）》，《人民日报》2018 年 1 月 11 日。

本—湄公河合作则强调"促进和深化在共同关心的区域和全球问题上的密切合作"，鼓励湄公河国家参与"实现自由开放的印度太平洋的政策"。①柬老越发展三角明确"支持议会和政府机构之间的交流、对话与合作"，强调"安全和稳定的重要性"。②因此，从评估模型看，三个合作制度之间的关系性质均为竞争。由于中国和日本均为大国，澜湄合作与日本—湄公河合作的关系感知互为"强竞争"。柬老越发展三角的主导国越南属于中等国，因此澜湄合作、日本—湄公河合作与柬老越发展三角的关系感知互为"竞争"。需要注意的是，越南主导的柬老缅越合作在2018年的合作内容中首次强调加强"网络安全"方面的合作。③本书虽没有将其归为"高级政治"的范畴，但后续发展动向仍值得关注。

五、目标原则是否具有外向性？

对于合作制度A来说，如果在目标原则中涉及合作制度B的内容，则B对A的关系感知为"强合作"。如果A在目标原则中涉及排他性成员b国的事务，则B对A的关系感知为"强竞争"。如果A涉及本地区以外其他国家、地区或全球性的事务，则需进一步观察合作制度B是否有主导国家。如果B有主导国家，则B对A关系感知为"竞争"。如果B

① "Tokyo Strategy 2018 for Mekong-Japan Cooperation", Ministry of Foreign Affairs of Japan, October 9, 2018, https://www.mofa.go.jp/files/000406731.pdf, 2019-05-20.

② "Cambodia, Laos, Vietnam Vow to Further Deepening Comprehensive Cooperation", Nhan Dan Online, March 31, 2018, https://en.nhandan.com.vn/politics/item/5993302-cambodia-laos-vietnam-vow-to-further-deepening-comprehensive-cooperation.html, 2019-05-20.

③ "Outcomes of the 8th Ayeyawady-Chao Phraya-Mekong Economic Cooperation Strategy Summit（8th ACMECS）and the 9th Cambodia-Laos-Myanmar-Vietnam Summit（9th CLMV）", Open Development Cambodia, June 25, 2018, https://opendevelopmentcambodia.net/announcements/outcomes-of-the-8th-ayeyawady-chao-phraya-mekong-economic-cooperation-strategy-summit-8th-acmecs-and-the-9th-cambodia-laos-myanmar-vietnam-summit-9th-clmv-in-bangkok-thailand/, 2019-05-20.

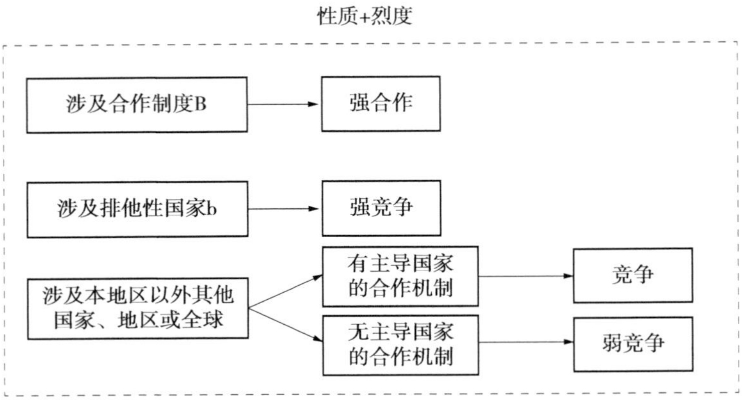

图 5.5 “目标原则是否具有外向性”对制度竞合关系的评估模型

资料来源：笔者绘制。

没有主导国家，则 B 对 A 关系感知为“弱竞争”（图 5.5）。

从 2018 年举行峰会的 7 个合作制度看，日本—湄公河合作的参与成员并不包括中国，却将“南海问题”作为合作的目标之一，对中国的核心利益进行干涉。因此，澜湄合作对日本—湄公河合作的关系感知为“强竞争”。日本—湄公河合作的合作原则中强调加强与伊洛瓦底江—湄南河—湄公河三河流域经济合作战略的对接合作，并发布了相应的“项目合作清单”，因此，后者对日本—湄公河合作的关系感知为“强合作”。同时，日本—湄公河合作还在 2018 年东京宣言中强调将加强与大湄公河次区域经济合作的对接合作。① 因此，后者对日本—湄公河合作的关系感知也为“强合作”。此外，日本—湄公河合作将“全球和区域问题”作为合作目标。因此，越南主导的柬老越发展三角和柬老缅越合作，对日本—湄公河合作的关系感知为“竞争”。湄公河委员会对日本—湄公河合作的关系感知为“弱竞争”。大湄公河次区域经济合作的合作原则中强调与“澜湄合作、柬老缅越合作、伊洛瓦底江—湄南河—湄公河三河流域经济合作战略”等加

① “Tokyo Strategy 2018 for Mekong-Japan Cooperation”.

强合作。① 三者对大湄公河次区域经济合作的关系感知为“强合作”。湄公河委员会在合作原则中提到与中国、缅甸等对话伙伴国的合作，同时强调与澜湄合作和大湄公河次区域经济合作进一步开展具体合作。② 后两者对湄公河委员会的关系感知为“强合作”。

澜湄合作在合作原则中强调“反对外部势力干涉地区国家内政”，同时“与现有次区域机制相互补充、协调发展”，③ 但并未清晰指明合作对象的信息，并不主动寻求与其他合作制度的竞争或合作。伊洛瓦底江—湄南河—湄公河三河流域经济合作战略、柬老越发展三角、柬老缅越合作的目标原则中也均未涉及其他的合作制度或国家，内向性较为明显。

表 5.2 “峰会年”湄公河地区制度竞合的评估结果

竞合类型	参与成员是否具有排他性	主导成员是否为同类型国家	议题领域是否重叠	合作内容是否涉及“高级政治”	目标原则是否具有外向性
强合作	CLV-LMC CLMV-LMC ACMECS-LMC CLV-ACMECS CLMV-ACMECS				ACMECS-JMC GMS-JMC LMC-GMS CLMV-GMS ACMECS-GMS LMC-MRC GMS-MRC

① “Joint Summit Declaration: 6th GMS Summit of Leaders”, Greater Mekong Subregion Secretariat, March 31, 2018, https://www.greatermekong.org/joint-summit-declaration-6th-gms-summit-leaders, 2019-05-20.

② “Siem Reap Declaration”, Mekong River Commission, April 5, 2018, http://www.mrcsummit.org/assets/previous-summits/3rd-summit/0d11506d00/Siem-Reap-Declaration_3rd-MRC-Summit-2018.pdf, 2019-05-20.

③ “Phnom Penh Declaration of the Second Mekong-Lancang Cooperation (MLC) Leaders' Meeting”, January 10, 2018, http://pressocm.gov.kh/wp-content/uploads/2018/01/20180110_Phnom_Penh_Declaration_MLC_ENG.pdf, 2019-05-20.

续表

竞合类型	参与成员是否具有排他性	主导成员是否为同类型国家	议题领域是否重叠	合作内容是否涉及“高级政治”	目标原则是否具有外向性
合作	LMC-GMS CLV-JMC CLMV-JMC ACMECS-JMC	CLV-JMC CLMV-JMC ACMECS-JMC CLV-LMC CLMV-LMC ACMECS-LMC	MRC-JMC MRC-LMC		
弱合作		JMC-CLV JMC-CLMV JMC-ACMECS LMC-CLV LMC-CLMV LMC-ACMECS	JMC-MRC LMC-MRC		
和谐	CLV=CLMV				
强竞争	LMC-JMC LMC-CLV LMC-CLMV LMC-ACMECS	JMC=LMC	JMC=LMC GMS-JMC GMS-LMC	JMC=LMC	LMC-JMC
竞争	JMC-LMC JMC-GMS JMC-CLV JMC-CLMV JMC-ACMECS	CLV=ACMECS CLMV=ACMECS	JMC-GMS LMC-GMS ACMECS-GMS CLMV-GMS	JMC=CLV LMC=CLV	CLV-JMC CLMV-JMC
弱竞争			JMC-CLMV JMC-ACMECS LMC-CLMV LMC-ACMECS		MRC-JMC

说明：1. 由于湄公河地区合作制度的中文名称字数较多，笔者在本表中采用英文首字母缩写代替。其中，GMS：大湄公河次区域经济合作；MRC：湄公河委员会；CLV：柬老越发展三角合作；CLMV：柬老缅越合作；ACMECS：伊洛瓦底江—湄南河—湄公河三河流域经济合作战略；JMC：日本—湄公河合作；LMC：澜湄合作。2. “=”表示双向竞合关系，“-”表示从左向右的单向竞合关系。资料来源：笔者根据分析结果绘制。

从表 5.2 总的评估结果看，湄公河地区制度互动位于“竞争区间”的关系组合略多于“合作区间”，但并不显著。目前仍有不少关系组合位于

"合作"和"强合作"区间。位于"强竞争"和"竞争"的关系组合主要集中在"参与成员是否具有排他性"和"议题领域是否重叠"上，只有澜湄合作与日本—湄公河合作的互动关系稳定居于"强竞争"和"竞争"区间。这表明，湄公河地区制度间的竞争有趋向"两极化"的可能，中国主导的澜湄合作与日本主导的日本—湄公河合作的竞争性最强，且双方对彼此的关系认知最为接近。

仅在"议题领域是否重叠"的评估中，澜湄合作与大湄公河次区域经济合作的关系趋向"竞争"。但澜湄合作与湄公河委员会的互动关系在5个维度的系统评估中，均没有出现"强竞争"和"竞争"。相反，在"议题领域是否重叠"部分，由于二者的优先合作领域存在一定的差异性和互补性，重叠的议题领域相对较少，湄公河委员会对澜湄合作形成了单向的"合作"关系认知。这表明，澜湄合作并没有"四面树敌"。虽然澜湄合作与日本—湄公河合作趋向于"强竞争"，但澜湄合作的目标原则具有内向性，竞争主要由日本—湄公河合作挑起。

泰国主导成立的伊洛瓦底江—湄南河—湄公河三河流域经济合作战略与越南主导成立的柬老缅越合作、柬老越发展三角之间在"主导成员是否为同类型国家"的指标下也是"竞争"关系，表明两国作为湄公河国家，在国家实力上的相近，为两国在湄公河地区制度的竞争提供了某种"结构性因素"。有意思的是，澜湄合作与日本—湄公河合作均对越南主导的柬老越发展三角形成了双向的"竞争"关系认知。这主要是因为柬老越发展三角的合作内容涉及"高级政治"。

从评估结果可以发现，不同的制度之间往往会形成不对称的竞合关系认知。有时两种不同的关系认知之间差异性还很大。例如，在"参与成员是否具有排他性"的评估中，澜湄合作对柬老越发展三角、柬老缅越合作、伊洛瓦底江—湄南河—湄公河三河流域经济合作战略形成了单向的"强竞争"认知。但由于澜湄合作的参与成员包括越南和泰国，因此，这三个合作制度对澜湄合作的关系认知为"强合作"。

第三节 “关键国家”在“峰会年”中的互动

在2018年湄公河地区举行峰会的7个区域国际制度中，除了湄公河委员会和大湄公河次区域经济合作没有主导国家，其他5个合作制度分别由中国与日本两个地区内外大国、越南与泰国两个地区内中等国家发挥主导作用。同时，这四国也以不同身份和形式在湄公河地区其他区域国际制度中发挥影响，为该地区制度间竞争性与合作性互动提供重要的推动力。

一、中国

中国是澜湄合作的主导国，也是大湄公河次区域经济合作的成员国，还是湄公河委员会的对话伙伴国。2018年1月10日，中国与柬埔寨作为共同主席国在柬埔寨金边主持了澜湄合作第二次领导人峰会。金边峰会与三亚峰会间隔不足两年。大湄公河次区域经济合作前两次峰会都是在12月份举行，此次却推迟到第二年的3月31日。澜湄合作与大湄公河次区域经济合作峰会周期的相对“缩短”和“延长”不仅表明澜湄合作致力于在峰会举办时间上占据主动，更可能是中国与相关国家在峰会的举办时间上形成了某种形式的协调。

从筹备过程看，中国在澜湄合作金边峰会前不到一个月的时间里，分别同柬埔寨、老挝和缅甸签署了澜湄合作专项基金项目协议，积极向成员国释放善意，为即将举行的峰会“暖场”。柬埔寨申报、获批项目最多，[①] 可以被部分解读为峰会承办国的积极示范，以及中国对峰会承办国辛勤工作的感谢。类似的，在2016年3月三亚峰会举行前一周，中国通

---

① 《驻柬埔寨大使熊波同柬外交大臣布拉索昆共同签署2017年度澜湄合作专项基金柬方项目协议》，中华人民共和国驻柬埔寨王国大使馆，2017年12月21日，http://kh.china-embassy.org/chn/dssghd/t1521386.htm, 2019-05-20。

过景洪水电站对湄公河下游实施应急补水，也被部分解读为与澜湄合作有关。①2018 年 4 月，在湄公河委员会暹粒峰会举行前夕，中国提前 5 天向其提供了从景洪水库向湄公河下游排水的水文信息通报。作为业已建立的沟通机制，通过峰会前释放善意，表明中国将继续与湄委会加强合作。②

从参会人员看，中国对澜湄合作和大湄公河次区域经济合作的定位进行了一定调整。澜湄合作金边峰会由国务院总理李克强出席，大湄公河次区域经济合作峰会则改由时任国务委员兼外交部部长王毅参加。此举具有一定的象征意义，表明湄公河地区制度之间在参会领导人身份上存在"竞争"，且这种竞争在"峰会年"表现得更加明显。虽然这种调整是否将成为"惯例"并反映中国对澜湄合作和大湄公河次区域经济合作不同的参与策略还需进一步观察，但几乎可以预见，未来在澜湄合作与大湄公河次区域经济合作每隔 6 年相遇一次的"小峰会年"，如果中国不是恰巧成为大湄公河次区域经济合作的峰会承办国，将很可能不会再由国务院总理出席该合作制度的峰会。

从峰会内容看，提升澜湄合作的凝聚力、与大湄公河次区域经济合作齐头并进、与湄公河委员会加强合作逐渐成为中国参与湄公河地区机制竞合的基本策略。金边峰会的一个重要特点是，强调"坚持不干涉别国内政"，③同时，通过设计澜湄合作徽标及其他澜湄标志等，④加强集体身份建设。⑤对

① Carl Middleton and Jeremy Allouche, "Watershed or Powershed? Critical Hydropolitics, China and the 'Lancang-Mekong Cooperation Framework'", p.112.

② "China Notified about Discharge of Jinghong Reservoir 5 days in Advance", Mekong River Commission, April 4, 2018, http://www.mrcmekong.org/news-and-events/news/press-release-mrc-escir-3/, 2019-05-20.

③ "Phnom Penh Declaration of the Second Mekong-Lancang Cooperation (MLC) Leaders' Meeting".

④ 《澜沧江—湄公河合作五年行动计划（2018—2022）》。

⑤ Pongphisoot Busbarat, "Grabbing the Forgotten: China's Leadership Consolidation in Mainland Southeast Asia through the Mekong-Lancang Cooperation", *ISEAS Perspective*, Issue 7, 2018, https://iseas.edu.sg/images/pdf/ISEAS_Perspective_2018_7@50.pdf, 2019-05-20.

于大湄公河次区域经济合作，时任国务委员兼外交部部长王毅在峰会讲话上明确强调大湄公河次区域经济合作与澜湄合作等机制“齐头并进”。同时，峰会通过的《区域投资框架》中，近三分之一的合作项目由中方首倡、直接参与或提供资金支持。① 这表明，虽然中国对参会的领导人级别作出一定调整，但并未减少对该机制的实质性支持。对于湄公河委员会，中国延续传统，继续由水利部部长率团参加暹粒峰会，积极表达与其加强合作的意愿，并强调“中国欢迎湄公河委员会及其秘书处在澜湄合作中发挥建设性作用”②。

对于伊洛瓦底江—湄南河—湄公河三河流域经济合作战略，中国虽不是合作成员，但李克强总理专门向其峰会发送贺电，并在致辞中表示希望伊洛瓦底江—湄南河—湄公河三河流域经济合作战略和澜湄合作等相关机制相互促进、优势互补。③ 中国驻泰国大使吕健也受邀参加峰会开幕式。这表明，中国正在尝试与该机制建立合作关系。

二、日本

日本和中国被湄公河国家视为两个主要的经济和战略伙伴。④ 日本长

① 《携手书写次区域发展合作新篇章——在大湄公河次区域经济合作第六次领导人会议上的讲话》，中国外交部网站，2018 年 3 月 31 日，https://www.fmprc.gov.cn/web/gjhdq_676201/gjhdqzz_681964/lhg_682686/zyjh_682696/t1547073.shtml, 2019-05-20。

② “Media Release-Mekong Leaders Reaffirm the Mekong River Commission’s Primary and Unique Role in Sustainable Development of the Mekong River Basin”, Mekong River Commission, April 5, 2018， http://www.mrcmekong.org/news-and-events/news/media-release-mekong-leaders-reaffirm-the-mekong-river-commissions-primary-and-unique-role-in-sustainable-development-of-the-mekong-river-basin/, 2019-04-27.

③ 《中方积极参与三河流域第八届峰会开幕式等活动》，中国外交部网站，2018 年 6 月 17 日，https://www.mfa.gov.cn/web/zwbd_673032/gzhd_673042/t1569505.shtml, 2019-05-20。

④ Vannarith Chheang, “Mekong-Japan Cooperation Enters a New Dimension”, Khmer Times, October 16, 2018, https://www.khmertimeskh.com/540708/mekong-japan-cooperation-enters-a-new-dimension, 2019-10-20.

期参与湄公河地区合作，并从 20 世纪 90 年代至今一直以多种形式参与湄公河地区制度的互动。日本主导成立了日本—湄公河合作，通过亚洲开发银行在大湄公河次区域经济合作中发挥重要影响，通过发展伙伴的身份向湄公河委员会提供资金，并向柬老越发展三角、柬老缅越合作提供援助。可以说，除了澜湄合作，日本对该地区其他的合作制度均能发挥影响。

日本拥有亚洲开发银行最大的投票权和影响力，该行的历任行长均由日本人出任。亚洲开发银行是大湄公河次区域经济合作的发起人、协调人和主要的筹资方。在 2018 年 3 月 31 日举行的峰会上，亚洲开发银行行长中尾武彦出席并致辞，表示将为 2018 年至 2022 年 GMS 框架下的合作项目提供 70 亿美元融资。① 同时，在大湄公河次区域经济合作举行峰会前夕，中尾武彦行长在人民网发表题为《确保大湄公河次区域未来的繁荣》的署名文章，对中国在大湄公河次区域经济合作中作出的积极贡献予以肯定的同时，呼吁各方进一步加强合作。②

湄公河委员会暹粒峰会重申了"在 2030 年实现财务自主"的发展目标，③ 但在该目标实现之前，该机构仍将依赖日本等合作伙伴提供的资金支持。2018 年 6 月，日本国际协力机构（JICA）与湄委会签署合作备忘录，对湄公河下游流域的森林保护和流域管理的联合研究提供支持，并表示JICA将利用自身的知识、技术和资源为湄委会提供协助。④2018 年 7 月，

① "ADB President Congratulates Greater Mekong Subregion on 25 Years of Successful Cooperation", Greater Mekong Subregion Secretariat, March 31, 2018, https://greatermekong.org/adb-president-congratulates-greater-mekong-subregion-25-years-successful-cooperation, 2019-04-27.

② ［日］中尾武彦：《确保大湄公河次区域未来的繁荣》，http://world.people.com.cn/n1/2018/0330/c1002-29899895.html。

③ "Siem Reap Declaration", 2019-04-27.

④ "MRC, JICA Launch a Joint Study on Mekong Forest Conservation for Better Basin Management", Mekong River Commission，June 22, 2018，http://www.mrcmekong.org/news-and-events/news/mrc-jica-launch-a-joint-study-on-mekong-forest-conservation/, 2019-05-20.

日本又向柬埔寨、老挝、越南和泰国等湄委会国家提供约140万美元，支持其改善灌溉设施项目。①

日本对2018年10月举行的第十届日本—湄公河合作峰会予以了格外重视。首先，将日本与湄公河国家的关系提升为战略伙伴关系。在2018年东京战略中，明确提出为纪念日本—湄公河合作10周年，将日本与湄公河国家的关系提升为战略伙伴关系，并将2019年定为“日本—湄公河交流年”。② 其次，强化“双边+多边”的合作形式。在峰会前一天，日本分别与柬埔寨、老挝、泰国和越南举行双边会晤，峰会结束后又与缅甸领导人进行了双边会晤。再次，更加重视与伊洛瓦底江—湄南河—湄公河三河流域经济合作战略的合作关系。在2009年至2016年的日本—湄公河合作峰会中，对伊洛瓦底江—湄南河—湄公河三河流域经济合作战略、柬老缅越合作和柬老越发展三角予以相对平衡的同等重视。但从2017年至今，峰会的联合声明中已不再出现柬老越发展三角、柬老缅越合作的相关信息。在2018年的峰会上，日本更是对与ACMECS的合作关系予以了强调，发布了具体的项目合作清单，③ 推动二者之间合作取得实质性进展。最后，针对中国的意图仍很明显。在峰会文件中，将“南海局势”作为合作目标，向中国和澜湄合作释放“强竞争”信号，如通过继续强调“质量基础设施”（quality infrastructure）与中国进行影响力竞争。此外，日本还将“实现自由开放的印度太平洋地区”作为三个具体合作目标之一，鼓励湄公河国家从中获得可观的利益，④ 并为此有针对性地制定和发布了32项

① “Japan Re-affirms its Support for Mekong Irrigation Facilities Improvement”, Mekong River Commission, July 9, 2018, http://www.mrcmekong.org/news-and-events/news/japan-re-affirms-its-support-for-mekong-irrigation-facilities-improvement/, 2019-05-20.

② “Tokyo Strategy 2018 for Mekong-Japan Cooperation”.

③ “Japan's Ongoing or Possible Cooperation Projects Related to ACMECS Master Plan”, Ministry of Foreign Affairs of Japan, October 9, 2018, https://www.mofa.go.jp/files/000406737.pdf, 2019-05-20.

④ “Tokyo Strategy 2018 for Mekong-Japan Cooperation”.

具体的合作计划。①

三、越南

越南在湄公河地区7个举行峰会的合作制度中均是正式成员。尤其是，越南分别主导成立了柬老越发展三角和柬老缅越合作，是唯一主导成立两个合作制度的国家。在2018年的“峰会年”中，越南主办了柬老越发展三角峰会，承办了大湄公河次区域经济合作的领导人峰会。这种特殊的身份地位表明，越南有非常强的外交能力参与湄公河地区制度之间的竞争与合作。

对于大湄公河次区域经济合作，越南积极邀请中国最高领导人参加峰会。2016年，越南仅由副总理兼外交部部长范平明出席澜湄合作三亚峰会，2018年的金边峰会则改由总理阮春福出席，提高了参会领导人的身份级别。此举可能表明越南加强了对澜湄合作的重视程度，但也可能是两个月后越南就要承办大湄公河次区域经济合作领导人峰会，越南希望能邀请到中国国务院总理出席。在金边峰会与中方领导人会谈的过程中，阮春福正式邀请李克强总理于2018年3月29日至31日访问越南并出席大湄公河次区域经济合作第六次领导人会议。② 越南驻华大使邓明魁在金边峰会落幕的第二天与中国的新闻媒体举行新年见面会时，也对越南政府总理阮春福邀请李克强总理对越南进行正式访问及出席大湄公河次区域经济合作峰会进行宣传。③

---

① “Mekong-Japan Cooperation Projects in Synergy with Japan’s Policy to Realize a Free and Open Indo-Pacific”, Ministry of Foreign Affairs of Japan, October 9, 2018, https://www.mofa.go.jp/files/000406735.pdf, 2019-05-20.

② “PM meets Chinese Counterpart in Phnom Penh”, Vietnam News Agency, January 10, 2018 https://en.vietnamplus.vn/pm-meets-chinese-counterpart-in-phnom-penh/124679.vnp, 2019-05-20.

③ “Vietnamese Ambassador Meets Chinese press”, The World & Vietnam Report, January 12, 2018, http://tgvn.com.vn/vietnamese-ambassador-meets-chinese-press-64077.html, 2019-05-20.

对于湄公河委员会，越南积极邀请缅甸成为正式成员，并通过担任湄委会秘书处首席执行官的越南籍官员发挥影响力。自1996年开始，缅甸和中国就以对话伙伴的身份与湄委会保持合作关系。越南一直希望可以通过吸引缅甸成为正式成员，提高湄委会的影响力和权威性。2018年，越南国会主席阮氏金银、总理阮春福、国家主席陈大光等政府领导人在与缅甸领导人不同场合的会晤中，一再表示“希望缅甸早日成为湄公河委员会的成员”，并将“鼓励缅甸成为湄公河委员会的正式成员”写入越南与缅甸的政府联合声明中。① 由于2016年1月至2019年1月间湄公河委员会秘书处首席执行官由越南籍的范遵潘（Pham Tuan Phan）担任，越南也积极通过这一特殊渠道加强自身在湄委会的影响力。2018年9月13日，越南总理阮春福接见出席2018年世界经济论坛的范遵潘时强调，湄公河委员会应加强与地区内外合作制度之间的协调。范遵潘则表示将加强与越南的协调，推动湄公河流域实现以可持续有效的方式利用河水资源的共同目标。②

对于主导成立的柬老越发展三角和柬老缅越合作，越南一直希望通过这两个合作制度巩固与老挝和柬埔寨的地缘政治联系，并在新、老东盟成员国之间扮演“桥梁”角色。2018年，越南通过将柬老越发展三角与大湄公河次区域经济合作、柬老缅越合作与伊洛瓦底江—湄南河—湄公河三河流域经济合作战略“背靠背”举行峰会的方式，降低资源投入，弱化外界对自己主导的这两个合作制度的竞争性认知。对于泰国主导的伊洛瓦底江—湄南河—湄公河三河流域经济合作战略，越南

① “Vietnam, Myanmar Issue Joint Statement”, Nhan Dan Online，April 20, 2018，http://en.nhandan.com.vn/highlights/item/6065202-vietnam-myanmar-issue-joint-statement.html, 2019-05-20.

② “MRC Official Hails Vietnam’s Contributions”, Vietnam News Agency, September 13, 2018，https://en.vietnamplus.vn/mrc-official-hails-vietnams-contributions/138252.vnp, 2019-05-20.

通过参与改革 ACMECS 的工作机制和议程设置等，① 积极扩大自身影响力。越南还建议将柬老缅越合作与伊洛瓦底江—湄南河—湄公河三河流域经济合作战略进行某种形式的合并，但该建议在成员国之间尚未达成共识。②

需要注意的是，越南对澜湄合作和日本—湄公河合作的态度存在一定"温差"。尽管越南总理阮春福参加了金边峰会，表明越南对澜湄合作的重视程度有所变化，但越南除了在有中国参与的双边和多边场合会提及澜湄合作，在其他的国际场合似乎都在与澜湄合作"保持距离"。2018 年 4 月，越南与到访的缅甸领导人在关于两国关系的联合声明中对彼此参与湄公河地区区域合作制度的立场进行了"协调"，强调与日本—湄公河合作、韩国—湄公河合作、恒河—湄公河合作、湄公河下游倡议、大湄公河次区域经济合作、湄公河委员会、伊洛瓦底江—湄南河—湄公河三河流域经济合作战略、柬老缅越合作加强合作。③ 该声明有两个湄公河地区合作制度没有提及。一个是越南主导成立、成员不包括缅甸的柬老越发展三角，另一个就是澜湄合作。作为湄公河国家中唯一与中国在南海问题上存在争议的国家，越南在第十届日本—湄公河合作峰会期间，与日本首相安倍晋三共同讨论"海上安全以及在南海上空飞行的自由和必要性"，强调"欢迎并支持日本在印度太平洋地区实现经济繁荣"。④

---

① "PM Concludes Trip to Attend ACMECS 8, CLMV 9", Nhan Dan Online, June 16, 2018, http://en.nhandan.org.vn/politics/item/6284202-pm-concludes-trip-to-attend-acmecs-8-clmv-9.html, 2019-05-20.

② "ACMECS and CLMV Need Reforms", Mekong Eye, June 13, 2018，https://www.mekong-eye.com/2018/06/13/acmecs-and-clmv-need-reforms/, 2019-05-20.

③ "Vietnam, Myanmar Issue Joint Statement".

④ "Japan and Vietnam Agree to Cooperate on Security in South China Sea", Kyodo, October 9, 2018, https://www.japantimes.co.jp/news/2018/10/09/national/politics-diplomacy/japan-vietnam-agree-cooperation-secure-peace-south-china-sea/#.XFCL7Gj7Q2w, 2019-05-20.

四、泰国

在2018年举行峰会的7个合作制度中，除了越南主导成立的柬老越发展三角和柬老缅越合作，泰国在其他5个合作制度中均是正式成员。泰国主导成立的伊洛瓦底江—湄南河—湄公河三河流域经济合作战略是湄公河地区唯一一个仅由5个湄公河国家组成的合作制度。泰国还最早提出加强澜湄次区域合作的设想，[①] 间接推动了澜湄合作机制的成立。近年来，泰国国内的政治局势趋于稳定，正试图振兴伊洛瓦底江—湄南河—湄公河三河流域经济合作战略。一是理顺和整合与越南主导的柬老越发展三角、柬老缅越合作之间的互动关系，加强合作、弱化竞争；二是加强对伊洛瓦底江—湄南河—湄公河三河流域经济合作战略的资源投入，提升影响力；三是以拓展发展伙伴（Development partner）为纽带，试图以自我为中心，与湄公河地区各个合作制度建立合作关系。

首先，泰国推动伊洛瓦底江—湄南河—湄公河三河流域经济合作战略第八次峰会与第九次柬老缅越合作峰会在曼谷“背靠背”举行，凸显二者之间的“合作”，弱化柬老缅越合作因成员不包括泰国所形成的竞争性印象。通过给予越南在伊洛瓦底江—湄南河—湄公河三河流域经济合作战略一定的影响力，增强该合作制度在湄公河国家中的凝聚力。其次，泰国在伊洛瓦底江—湄南河—湄公河三河流域经济合作战略峰会上，宣布启动酝酿已久的《2019—2023总体规划》，进一步改革合作架构，并提出建立ACMECS基金、ACMECS基础设施基金和信托作为支持本地区项目的金融机制的倡议，[②] 进一步增强泰国在该合作制度中的主导地位，提升该合作制度在湄公河地区的重要性和影响力。最后，泰国努力维持在日本和中

① 《在澜沧江—湄公河合作首次领导人会议上的讲话》，《人民日报》2016年3月24日。

② “Outcomes of the 8th Ayeyawady-Chao Phraya-Mekong Economic Cooperation Strategy Summit（8th ACMECS）and the 9th Cambodia-Laos-Myanmar-Vietnam Summit（9th CLMV）”.

国之间的关系平衡，在澜湄合作和日本—湄公河合作中试图保持中立，既强调希望看到日本和中国在湄公河地区进行项目合作，① 也欢迎日本和中国为伊洛瓦底江—湄南河—湄公河三河流域经济合作战略提供支持。既表示中国是三河流域机制的坚定支持者，② 也邀请日本成为该合作制度的发展伙伴。③

小 结

2018 年是湄公河地区制度的"峰会年"，可以为观察和评估该地区重叠的区域主义提供有效视角。通过提出参与成员是否具有排他性、主导成员是否为同类型国家、议题领域是否重叠、合作内容是否涉及"高级政治"、目标原则是否具有外向性 5 个维度，对 2018 年湄公河地区举行峰会的 7 个合作制度进行系统评估，并对中国、日本、越南和泰国四个关键国家进行案例分析，本章发现：湄公河地区制度间的竞争存在被显著夸大的倾向；澜湄合作与日本—湄公河合作是主要的竞争对象，但澜湄合作是被动跟随而非主动挑起竞争；越南主导成立的柬老越发展三角、柬老缅越合作与泰国主导成立的伊洛瓦底江—湄南河—湄公河三河流域经济合作战略也相互竞争，且后者正在取得优势；澜湄合作与大湄公河次区域经济合作、湄公河委员会的竞争关系被夸大了，三者之间并不存在"优胜取代"或"淘汰退出"的互动逻辑。整体上，湄公河地区设置有峰会的 7 个合作制度之间的竞争性和合作性互动均不以合并或取代其他合作制度为目的，

① "Japan and Mekong Countries to Boost Economic Cooperation", Nikkei Asian Review, October 9, 2018, https://asia.nikkei.com/Politics/International-Relations/Japan-and-Mekong-countries-to-boost-economic-cooperation, 2019-05-20.

② 张志文、赵益普、林芮：《我们与中国拥有共同的目标》，《人民日报》2018 年 6 月 18 日。

③ "Japan-Thailand Summit Meeting", Ministry of Foreign Affairs of Japan, October 8, 2018, https://www.mofa.go.jp/page4e_000942.html, 2019-05-20.

也不寻求推动制度的变迁和功能的演化，是“形式的”制度互动，而非“功能的”制度互动。这些合作制度之间的互动并不形成制度达尔文主义，而是导致湄公河地区形成重叠的区域主义。

中国在2018年12月澜湄合作第四次外长会议的新闻公报中明确提出，“同东盟、伊洛瓦底江—湄南河—湄公河三河流域经济合作战略和大湄公河次区域经济合作、湄公河委员会等区域、次区域合作制度协调发展”，①与前三次外长会以及包括金边峰会在内的两次峰会中只是模糊地提到“与其他次区域机制相互促进、协调发展”形成了对比，表明澜湄合作正在以更加积极的态度参与湄公河地区制度互动，主动向相关区域国际制度释放更加清晰的合作信号。中国在湄公河地区具有重要利益，且在该地区具有重要的影响力。澜湄合作的成立标志着中国开始加速在湄公河地区的领导力复位。中国如何看待澜湄合作与大湄公河次区域经济合作、湄公河委员会等既有合作制度的关系，有序融入和引导与中等国、大国之间区域制度互动，将成为防止湄公河地区区域制度进一步重叠性扩张的关键。

① 《澜湄合作第四次外长会联合新闻公报》，新华网，2018年12月17日，http://www.xinhuanet.com/world/2018-12/17/c_1123866664.htm，2019-05-20。

结　论

谈谈总比打打好（To jaw-jaw is always better than to war-war）

——温斯顿·丘吉尔（Winston Churchill）

本书的研究问题是：为什么由6个国家组成的湄公河地区，却在1992年至2019年27年内陆续建立了11个合作成员、议题领域高度重叠、拥堵的区域国际制度？其背后的动因和驱动机制是什么？

通过构建“地位困境、制度互动与重叠的区域主义”的理论分析框架，对1992年至2019年湄公河地区区域国际制度的发展历程与相关国家的角色作用进行事实梳理和案例分析，本书发现：湄公河地区内中等国家之间、地区内外大国之间面临“一山不容二虎”式的地位困境，成立各自主导的区域国际制度、推动制度互动可以形成平行或嵌套的地位供给和分配，缓解各国的地位困境，并最终导致该地区形成重叠的区域主义。具体而言，本书主要得出以下几点结论。

1. 地位困境主要在同类型国家之间形成

国家间的地位竞争一般更可能在地位相近或相邻的国家之间形成。理性的国家不会过早地去防范一个在遥远未来才可能出现的地位竞争对手。地位相差悬殊的国家之间，既没有将对方锁定为地位竞争对手的意愿，也没有有效开展地位竞争的能力。如果一个行为体比另一个行为体强大得多，二者之间尽管理论上不能排除竞争，但实践中二者之间的竞争却不太可能。[①] 强大的行为体不容易感受到地位竞争的威胁，弱小的行为体则从理性的角度反复掂量与强大行为体之间进行地位竞争的成本和收益。国家之间的地位和综合实力存在天然的差别。对于参加区域合作的国家来说，有必要依据国家规模和能力的不同将其划分为大国、中等国、小国等基本类型。大国一般只会与大国进行地位竞争并彼此形成地位困境。同理，中等国和小国也倾向于与各自同类型的国家进行地位竞争并形成地位困境。对于参与湄公河地区制度化合作的 10 个国家来说，印度、日本、美国、中国是大国，地位困境主要在这四个国家之间形成。越南、泰国是地区内的中等国，两国之间也最易形成地位困境。韩国是地区外国家，实力地位介于大国与中等国家之间，虽然在本书中被归为中等国家，表明其与泰国、越南之间也会形成一定程度的地位困境。但相较而言，越南与泰国之间实力地位相比两国与韩国之间实力地位更为接近。因此，湄公河地区中等国家之间的地位困境主要出现在越南与泰国之间。柬埔寨、老挝是地区内的小国，两国之间也最易形成地位困境。缅甸在本书中被划分为小国，表明其与柬埔寨、老挝之间也会形成一定程度的地位困境。但相较而言，柬埔寨、老挝之间相比两国与缅甸之间实力地位相差幅度最小。因此，湄公河地区小国之间的地位困境主要出现在柬埔寨与老挝之间。

2. 成立区域国际制度、推动形成制度互动可以为国家之间克服地位困境、开展地位竞争提供工具理性

区域国际制度具有一定的权力属性，不仅可以为维持地区的和平与稳定、繁荣与发展等作出积极贡献，阻止行为者破坏多边秩序，[②] 也因其是受国家支配，从而可以成为国家间地位竞争的工具。相关国家可以通过公

---

① Kentaro Sakuwa and William R. Thompson, “On the Origins, Persistence and Termination of Spatial and Positional Rivalries in World Politics: Elaborating a Two-Issue Theory of Conflict Escalation”, pp. 203-225.

② Christopher M. Dent, “The Asia-Europe Meeting and Interregionalism: Toward a Theory of Multilateral Utility”, *Asian Survey*, Vol.44, No.2, 2004, pp.213-236.

共产品的提供和消费，在国家间形成领导者和追随者的关系结构，从而在相对封闭的多边环境内形成地位的分配。单一制度内很难同时存在多个领导性角色，不能满足多个类型国家对“地位”的需要。通过领导成立或参与新的区域国际制度，可以增加“地位”的供给，为相关国家提供或平行或嵌套的“地位”。因此，不同类型的国家间倾向于建立多个区域国际制度，并通过推动制度互动满足自身对于地位的竞争性需求。在湄公河地区，以印度、日本、美国、中国为代表，大国之间的地位困境表现为“一山不容二虎”，拒绝加入其他大国领导的区域国际制度，或排斥与其他大国分享单一区域国际制度的领导权。以越南与泰国为代表，中等国家之间的地位困境表现为“宁为鸡口，毋为牛后”，既彼此相互竞争，又与大国领导的区域国际制度保持适当距离。以老挝与柬埔寨为代表，小国之间的地位困境表现为参加大国和中等国家领导的区域国际制度，在其中推动形成符合自身利益偏好的议题设置和优先排序。

3. 地区内大国的角色变迁与重叠的区域主义之间具有较强的相关性

区域国际制度的建立和运营需要相应的成本。理论上，地区内大国在国家实力上具有突出优势，可以在区域合作中提供公共产品，扮演领导角色。如果地区内大国的角色缺位，则地区治理所需的公共产品可能会供给不足。地区内中等国家通过承担一定的公共产品支出，可以在与小国的地位格局中扮演领导性角色。但中等国家的实力有限，使其相较大国而言承担区域国际制度运营成本的能力不足，并促使其通过邀请地区外大国以援助、发展伙伴等形式“转移支付”。从而引导地区外大国参与该地区区域合作进程。在地区内大国领导力逐渐复位的过程中，与地区外大国之间的地位和国家实力因发生相对转移，在大国之间形成了地位困境。地区内外大国相继通过领导成立区域国际制度、参与制度互动，对彼此之间的地位困境进行应对。从而在该地区进一步导致新的区域国际制度的重复性建立。在湄公河地区，中国是地区内唯一的大国，在该地区区域主义发展中大致经历了：有限参与（1992—1996年）、被动跟随（1996—2002年）、积极参与（2002—2014 年）、方案提供（2014—2019 年）四个阶段，从初期的领导力缺位逐渐向领导力复位过渡。领导力缺位期间，越南、泰国两个地区内中等国家成立了各自主导的区域国际制度。在领导力复位的过程中，印度、日本、美国等地区外国家又各自领导成立了新的区域国际制度。

4. 中等国与大国之间区域国际制度的合作性互动为重叠的区域主义提供了适应性

同类型国家之间在进行地位竞争的过程中，天然需要不同类型国家的支持与配合。在区域国际制度内部，不同类型的国家之间需要加强制度内的紧密合作，形成"领导—追随"的关系结构，才能为该制度的领导国家提供可与其他同类型国家进行竞争的地位分配。在区域国际制度之间，构建合作性的制度间互动，才能为不同的制度主导国家提供平行或镶嵌的地位供给，从而避免出现"制度达尔文主义"。

在湄公河地区，越南和泰国作为地区内彼此相邻的中等国家，在1997—1998 年亚洲金融危机等事件的冲击和影响下，国家实力发生了有利于越南的相对变化，从而在两国之间形成了一定的地位转移，进而在地位上升者和地位下降者之间形成了地位困境。越南是地位相对上升的一方，有动力通过成立区域国际制度巩固自身取得的地位提升态势，进一步缩小与泰国的地位差距。因此，越南在 1999 年推动成立了柬老越发展三角合作——湄公河地区第一个由单一国家发挥领导性角色成立的区域国际制度。泰国是地位相对下降的一方，有动力通过成立区域国际制度减缓和改变自身的地位下降趋势，并通过制度竞争迟滞或平衡越南相对于自己的地位追赶。因此，泰国在 2003 年主导成立了伊洛瓦底江—湄南河—湄公河三河流域经济合作战略。同样，印度、日本、美国与中国作为在湄公河地区具有重要利益的四个大国，在 2000 年前后、2005 年至 2010 年也分别发生了一定程度的国家实力变化和地位转移，进而在地位上升者和地位下降者之间形成了地位困境。为了进行应对，四国各自在 2000 年、2008

年、2009年、2015年成立了恒河—湄公河合作、日本—湄公河合作、湄公河下游倡议、澜沧江—湄公河合作4个区域国际制度。

越南和泰国在湄公河地区区域国际制度中进行了针对彼此的竞争性互动：排斥对方加入自身主导建立的区域国际制度，加强对柬埔寨、老挝、缅甸三个重叠性合作成员的影响力和凝聚力，竞相争取与地区外大国形成“发展伙伴”。印度、日本、美国与中国之间形成了主要以中国为对象的竞争性制度互动：排斥对方加入自身主导的区域国际制度；加强对越南、泰国、柬埔寨、老挝、缅甸五个重叠性成员国的影响力和凝聚力；拓展水资源与基础设施建设等“特定议题领域”的影响力。另外，越南和泰国与印度、日本、美国、中国四个大国之间在两个层面加强了合作。一是两个中等国家都是四个大国各自成立的区域国际制度中重叠的合作成员。四国有动力向两国竞相示好，以增强自身主导的区域国际制度在与其他大国之间进行地位竞争时的能力和效力。二是越南和泰国作为地区内中等国家，秉持“宁为鸡口，毋为牛后”的原则，在彼此间相互竞争的同时，与大国领导的区域国际制度保持适当距离。因此，越南和泰国成立的合作制度与印度、日本、美国与中国成立的合作制度通过发展伙伴、重叠的成员身份等形成了紧密的合作性制度互动。越南和泰国为大国成立的合作制度提供了成员支持，并在议题领域设置等方面提供配合，印度、日本、美国与中国则竞相为其提供制度发展所需的资金等外部支持。双方之间各取所需，既不以合并或取代其他合作制度为目的，也不寻求推动制度的变迁和功能的演化。这种不同类型国家之间在湄公河地区区域国际制度中形成的合作性互动，不仅为同类型国家之间的竞争性互动提供了源源不断的养分和支持，同时也对竞争性互动的烈度提供了结构限制，从而在该地区形成了相对稳定的制度环境，为重叠的区域主义的形成和发展提供了适应性。

5.“一山如何容多虎”长期以来一直是湄公河地区需要思考和回答的重要命题

冷战期间，三次印度支那战争的发生表明硬权力的争夺不能为该命题提供答案。冷战结束后，区域国际制度的不断建立及其取得的成效表明软权力的竞合可以为该命题提供相对进步的回答。在特定的发展阶段，这种区域主义发展路径对湄公河地区来说具有一定的合理性。各个制度主导国竞相提供援助、投入资源，一定程度上也有利于成员国和地区发展的整体利益。正如温斯顿·丘吉尔所说的那样，“谈谈总比打打好”（To jaw-jaw is always better than to war-war）。制度互动可能不会导致永久和平，却可以为各国创造相对和平的环境，使各国在没有军事冲突和战争的情况下进行竞争。① 但重叠的区域主义路径相比欧洲以功能主义为代表的区域合作路径来说，仍存在诸多不足。后者致力于通过制度建构确保“法国与德国之间的战争不仅仅是不可想象的，而且实质上是不可能的”。② 湄公河地区区域国际制度及其互动目前则主要处于“政治化合作”的阶段，不仅对于该地区的持久和平、发展繁荣作用有限，也制约了地区区域一体化水平的进一步提升。因此，有必要进一步思考和探索该地区区域合作的未来路径。

如果湄公河地区区域国际制度是相互补充的，合作制度之间重叠的问题就可以得到解决。理想情况下，这些制度可以协调一致地实现相同的目标，但前提是它们本质上是开放和包容的。③ 针对日本与中国之间在湄公河地区竞争性制度互动的不断增强，日本庆应义塾大学加茂具树教授等日本学者于 2019 年 8 月在日本国际关系论坛举办的“澜湄合作与中日合作可能性”主题研讨会上表示希望日本—湄公河合作与中国主导的澜沧江—湄公河合作能够实现良性对接，这样不仅对双方企业都有好处，也可以避

① Kai He, “Contested Regional Orders and Institutional Balancing in the Asia Pacific”, *International Politics*, Vol. 52, No. 2, 2015, pp. 208-222.

② Robert Schuman, “The Schuman Declaration—9 May 1950”, https://europa.eu/european-union/about-eu/symbols/europe-day/schuman-declaration_en, 2020-02-10.

③ To Minh Thu, “Vietnam and Mekong Cooperative Mechanisms”, *Southeast Asian Affairs*, No. 1, 2019, pp. 395-411.

免两国政府资金和资源的重复投入。[①] 该观点可以为湄公河地区各国思考更好的区域合作路径提供一定的启示。

从 1992 年到 2019 年，多个利益相关国家共同参与已成为湄公河地区合作与秩序建构的基本前提。在地位困境与地位诉求成为各国之间交往合作重要驱动力的背景下，湄公河地区不仅需要克服“一山不容二虎”式的地位困境，还需要进一步思考“一山如何容多虎”。本书认为，在传统关注大国“地位政治”的同时，有必要积极正视和回应湄公河地区内中等国家和小国的地位诉求。地位困境相比安全困境是一个更好的选择。但地区治理和地区发展合作的需要，不应被国家间的地位困境和制度互动所掩盖和遗忘。湄公河地区的治理和发展任重而道远，任何单一国家都不能独立完成。同类型国家之间和不同类型国家之间均有必要进一步加强协调，通过创新制度设计、弱化地位困境、优化制度互动，形成更加均衡、可持续的地位供给和分配格局。

中国是湄公河地区内的重要国家，在该地区也有天然的地位诉求。但中国在湄公河地区如何将结构性和工具性资源转化为有效的领导力，仍面临长期的挑战。在该地区制度竞合日益复杂化的背景下，中国主导成立澜沧江—湄公河合作制度虽是一个“迟来的认识”,[②] 但作为湄公河地区区域国际制度的新成员，仍有可能被塑造成为“四面树敌”的形象和制度间与之竞争的“众矢之的”。从对 2018 年湄公河地区制度互动的系统评估看，由中国主导的澜湄合作与日本—湄公河合作形成了主要的竞争关系，但澜湄合作是被动跟随而非主动挑起竞争。澜湄合作与大湄公河次区域经济合作、湄公河委员会的竞争关系被夸大了，三者之间并不存在“优胜取代”或“淘汰退出”的互动逻辑。中国应与印度、日本、美国之间加强大国协

① 李志斐：《日本对澜湄合作机制怎么看》，《世界知识》2019 年第 22 期。

② Catherine Wong, “Is Mekong River Set to Become the New South China Sea for Regional Disputes?”, AFP News, 2 January 2018, https://ph.news.yahoo.com/mekong-river-set-become-south-130034231.html?guccounter=1, 2020-02-10.

调，共同管控在湄公河地区区域国际制度的竞争性互动；重视并加强与越南、泰国等地区内中等国家及其区域国际制度的对接与合作；澄清澜湄合作与湄公河委员会、大湄公河次区域经济合作的关系性质；稳步优化澜湄合作的议题领域，向其他合作制度释放更加清晰的合作信号。

总之，在湄公河地区已有 11 个区域国际制度的情况下，中国有效协调自身主导的澜湄合作与大湄公河次区域经济合作、湄公河委员会的关系，有序融入和引导湄公河地区的制度互动，不仅关系到自身在湄公河地区的影响力的稳步提升，更有助于推动该地区形成更加稳定的区域秩序与合作格局。

参考文献

一、外文著作/编著

Acharya, Amitav, *Constructing a Security Community in Southeast Asia: ASEAN and the Problem of Regional Order*, New York: Routledge, 2009.

Acharya, Amitav, *Whose Ideas Matter?:Agency and Power in Asian Regionalism*, Ithaca, New York: Cornell University Press, 2010.

Acharya, Amitav, *The Making of Southeast Asia: International Relations of a Region*, Ithaca, New York: Cornell University Press, 2013.

Acharya, Amitav, *The End of American World Order*, Hoboken, New Jersy: John Wiley & Sons, 2018.

Al-Olimat, Muhamad, et al., *Dancing With the Dragon: China's Emergence in the Developing World*, Lanham, Md.: Lexington Books, 2010.

Ashizawa, Kuniko, *Japan, the US, and Regional Institution-Building in the New Asia: When Identity Matters*, New York: Springer, 2013.

Ba, Alice D., *(Re) Negotiating East and Southeast Asia: Region, Regionalism, and the Association of Southeast Asian Nations*, Stanford, C.A.: Stanford University Press, 2009.

Barkin, J, *International Organization: Theories and Institutions*, New York: Springer, 2015.

Barrett, Scott, *Environment and Statecraft: The Strategy of Environmental Treaty-Making*, Oxford: Oxford University Press, 2003.

Beeson, Mark and Richard Stubbs eds., *Handbook of Asian Regionalism*, New York: Routledge, 2012.

Cai, Kevin, *The Politics of Economic Regionalism: Explaining Regional Economic Integration in East Asia*, New York: Springer, 2010.

Chung, Chien-peng, *China's Multilateral Co-operation in Asia and the Pacific: Institutionalizing Beijing's "good Neighbour Policy"*, New York: Routledge, 2010.

Chung, Chien-peng, *Contentious Integration: Post-Cold War Japan-China Relations in the Asia-Pacific*, New York: Routledge, 2016.

Clark, Ian, *International Legitimacy and World Society*, Oxford: Oxford University Press, 2007.

Choucri, Nazli, *Institutional Interaction in Global Environmental Governance: Synergy and Conflict Among International and EU Policies*, Cambridge, M.A.: MIT Press, 2006.

Dent, Christopher M., *East Asian Regionalism*, New York: Routledge, 2016.

Dent, Christopher M. ed., *China, Japan and regional leadership in East Asia*, Cheltenham: Edward Elgar, 2010.

Earle, Anton, ed., *Transboundary Water Management: Principles and Practice*, New York: Routledge, 2013.

Franck, Thomas M., *The Power of Legitimacy among Nations*, Oxford: Oxford University Presson on Demand, 1990.

Frankel, Jeffrey A., and Miles Kahler eds., *Regionalism and Rivalry: Japan and the US in Pacific Asia*, Chicago: University of Chicago Press, 2007.

Gainsborough, Martin ed., *On the Borders of State Power: Frontiers in the Greater Mekong Sub-Region*, New York: Routledge, 2008.

Goh, Evelyn, *Developing the Mekong: Regionalism and Regional Security in China–Southeast Asian Relations*, New York: Routledge, 2013.

Goh, Evelyn, *The Struggle for Order: Hegemony, Hierarchy, and Transition in Post-Cold War East Asia*, Oxford: Oxford University Press, 2013.

Goh, Evelyn ed., *Rising China's Influence in Developing Asia*, Oxford: Oxford University Press, 2016.

Gruber, Lloyd, *Ruling the world: Power Politics and the Rise of Supranational Institutions*, New Jersey: Princeton University Press, 2000.

Huaqun, Zeng, John Wong and Keyuan Zou eds., *China-ASEAN Relations: Economic and Legal Dimensions*, Singapore: World Scientific, 2006.

Hurd, Ian, *After Anarchy: Legitimacy and Power in the United Nations Security Council,* New Jersey: Princeton University Press, 2008.

Hurrell, Andrew, *Effective Multilateralism and Global Order Effective Multilateralism*, London: Palgrave Macmillan UK, 2013.

Hamanaka, Shintaro, *Asian Regionalism and Japan: the Politics of Membership in Regional Diplomatic, Financial and Trade Groups*, New York: Routledge, 2009.

Hensengerth, Oliver, *Regionalism in China-Vietnam Relations: Institution-Building in the Greater Mekong Subregion*, New York: Routledge, 2009.

Inoguchi, Takashi and G. John Ikenberry eds., *The US-Japan Security Alliance: Regional Multilateralism*, New York: Springer, 2011.

Katzenstein, Peter J., *A World of Regions Asia and Europe in the American Imperium*, Ithaca, New York: Cornell University Press, 2005.

Katzenstein, Peter J., "Introduction: Asian Regionalism in Comparative Perspective" , in *Network Power: Japan and Asia*, edited by Peter J. Katzenstein and Takashi Shiraishi, Ithaca, New York: Cornell University Press, 1997.

Keohane, Robert O., *After Hegemony: Cooperation and Discord in the World Political Economy*, New Jersey: Princeton University Press, 1984.

Koremenos, Barbara, Charles Lipson and Duncan Snidal eds., *The Rational Design of International Institutions*, Cambridge: Cambridge University Press, 2003.

Legrenzi, Matteo, *Beyond Regionalism ?: Regional Cooperation, Regionalism and Regionalization in the Middle East*, New York: Routledge, 2016.

Leung, Suiwah, Ben Bingham and Matt Davies eds., *Globalization and Development in the Mekong Economies*, Cheltenham: Edward Elgar, 2010.

Maswood, S. Javed, *Japan and East Asian Regionalism*, New York: Routledge, 2012.

Mattheis, Frank, Luca Raineri and Alessandra Russo, *Fringe Regionalism: When Peripheries Become Regions*, New York: Springer, 2018.

Mirumachi, Naho, *Transboundary Water Politics in the Developing World*, New York: Routledge, 2015.

Molle, François, Tira Foran and Mira Kakonen eds., *Contested Waterscapes in the Mekong Region: Hydropower, Livelihoods and Governance*, London: Earthscan, 2012.

Newman, Edward, Ramesh Thakur and John Triman, *Multilateralism under Challenge: Power, International Order, and Structural Change*, Gurugram: Academic Foundation, 2006.

Park, Jehoon, T. John Pempel and Geng Xiao, eds., *Asian Responses to the Global Financial Crisis: The Impact of Regionalism and the Role of the G20*, Cheltenham: Edward Elgar, 2012.

Paul, Thazha V., Deborah Welch Larson and William C. Wohlforth eds., *Status in World Politics*, Cambridge: Cambridge University Press, 2014.

Paul, Thazha V. ed., *International Relations Theory and Regional Transformation*, Cambridge: Cambridge University Press, 2012.

Plano, Jack C., and Roy Olton, *International Relations Dictionary* (*Fourth edition*) , Santa Barbara, C.A.:ABC-Clio, 1988.

Pu, Xiaoyu, *Rebranding China: Contested Status Signaling in the Changing Global Order*, Stanford, C.A.: Stanford University Press, 2019.

Rathus, Joel, *Japan, China and Networked Regionalism in East Asia*, New York: Springer, 2011.

Renshon, Jonathan, *Fighting for Status: Hierarchy and Conflict in World Politics*, New Jersey: Princeton University Press, 2017.

Ross, Robert S., *East Asia in Transition: Toward a New Regional Order: Toward a New Regional Order*, New York: Routledge, 2015.

Santasombat, Yos, *Impact of China's Rise on the Mekong Region*, New York: Springer, 2015.

Simon, Sheldon W., "The United States, Japan, and Australia: Security Linkages to Southeast Asia," in *The US-Japan Security Alliance*, New York: Palgrave Macmillan, 2011.

Sohn, Yul, *Japan and Asia's Contested Order*, Berlin, Heidelberg: Springer, 2019.

Solís, Mireya, *Dilemmas of a Trading Nation: Japan and the United States in the Evolving Asia-Pacific Order*, Washington, D.C.: Brookings Institution Press, 2017.

St John, Ronald Bruce, *Revolution, Reform and Regionalism in Southeast Asia*, New York: Routledge, 2008.

Sutter, Robert G., *Chinese Foreign Relations: Power and Policy Since the Cold War, Lanham: Rowman&Littlefield, 2012*.

Tang, Chih-Mao, *Small States and Hegemonic Competition in Southeast Asia: Pursuing Autonomy, Security and Development Amid Great Power Politics*, New York: Routledge, 2018.

Tang, Shiping and Li Mingjiang eds., *Living with China: Regional States and China Through Crises and Turning Points*, New York: Springer, 2009.

Volgy, Thomas, et al., eds., *Major Powers and the Quest for Status in International Politics: Global and Regional Perspectives*, New York: Springer, 2011.

Wiener, Antje, *European Integration Theory*, Oxford: Oxford University Press, 2019.

Womack, Brantly, *China and Vietnam: The Politics of Asymmetry*, Cambridge: Cambridge University Press, 2006.

Yahuda, Michael, *Sino-Japanese Relations after the Cold War: Two Tigers Sharing a Mountain*, New York: Routledge, 2013.

Yoshimatsu, Hidetaka, *Comparing Institution-Building in East Asia: Power Politics, Governance, and Critical Junctures*, New York: Springer, 2014.

Yoshimatsu, Hidetaka, *The Political Economy of Regionalism in East Asia: Integrative Explanation for Dynamics and Challenges*, New York: Springer, 2008.

Zhang, Yunling, *China and Asian regionalism*, Singapore: World Scientific, 2010.

二、外文期刊

Acharya, Amitav, “The Emerging Regional Architecture of World Politics” , *World Politics*, Vol.59, No.4, 2007.

Alistair, Rieu-Clarke, “Notification and Consultation Procedures under the Mekong Agreement: Insights from the Xayaburi Controversy” , *Asian Journal of International Law*, Vol.5, No.1, 2015.

Alter, Karen J. and Sophie Meunier, “The Politics of International Regime Complexity” , *Perspectives on Politics*, Vol.7, No.1, 2009.

Biba, Sebastian, “China's Continuous Dam-Building on the Mekong River” , *Journal of Contemporary Asia*, Vol.42, No.4, 2012.

Biba, Sebastian, “China's ‘Old’ and ‘New’ Mekong River Politics: The Lancang-Mekong Cooperation from a Comparative Benefit-Sharing Perspective” , *Water International*, Vol.43, No. 5, 2018.

Bisley, Nick, “Contested Asia's ‘New’ Multilateralism and Regional Order” , *The Pacific Review*, Vol.32, No. 2, 2019.

Browder, Greg, “An Analysis of the Negotiations for the 1995 Mekong Agreement” , *International Negotiation*, Vol.5, No.2, 2000.

Browder, Greg and Leonard Ortolano. “The Evolution of An International Water Resources Management Regime in the Mekong River Basin” , *Natural Resources Journal*, Vol.40, 2000.

Brown, James Alan, “Laos's Peripheral Centrality in Southeast Asia: Mobility, Labour and Regional Integration” , *European Journal of East Asian Studies*, Vol.17, No.2, 2018.

Busbarat, Pongphisoot, “A Review of Thailand's Foreign Policy in Mainland Southeast Asia: Exploring an Ideational Approach” , *European Journal of East Asian Studies*, Vol.11, No.1, 2012.

Busbarat, Pongphisoot, “Thai–Us Relations in the Post-Cold War Era: Untying the Special Relationship” , *Asian Security*, Vol.13, No.3, 2017.

Buszynski, eszek, “Thailand's Foreign Policy: Management of a Regional Vision” , *Asian Survey,* Vol.34, No.8, 1994.

Chambers, Paul, “Edgy Amity along the Mekong: Thai-Lao Relations in a Transforming Regional Equilibrium” , *Asian Journal of Political Science*, Vol.17, No.1, 2009.

Chachavalpongpun, Pavin, “Embedding Embittered History: Unending Conflicts in Thai-Cambodian Relations” , *Asian Affairs*, Vol.43, No.1, 2012.

Chen, Juliana W., “Achieving Supreme Excellence: How China is Using Agreements with Asean to Overcome Obstacles to its Leadership in Asian Regional Economic

Integration", *Chicago Journal of International Law*, Vol.7, No.2, 2006.

Claude, Inis L., "Collective Legitimization as a Political Function of the United Nations", *International Organization*, Vol.20, No.3, 1966.

Cuyvers, Ludo, "The 'Asean Way' and Asean's Development Gap With Cambodia, Laos, Myanmar and Vietnam: A Critical View", *Asia Pacific Business Review*, Vol.25, No.5, 2019.

Daßler, Benjamin, Andreas Kruck and Bernhard Zang. "Interactions between Hard and Soft Power: The Institutional Adaptation of International Intellectual Property Protection to Global Power Shifts", *European Journal of International Relations*, Vol.25, No.2, 2019.

Dreyer, June Teufel, "Sino-Japanese Rivalry and its Implications for Developing Nations", *Asian Survey*, Vol.46, No.4, 2006.

Evelyn, Goh, "Great Powers and Hierarchical Order in Southeast Asia: Analyzing Regional Security Strategies", *International Security*, Vol.32, No.3, 2007.

Feng, Yan, Wenling Wang, Daniel Suman, Shiwei Yu and Daming He, "Water Cooperation Priorities in the Lancang-Mekong River Basin Based on Cooperative Events since the Mekong River Commission Establishment", *Chinese Geographical Science*, Vol.29, No.1, 2019.

Funston, John, "Thai Foreign Policy: Seeking Influence", *Southeast Asian Affairs*, Vol.25, 1998.

Glas, Aarie, "Habits of Peace: Long-Term Regional Cooperation in Southeast Asia", *European Journal of International Relations*, Vol.23, No.4, 2017.

Glaser, John, "Status, Prestige, Activism and the Illusion of American Decline", *The Washington Quarterly*, Vol.41, No.1, 2018.

Goodman, Allan E., "Vietnam and ASEAN: Who would have Thought it Possible?", *Asian Survey*, Vol.36, No.6, 1996.

Grumbine, R. Edward. "Using Transboundary Environmental Security to Manage the Mekong River: China and South-East Asian Countries", *International Journal of Water Resources Development*, Vol.34, No.5, 2018.

Ha, Mai-Lan, "The Role of Regional Institutions in Sustainable Development: A Review of The Mekong River Commission First 15 Years", *Consilience*, Vol.5, 2011.

He, Kai, "China and Southeast Asia: Strategic Interdependence in the Making?", *Asia Policy*, Vol.25, No.4, 2018.

He, Kai, "Does Asean Matter? International Relations Theories, Institutional Realism, and Asean", *Asian Security*, Vol.2, No.3, 2006.

Hensengerth, Oliver, "Regionalism, Identity, and Hydropower Dams: The Chinese-Built

Lower Sesan 2 Dam in Cambodia" , *Journal of Current Chinese Affairs*, Vol.46, No.3, 2017.

Hoang, Vu Le Thai, "Vietnam's Quest for Influence and its Implications for the Management of Border Disputes with Laos and Cambodia" , *Südostasien Aktuell: Journal of Current Southeast Asian Affairs*, Vol.26, No.2, 2007.

Hofmann, Stéphanie C., "Overlapping Institutions in The Realm of International Security: The Case of NATO and ESDP" , *Perspective on Politics*, Vol.7, No.1, 2009.

Jacobs, Jeffrey W., "The United States and the Mekong Project" , *Water Policy*, Vol.1, No.6, 2000.

Kinna, Rémy and Alistair Rieu-Clarke, "The Governance Regime of the Mekong River Basin: Can the Global Water Conventions Strengthen the 1995 Mekong Agreement?" , *Brill Research Perspectives in International Water Law*, Vol.2, No.1, 2017.

Keohane, Robert O, and Lisa L. Martin, "The Promise of Institutionalist Theory" , *International Security*, Vol.20, No.1, 1995.

Kislenko, Arne, "Bending with the Wind: The Continuity and Flexibility of Thai Foreign Policy" , *International Journal*, Vol.57, No.4, 2002.

Kuik, Cheng-Chwee, Nor Azizan Idris and Abd Rahim Md Nor, "The China Factor in the US 'Reengagement' With Southeast Asia: Drivers and Limits of Converged Hedging" , *Asian Politics & Policy*, Vol.4, No.3, 2012.

Leng, Thearith, "Small State Diplomacy: Cambodia's Foreign Policy Towards Vietnam" , *The Pacific Review*, Vol.30, No.3, 2017.

Lenz, Hartmut, "Achieving Effective International Cooperation: How Institutional Formalization Shapes Intergovernmental Negotiations" , *World Affairs*, Vol.181, No.2, 2018.

Lenz, Tobias and Alexandr Burilkov, "Institutional Pioneers in World Politics: Regional Institution Building and the Influence of the European Union" , *European Journal of International Relations*, Vol.23, No.3, 2017.

Lim, Tin Seng, "China's Active Role in the Greater Mekong Sub-Region: Challenge to Construct a Win-Win Relationship" , *East Asian Policy*, Vol.1, No.1, 2009.

Liu, Ruonan and Xuefeng Sun, "Regime Security First: Explaining Vietnam's Security Policies Towards the United States and China, (1992–2012)" , *The Pacific Review*, Vol.28, No.5, 2015.

Mansfield, Edward D. and Helen V. Milner, "The New Wave of Regionalism" , *International Organization*, Vol.53, No.3, 1999.

Mccloud, Donald G., "United States Policies Toward Regional Organizations in Southeast Asia" , *World Affairs*, Vol.133, No.2, 1970.

Medeiros, Evan S., "The Changing Fundamentals of Us-China Relations" , *The*

Washington Quarterly, Vol.42, No.3, 2019.

Mearsheimer, John, "The False Promise of International Institutions" , *International Security*, Vol.19, No.3, 1995.

Middleton, Carl and Jeremy Allouche, "Watershed or Powershed? Critical Hydropolitics, China and the 'Lancang-Mekong Cooperation Framework'" , *The International Spectator*, Vol.51, No.3, 2016.

Murphy, Ann Marie, "Beyond Balancing and Bandwagoning: Thailand's Response to China's Rise" , *Asian Security*, Vol.6, No.1, 2010.

Murray, David, "'From Battlefield to Market Place'—Regional Economic Co-Operation in The Mekong Zone" , *Geography*, Vol.79, No.4, 1994.

Myoe, Maung Aung, "Myanmar's China Policy Since 2011: Determinants and Directions" , *Journal of Current Southeast Asian Affairs*, Vol.34, No.2, 2015.

Nolte, Detlef, "Costs and Benefits of Overlapping Regional Organizations in Latin America: The Case of the Oas and Unasur" , *Latin American Politics and Society*, Vol.60, No.1, 2018.

Onishi, Ayo, "Interstate Negotiation Mechanisms for Cooperation in the Mekong River Basin" , *Water International*, Vol.32, No.4, 2007.

Orsini, Amandine, Jean-Frédéric Morin and Oran Young, "Regime Complexes: a Buzz, a Boom, or a Boost for Global Governance" , *Global Governance*, Vol.19, 2013.

Panke, Diana and Sören Stapel, "Overlapping Regionalism in Europe: Patterns and Effects" , *The British Journal of Politics and International Relations*, Vol.20, No.1, 2018.

Petersen-Perlman, Jacob D., Jennifer C. Veilleux and Aaron T. Wolf, "International Water Conflict and Cooperation: Challenges and Opportunities" , *Water International*, Vol.42, No.2, 2017.

Pongsudhirak, Thitinan, "All Quiet on the Thai-Cambodian Front: Drivers, Dynamics, Directions" , *South East Asia Research*, Vol.26, No.4, 2018.

Porter, Patrick, "Advice for a Dark Age: Managing Great Power Competition" , *The Washington Quarterly*, Vol.42, No.1, 2019.

Raustiala, Kal and David G. Victor, "The Regime Complex for Plant Genetic Resources" , *International Organization*, Vol.58, No.2, 2004.

Rose, Caroline and Jan Sýkora, "The Trust Deficit in Sino-Japanese Relations" , *Japan Forum*, Vol.29, No.1, 2017.

Schulz, Carsten-Andreas, "Hierarchy Salience and Social Action: Disentangling Class, Status, and Authority in World Politics" , *International Relations*, Vol.33, No.1, 2019.

Shambaugh, David, "China Engages Asia: Reshaping the Regional Order" ,

International Security, Vol.29, No.3, 2005.

Simon, Sheldon W., "China and South-East Asia: Protector or Predator?", *Australian Journal of International Affairs*, Vol.39, No.2, 1985.

Simon, Sheldon W., "Davids and Goliaths: Small Power-Great Power Security Relations in Southeast Asia", *Asian Survey*, Vol.23, No.3, 1983.

Sokhem, Pech, Kengo Sunada and Satoru Oishi, "Managing Transboundary Rivers: The Case of The Mekong River Basin", *Water International*, Vol.32, No.4, 2007.

Stein, Arthur A., "Coordination and Collaboration: Regimes in an Anarchic World", *International Organization*, Vol.36, No.2, 1982.

Su, Xiaobo, "Rescaling the Chinese State and Regionalization in the Great Mekong Subregion", *Review of International Political Economy*, Vol.19, No.3, 2012.

Suehiro, Akira, "China's Offensive in Southeast Asia: Regional Architecture and The Process of Sinicization", *Journal of Contemporary East Asia Studies*, Vol.6, No.2, 2017.

Tayia, Ahmed, "Transboundary Water Conflict Resolution Mechanisms: Substitutes or Complements", *Water*, Vol.11, No.7, 2019.

Tang, Shiping, "The Future of International Order（s）", *The Washington Quarterly*, Vol.41, No.4, 2018.

Teh, Benny Cheng Guan, "Japan–China Rivalry: What Role does the East Asia Summit Play?", *Asia Pacific Viewpoint*, Vol.52, No.3, 2011.

Than, Mya, "Economic Co-Operation in the Greater Mekong Subregion", *Asian-Pacific Economic Literature*, Vol.11, No.2, 1997.

Thayer, Carlyle A., "Vietnamese Diplomacy, 1975-2015: From Member of the Socialist Camp to Proactive International Integration", *Journal of Social Sciences and Humanities*, Vol.1, No. 3, 2015.

Thu, To Minh, "Vietnam and Mekong Cooperative Mechanisms", *Southeast Asian Affairs*, No.1, 2019.

Wang, William Ziyuan, "Destined for Misperception? Status Dilemma and the Early Origin of Us-China Antagonism", *Journal of Chinese Political Science*, Vol.24, No. 1, 2019.

Wei, Ling, "China's Rise, Developmental Regionalism and East Asian Community Building: Cooperation Amid Disputes in the South China Sea", *East Asian Community Review*, Vol.1, No.1-2, 2018.

Weiffen, Brigitte, Leslie Wehner and Detlef Nolte, "Overlapping Regional Security Institutions in South America: The Case of OAS and UNASUR", *International Area Studies Review*, Vol.16, No.4, 2013.

Womack, Brantly, "Asymmetry Theory and China's Concept of Multipolarity", *Journal of Contemporary China*, Vol.3, No.39, 2004.

Wuthnow, Joel, "US 'Minilateralism' In Asia and China's Responses: A New Security Dilemma?", *Journal of Contemporary China*, Vol.28, No.115, 2019.

Yang, Xiangzhang, "The Lancang–Mekong Cooperation Mechanism: A New Platform for China's Neighbourhood Diplomacy", *China: An International Journal*, Vol.17, No.2, 2019.

Yeo, Andrew I., "Overlapping Regionalism in East Asia: Determinants and Potential Effects", *International Relations of the Asia-Pacific*, Vol.18, No.2, 2016.

Yoshimatsu, Hidetaka, "The Mekong Region, Regional Integration, and Political Rivalry Among Asean, China and Japan", *Asian Perspective*, Vol.34, No.3, 2010.

Yoshimatsu, Hidetaka, "The United States, China, and Geopolitics in the Mekong Region", *Asian Affairs: An American Review*, Vol.42, No.4, 2015.

Zeitoun, Mark and Jeroen Warner, "Hydro-Hegemony—a Framework for Analysis of Trans-Boundary Water Conflicts", *Water Policy*, Vol.8, No.5, 2006.

Zhang, Feng, "Is Southeast Asia Really Balancing against China?", *The Washington Quarterly*, Vol.41, No.3, 2018.

三、中文译著

[美] 奥兰·扬:《世界事务中的治理》，陈玉刚、薄燕译，上海世纪出版集团 2007 年版。

[美] 彼得·J. 卡赞斯坦、[日] 白石隆:《日本以外：东亚区域主义的动态》，王星宇译，中国人民大学出版社 2012 年版。

[美] 戴维·莱克:《国际关系中的等级制》，上海世纪出版集团 2013 年版。

[美] 盖伊·彼得斯:《政治科学中的制度理论：新制度主义》，王向民、段红伟译，上海人民出版社 2011 年版。

[美] 肯尼思·沃尔兹:《国际政治理论》，信强译，苏长和校，上海人民出版社 2008 年版。

[美] 罗伯特·D. 卡普兰:《季风：印度洋与美国权力的未来》，吴兆礼、毛悦译，社会科学文献出版社 2013 年版。

[新] 马凯硕、孙合记:《东盟奇迹：一个充满活力且真实存在的现代奇迹》，翟崑、王丽娜等译，北京大学出版社 2017 年版。

唐世平:《制度变迁的广义理论》，沈文松译，唐世平校，北京大学出版社 2016 年版。

四、中文著作 / 编著

白如纯：《平成时期日本的东亚区域经济合作》，社会科学文献出版社 2018 年版。

毕世鸿等：《区域外大国参与湄公河地区合作策略的调整》，中国社会科学出版社 2019 年版。

陈莹：《冷战后国际社会对东南亚的援助》，世界知识出版社 2017 年版。

耿协峰：《新地区主义与亚太地区结构变动》，北京大学出版社 2003 年版。

罗圣荣：《美国对湄公河地区策略的调整与 GMS 合作》，社会科学文献出版社 2019 年版。

马嫚：《区域主义与发展中国家》，中国社会科学出版社 2002 年版。

阮宗泽：《中国崛起与东亚国际秩序的转型：工友利益的塑造与拓展》，北京大学出版社 2007 年版。

水利部国际经济技术合作交流中心：《跨界水合作与发展》，社会科学文献出版社 2018 年版。

宋玉华等：《开放的地区主义与亚太经济合作组织》，商务印书馆 2001 年版。

苏长和：《全球公共问题与国际合作：一种制度的分析》，上海人民出版社 2009 年版。

王正毅：《边缘地带发展论：世界体系与东南亚的发展（第二版）》，上海人民出版社 2018 年版。

韦民：《小国与国际关系》，北京大学出版社 2014 年版。

魏玲：《规范、网络化与地区主义第二轨道进程研究》，上海人民出版社 2010 年版。

吴心伯等：《转型中的亚太地区秩序》，时事出版社 2013 年版。

肖欢容：《地区主义：理论的历史演进》，北京广播学院出版社 2003 年版。

谢桂娟：《东北亚国家集体身份建构与区域合作：一种区域整体视角的研究》，社会科学文献出版社 2012 年版。

邢瑞磊：《比较地区主义：概念与理论演化》，中国政法大学出版社 2014 年版。

徐建国、汤家麟：《从澜沧江到湄公河》，云南民族出版社 2001 年版。

徐秀军：《地区主义与地区秩序：以南太平洋地区为例》，社会科学文献出版社 2013 年版。

杨虹：《新地区主义：中国与东亚共同发展》，中国社会科学出版社 2011 年版。

赵姝岚：《日本对大湄公河次区域合作的参与及其对中国的影响》，中国社会科学出版社 2018 年版。

郑先武：《安全、合作与共同体：东南亚安全区域主义理论与实践》，南京大学出版社 2009 年版。

五、中文期刊/译刊

毕世鸿:《机制拥堵还是大国协调——区域外大国与湄公河地区开发合作》,《国际安全研究》2013年第2期。

郭延军:《权力流散与利益分享——湄公河水电开发新趋势与中国的应对》,《世界经济与政治》2014年第10期。

郭延军、任娜:《湄公河下游水资源开发与环境保护——各国政策取向与流域治理》,《世界经济与政治》2013年第7期。

何平:《湄公河名称的含义及其所反映的民族历史变迁》,《云南社会科学》2005年第5期。

贺圣达:《大湄公河次区域合作:复杂的合作机制和中国的参与》,《南洋问题研究》2005年第1期。

李晨阳:《澜沧江—湄公河合作:机遇、挑战与对策》,《学术探索》2016年第1期。

李巍:《国际秩序转型与现实制度主义理论的生成》,《外交评论(外交学院学报)》2016年第1期。

李巍、罗仪馥:《从规则到秩序——国际制度竞争的逻辑》,《世界经济与政治》2019年第4期。

梁云祥:《东北亚区域合作的积极进展》,《当代世界》2009年第11期。

梁云祥:《改革开放四十年中日关系回顾与思考》,《人民论坛·学术前沿》2019年第12期。

刘莲莲:《国际组织理论:反思与前瞻》,《厦门大学学报》(哲学社会科学版)2017年第5期。

刘卿:《澜湄合作进展与未来发展方向》,《国际问题研究》2018年第2期。

卢光盛、金珍:《"澜湄合作机制"建设:原因、困难与路径?》,《战略决策研究》2016年第3期。

卢光盛、金珍:《超越拥堵:澜湄合作机制的发展路径探析》,《世界经济与政治》2020年第7期。

罗圣荣、杨飞:《国际机制的重叠现象及其影响与启示——以湄公河地区的国际合作机制为例》,《太平洋学报》2018年第10期。

罗仪馥:《从大湄公河机制到澜湄合作:中南半岛上的国际制度竞争》,《外交评论(外交学院学报)》2018年第6期。

马燕冰:《澜沧江—湄公河流域合作开发新形势及其影响》,《现代国际关系》1996年第7期。

马燕冰、张学刚:《湄公河次区域合作中的大国竞争及影响》,《国际资料信息》2008年第4期。

任娜:《美国介入大湄公河次区域与中国的应对》,《东岳论丛》2014年第12期。

沈铭辉：《大湄公河次区域经济合作：复杂的合作机制与中国的角色》，《亚太经济》2012 年第 3 期。

王明国：《机制复杂性及其对国际合作的影响》，《外交评论（外交学院学报）》2012 年第 3 期。

王明国：《机制碎片化及其对全球治理的影响》，《太平洋学报》2014 年第 1 期。

王玉主、张蕴岭：《中国发展战略与中国—东盟关系再认识》，《东南亚研究》2017 年第 6 期。

王正毅：《理解中国转型：国家战略目标、制度调整与国际力量》，《世界经济与政治》2005 年第 6 期。

王正毅：《中国崛起：世界体系发展的终结还是延续?》，《国际安全研究》2013 年第 3 期。

韦民：《论日本对外战略的演变进程及其发展方向》，《国际政治研究》2004 年第 1 期。

韦民：《小国概念：争论与选择》，《国际政治研究》2014 年第 1 期。

韦民：《小国与国际安全》，《国际政治研究》2016 年第 2 期。

翟崑：《东盟对东亚合作主导权的波动规律（1997—2017)》，《教学与研究》2017 年第 6 期。

翟崑：《小马拉大车？——对东盟在东亚合作中地位作用的再认识》，《外交评论（外交学院学报)》2009 年第 2 期。

张锡镇：《中国参与大湄公河次区域合作的进展、障碍与出路》，《南洋问题研究》2007 年第 3 期。

张蕴岭：《变动中的亚太格局与应对之策》，《东南亚南亚研究》2016 年第 4 期。

张蕴岭：《东盟 50 年：在行进中探索和进步》，《世界经济与政治》2017 年第 7 期。

张蕴岭：《日本的亚太与东亚区域经济战略解析》，《日本学刊》2017 年第 3 期。

张蕴岭：《中国对外关系 40 年：回顾与展望》，《世界经济与政治》2018 年第 1 期。

张蕴岭：《转变中的亚太区域关系与机制》，《外交评论（外交学院学报)》2018 年第 3 期。

周长进、关志华、冷允法：《澜沧江（湄公河）正源问题》，《水利水电科技进展》2000 年第 3 期。

六、专家访谈列表（政府和机构仅列出单位名称）

澜沧江—湄公河合作中国秘书处

澜沧江—湄公河环境合作中心

澜沧江—湄公河水资源合作中心

全球湄公河研究中心（中国中心）

云南省人民政府研究室

云南省人民政府外事办公室

亚洲开发银行驻中国代表处

美国威斯康星大学 Ian G. Baird 教授

澳大利亚悉尼大学 Philip Hirsch 教授

英国伦敦大学亚非学院 Tony Allen 教授

英国伦敦大学亚非学院 Alberto Asqure 高级讲师

英国伦敦大学国王学院 Naho Mirumachi 高级讲师

中国国际问题研究院亚太所所长刘卿研究员

中国现代国际关系研究院马燕冰研究员

中国现代国际关系研究院全球化与全球治理研究中心主任刘军红研究员

外交学院亚洲研究所所长郭延军教授

云南大学国际关系研究院院长卢光盛教授

云南大学国际关系研究院吕星副教授

七、其他研究资料

（一）会议论文

Hidetaka Yoshimatsu, “China, Japan, and ASEAN in East Asian Regionalism: Diverse Approaches to Regional Integration”, in *Annual Meeting of the ISA's 49th Annual Convention*, Bridging Multiple Divides, San Francisco, Vol.26, 2008.

Joseph Jupille and Duncan Snidal, “The Choice of International Institutions: Cooperation, Alternatives and Strategies”, in *American Political Science Association Annual Meeting*, Washington, DC., 2005.

Sook-Jong Lee, “South Korea as New Middle Power Seeking Complex Diplomacy”, *EAI Asia Security Initiative Working Paper*, Vol.25, No.3, 2012.

（二）报刊文章

Guttal, Shalmali, “Marketing the Mekong: The ADB and the Greater Mekong Subregion Economic Cooperation Programme”, October 25, 2002, https://focusweb.org/marketing-the-mekong-the-adb-and-the-greater-mekong-subregion-economic-cooperation-programme/.

Khac Giang, Nguyen, “China is Making Mekong Friends”, May 19, 2018, https://www.eastasiaforum.org/2018/05/19/china-is-making-mekong-friends/.

Mattis, Peter, “Mekong Murders Spur Beijing to Push New Security Cooperation”, November 11, 2011, https://jamestown.org/program/mekong-murders-spur-beijing-to-push-new-security-cooperation/.

Nakao, Takehiko, “Securing the Future Prosperity of the Greater Mekong Subregion”, April 8, 2018, Modern Diplomacy，https://moderndiplomacy.eu/ 2018/04/08/securing-the-future-prosperity-of-the-greater-mekong-subregion/.

Subhan, Arief, “Lesser Known Border Tensions Between Cambodia and Vietna”, April 9, 2018, https://theaseanpost.com/article/lesser-known-border-tensions-between-cambodia-and-vietnam-0.

Wu, Shang-su, “The Trouble With the Lancang Mekong Cooperation Forum”, December 19, 2018, https://thediplomat.com/2018/12/the-trouble-with-the-lancang-mekong-cooperation-forum/.

Yoshida, Reiji, “Tokyo Flexes Financial Muscle at Mekong-Japan Summit”, October 9, 2018, https://www.japantimes.co.jp/news/2018/10/09/national/politics-diplomacy/mekong-japan-summit-tokyo-eyes-economic-aid-pushback-chinese-influence/#.XOfsyY5Kg2w.

“Thailand spearheads regional fund to cut reliance on big Asian economies”, Jun 16, 2018, https://www.straitstimes.com/asia/se-asia/thailand-spearheads-regional-fund-to-cut-reliance-on-big-asian-economies.

“Thailand: Full Steam Ahead Towards Regional Integration”, Dec 28, 2015, https://www.straitstimes.com/business/economy/thailand-full-steam-ahead-towards-regional-integration.

（三）电子期刊 / 网络研究论文

Catharin Dalpino, “Both Push and Pull: Japan Steps up in Southeast Asia”, *Comparative Connections: A Triannual E-Journal on East Asian Bilateral Relations*, Vol.19, No.1, 2017.

Vannarith Chheang, “The Cambodia-Laos-Vietnam Development Triangle Area”, *ISEAS Perspectives*, No.30, 2018, https://think-asia.org/bitstream/handle/11540/8397/ISEAS_Perspe. ctive_2018_30% 4050.pdf?sequence=1.

（四）学位论文

Gabriele Giovannini, *The Impact of Multinational Transboundary Infrastructures (MTIs) on the Relational Power of Small States: A Case Study of Laos*, Diss, Northumbria University, 2017.

孔玥：《中国对湄公河国家经济外交研究（1992—2016）》，云南大学 2018 年博士学位论文。

李晓霞：《东亚地区多边合作的核心问题与制度的未来建构》，吉林大学 2018 年博士学位论文。

刘静烨：《相对收益与国家间博弈：政治竞争关系与东亚区域贸易协定》，外交学院 2015 年博士学位论文。

卢光盛：《地区主义视野中的东盟经济合作》，复旦大学 2006 年博士学位论文。

马铁伦：《制度主义视角下的东亚国际体系转型》，吉林大学2013年博士学位论文。

欧兰：《中国崛起对泰中关系的影响》，山东大学2014年博士学位论文。

屠酥：《澜沧江—湄公河水资源开发中的合作与争端（1957—2016）》，武汉大学2016年博士学位论文。

吴世韶：《中国与东南亚国家间次区域经济合作研究》，华中师范大学2011年博士学位论文。

席桂桂：《制度成员国选择行为与亚太多边贸易制度构建》，外交学院2015年博士学位论文。

叶成城：《能力分配和制度收益：冷战后亚太地区制度变迁的政治经济分析》，上海社会科学院2015年博士学位论文。

尹君：《冷战后美国与湄公河流域国家关系的发展、动因及影响研究》，云南大学2015年博士学位论文。

张励：《水外交：中国与湄公河国家跨界水资源的合作与冲突》，云南大学2017年博士学位论文。

赵贞：《欧洲一体化启动阶段的美国因素分析》，山东大学2012年博士学位论文。

钟勇：《基于互惠合作的跨界河流开发利用博弈模型研究》，清华大学2016年博士学位论文。

八、重要网站

大湄公河次区域经济合作秘书处 https://greatermekong.org/

恒河—湄公河合作 http://www.mea.gov.in/aseanindia/about-mgc.htm

澜湄合作中国秘书处 http://www.lmcchina.org/

澜沧江—湄公河环境合作中心 http://www.chinaaseanenv.org/lmzx/

全球湄公河研究中心 http://www.gcms.org.cn/

湄公河委员会 http://www.mrcmekong.org/

湄公河下游倡议 https://www.lowermekong.org

日本—湄公河合作 https://www.mofa.go.jp/region/asia-paci/mekong/cooperation.html

亚洲开发银行 https://www.adb.org

伊洛瓦底江—湄南河—湄公河经济合作战略 http://www.mfa.go.th/acmecs/en/organize

东盟秘书处 https://asean.org/

世界银行 https://data.worldbank.org.cn/

联合国商品贸易统计数据库 https://comtrade.un.org/

斯德哥尔摩国际和平研究所 https://sipri.org/

附 录

澜沧江—湄公河合作首次领导人会议三亚宣言

——打造面向和平与繁荣的澜湄国家命运共同体

我们，柬埔寨王国、中华人民共和国、老挝人民民主共和国、缅甸联邦共和国、泰王国、越南社会主义共和国的国家元首或政府首脑，于2016年3月23日在中国海南省三亚市举行澜沧江—湄公河合作（简称澜湄合作）首次领导人会议。

我们一致认为，六国山水相连，人文相通，传统睦邻友好深厚，安全与发展利益紧密攸关。

我们高兴地注意到，六国已在双边层面建立全面战略合作伙伴关系，政治互信不断加深，各领域合作健康发展，同时在地区和国际机制中加强多边协调以促进地区乃至世界和平、稳定与发展。

我们认识到，六国同属澜沧江—湄公河流域，面临发展经济、改善民生的共同任务，同时，各国也面临全球及地区经济下行压力加大，以及恐怖主义、自然灾害、气候变化、环境问题、传染病等非传统安全威胁带来的共同挑战。

我们忆及，中华人民共和国国务院总理李克强在第17次中国—东盟领导人会议上呼应泰国提出的澜沧江—湄公河次区域可持续发展倡议，提议建立澜沧江—湄公河合作机制。

我们确认六国关于澜沧江—湄公河合作的共同愿景，即其有利于促进澜湄沿岸各国经济社会发展，增进各国人民福祉，缩小本区域国家发展差距，支持东盟共同体建设，并推动落实联合国2030年可持续发展议程，促进南南合作。

我们欢迎澜湄合作首次外长会于2015年11月12日在中国云南景洪成功举行，会议发表了《关于澜湄合作框架的概念文件》和《联合新闻公报》。

我们重申对澜沧江—湄公河次区域和平、稳定、可持续发展和繁荣的承诺，决心加强相互信任与理解，合力应对地区面临的经济、社会和环境挑战，以释放本地区巨大的发展潜力。

我们强调澜湄合作应秉持开放包容精神，与东盟共同体建设优先领域和中国—东盟合作全面对接，与现有次区域机制相互补充、协调发展。

我们进一步强调澜湄合作将建立在协商一致、平等相待、相互协商和协调、自愿参与、共建、共享的基础上，尊重《联合国宪章》和国际法。

我们一致认为澜湄合作将在“领导人引领、全方位覆盖、各部门参与”的架构下，按照政府引导、多方参与、项目为本的模式运作，旨在建设面向和平与繁荣的澜湄国家命运共同体，树立以合作共赢为特征的新型国际关系典范。

同意澜湄务实合作包括三大合作支柱，即（1）政治安全，（2）经济和可持续发展，（3）社会人文。

认可作为澜湄合作首次外长会成果的澜湄合作初期五个优先领域，即互联互通、产能、跨境经济、水资源和农业减贫合作。

一致同意采取以下措施。

1. 推动高层往来和对话合作，增进次区域互信理解，以加强可持续安全。

2. 鼓励各国议会、政府官员、防务和执法人员、政党和民间团体加强交流合作，增进互信与了解。支持举办澜湄合作政策对话和官员交流互访等活动。

3. 根据各成员规定和程序，通过信息交换、能力建设和联合行动协调等加强执法安全合作，支持建立执法合作机构，推进有关合作。

4. 加强应对恐怖主义、跨国犯罪、自然灾害等非传统安全威胁的合作，共同应对气候变化，开展人道主义援助，确保粮食、水和能源安全。

5. 推动中国—东盟战略伙伴关系发展，加强在东盟与中日韩、东亚峰会、东盟地区论坛等区域合作机制中的合作。

6. 鼓励中国的“一带一路”倡议与澜湄合作活动和项目及包括《东盟互联互通总体规划》在内的湄公河国家相关发展规划之间的对接。

7. 加强澜湄国家软硬件联通，改善澜湄流域线、公路线和铁路线网络，推进重点基础设施项目，在澜湄地区打造公路、铁路、水路、港口、航空互联互通综合网络。加快电力网络、电信和互联网建设。落实贸易便利化措施，提升贸易投资，促进商务旅行便利化。

8. 如本次会议通过的《澜沧江—湄公河国家产能合作联合声明》所述，拓展工程、建材、支撑产业、机械设备、电力、可再生能源等领域产能合作，构建次区域综合产业链，共同应对成员国面临的经济挑战。

9. 支持加强经济技术合作，建设边境地区经济合作区、产业区和科技园区。

10. 通过各种活动加强澜湄国家水资源可持续管理及利用方面合作，如在中国建立澜湄流域水资源合作中心，作为澜湄国家加强技术交流、能力建设、旱涝灾害管理、信息交流、联合研究等综合合作的平台。

11. 开展农业技术交流与农业能力建设合作，在湄公河国家合作建立更多的农业技术促进中心，建设优质高产农作物推广站（基地），加强渔业、畜牧业和粮食安全合作，提高农业发展水平。

12. 落实“东亚减贫合作倡议”，在湄公河国家建立减贫合作示范点，交流减贫经验，实施相关项目。

13. 强调稳定的金融市场和健全的金融架构对实体经济发展的重要性，支持各国努力加强金融监管能力建设和协调。继续研究并分享经验，以推进双边本币互换和本币结算，深化金融机构合作。

14. 作为亚洲基础设施投资银行成员国，支持亚投行高效运营，为弥补基础设施建设领域的融资缺口，向亚投行寻求支持。

15. 鼓励可持续与绿色发展，加强环保和自然资源管理，可持续和有效地开发和利用清洁能源，建设区域电力市场，加强清洁能源技术交流与转让。

16. 共同推动《区域全面经济伙伴关系协定》谈判，期待谈判于 2016 年如期完成，促进东亚贸易和投资便利化。

17. 加强成员国之间文化交流，支持文化机构和艺术家间的交流合作，探讨建立澜湄人文交流平台的可能性。推动政府建立的文化中心充分发挥作用，开展形式多样的文化交流。

18. 提升科技合作和经验分享，深化人力资源开发、教育政策、职业培训合作和教育主管部门及大学间交流。

19. 加强公共卫生合作，特别是在传染病疫情监测、联防联控、技术设备、人员培训等领域加强合作，推动建立澜湄热带病监测预警平台，推动传统医药合作。

20. 增进旅游交流与合作，改善旅游环境，提升区域旅游便利化水平，建立澜湄旅游城市合作联盟。

21. 鼓励媒体、智库、妇女、青年等交流，打造六国智库联盟和媒体论坛，继续举办澜沧江—湄公河青年友好交流项目。

22. 每两年举行一次澜湄合作领导人会议，并根据需要举行领导人特别会议或非正式会议，旨在为澜湄合作长远发展进行战略规划。外长会每年举行一次，负责合作政策规划和协调。根据需要举行外交高官会和工作组会，商讨具体领域合作。未来视合作需要不断完善澜湄合作机制建设。

23. 欢迎中方设立澜湄合作专项基金、优惠性质贷款和专项贷款，用于推进澜湄合作。欢迎中方承诺未来 3 年向湄公河国家提供 1.8 万人年奖学金和 5000 个来华培训名额，用于支持澜湄国家间加强合作。

24. 认可“早期收获项目联合清单”，期待有关项目尽早实施，惠及所有成员国。各国领域部门应组建联合工作组，规划落实具体项目。

25. 加强各领域人才培训合作，提升澜湄国家能力建设，为澜湄合作的长远发展提供智力支撑。

26. 鼓励六国政府部门、地方省区、商业协会、民间组织等加强交流，商讨和开展相关合作。

（新华社三亚3月23日电）

澜沧江—湄公河合作第二次领导人会议金边宣言①

——我们的和平与可持续发展之河

（2018年1月10日柬埔寨金边）

我们，柬埔寨王国、中华人民共和国、老挝人民民主共和国、缅甸联邦共和国、泰王国和越南社会主义共和国的政府首脑齐聚在一起，于2018年1月在柬埔寨金边举行第二届澜沧江—湄公河合作（澜湄合作）领导人会议，主题为“我们的和平与可持续发展之河”，描绘了未来十年澜湄合作的发展蓝图。

1. 认识到地理上六个沿岸国家共享一个受澜沧江—湄公河界定的次区域；在第十七届中国—东盟峰会期间，六个澜沧江—湄公河国家在短短的两年内实现了在内比都提出的一个设想，并将其从萌芽阶段转变为欣欣向荣全面发展的澜沧江—湄公河合作。

2. 强调澜湄合作的愿景和重要性，有助于促进次区域国家的经济社会发展，增进人民的福祉，缩小各国之间的发展差距，支持东盟共同体建设以及推进南南合作，加强“联合国2030年可持续发展议程”的实施。

① 澜沧江—湄公河合作第二次领导人会议在柬埔寨金边举行，笔者根据柬埔寨政府网站发布的英文版全文翻译所得，详见“Phnom Penh Declaration of the Second Mekong-Lancang Cooperation（MLC）Leaders' Meeting'Our River of Peace and Sustainable Development'”, Press and Quick Reaction Unit Phnom Penh, Cambodia, 11 January, 2018，http://pressocm.gov.kh/en/archives/21699。

3. 回顾我们在“澜沧江—湄公河合作首次领导人会议三亚宣言”中作出的承诺，即在澜沧江—湄公河国家建立一个面向和平与繁荣的命运共同体，作为该次区域可持续发展的基础，并决心加强相互信任和理解，合力应对次区域面临的经济、社会、环境挑战和非传统安全威胁，以释放本地区巨大的发展潜力。

4. 欢迎2016年12月23日在柬埔寨暹粒省举行的澜沧江—湄公河合作第二次外长会和2017年12月15日在中国云南省大理市成功召开的澜沧江—湄公河合作第三次外长会，会上发表了多项重要的政策文件，如关于建立澜湄合作关键优先领域联合工作组（JWGs）的一般原则，批准了第二次和第三次澜湄合作外长会议的联合新闻公报，以及制定了《澜湄合作五年行动计划（2018—2022）》。

5. 欢迎澜湄合作具体的制度性成就，例如建立和启动水资源合作中心、澜沧江—湄公河环境合作中心、全球湄公河研究中心以及澜湄合作专项基金已经开始运转。

6. 认识到在六个澜沧江—湄公河合作成员国内充分和完整地建立了各自的澜沧江—湄公河合作国家秘书处成协调机构，这是澜沧江—湄公河合作实施机制的有效支柱，以有效协调并在所有合作领域取得具体成果。

7. 高度赞赏中国设立澜湄合作专项基金并启动申请程序，以支持旨在促进六个澜湄合作成员国人民之间友好交流与合作的项目。

8. 满意地注意到第一届澜湄合作领导人会议确定的45个早期收获项目和中国在第二届澜湄合作外长会议上提出的13个倡议已经完成或取得实质性进展，从而为后续的澜湄合作项目打下了坚实的基础。

9. 努力追求开放包容、优势互补的澜湄合作精神，与东盟共同体建设优先领域和中国—东盟合作全面对接，与现有次区域机制相互补充、协调发展。

10. 认识到日新月异的全球化力量和不断演变的发展趋势，致力于通过寻求澜湄合作与《东盟互联互通总体规划2025》、《东盟一体化倡议第三份工作计划》、联合国2030可持续发展议程、“一带一路”倡议等其他发展战略的最佳结合，同时与澜沧江—湄公河流域各国的国家战略、发展愿景、总体规则密切配合，最大限度实现合作共赢。

11. 坚持协商致平等相待、相互协商和协调自愿参与、共建共享的原则，尊重《联合国宪章》和坚持共识、平等、相互协商和协调、自愿、共同贡献和共同利益的原则，并尊重《联合国宪章》和国际法。

12. 在澜湄合作从培育阶段迅速发展到当前的成长阶段的鼓舞下，应进一步加强五个优先领域的合作，探索新的合作领域，以适应澜沧江—湄公河国家不断变化和出现的发展需求。优化合作模式，逐步合作开展更大的次区域项目，共同建设澜湄流域经济发展带。

我们特此声明：

I 政治与安全合作

政治与安全合作对澜湄合作倡议至关重要。多层次合作机制是促进沟通、加强政策协调、增进政治互信的有效渠道。因此，我们努力支持以下措施。

1.1 根据澜湄合作的精神，促进各政党、议会和政府官员之间的高层交流和对话。

1.2 加强合作，维护次区域和平与稳定，坚持不干涉别国内政的原则。

1.3 深化执法对话与合作，应对共同关心的非传统安全事务。

1.4 加强在防灾减灾、人道主义援助，应对气候变化影响，确保粮食、水和能源安全，包括数据信息交流等领域的合作。

II 经济和可持续发展合作

澜沧江—湄公河次区域以其战略位置、多样化优势、不断增长的经济潜力和强大的全球增长引擎而闻名。为了继续成为增长的催化剂，澜湄合作呼吁加强硬件和软件基础设施的联通和配套，深化产业结构调整和城市化、贸易畅通、金融一体化、信息和通信技术（ICT）、科学、技术和创新、环境、能源以及加强政府和私营部门之间更好地合作。为此，我们努力支持以下措施。

2.1 通过制定澜沧江—湄公河互联互通规划等方式，加强澜沧江—湄公河国家内部和区域之间的互联互通，以促进更多的发展、贸易、投资、工业、科技、创新、基础设施、运输便利、旅游、人与人之间的联系，与《东盟互联互通总体规划》形成互补。

2.2 探索在该地区建立经济走廊的可能性，以促进澜沧江—湄公河国家之间的全面联通，加速其工业化，并在考虑到与经济和发展战略保持一致的必要性以及各个澜沧江—湄公河国家的比较优势的情况下，促进次区域产能合作。

2.3 促进贸易、投资、电子商务、经济技术合作、工业园区、跨境经济合作区和贸易便利化等领域的跨境经济合作。中国邀请湄公河流域国家的政府和企业参加中国国际进口博览会，并将为此提供必要的协助。湄公河流域国家对中国的邀请表示赞赏。

2.4 根据《澜湄国家产能合作联合声明》，制定“澜湄国家产能合作行动计划”，重点推进优质基础设施投资、社会和环境影响评估、创造就业、能力建设、减贫以及专业知识和专有技术的转移，加强澜湄合作成员的产业转型及其在区域和全球价值链中的地位以及优化区域生产力分配，同时兼顾互利共赢的原则。

2.5 通过政策对话、数据和信息共享、技术合作与交流，加强水资源可持续管理和利用合作，开展澜沧江—湄公河水资源联合研究与分析，推进水资源管理能力建设，深化澜沧江—湄公河河流洪水和干旱灾害应急管理，充分利用澜沧江—湄公河水资源合作论坛和澜沧江—湄公河水资源合作中心作为支撑平台。

2.6 让私营部门，特别是中小企业和青年企业家参与澜沧江—湄公河各国的潜在投资和商业机会，以及通过组建澜沧江—湄公河商业协会和频繁举办贸易和投资促进活动，如组织国际贸易和投资博览会、路演、展览和商务匹配会议，促进澜湄工商界人士之间更好的互动和更强的联系。

2.7 鼓励进一步开展金融合作，继续研究和交流次区域贸易和投资中使用当地货币的经验，以促进次区域经济的健康增长，探索投融资合作的新途径，以支持澜沧江—湄公河国家优质基础设施建设，同时利用亚洲基础设施投资银行、亚洲开发银行和世界银行等国际金融机构以及丝绸之路基金等其他来源提供的现有金融机制。

2.8 强调加快联合研究和开发项目，以确保经济增长，为降低经济合作的环境风险找到解决方案并提供必要的支持，并为澜湄国家间技术合作中出现切实和富有成效的技术转让制定计划。

2.9 通过制定《澜湄环境合作战略》，实施“绿色澜湄计划”，加强政策对话与交流，加强环境产业与技术务实合作，开展能力建设活动，促进区域绿色可持续发展。

2.10 在中国建立澜沧江—湄公河农业合作中心，作为澜湄合作成员国加强农业技术交流、能力建设、联合研究、投资和贸易合作的平台，促进澜沧江—湄公河沿岸地区的农业共同发展。

III 社会、文化和民间交流

澜沧江—湄公河地区拥有丰富的传统、文化和本土价值，其多样性呈现出互补的潜力和优势，可以用于澜沧江—湄公河国家的集体利益。因此，我们努力支持以下措施。

3.1 促进更多人与人之间的联通性倡议的参与与合作，包括与人力资源开发、教育和终身学习交流有关的倡议。

3.2 支持学术界和其他相关利益攸关方在缩小澜湄地区人力资源开发差距方面发挥具体的作用和贡献，特别是在语言技能、数字、金融知识、技术、职业和其他软技能等关键能力方面发挥作用和贡献。

3.3 通过文化组织、艺术家和文化游客等交流活动，加强六国文化交流，探索建设澜沧江—湄公河文化交流平台的可能性。

3.4 建立澜沧江—湄公河旅游城市合作联盟，加强旅游合作。

3.5 探索融合政府、企业、学术界和智囊团、媒体、妇女和青年的智力合作交流模式，为澜湄合作的长期发展提供创新理念支持。

IV 合作支持

4.1 继续探索优化现有多层框架的方法，包括领导人会议、外交部长会议（FMM）、高级官员会议（SOM）和外交和部门联合工作组会议，以微调和改进政策规划与合作协调，并制定澜湄合作发展的长期战略规划。

4.2 加强澜湄合作六国国家秘书处或协调机构间的沟通与协调，并加强其工作人员的能力，以确保有效实施澜湄合作项目，从而探索建立澜湄合作国际秘书处的可能性。

4.3 赞同《澜湄合作五年行动计划（2018—2022）》，该计划将作为指导文件为澜湄合作发展进入新时代制定方针，并支持联合工作组在每个优先领域制定五年行动计划，以更好地促进相关合作。

4.4 欢迎《澜湄国家关于加强跨境经济合作部长级联合声明》的最终定稿。

4.5 充分利用澜湄合作专项基金，动员政府、企业界和国际金融机构提供的其他财政资源，支持符合领导人愿景和外长指示的优先项目和倡议。

4.6 通过协商一致形成澜湄合作的品牌认同，以便向大众进行宣传和开展其他增进公众意识的活动，并用于纪念每年 3 月 23 日那一周的年度“澜湄周”，在 2016 年的 3 月 23 日六国在中国举行了澜湄合作首次领导人会议。

澜沧江—湄公河合作第三次领导人会议万象宣言

——“加强伙伴关系，实现共同繁荣”

我们，柬埔寨王国、中华人民共和国、老挝人民民主共和国、缅甸联邦共和国、泰王国、越南社会主义共和国的国家元首或政府首脑，于2020年8月24日通过视频举行澜沧江—湄公河合作（简称“澜湄合作”）第三次领导人会议，会议主题为“加强伙伴关系，实现共同繁荣”。

当今世界正发生快速而深刻的变化，世界经济机遇和挑战并存。重申加强多边主义，支持合作共赢，对各成员国应对挑战、确保受益至关重要。澜湄合作致力于促进区域国家经济社会发展，增进人民福祉，缩小国家间发展差距，推动东盟共同体建设，推进南南合作，以进一步落实联合国2030年可持续发展议程。

忆及我们在《澜湄合作首次领导人会议三亚宣言》中的坚定承诺，即建设面向和平与繁荣的澜湄国家命运共同体，以及《澜湄合作第二次领导人会议金边宣言》提出的愿景，即以“我们的和平与可持续发展之河”为基础推进澜湄合作。

表达我们通过营造持久和平、稳定、团结与和谐的有利环境，推进澜湄合作的共同愿望和意愿，这将有利于实现澜湄区域的可持续发展与共同繁荣，共同应对本地区所面临的经济、社会和环境挑战，实现本地区蕴藏的巨大发展潜力。

重申协商一致、平等相待、自愿参与、协商协调和共建共享的原则，尊重《联合国宪章》《东盟宪章》和国际法，以及各成员国的法律、法规和程序。

重申澜湄合作自2016年启动以来在各领域取得的显著发展，以及在落实《东盟互联互通总体规划2025》、“一带一路”倡议和其他湄公河次区域合作愿景，推动繁荣和可持续发展、促进南南合作以及落实联合国2030年可持续发展议程等方面所发挥的重要作用。

欢迎于2018年12月17日在老挝琅勃拉邦省成功举行的澜湄合作第四次外长会以及于2020年2月20日在老挝万象举行的澜湄合作第五次外长会。会议通过了《第四次外长会联合新闻公报》和《第五次外长会联合新闻公报》等一系列战略性政策文件，散发了《澜湄合作五年行动计划（2018—2022）进展报告》。

欢迎澜湄水资源合作提质升级，赞赏中方分享澜沧江全年水文信息，以及于2019年12月在中国北京成功举行的首次澜湄水资源合作部长级会议，会议核可了《澜湄水资源合作部长级会议联合声明》和《澜湄水资源合作项目建议清单》，以确保水资源的可持续利用。赞赏澜湄合作和湄公河委员会采取积极步骤建立伙伴关系，澜湄水资源合作中心和湄公河委员会秘书处签署谅解备忘录，加强沿岸国家间合作，在本区域水资源合作中形成合力，为区域长远可持续发展和共同利益作出努力。

高度赞赏中国通过澜湄合作专项基金，持续支持实施一系列区域性项目，加强第四次工业革命背景下的能力建设，增进人员交往，进一步促进本地区经济社会发展。赞赏上述项目的重要作用，希望基金支持更多务实管用、惠及民生的项目。

赞赏各国秉持团结合作精神，相互支持帮助，共同应对新冠肺炎疫情，及时通报疫情信息，分享防控、诊疗等技术指南，为抗击疫情作出积极努力。欢迎中方在澜湄合作专项基金框架下设立“澜湄公共卫生专项资金”，支持未来六国的公共卫生合作项目。

赞赏各优先领域联合工作组取得的丰硕成果，澜湄水资源合作中心、环境合作中心、农业合作中心、青年交流合作中心、职业教育培训中心以及全球湄公河研究中心高效运行，认为上述联合工作组和合作中心为深入推进各领域务实合作发挥了积极作用。

致力于秉持开放包容的澜湄合作精神，考虑和尊重各国国家战略、发展愿景、部门和总体规划，推动澜湄合作与东盟共同体建设和中国—东盟合作优先领域相互补充，对接东盟、“一带一路”倡议、三河流域机制、湄公河委员会和大湄公河次区域经济合作等现有合作机制。

面向未来，我们强调进一步加强和深化三大支柱、五个优先领域合作，根据澜湄国家日益增长的发展需求，探讨新的合作领域。

我们特此宣布：

一、加强政治和安全合作伙伴关系

政治和安全支柱对澜湄合作至关重要。我们已经见证多层次合作机制是促进沟通、加强政策协调和深化政治互信的有效方式。鉴此，我们将进一步支持采取如下措施：

（一）秉持澜湄合作精神和原则，加强各国政党、议会和政府官员之间的高层往来与对话。根据各国法律法规，增进六国边境地区地方政府和边境管理部门交流对话。

（二）坚持平等互利、互相尊重主权和领土完整、互不干涉内政原则，遵守国际法和国际关系准则，加强伙伴关系，确保持久和平、稳定、团结与和谐，创造有利于可持续发展和共同繁荣的有利条件。

（三）加强在应对气候变化、防灾减灾、大流行病等传染性疾病、非法贩毒、洗钱、网络犯罪、贩卖人口、走私贩运枪支弹药，洪旱、山体滑坡等人道主义紧急状况，跨境雾霾，确保粮食、水和能源安全等非传统安全问题方面的合作与信息交流以及能力建设。

（四）加强公共卫生合作，应对新冠肺炎疫情挑战和确保经济社会复苏，促进信息分享、经验交流和科研合作，开展社区公共卫生干预及联合研究，推动疫情防控政策对话与交流，确保公平获得疫苗和药物，加强对未来突发公共卫生事件的集体响应和应变能力。支持世界卫生组织在全球抗疫斗争中发挥重要作用，反对任何形式的歧视、污名化、种族主义和排外主义。密切成员国疾控中心及地区相关机构之间的交流合作，加强同东盟和世界卫生组织在公共卫生领域的联系，指定新的联络方式，共同维护成员国人民健康、生命安全和经济社会发展，共建人类卫生健康共同体。

（五）促进专家、企业管理者、高技能劳动力交流，通过加强互联互通、贸易和投资便利化，保持产业链供应链稳定，推动数字技术创新，促进电子商务和数字经济，推动讨论建设澜湄“快捷通道”和“绿色通道”网络，减少新冠肺炎疫情对澜湄国家经济社会发展的影响。

二、加强经济和可持续发展合作伙伴关系

经济与可持续发展支柱是澜湄合作实现地区发展和经济增长的关键要素和主要推动力。为维持增长态势，造福各国民众，实现普遍繁荣，应加强软、硬件基础设施互联互通，深化产业结构调整，保障贸易通畅，推动金融一体化，加强信息和通信技术，科技创新、环保、可持续能源生产和利用、农业竞争力和减贫、农村协调发展等合作，加强政府与私营部门合作。鉴此，我们将支持采取如下措施。

（一）加强澜湄国家之间以及与其他地区的互联互通，制定澜湄国家互联互通合作规划，与《东盟互联互通总体规划 2025》互为补充，促进贸易、投资、电力互联互通、工业、科技、创新、基础设施、交通设施、民航、公路和铁路连接、旅游和人文交流。通过澜湄国家互联互通金融机构合作机制等途径，加强对澜湄地区互联互通的金融支持。

（二）鼓励“国际陆海贸易新通道”建设与澜湄流域经济发展带协调对接，充分考虑澜湄各国经济发展战略以及比较优势，加强贸易联通，增强经济韧性，促进产业融合，加速各国在第四次工业革命时代的工业化、现代化和创新。

（三）遵循联合国2030年可持续发展议程和“东亚减贫合作倡议”，通过高效实施澜湄合作专项基金项目、“东亚减贫合作倡议”示范工程以及其他减贫合作项目，加强澜湄区域农村发展和减贫合作。

（四）抓紧完成《澜湄跨境经济合作五年发展计划》，以促进贸易、投资、区域电力贸易、电子商务、经济技术合作、产业园区、跨境经济合作区、制造业和贸易便利化等领域的跨境经济合作。各国可根据国内法律法规，选取至少一个跨境经济合作区作为最佳实践典范。

（五）根据《澜湄国家产能合作联合声明》，完成《澜湄国家产能合作三年行动计划》，开展“多国多园”合作，促进投资、就业、能力建设、减贫以及技术和创新合作；秉承互利共赢原则，遵循适当的商业规则和国际惯例，认识到地方、国家及区域发展战略相互补充，推动澜湄各国工业转型，提升在区域和全球价值链中的地位，优化区域生产力布局。

（六）进一步加强水资源可持续管理和利用，定期举办澜湄水资源合作部长级会议，充分发挥澜湄水资源合作联合工作组作为本领域决策协调机制和澜湄水资源合作中心作为支持平台的作用。加快落实《澜湄水资源合作五年行动计划（2018—2022）》。通过开展政策对话，共享数据信息和跨境水资源管理经验，加强技术合作交流，开展澜湄水资源联合研究和分析，鼓励公众参与意见交流，加强水资源管理能力建设，促进在适应气候变化、大坝安全、饮水安全、洪旱灾害管理等方面的务实合作。支持建设澜湄水资源合作信息共享平台。

（七）鼓励深化区域绿色与可持续发展，实施《澜湄环境合作战略》和“绿色澜湄计划”，促进落实联合国2030年可持续发展议程。通过圆桌对话等加强环境部门之间及跨部门的环境政策交流合作；在气候变化、改善空气质量、生态系统管理、生物多样性保护、城市环境治理等领域建立能力建设伙伴关系，加强务实合作；在澜湄环境合作中心支持下，在澜湄国家开展相关活动。

（八）加快落实《澜湄农业合作三年计划（2020—2022）》，密切各国农业交流与合作，促进区域绿色、可持续及创新型农业发展。继续发挥在中国建立的澜湄农业合作中心的平台作用，加强澜湄国家在农业科技合作和技术转移、能力建设、知识共享、联合研究、投资贸易等方面合作，推动农业可持续发展，支持提升澜湄区域绿色农产品产能。

（九）继续加强公共与私营部门联系，吸引中小微企业、青年和女性企业家运用数字技术，帮助其获得金融支持，释放澜湄国家投资和商业潜能。探讨成立澜湄投资促进论坛，发挥澜湄商务理事会作用，举办更多国际经贸投资交易会、路演、展览会和企业对接等贸易投资促进活动，以加强澜湄各国商务人员间互动与联系。

（十）加强成员国间智力合作，通过开展联合研发项目、筹划技术合作、举办研讨会等形式，探讨澜湄国家经济合作具体行动计划中应对环境风险的最优方案，推动环境友好型经济增长。

（十一）鼓励深化金融合作，分享在区域贸易投资中使用本币的经验，促进区域经济健康发展，探索构建新的投融资方式，支持澜湄国家基础设施建设，同时用好包括亚洲开发银行、亚洲基础设施投资银行和世界银行等国际金融机构和机制提供的现有金融工具。

（十二）加强数字经济、人工智能等新增长点合作，促进澜湄国家经济社会复苏，克服新冠肺炎疫情负面影响，推动长期可持续经济增长。

三、加强社会人文交流伙伴关系

澜湄国家山水相连，传统、文化和价值观多元而独特，世代和睦相处，友谊深厚。鉴此，我们支持采取如下措施。

（一）进一步促进各国民心相通，加强教育、智力、旅游、信息广播合作和文化交流，提升对澜湄各国历史遗产价值的认识。

（二）加强澜湄六国教育合作与交流，促进澜湄地区高校合作，鼓励联合培训、研究项目和学术交流，探讨建立学分互认机制，鼓励高等院校间学分交换合作，增加在高质量人力资源开发、教育和终身学习等方面的交流，缩小本地区在人力资源开发方面的差距，培养具有竞争力的新一代劳动力，满足第四次工业革命时代的市场和社会发展需求。

（三）进一步探讨建立智力合作交流模式，政府、企业、学界、研究所、智库、媒体、女性和青年共同参与，创新思路，支持澜湄合作的长远发展。

（四）加强澜湄国家间旅游合作，发展绿色可持续旅游、生态旅游、农业旅游、体育旅游、文化遗产旅游、美食旅游、社区旅游，支持建立澜湄旅游城市合作联盟，探讨制定澜湄国家中长期旅游发展愿景的可能性，构建更强大、更可持续、更具韧性的旅游经济。鼓励青年参与旅游产品开发和推广活动。

（五）促进文化与艺术合作，加强文化机构、艺术家和文化游客沟通，继续探讨建立澜湄文化交流平台的可能性。

（六）用好澜湄国家现有的旅游安排，包括自驾游、增加区域内旅游目的地之间的航空公司和直航航线、旅游设施等，提升历史旅游线路 / 廊道的互联互通，促进历史古城和文化遗址发展。

四、加强澜湄合作机制伙伴关系

（一）继续完善既有的多层次合作框架，包括领导人会议、外长会、高官会、外交及各领域联合工作组会，加强政策规划与有效协调，制定澜湄合作发展长期战略规划。

（二）加强六国国家秘书处或协调机构间的沟通协调，提升其工作人员能力，以确保《澜湄合作五年行动计划》和澜湄合作项目的有效执行。

（三）完成各优先领域行动计划。这些计划将作为指导性文件更好地推进相关合作、项目执行和《澜湄合作五年行动计划》的有效实施，以支持区域经济社会发展，造福各国民众。

（四）高效利用澜湄合作专项基金，实施好第三次领导人会议确定的合作项目。提升项目质量和实施效率，鼓励基金支持更多务实管用、惠及民生的项目。调动来自政府、商业部门和国际金融机构等的其他金融资源，落实领导人愿景和外长指示，支持优先领域项目和倡议。

（五）提升民众对澜湄合作的认知度，举办各种活动和年度“澜湄周”，以纪念 2016 年 3 月 23 日在中国举行的澜湄合作首次领导人会议。

（新华社北京 8 月 24 日电）

澜沧江—湄公河合作五年行动计划（2018—2022）

一、发展目标

本《行动计划》根据澜沧江—湄公河合作（简称澜湄合作）首次领导人会议通过的《三亚宣言》等文件制定，旨在促进澜湄沿岸各国经济社会发展，增进各国人民福祉，缩小本区域发展差距，建设面向和平与繁荣的澜湄国家命运共同体。对接“一带一路”倡议、《东盟愿景2025》、《东盟互联互通总体规划2025》和其他湄公河次区域合作机制愿景，致力于将澜湄合作打造成为独具特色、具有内生动力、受南南合作激励的新型次区域合作机制，助力东盟共同体建设和地区一体化进程，促进落实联合国2030年可持续发展议程。

二、基本原则

本《行动计划》将密切结合澜湄六国发展需求和区域一体化进程，体现《三亚宣言》中确立的“领导人引领、全方位覆盖、各部门参与”的架构，以政府引导、多方参与、项目为本的模式运作，积极探索符合六国特点的新型次区域合作模式。本《行动计划》的实施将建立在协商一致、平等相待、相互协商和协调、自愿参与、共建、共享的基础上，尊重《联合国宪章》和国际法，符合各成员国国内法律法规和规章制度。2018年至2019年为奠定基础阶段，重在加强各领域合作规划，推动落实中小型合作项目。2020年至2022年为巩固和深化推广阶段，重在加强五大优先领域合作，拓展新的合作领域，以呼应成员国发展需求，完善合作模式，逐步探讨大项目合作。

三、工作架构

完善领导人会议、外长会、高官会、外交和各领域联合工作组会组成的多层次机制框架。

加强澜湄六国国家秘书处或协调机构间的沟通与协调，探讨建立澜湄合作国际秘书处。

每年通过高官会向外长会提交本《行动计划》落实进展报告，成员国将下一年度联合项目清单提交外长会审议通过。

在六方共识基础上，逐步将优先领域联合工作组级别提升至高官级或部长级。加强优先领域合作的同时亦鼓励扩展其他领域合作。

设计澜湄合作徽标及其他澜湄标志。

与其他湄公河次区域机制相互补充，协调发展。

协调澜湄合作与中国—东盟合作的关系。主要通过探讨与中国—东盟联合合作委员会建立交流沟通，加强与中国—东盟中心合作。作为临时性安排，与其他东盟相关机构加强合作。

四、务实合作

4.1 政治安全事务

4.1.1 保持高层交往

每两年召开一次领导人会议，规划澜湄合作未来发展。如有必要，在协商一致基础上召开临时领导人会议。

每年举行一次外长会，落实领导人会议共识，评估合作进展，提出合作建议。

六国领导人通过双边访问或其他国际合作平台保持经常性接触。

4.1.2 加强政治对话与合作

每年视情举行外交高官会、外交和各领域联合工作组会。

支持澜湄国家政策对话和官员交流互访活动。

4.1.3 政党交流

秉持澜湄合作精神，促进澜湄国家政党对话交流。

4.1.4 非传统安全合作

深化澜湄国家执法对话与合作，应对共同关心的非传统安全事务。

共同加强非传统安全事务合作，如打击贩毒、恐怖主义、有组织偷越国境、贩卖人口、走私贩运枪支弹药、网络犯罪及其他跨国犯罪。

秉持澜湄合作精神，遵守各国国内法律法规，促进六国间边境地区地方政府和边境管理部门交流。

加强澜湄国家警察、司法部门及相关院校合作。

加强防灾减灾、人道主义援助合作，确保粮食、水和能源安全。探索向灾民和受气候变化影响的人们提供支持的多种方案。

4.2 经济与可持续发展

4.2.1 互联互通

编制“澜湄国家互联互通规划”，对接《东盟互联互通总体规划2025》和其他次区域规划，促进澜湄国家全面互联互通，探索建立澜湄合作走廊。

推动铁路、公路、水运、港口、电网、信息网络、航空等基础设施建设与升级。增加包括北斗系统在内的全球卫星导航系统在澜湄国家基础设施建设、交通、物流、旅游、农业等领域的应用。

推进签证、通关、运输便利化，讨论实施“单一窗口”口岸通关模式。

加强区域电网规划、建设和升级改造合作，推动澜湄国家电力互联互通和电力贸易，打造区域统一电力市场。

制定澜湄国家宽带发展战略和计划，积极推进跨境陆缆和国际海缆建设和扩容。探索跨多国陆缆合作新模式，提高现有区域网络利用效率，持续提升澜湄国家间网络互联互通水平。

加强数字电视、智能手机、智能硬件和其他相关产品创新发展的合作。

加强标准和资质互认、发展经验分享和能力建设合作。

4.2.2 产能

根据《澜湄国家产能合作联合声明》，制定“澜湄国家产能合作行动计划”。

加强产能提升能力建设，开展经验交流与培训。

探讨搭建产能与投资合作平台，举办“澜湄国家产能合作论坛”等活动，探讨建立澜湄国家产能与投资合作联盟。

促进澜湄国家企业和金融机构参与产能合作。

探讨设立多边参与的澜湄产能合作发展基金。

4.2.3 经贸

通过建设跨境经济合作区的试点，推进跨境经济合作，完善合作框架、工作机制和制度性安排。

提升澜湄国家贸易和投资便利化水平，进一步降低非关税贸易壁垒。

成立澜沧江—湄公河商务理事会。探讨建立澜湄国家中小企业服务联盟。

举办国际贸易展销会、博览会和招商会等加强澜湄国家间贸易促进活动。

4.2.4 金融

基于包括《“一带一路”融资指导原则》在内的各类区域合作融资原则，共同建立澜湄国家间长期、稳定、可持续的多元融资体系。

加强澜湄国家金融主管部门合作与交流，防范金融风险。

强调稳定的金融市场和良好的金融结构对发展实体经济的重要性，支持加强金融监管的能力建设和相互协调。继续开展研究与经验交流，以促进双边货币互换、本币结算和金融机构合作。

加强与亚洲开发银行、亚洲基础设施投资银行、亚洲金融合作协会和世界银行等机构合作。

鼓励金融机构为商业经营提供便利，支持地区贸易投资。通过各类供应商和渠道，促进产品和服务发展，推进澜湄地区普惠金融和可持续增长。

4.2.5 水资源

做好水资源可持续利用顶层设计，加强水资源政策对话，定期举办澜湄水资源合作论坛。

推进澜湄水资源合作中心建设，使之成为支撑澜湄水资源合作的综合合作平台。

促进水利技术合作与交流，开展澜沧江—湄公河水资源和气候变化影响等方面的联合研究，组织实施可持续水资源开发与保护技术示范项目和优先合作项目。

加强水资源管理能力建设，开展该领域的交流培训与考察学习。

发展和改进对澜湄各国开放的水质监测系统，加强数据和信息共享。

加强澜沧江—湄公河洪旱灾害应急管理，实施湄公河流域防洪抗旱联合评估，就早日建立应对澜沧江—湄公河紧急洪旱灾害信息共享沟通渠道开展联合研究。

制定“水资源合作五年行动计划”，以协商解决共同关心的问题。

4.2.6 农业

加强政策协调，确保粮食、营养安全和食品安全，创造投资机会，加强农业可持续发展合作。

扩大农业科技领域的交流与合作，支持科研机构加强信息分享交流和人员互访，共建联合实验室、技术试验示范基地和技术中心，并建设澜湄合作农业信息网。

举办澜湄合作村长论坛。

推进农产品质量与安全合作，推动农产品贸易发展，打造澜湄国家统一农产品市场，提高区域农产品市场竞争力。

开展动植物疫病疫情监测、预警和联防联治合作。加强兽医卫生领域合作。开展水资源生态养护合作，推动建立澜湄流域生态养护交流合作机制，共建野生鱼类增殖救护中心，以加强鱼类多样性、鱼类数量和鱼群巡游等信息共享，促进在水产养殖能力建设等方面的渔业合作。

探讨共建农业产业合作园区，引导社会民间力量参与合作园区建设和运营。

4.2.7 减贫

制定“澜湄可持续减贫合作五年计划”，推动澜湄国家减贫经验交流和知识分享。

加强减贫能力建设和充足经济学等减贫经验分享，开展澜湄国家村官交流和培训项目。通过人员互访、政策咨询、联合研究、交流培训、信息互通、技术支持等多层次全方位能力建设活动，提升澜湄国家减贫能力。

在湄公河国家启动减贫合作示范项目。

4.2.8 林业

加强森林资源保护和利用，推动澜湄流域森林生态系统综合治理。

提升利用合法原材料加工的林产品贸易额，推进社区小型林业企业发展。加强林业执法与治理，合作打击非法砍伐和相关贸易，促进林业科技合作与交流，加强湄公河沿岸森林恢复和植树造林工作。

加强边境地区防控森林火灾合作。

加强野生动植物保护合作，共同打击野生动植物非法交易。

加强澜湄国家林业管理和科研能力建设，推动林业高等教育和人力资源合作交流，开展主题培训、奖学金生项目和访问学者项目。

4.2.9 环保

推进澜湄环保合作中心建设。对接澜湄六国环境保护发展规划，制定“澜湄国家环境合作战略”。

制定并实施“绿色澜湄计划”，重点推动大气、水污染防治和生态系统管理合作，加强与相关次区域机制沟通。

加强环境保护能力建设和宣传教育合作，提高民众环保意识。

4.2.10 海关、质检

探讨制定具体合作方案，逐步推动召开澜湄国家海关和质检部门会议。

提高农产品等货物通关速度。

加强产品规格标准化，推进在认证认可领域的培训、合作与互认。开展澜湄国家计量援助，提升计量能力建设。

4.3 社会人文合作

4.3.1 文化

加强文化政策信息共享，促进文化对话，努力落实《澜湄文化合作宁波倡议》。

深化文化艺术、文物保护、非物质文化遗产保护传承、文化产业、文化人力资源开发等领域交流与合作，鼓励文化机构、文艺院团、文化企业开展交流与合作。

发挥澜湄各国设立的文化中心的作用，举办澜湄国家文化交流活动。

4.3.2 旅游

探讨成立澜湄旅游城市合作联盟。

加强旅游业人才培训，鼓励澜湄国家参加东盟旅游论坛、湄公河旅游论坛和中国国际旅游交易会等活动。

探讨建立澜湄合作中长期旅游发展愿景，加强促进旅游发展的软硬件基础设施建设。

推动认可东盟旅游标准。

4.3.3 教育

中国—东盟教育交流周期间举办活动，加强澜湄国家合作。

加强职业教育培训，支持在中国设立澜湄职业教育基地，在湄公河国家设立澜湄职业教育培训中心。

推动澜湄国家高校合作，鼓励高校间开展联合培养、联合研究和学术交流，探索建立学分互认互换制度。

4.3.4 卫生

加强对登革热、疟疾等新生和再发传染病防治合作，建立并完善跨境新发和再发传染病预警和联防联控机制。

加强医院和医疗研究机构间的合作，促进技术交流和人员培训。推进六国乡村医院和诊所建设方面的合作。

开展“光明行”、“微笑行”（注：治疗面部畸形）、妇幼健康工程等短期义诊。中方将向有需要的湄公河国家派遣医疗队。

4.3.5 媒体

加强主流媒体交流合作，鼓励举办影视节或展映活动。

鼓励六国外交部建立澜湄合作官方网站或在其外交部网站发布澜湄合作官方信息，酌情将社交媒体作为发布信息和处理公共事务的基础平台。

创办澜湄合作杂志或新闻手册，建立澜湄合作数据库。

4.3.6 民间交流和地方合作

通过举办各种民间活动，加强澜湄合作品牌建设，提升六国民众的澜湄意识。

推动青年交流，打造澜湄青年交流品牌项目。

通过举办培训班、交流互访等形式多样的活动，促进性别平等，提升妇女交流合作。

调动成员国地方政府参与澜湄合作，鼓励其参与澜湄合作具体项目。

鼓励非政府组织适当参与澜湄项目合作。

加强澜湄国家红十字会交流，开展社区综合发展项目，提升澜湄国家红十字会能力建设。

在成员国认为合适的基础上，鼓励人员交流互访，促进对宗教与宗教间事务上的国家管理合作。

五、支撑体系

5.1 资金支撑

用好中方设立的澜湄合作专项基金，优先支持澜湄合作领导人会议和外长会确定并符合《三亚宣言》等重要文件所设立目标的项目。鼓励各国加大资金资源投入。积极争取亚洲基础设施投资银行、丝路基金、亚洲开发银行等金融机构支持。发挥社会市场资源，打造立体化、全方位的金融支撑体系。

5.2 智力支撑

探索官、产、学一条龙合作模式，建立全球湄公河研究中心，逐步形成澜湄合作二轨团队和智库网络。

5.3 监督机制

充分发挥澜湄合作各国家秘书处或协调机构的作用，加强多领域合作，统筹资源，形成合力。督促和指导本国相关部门参与合作，对重要活动进行定期评估监督。利用民间专业机构的资源，发挥第三方监督作用。

（新华社金边1月10日电）

澜沧江—湄公河合作首批“早期收获”项目清单

<table>
<tr><td rowspan="21">中国</td><td>1</td><td>澜湄流域综合执法安全合作中心</td></tr>
<tr><td>2</td><td>澜湄水资源合作中心</td></tr>
<tr><td>3</td><td>澜湄环境合作中心</td></tr>
<tr><td>4</td><td>湄公河国家官员访华</td></tr>
<tr><td>5</td><td>光明行——为湄公河国家开展免费白内障复明手术</td></tr>
<tr><td>6</td><td>澜湄渔业资源和生态联合养护</td></tr>
<tr><td>7</td><td>湄公河次区域信息通讯技术与应用研讨培训</td></tr>
<tr><td>8</td><td>数字湄公河地理空间框架建议示范</td></tr>
<tr><td>9</td><td>澜湄海上安全监管设施建设与管理</td></tr>
<tr><td>10</td><td>澜湄航道二期整治工程</td></tr>
<tr><td>11</td><td>澜湄空间信息交流合作中心</td></tr>
<tr><td>12</td><td>澜湄流域森林生态系统综合管理规划与示范项目</td></tr>
<tr><td>13</td><td>澜湄次区域媒体热带病风险评估及监督预警合作</td></tr>
<tr><td>14</td><td>湄公河国家红十字会社区卫生发展</td></tr>
<tr><td>15</td><td>湄公河国家扶贫示范点</td></tr>
<tr><td>16</td><td>湄公河国家减贫能力提升计划</td></tr>
<tr><td>17</td><td>越老柬缅海关改革及现代化建设培训</td></tr>
<tr><td>18</td><td>湄公河国家佛教领袖访华及友好交流</td></tr>
<tr><td>19</td><td>澜湄大学生友好运动会</td></tr>
<tr><td>20</td><td>澜湄旅游城市合作论坛</td></tr>
<tr><td>21</td><td>探讨建立澜湄旅游城市合作项目</td></tr>
<tr><td rowspan="2">缅甸</td><td>1</td><td>提升澜湄成员国政府官员澜湄合作意识</td></tr>
<tr><td>2</td><td>湄公河缅甸万崩港扩建提升工程可研报告</td></tr>
</table>

泰国	1	湄公河流域减贫能力提升项目
	2	湄公河区域媒传热带病防治合作
	3	联合开发跨境经济特区
	4	澜湄 MBA 国际奖学金项目
老挝	1	澜湄成员国外交官能力提升项目
	2	老挝工业废气管理项目
	3	老挝跨境传染病防治
	4	澜湄流域港口修缮工程
	5	航道救援公认培训项目
	6	澜湄成员国海关官员培训项目
	7	老挝经济特区管理能力建设
	8	澜湄合作成员国民族宗教事务官员经验交流和能力建设项目
	9	澜湄流域文化遗产展示及推广研讨会
	10	湄公河国家汉语交流与培训项目
柬埔寨	1	提升中国与湄公河国家研究和政策对话项目
	2	湄公河干、支流水质监管及建立信息中心项目
	3	柬埔寨农村发展及减贫项目
	4	应对柬埔寨媒传染病风险评估、监控、早期预警的联合研究与技术开发
	5	社区卫生促进项目
越南	1	中小企业发展等短期能力提升培训项目
	2	加强澜湄流域防洪抗旱协调
	3	澜湄国家河道运输立法及标准一体化项目

资料来源：作者根据资料汇编。

澜湄水资源合作建议项目清单

合作领域	序号	项目名称	参与方	建议方
领域 1：水资源与绿色发展	1	提高山区小流域山洪灾害预报能力	柬埔寨—中国—老挝—缅甸—泰国—越南	中国
	2	小流域综合管理	柬埔寨—中国—老挝—缅甸—泰国—越南	中国
	3	公众参与保护水资源和生态环境	柬埔寨—中国—老挝—缅甸—泰国—越南	中国
	4	河流健康评估	柬埔寨—中国—老挝—缅甸—泰国—越南	中国
	5	建立水源与土壤保护监测中心	柬埔寨—中国—老挝—缅甸—泰国—越南	缅甸
	6	水安全与生态环境保护公众意识提升	柬埔寨—中国—老挝—缅甸—泰国—越南	缅甸
	7	山洪灾害监测预警系统的建立与示范	柬埔寨—中国—老挝—缅甸—泰国—越南	缅甸
	8	农村人居环境改善	柬埔寨—中国—老挝—缅甸—泰国—越南	缅甸
	9	气象—水文—环境监测和河流（湖泊）健康评估示范项目	柬埔寨—中国—老挝—缅甸—泰国—越南	缅甸
	10	气候变化和需水量增加情况下 2S 流域最小流量研究	柬埔寨—越南	越南
	11	3S 流域河流健康评价框架	柬埔寨—老挝—越南	越南
	12	3S 流域水安全指标框架	柬埔寨—老挝—越南	越南
	13	增强澜沧江—湄公河流域的山洪与滑坡预警能力	柬埔寨—中国—老挝—缅甸—泰国—越南	越南
	14	澜沧江—湄公河流域的泥沙联合研究	柬埔寨—中国—老挝—缅甸—泰国—越南	越南

领域2：水资源综合管理与应对气候变化	1	流域综合管理进展评估及合作探讨	柬埔寨—中国—老挝—缅甸—泰国—越南	中国
	2	澜湄水资源合作与可持续发展议程（SDGs）涉水目标实现	柬埔寨—中国—老挝—缅甸—泰国—越南	中国
	3	多利益相关者平台（MSP）建设	柬埔寨—中国—老挝—缅甸—泰国—越南	中国
	4	气候变化对湄公河水资源的影响及适应性管理策略	柬埔寨—中国—老挝—缅甸—泰国—越南	中国
	5	应对气候变化的技术体系	柬埔寨—中国—老挝—缅甸—泰国—越南	中国
	6	洪水风险管理示范项目	柬埔寨—中国—老挝—缅甸—泰国—越南	中国
	7	用于工作组的实施和合作的多利益相关方平台（MSP）建设	柬埔寨—中国—老挝—缅甸—泰国—越南	中国
	8	为开发适应性策略对2019极端干旱的原因和影响开展联合研究	柬埔寨—中国—老挝—缅甸—泰国—越南	泰国
	9	针对澜湄和东盟国家文化遗产保护的气候变化和洪水适应性策略	柬埔寨—中国—老挝—缅甸—泰国—越南	泰国
	10	南莫伊河流域的水质监测	中国—缅甸—泰国	泰国
	11	在中国、泰国和老挝试行跨界合作机制以改善水位 / 水流变化风险的沟通	中国—老挝—泰国	泰国
	12	地下水测绘和调查	柬埔寨—中国—老挝—缅甸—泰国—越南	老挝 / 泰国
	13	自然灾害管理准则（预测 / 预警，避免，控制，缓解，适应，救济……）	自然灾害管理准则（预测 / 预警，避免，控制，缓解，适应，救济……）	越南
	14	湄公河—澜沧江流域水资源规划与管理	柬埔寨—中国—老挝—缅甸—泰国—越南	越南
	15	加强湄公河—澜沧江流域旱涝管理能力建设	柬埔寨—中国—老挝—缅甸—泰国—越南	越南
领域3：水利产能合作	1	水利产能合作需求调查与分析	柬埔寨—中国—老挝—缅甸—泰国—越南	中国
	2	建立先进技术、设备和技术标准储备库	柬埔寨—中国—老挝—缅甸—泰国—越南	中国
	3	促进社会经济发展的水利产能合作示范	柬埔寨—中国—老挝—缅甸—泰国—越南	中国
	4	大坝安全技术示范应用与推广	柬埔寨—中国—老挝—缅甸—泰国—越南	中国
	5	饮水安全关键技术的应用示范	柬埔寨—中国—老挝—缅甸—泰国—越南	中国
	6	中小型灌区关键技术示范与应用	柬埔寨—中国—老挝—缅甸—泰国—越南	中国
	7	小水电技术的示范和推广	柬埔寨—中国—老挝—缅甸—泰国—越南	中国
	8	宣传与推广试点项目经验	柬埔寨—中国—老挝—缅甸—泰国—越南	中国
	9	湄公河—澜沧江流域水资源规划管理工具和模型的应用综述	柬埔寨—中国—老挝—缅甸—泰国—越南	越南

领域4：农村地区水利与民生改善	1	在集中 / 分散村庄示范污水处理厂设施	柬埔寨—中国—老挝—缅甸—泰国—越南	柬埔寨
	2	灌溉系统 / 水库 / 运河的运行和维护的示范	柬埔寨—中国—老挝—缅甸—泰国—越南	柬埔寨
	3	灌溉系统的现代化和自动化	柬埔寨—中国—老挝—缅甸—泰国—越南	柬埔寨
	4	为共享数据建立水资源信息系统	柬埔寨—中国—老挝—缅甸—泰国—越南	柬埔寨
	5	将性别主流化观点纳入水资源管理的能力建设	柬埔寨—中国—老挝—缅甸—泰国—越南	柬埔寨
	6	减少风险损失的旱涝预报	柬埔寨—中国—老挝—缅甸—泰国—越南	柬埔寨
	7	阻止河岸崩塌的河岸保护	柬埔寨—中国—老挝—缅甸—泰国—越南	柬埔寨
	8	信息系统的技术共享	柬埔寨—中国—老挝—缅甸—泰国—越南	柬埔寨
	9	农业灌溉中水权交易示范	柬埔寨—中国—老挝—缅甸—泰国—越南	柬埔寨
	10	适应气候变化的试点项目	柬埔寨—中国—老挝—缅甸—泰国—越南	柬埔寨
	11	农村饮水安全示范（水量和水质）	柬埔寨—中国—老挝—缅甸—泰国—越南	柬埔寨
	12	农村饮水安全风险评估	柬埔寨—中国—老挝—缅甸—泰国—越南	柬埔寨
	13	建立饮水安全的技术标准	柬埔寨—中国—老挝—缅甸—泰国—越南	柬埔寨
	14	灌溉地区的总体规划	柬埔寨—中国—老挝—缅甸—泰国—越南	柬埔寨
	15	清洁能源在小型灌溉系统中的应用	柬埔寨—中国—老挝—缅甸—泰国—越南	柬埔寨
	16	灌溉水肥选配管理技术示范	柬埔寨—中国—老挝—缅甸—泰国—越南	柬埔寨
	17	农村饮水安全示范	柬埔寨—中国—老挝—缅甸—泰国—越南	中国
	18	光伏提水灌溉技术示范项目	柬埔寨—中国—老挝—缅甸—泰国—越南	中国
	19	节水灌溉方案和能力建设	柬埔寨—中国—老挝—缅甸—泰国—越南	中国
	20	“以电代柴”计划	柬埔寨—老挝—越南	越南
	21	3S 流域的水资源分配保障灌溉和生活用水供应	柬埔寨—老挝—越南	越南

领域5：水电可持续发展与能源安全	1	大坝安全管理系统的开发和示范	柬埔寨—中国—老挝—缅甸—泰国—越南	中国
	2	水—能源—食品关系视角下的水电开发与协作综合影响评价	柬埔寨—中国—老挝	中国
	3	可持续水电发展战略和政策对话	柬埔寨—中国—老挝	中国
	4	环境友好型小水电站设计关键技术的应用示范	柬埔寨—中国—老挝—缅甸—泰国—越南	中国
	5	水库减灾联合调度	柬埔寨—中国—老挝—缅甸—泰国—越南	中国
	6	协调监测中心	中国—老挝	老挝
	7	可持续水电开发评估能力建设	柬埔寨—中国—老挝—缅甸—泰国—越南	老挝
	8	多目标梯级水电运行	中国—老挝	老挝
	9	梯级水库对关键生物的影响及生态保护对策	柬埔寨—中国—老挝—缅甸—泰国—越南	老挝
	10	澜湄国家大坝安全管理体系的构建与示范	柬埔寨—中国—老挝—缅甸—泰国—越南	老挝
	11	湄公河—澜沧江梯级水电跨境影响评估联合研究	柬埔寨—中国—老挝—缅甸—泰国—越南	越南

领域6：跨界河流合作与信息共享	1	跨界河流合作国际水法实践	柬埔寨—中国—老挝—缅甸—泰国—越南	中国
	2	跨界河流体制机制研究	柬埔寨—中国—老挝—缅甸—泰国—越南	中国
	3	跨界河流合作形态与政策对话	柬埔寨—中国—老挝—缅甸—泰国—越南	中国
	4	跨界河流防灾减灾协调机制	柬埔寨—中国—老挝—缅甸—泰国—越南	中国
	5	洪水与干旱应急状况下的信息共享机制研究	柬埔寨—中国—老挝—缅甸—泰国—越南	中国
	6	跨界河流洪水预报技术共享	柬埔寨—中国—老挝—缅甸—泰国—越南	中国
	7	建立水资源数据与澜湄合作的信息共享	中国—老挝—泰国	泰国
	8	建立湄公河—澜沧江水资源合作数据库	柬埔寨—中国—老挝—缅甸—泰国—越南	越南
	9	在湄公河—澜沧江流域干流建立预警系统	柬埔寨—中国—老挝—缅甸—泰国—越南	越南
	10	建立 3S 流域预警系统	柬埔寨—中国—老挝—缅甸—泰国—越南	越南
	11	建立 3S 水资源监测系统	柬埔寨—老挝—越南	越南
	12	3S 水资源数据与信息共享机制	柬埔寨—老挝—越南	越南
	13	建设湄公河—澜沧江流域水文模型	柬埔寨—老挝—越南	越南
	14	设计并推行有关湄公河—澜沧江水资源合作的信息服务	柬埔寨—中国—老挝—缅甸—泰国—越南	越南
	15	应用先进技术传递 3S 流域水文气象资料的研究	柬埔寨—中国—老挝—缅甸—泰国—越南	越南
	16	湄公河—澜沧江流域水资源监测方式	柬埔寨—老挝—越南	越南
	17	水资源利用差异研究以及对湄公河—澜沧江合作的建议	柬埔寨—中国—老挝—缅甸—泰国—越南	越南
	18	加强 3S 流域的洪涝灾害和滑坡预警能力	柬埔寨—中国—老挝—缅甸—泰国—越南	越南
	19	跨界河流合作中与水法有关的国际惯例综述	柬埔寨—中国—老挝—缅甸—泰国—越南	越南
	20	跨界河流的合作机制 / 模式综述	柬埔寨—中国—老挝—缅甸—泰国—越南	越南
	21	促进成员国之间的政策对话	柬埔寨—中国—老挝—缅甸—泰国—越南	越南
	22	跨界河流灾害预防和减灾机制	柬埔寨—中国—老挝—缅甸—泰国—越南	越南
	23	洪水和干旱紧急情况下的信息共享机制	柬埔寨—中国—老挝—缅甸—泰国—越南	越南
	24	河流培训经验分享	柬埔寨—中国—老挝—缅甸—泰国—越南	越南
	25	将在拟议项目中协调能力建设活动（中心的开展活动、澜湄机制和其他机制（湄委会）的国家活动、成员国之间联合项目成果共享）	柬埔寨—中国—老挝—缅甸—泰国—越南	越南

资料来源：澜湄水资源合作部长级会议，http://www.mwr.gov.cn/ztpd/2019ztbd/lmszybzhy/，2020-02-10。

湄公河流域国际水事大事记（1952—2008 年）

序号	国家	问题领域	日期（年/月/日）	活动总结	强度等级	来源
1	老挝—柬埔寨	基础设施/发展	2008/6/10	湄公河上的老挝大坝建设项目可能对柬埔寨下游产生负面影响。作为回应，柬埔寨要求改变湄公河水管理方法。	–1	Interpress Service
2	柬埔寨—老挝—泰国—越南	防洪/救济	2008/5/28	各国同意应建立新的早期洪水预警系统来保护湄公河下游社区。他们已经在提供“中期”洪水预报的系统上工作。各国还同意将预警从 5 天增加到 10 天。	2	Japan Economic Newswire
3	泰国—老挝	基础设施/发展	2008/5/28	泰国和老挝同意建造 3 个水坝，以保留足够的水量供双方全年使用。	4	Thai Press Reports
4	柬埔寨—老挝—泰国—越南	联合管理	2008/5/12	MRC 首席执行官捍卫组织的信誉，以回应公民团体发出的具有挑战性的信，该信因干流上有 8 个大坝建设而提出“迫在眉睫的合法性和相关性危机”。	0	IPS
5	柬埔寨—老挝—泰国—越南	联合管理	2008/4/2	MRC 会议的重点是环境和生态水资源计划。	1	Vietnamese News Agency（VNA）
6	柬埔寨—老挝—泰国—越南	基础设施/发展	2007/11/19	社会和环境团体（200 多个）在给 MRC 的一封信中抱怨说，MRC 对拟建的主干 8 个水坝的环境影响评估不足。	–1	Thai Press Reports

续表

序号	国家	问题领域	日期（年/月/日）	活动总结	强度等级	来源
7	柬埔寨—老挝—泰国—越南—中国	水质	2007/11/15	柬埔寨湄公河委员会代表团对中国改善环境质量和人民生活的努力表示满意。MRC 全年收到中国 24 小时水位数据。	1	Chinadaily.com.cn
8	柬埔寨—老挝—泰国—越南	联合管理	2007/11/5	越南将加强在 MRC 内部的合作。	1	Thai Press Reports
9	柬埔寨—老挝—泰国—越南—中国—缅甸	联合管理	2007/4/25	MRC 将与中国和缅甸举行会议，敦促在共享水源方面开展更多合作。	1	BBC
10	柬埔寨—老挝—泰国—越南—中国	水电	2006/12/25	MRC 警告说，新的中国水坝将对 MRC 国家产生负面影响。	–1	BBC
11	柬埔寨—老挝—泰国—越南	联合管理	2006/12/15	MRC 第 13 次会议将集中讨论洪水、干旱和流域规划。	1	Thai Press Reports
12	柬埔寨—老挝—泰国—越南	水量	2006/6/27	MRC 成员就干旱季节的每月最低流量、洞里萨湖的雨季反向流量和洪水管理签署了一项协议。	4	Thai Press Reports
13	柬埔寨—老挝—泰国—越南	水量	2006/6/23	MRC 成员签署了一项探索新方法以提高用水效率的协议。	3	Saigon Times Daily
14	柬埔寨—老挝—泰国—越南	防洪/救济	2006/5/18	MRC 的首席执行官 Olivier Cogels 表示，该组织需要在年度湄公河洪水论坛上开发“高效”的洪水预报系统。	1	Agence France Press
15	柬埔寨—老挝—泰国—越南	水量	2006/4/11	湄公河委员会成员已经签署了一份有关监测湄公河水使用情况的文件。该文件使成员国能够促进实施先前签署的有关用水监测和数据共享的程序。	3	Thai Press Reports

续表

序号	国家	问题领域	日期（年/月/日）	活动总结	强度等级	来源
16	柬埔寨—老挝—泰国—越南—中国	水量	2006/1/31	在关于湄公河流域不断发展的危机的研讨会上，议员、学者和环保主义者表示，中国云南省两个大坝的水调节给泰国、老挝和柬埔寨的人民造成了许多问题。	–1	Thai Press Reports
17	泰国—老挝—中国—缅甸—越南—柬埔寨	联合管理	2005/8/30	湄公河委员会与中国和缅甸举行会议。讨论了洪水、农业、林业、渔业、水力运输问题以及水电开发问题。	1	Xinhua
18	柬埔寨—越南—老挝—中国—泰国	水电	2005/7/5	中国官方承诺在澜沧江—湄公河发展中加强环境保护。温家宝总理表示，中国的活动不会对下游国家产生不利影响。	1	Xinhua
19	缅甸—日本—德国—法国—尼泊尔—中国—柬埔寨—泰国—老挝—越南	防洪/救济	2005/4/8	湄公河国家和其他有关国家举行会议，讨论应对流域洪水的措施。	1	Xinhua
20	泰国—缅甸—柬埔寨—越南—中国—老挝	联合管理	2005/4/5	越南官员要求流域国家共同为旱季储存洪水。	1	Thai Press Report
21	柬埔寨—老挝—越南—泰国	水量	2005/3/15	泰国政府宣布计划与湄公河国家就干旱和洪水进行磋商。	1	Financial Times Information
22	越南—中国—泰国—柬埔寨—老挝	水量	2004/11/18	大湄公河次区域的环境部部长否认中国在湄公河上游的水坝是河水干涸的原因。	1	Thai Press Report
23	中国—缅甸—老挝—泰国—柬埔寨—越南	水电	2004/11/16	在曼谷举行的为期三天的湄公河会议。	1	Financial Times Information

续表

序号	国家	问题领域	日期（年/月/日）	活动总结	强度等级	来源
24	越南—老挝—缅甸—中国—泰国—柬埔寨	技术合作/协助	2004/8/27	作为水资源利用计划的一部分，MRC 建议与中国和缅甸加强技术合作。	1	Xinhua
25	泰国—中国	水量	2004/4/19	泰国参议院致信中国政府，要求停止湄公河上游的水坝开发。中国的行动改变了这条河的路线，并影响了泰国和老挝之间早已存在争议的边界。人们还对生态系统脆弱、农田的侵蚀和丧失以及鱼类栖息地表示关切。	–1	fnWeb.com
26	泰国—中国—老挝—越南—柬埔寨	水量	2004/3/26	MRC 官员说，湄公河的流量低与中国的水坝无关。	1	Xinhua
27	柬埔寨—老挝—泰国—越南	水量	2004/3/11	MRC 科学家警告称，由于环境恶化和人口压力，成员国将很快面临严重的粮食安全和水冲突。为了解决这一问题，MRC 将开始研究 8 个有关农业生产力和有效用水的广泛问题的项目。	4	The Nation (Thailand)
28	柬埔寨—越南—中国—泰国—老挝	水量	2004/2/26	泰国自然资源与环境部长将召开紧急会议，商讨向湄公河委员会（MRC）降水，并要求中国政府从其大坝向湄公河放水。	–1	Thai Press Reports
29	老挝—中国—越南—泰国—柬埔寨	水量	2004/2/19	东亚和东南亚的河流观察提到，中国为发电而建造的漫湾和大朝山两座水坝是湄公河水位大大低于正常水平的原因。	–1	South China Morning Post
30	—	基础设施/发展	2004/1/30	亚洲开发银行否认了国际河流网的指控，因为他们赞助了电网互联项目，该项目主要是在湄公河地区（老挝、泰国和越南）输送水力发电，将使数千人流离失所。	–1	Agence France Presse -- English

续表

序号	国家	问题领域	日期（年/月/日）	活动总结	强度等级	来源
31	柬埔寨—老挝—泰国—越南	联合管理	2003/11/30	MRC成员在MRC第十届年会上签署了两项协议。1.与会员国事前通知，协商和协议规定共享使用湄公河的利益。2.湄公河水使用监督条例。	4	Thai Press Reports
32	柬埔寨—老挝—美国—越南—泰国	技术合作/协助	2002/12/16	MRC将从新的洪水管理计划中获得125万美元，以帮助柬埔寨和老挝根据美国国际开发署USAID办事处多年来提供的精英数据访问洪水预警，该项目耗资2500万美元，涉及六个项目。	4	XINHUA GENERAL NEWS SERVICE
33	老挝—泰国—加拿大—越南—柬埔寨	技术合作/协助	2002/11/28	加拿大航天局和加拿大遥感中心将为MRC提供对地球观测和地理学的先进技术和产品，以监测各种领域，包括灌溉、渔业、流域管理、水力发电。	4	Malaysia General News
34	泰国—缅甸—柬埔寨—越南—老挝—中国	联合管理	2002/11/11	湄公河委员会第九届会议讨论了湄公河委员会在湄公河流域的运行、使用、保护和管理，并通过了湄公河委员会2003年工作计划。	1	XINHUA GENERAL NEWS SERVICE
35	泰国—老挝—中国—越南—缅甸—柬埔寨	水电/水电	2002/9/7	云南省省长说，在湄公河上游修建水电站不会对下游的生态系统造成不利影响。当地的环境专家说，水库将使全年的流量保持稳定。	–1	Xinhua
36	缅甸—泰国—老挝—中国	导航	2002/6/13	泰国居民反对政府间计划在湄公河炸毁急流和小岛，以允许最多500吨的船只集会，声称该项目将对环境产生不利影响。	–1	The Nation (Thailand)
37	泰国—中国—柬埔寨—越南—老挝	技术合作/协助	2002/4/2	中国签署协议，同意在每年的6月15日至10月15日的汛期与MRC分享河流水位数据。	3	Antara

续表

序号	国家	问题领域	日期（年/月/日）	活动总结	强度等级	来源
38	柬埔寨—亚洲开发银行	基础设施/发展	2002/2/12	柬埔寨外交大臣要求亚洲开发银行协助湄公河流域六个国家发展这条河，同时赞扬亚洲开发银行新成立的湄公河流域当局。他还要求亚洲开发银行协助柬埔寨管理洪水。	2	XINHUA GENERAL NEWS SERVICE
39	缅甸—老挝—泰国—中国	钓鱼	2002/1/30	在湄公河上急流的项目改善了交通渠道，引起了关注河流生态系统和鱼类栖息地的环保组织的批评。	–1	The Nation (Thailand)
40	泰国—缅甸—中国—老挝	水量	2002/1/29	泰国、中国、老挝和缅甸之间的联合项目将爆破 11 条急流，以改善交通。环保组织批评该项目将改变河流的生态系统和鱼类栖息地，并可能影响湄公河下游流域的景观。	–1	The Nation (Thailand)
41	柬埔寨—泰国—越南—老挝	防洪/救济	2002/1/23	MRC 举办了首届年度湄公河洪水论坛，讨论洪水的管理和减灾，以防止社会和经济损失，同时保持洪水的环境和经济效益。	1	Xinhua
42	柬埔寨—老挝—越南—泰国	联合管理	2002/1/22	举行了湄公河流域可持续发展讲习班，讨论了渔业、灌溉、农业、农林业以及部门间水资源竞争带来的挑战。	1	XINHUA GENERAL NEWS SERVICE
43	柬埔寨—老挝—越南—泰国	联合管理	2002/1/21	来自湄公河委员会成员国、非政府组织和捐助机构的与会人员将参加湄公河流域可持续发展讲习班，以讨论包括渔业、灌溉、农业、农林业和部门间水资源竞争在内的问题。	1	XINHUA GENERAL NEWS SERVICE
44	越南—中国—柬埔寨—老挝—泰国	联合管理	2002/1/19	尽管下游国家担心经济和环境遭到破坏，但中国仍继续计划在湄公河上游建造 6 座水坝。	–1	Associated Press

续表

序号	国家	问题领域	日期（年/月/日）	活动总结	强度等级	来源
45	柬埔寨—中国—越南—老挝—缅甸—泰国	联合管理	2001/12/1	湄公河国家在防洪、水管理和战略环境框架等项目上采用了一项新的十年合作战略。	4	Agence France Presse
46	柬埔寨—老挝—越南—泰国	联合管理	2001/11/6	四个国家签署了《洪水管理和减灾协议》，它们将共享信息和资源。	3	The Straits Times
47	柬埔寨—老挝—越南—泰国	联合管理	2001/11/1	MRC 讨论达成共享用水数据的协议以及洪水管理和缓解策略。	1	XINHUA GENERAL NEWS SERVICE
48	柬埔寨—老挝—越南—泰国	联合管理	2001/10/10	MRC 代表开会讨论涉及土地使用规划和结构措施的洪水管理和缓解策略。	1	XINHUA GENERAL NEWS SERVICE
49	老挝—中国	水电/水电	2001/9/30	中国要求老挝支付中国云南省小湾水坝的建设费用，这可能有助于缓解每年毁灭性的洪水。	1	Water Power & Dam Construction
50	越南—老挝—中国—柬埔寨—泰国	水电/水电	2001/9/30	第三方表示，湄公河下游地区的国家担心中国在大型水电项目上可能对水资源拥有过多权力。	–1	Water Power & Dam Construction
51	柬埔寨—中国—泰国—越南—缅甸—老挝	联合管理	2001/7/6	柬埔寨外交大臣要求亚洲开发银行帮助湄公河流域的六个国家开发这条河。部长建议亚洲开发银行研究水电站开发对降低电价以及工农业发展的可行性。	1	XINHUA GENERAL NEWS SERVICE
52	柬埔寨—泰国—越南—老挝	联合管理	2001/7/6	来自泰国、老挝、柬埔寨、越南四个成员国的代表参加了湄公河委员会联席会议，讨论了湄公河事务的联合管理，重点是流域规划和管理的跨界问题，并审查了湄公河委员会的进展。	1	XINHUA GENERAL NEWS SERVICE
53	泰国—老挝—柬埔寨—越南	联合管理	2001/7/6	MRC 成员开会讨论湄公河流域的联合管理和规划。	1	XINHUA GENERAL NEWS SERVICE

续表

序号	国家	问题领域	日期（年/月/日）	活动总结	强度等级	来源
54	柬埔寨—日本—老挝—泰国—越南	技术合作/协助	2000/9/11	在日本和世界银行的支持下，金边举行了湄公河流域水文和环境模拟研讨会，该研讨会得到了日本和世界银行的支持，就如何更好地管理湄公河流域交换了理论模型数据。	1	Japan Economic Newswire
55	柬埔寨—老挝—泰国—越南	联合管理	2000/4/28	启动了水资源利用计划，以促进和改善湄公河流域的联合水管理。它将建立一个法律框架，以解决各国之间在用水、信息交流和协商程序方面的争端。	4	XINHUA GENERAL NEWS SERVICE
56	中俄	水电	1998/11/12	中国国务院副总理吴邦国今天下午在中南海会见了泰国总理府部长萨维特·博德维霍克一行。吴邦国说，中泰关系很好，中国高度重视互利合作。他补充说，中国还支持该国有关部门探索澜沧江的水力资源。萨维特说，泰国准备在这方面与中国合作。两国今天就泰国从中国的购买力签署了谅解备忘录。	2	Beijing XINHUA
57	中国—泰国	水电	1998/11/12	中国西南地区云南省电力集团表示，泰国希望从中国购买电力。根据备忘录，到 2017 年，泰国公司将从中国购买多达 300 万千瓦时的电力。中国计划在澜沧江沿岸建设 8 座大型水力发电厂。早在 1995 年，云南省电力集团与泰国 GMS 公司就开始合作，成立了一家合资公司，对澜沧江景洪水电站的建设进行了可行性研究，该电站位于澜沧江，占八分之一，从中国向泰国输电。	3	Beijing XINHUA

续表

序号	国家	问题领域	日期（年/月/日）	活动总结	强度等级	来源
58	中国—泰国	水电	1997/9/11	中国和泰国的专家已经完成了一项联合可行性研究，该研究计划与明年初在云南省澜沧江下游的景洪市的大型水电站的联合建设有关。自 20 世纪 90 年代初以来，中泰就水电站建设合作进行了谈判。	3	Beijing XIN-HUA
59	老挝—泰国	联合管理	1997/6/21	泰国总理差瓦立·永猜裕（Yongchaiyudh）昨天强调，在扩大与 10 个东南亚国家的共同体中，泰国与老挝之间需要团结。双方重申在促进旅游、共同利用湄公河和加工老挝自然资源方面的合作。他们同意通过建立掌管能源、灌溉和工业的工作组来深化合作。	3	Bangkok Post
60	柬埔寨—老挝	联合管理	1996/10/25	老挝和柬埔寨同意，双方都希望在湄公河委员会总部所在地作出的决定，由该机构的部长理事会与捐助国协商后作出。与其他国际发展组织一样，MRC 通过协商解决问题。这种方法最终解决了泰国和越南之间关于用水规则的激烈争执，这一争议有可能使鱼雷成为东南亚唯一的多州河流组织，直到 1995 年。	2	Bangkok: The Nation
61	老挝—泰国	水电 / 水电	1996/10/1	泰国发电局（EGAT）收到 Nam Theun 2 组的一封信，称该项目将推迟到 2002 年，比计划的完成日期晚两年。开发商还要求 EGAT 向 Nam Theun 2 购买更多电力，该水坝将经过重新设计，通过在大坝上增加涡轮机来产生更多的水力发电。EGAT 的一位知情人士说："由于老挝不能在 2000 年之前售出电力，我们不能就建设所需的额外时间延长谅解备忘录。该项目必须重新谈判。"	1	Bangkok: The Nation

续表

序号	国家	问题领域	日期（年/月/日）	活动总结	强度等级	来源
62	老挝—泰国	水电	1996/10/1	泰国已放弃从老挝 Nam Theun 2 项目购买电力的计划，而将从 IPP 计划获得电力。泰国发电局（EGAT）取消了从计划中的项目购买电力的合同，这对老挝的水力发电出口政策造成了重大打击，这是老挝迄今已投资的最大基础设施项目。	–1	Bangkok: The Nation
63	老挝—泰国	水电	1996/9/23	一个老挝代表团上周在曼谷与泰国发电局（EGAT）进行谈判，以计算两个项目（Nam Ngum 2 和 3）的电价。EGAT 为老挝提供了非常低的价格（每千瓦·时 3.9 美分）。老挝电力公司的一位高级官员说：“EGAT 坚持认为，它可以从其独立的电力购买者（IPP）获得便宜的电力。”	—	Bangkok: The Nation
64	老挝—泰国	水电	1996/9/23	老挝已敦促泰国不要终止从 Nam Theun 2 大坝购买电力的合同，称这一决定将阻止外国投资者参与正在进行的双边电力贸易。其他两个项目需要进一步谈判，包括 XE Kamman 和 Xe Pian-Xe Namnoy 水坝。这四个项目将满足 EGAT-Laos 协议，以满足泰国 2006 年的电力需求。	–1	Bangkok: The Nation
65	柬埔寨—中国—老挝—缅甸—泰国—越南	导航	1996/8/31	柬埔寨规划部长谢·尚托敦促提供帮助，以弥补湄公河淤积和洞里萨湖的浅滩。	1	Bangkok Post
66	柬埔寨—中国—老挝—缅甸—泰国—越南	水质	1996/8/31	来自大湄公河次区域的 6 个国家的部长批准了 2 个新项目，以减轻偏远流域的贫困，改善环境，管理下湄公河流域的洞里萨湖和关键湿地。	4	Bangkok Post

续表

序号	国家	问题领域	日期（年/月/日）	活动总结	强度等级	来源
67	柬埔寨—中国—老挝—缅甸—泰国—越南	水质	1996/8/30	亚洲开发银行（ADB）高级官员今天在这里说，第六次澜沧江—湄公河次区域经济合作部长级会议取得了很大进展。据亚洲开发银行副行长 Yi Bong-suh 介绍，与会代表就发电、旅游、环保、旅游、投资、航空和电信领域的合作达成了共识。Yi Bong-suh 还指出：人力资源开发、环境保护和选择有利于所有人的合作项目都得到了特别关注。经过 4 年的准备，随着合作进入实施阶段，未来几年将启动近 100 个项目。	2	Beijing XIN-HUA
68	泰国—越南	联合管理	1996/8/5	越南总理武文杰说，越南和泰国应合作实施湄公河发展项目，以期使该地区成为繁荣的土地。冷战时期，湄公河地区开发利用合作受到政治因素的阻碍。武文杰说，在新的框架和名称下，湄公河委员会含括了泰国、越南和其他河岸国家之间的新合作精神，并指出他们现在已承诺增加合作，并且引进了非河岸国家来帮助制订发展计划。	1	Bangkok: The Nation
69	柬埔寨—中国—老挝—缅甸—泰国—越南	水质	1996/8/4	湄公河次区域 6 个国家已同意与亚洲开发银行合作进行湄公河上的 2 个环境改善项目。亚洲开发银行周五举行新闻发布会，报告了环境工作组第二次会议的结果，该会议于 7 月 30 日至 8 月 1 日举行。“恢复前进”计划给予了两个合作计划，以恢复因森林砍伐而受到威胁的洞里萨湖或大湖。目的是停止传统的刀耕火种农业和非法采伐，因为这会造成沉积。两国还同意监测非法采伐。会议决心确保长期保护湄公河下游湿地，包括在管理和网络化湿地环境数据库方面进行合作。	2	Bangkok Post

续表

序号	国家	问题领域	日期（年/月/日）	活动总结	强度等级	来源
70	中国—老挝	联合管理	1996/7/22	中国副总理兼外长钱其琛今天说，中国支持对湄公河的开发，这将有利于该地区的经济发展。在与老挝外交大臣Lengsavat举行的一次会议上，Lengsavat表示，两国关系的发展进展顺利。老挝成立了一个中老经贸关系联合委员会。Lengsavat还感谢中国对湄公河发展的积极态度，希望合作不断加强。	1	Beijing Xinhua
71	老挝—越南	水电	1996/7/15	越南电力公司Thai Pung Ne & Lao能源与电力委员会Khammon Phonkeo主席最近签署了关于电力合作的谅解备忘录。根据谅解备忘录，老挝将在2002年3月之前完成4号或5号Se Sekong水电站的建设，其设计容量为450兆瓦。然后，他们每年将向越南出售1.5亿至20亿千瓦·时的电力，协议期限为25年至30年。	4	Hanoi VNA
72	中国—泰国	水电	1996/5/18	中国总理朱镕基正在对泰国进行为期一周的正式访问，在会见泰国记者时，他说，中泰两国有着悠久的友谊，而且没有争议。关于未来的中泰经济合作，朱镕基列举了水力发电、湄公河流域上游开发等。	1	Beijing XINHUA
73	柬埔寨—老挝—泰国—越南—UNDP	技术合作/协助	1996/3/31	老挝一位高级官员说，如果开发计划署逐步取消财政支持的计划得到实施，湄公河委员会（MRC）可能无法履行其财政义务。亚洲开发银行主办的大湄公河次区域经济合作论坛选择了MRC目前正在研究的许多有关水力发电或次区域道路改善的项目。	0	Bangkok: The Sunday Nation

续表

序号	国家	问题领域	日期（年/月/日）	活动总结	强度等级	来源
74	柬埔寨—中国—老挝—缅甸—泰国—越南	水量	1996/3/20	湄公河联委会同意下届会议将在1997年3月举行。在昨天闭幕的第三届会议上，委员会讨论了与湄公河流域开发有关的计划和措施、关于河流用水的法规草案，国际湄公河委员会1997年行动方案以及开发计划署为湄公河项目提供的项目流域。委员会与中国和缅甸的两名观察员举行了工作会议。	2	Hanoi VNA
75	老挝—韩国	技术合作/协助	1996/3/1	韩国总统金泳三将于11月27日至28日访问东南亚3个国家，这将为韩国企业提供一个增加在亚洲部分地区，尤其是湄公河开发计划中投资的好机会。自1990年以来，韩国在3个国家/地区（越南、菲律宾和马来西亚）的投资一直在增加。金泳三的访问起到了推动作用，现在的步伐将会加快。在去年3月于曼谷举行的亚欧首脑会议上，金泳三宣布，韩国将在湄公河发展项目中发挥积极作用。与会者欢迎韩国的参与。实力雄厚的韩国公司正在计划约20个与湄公河有关的项目，其中1个是韩国东亚（Dong an Construction）在老挝的水力发电厂建设。	2	Seoul Yon-hap

续表

序号	国家	问题领域	日期（年/月/日）	活动总结	强度等级	来源
76	柬埔寨—老挝—泰国—越南	联合管理	1996/1/5	越南总理于 1995 年 12 月 30 日发布了一项决定，规定了越南国家湄公河委员会（VNMRC）的职能、义务、活动范围和组织结构。部长有权控制委员会与湄公河委员会、湄公河国家、非政府组织和国内单位的合作活动，以合理开发和保护流域的水资源和其他自然资源。越南国家湄公河委员会将与来自 MRC 其他成员国的同行合作，以组织实施《湄公河流域合作与可持续发展协定》。它将监督和管理水资源及其他资源，通过总体计划和合作项目保护越南的利益，并与其他国家合作保护和开发该流域。	1	Hanoi VNA
77	柬埔寨—中国—老挝—缅甸—泰国—越南	水电/水电	1995/12/18	越南、老挝、柬埔寨、泰国、缅甸和中国云南省的代表参加了第二届湄公河次区域能源合作会议。在为期两天的会议期间，与会者讨论了进一步发展湄公河次区域之间的能源服务的合作措施，包括一项关于老挝河流和湖泊（如 Namtheune、Sekong 和 Sesane）及输电网络的水电潜力的研究计划。	1	Hanoi VNA
78	老挝—越南	水电/水电	1995/12/18	越南将帮助老挝与越南进行两个研究流域（Namtheune、Sekong 和 Sesane）的项目，最终在这些地区建造输电线路和水力发电厂。	2	Hanoi VNA
79	东盟—柬埔寨—老挝—缅甸	不可用/未编码	1995/12/15	东盟成员国与柬埔寨、老挝、缅甸举行非正式会议，三国希望成为东盟成员国。东盟领导人昨天批准了该组织参与湄公河流域基础设施发展的活动，湄公河流域是缅甸的一部分。	—	Bangkok Post

续表

序号	国家	问题领域	日期（年/月/日）	活动总结	强度等级	来源
80	柬埔寨—中国—老挝—缅甸—泰国—越南	联合管理	1995/11/9	缅甸和中国都对湄公河委员会本身表示了兴趣，但由于担心失去对使用该河水的权利的主权而未能成为其成员。	1	Bangkok: The Nation
81	柬埔寨—老挝—泰国—越南	联合管理	1995/11/9	泰国外交部长 Kasemsi 昨天在离开万象参加第五届泰国—老挝委员会会议前宣布，泰国将支持老挝竞标在湄公河承办湄公河委员会秘书处。MRC 是由泰国、越南、柬埔寨和老挝外交大臣于去年 4 月成立的具有 38 年历史的湄公河委员会的再创建。四个国家签署了湄公河水资源可持续发展框架协议。现在，委员会正在考虑 MRC 秘书处的所在地。	1	Bangkok: The Nation
82	老挝—泰国	水电	1995/11/5	根据去年的协议，老挝有望要求泰国再购买 1500 兆瓦的水电，根据该协议，老挝将在 2000 年前向泰国提供 1500 兆瓦的水电。背景：老挝驻泰国大使 Sangsomsak 表示，老挝有兴趣扩大泰国目前对老挝的国际合作计划涵盖了更多领域，特别是人力资源培训，以简化老挝与东盟的融合。	—	Bangkok: The Sunday Nation
83	柬埔寨—中国—老挝—缅甸—泰国—越南	联合管理	1995/10/24	湄公河流域 6 个国家 / 地区（越南、老挝、柬埔寨、泰国、缅甸和中国云南省）的官员于周一开始为期 2 天的会议，旨在统一基础设施的发展并为投资者提供开发基础设施的机会。与会者承诺继续在湄公河次区域开展合作，但抱怨重要项目缺乏资金。周二，讨论的重点是项目审批程序、项目援助、环境优先事项和避免双重征税的程序。	0	Hanoi Voice of Vietnam

续表

序号	国家	问题领域	日期（年/月/日）	活动总结	强度等级	来源
84	中国—湄公河委员会（柬埔寨—老挝—泰国—越南）	联合管理	1995/10/24	北京正在考虑参加即将举行的湄公河委员会（MRC）会议的程度，但强调不应将其存在视为对成为会员的承诺。区域合作发展小组委员会成员张说，中国在云南省南部湄公河上游建造 9 个水坝的计划对越南下游无害。张说，河内官员最近对云南其中一个水坝遗址的访问已经消除了对环境影响的“误解”。他说，中越之间在河流利用方面没有冲突。他补充说，如果有任突，那就是泰国和越南之间的冲突。中国项目在文章中也有详细介绍。张说，中国希望与该组织的关系成为技术与经济合作的论坛。然而，接受 MRC 规定的用水原则仍然超出了北京的预期。	0	Bangkok: The Nation
85	柬埔寨—中国—老挝—泰国—越南	基础设施 / 发展	1995/4/20	一位泰国专家今天说，在中国建造新的水坝将有助于防止泰国突然遭受灾难性的洪灾。泰国新闻社援引泰国农业合作社监察长迈克拉德的话说，中国计划在湄公河上修建 9 座水坝，这将有助于在雨季蓄水并减少洪灾的风险。新的水坝将防止柬埔寨、越南和老挝的洪水泛滥。新的水坝还将帮助这些国家在夏天获得足够的水。	2	Beijing Xinhua

续表

序号	国家	问题领域	日期（年/月/日）	活动总结	强度等级	来源
86	柬埔寨—中国—老挝—泰国—越南	联合管理	1995/4/18	中国表示愿意参与湄公河委员会国家间的次区域合作。外交部昨天发表声明说，中国欢迎湄公河国家之间达成协议，该协议旨在作为湄公河流域可持续发展的框架。中国科学技术大臣许辉说，中国有兴趣促进上下游国家之间的合作。他说，合作协议包括在湄公河沿岸，特别是在云南省南部，共同开发自然资源、交通、农业、渔业、商业航行和文化。	1	Bangkok Post
87	中国—泰国	水电 / 水电	1995/4/8	中泰合资企业将为水电站建设提供咨询服务。云南景洪电站咨询有限公司将由泰国云南省电力工业公司和泰国 MDX 公司共同运营。合资企业的建立标志着将在澜沧江下游建造的景洪水电站的前期工作的开始。新合资企业将对该电站进行可行性研究和前期工作。	3	Beijing Xinhua
88	柬埔寨—中国—老挝—缅甸—泰国—越南	联合管理	1995/4/7	湄公河理事会昨天同意邀请中国和缅甸参加在金边举行的理事会第一次正式对话，以期在泰国回应柬埔寨、老挝和越南的姿态后，吸引所有沿岸国家合作促进湄公河的可持续发展。在周三欢迎湄公河流域上游两个国家参加的欢迎辞中，泰国代表说，中国和缅甸将应邀参加湄公河理事会及联合委员会的第一次正式会议。	2	Bangkok Post

续表

序号	国家	问题领域	日期（年/月/日）	活动总结	强度等级	来源
89	柬埔寨—老挝—泰国—越南	基础设施/发展	1995/4/7	湄公河联合委员会周五在清莱讨论了流域开发计划，包括78个项目，其中58个是流域范围的项目，其余的是全州范围的项目。该计划将作为金边新成立的湄公河委员会的基本计划。在会议上，老挝提出了48个国家项目，其中58个与水力发电厂和灌溉有关。柬埔寨提出了2个水电项目。泰国提出了一项关于水电项目的可行性研究，该项目将在乌汶叻差他尼省的湄公河主流流域范围内进行建设。	2	Beijing XIN-HUA
90	柬埔寨—老挝—泰国—越南	水量	1995/4/5	湄公河下游4个国家周三签署了一项合作可持续发展湄公河流域的协议。根据该协议，成立了湄公河理事会和联合委员会，以协调有关湄公河流域发展，特别是引水和水电项目的合作。	4	Beijing XIN-HUA
91	柬埔寨—老挝—泰国—越南	联合管理	1995/4/5	泰国政府昨天批准了湄公河下游4个州之间合作的协议草案，这将使泰国能够继续进行先前引起争议的水利开发项目。该协议原定于4月5日签署，一旦签署，将诞生湄公河委员会（取代1957年成立的湄公河委员会）。该协议涉及用水和引水的规则和标准，并为实施水开发项目提供了更大的自由。唯一需要达成协议的项目是在旱季将水从主流水中转移出来。泰国的拟议项目均无须达成协议。新协议还鼓励两国在主流项目上进行合作，其中包括泰国与老挝之间横跨湄公河的Pha Mong大坝的改建。	2	Bangkok: The Nation

续表

序号	国家	问题领域	日期（年/月/日）	活动总结	强度等级	来源
92	老挝—柬埔寨—泰国—越南	水量	1995/4/5	湄公河流域可持续发展合作协定。	6	
93	老挝—柬埔寨—泰国—越南	联合管理	1995/4/1	湄公委员会（Mekong Committee）成为湄公河委员会(Mekong River Commission)。	—	Wolf-Mekong Committee Case Study（Time Line）
94	中国(云南)—泰国	水电	1995/2/24	中国云南省欢迎外国投资者发展大型水力发电厂，并准备考虑与泰国合作建设水坝。云南省副省长李嘉廷说，由于水流大、落水大、峡谷深，在河上修建水坝和水力发电站有很好的条件。	1	Beijing XINHUA
95	老挝—泰国(建筑公司)—瑞士（公司）	水电	1995/1/27	昨天签署了开发 Nam Ngum–3 水电项目可行性研究的合同。该合同是泰国、老挝政府与 MDX 电力有限公司之间的 3/16/94 协议的赞助，该协议在进行 Nam Ngum–3 水电站大坝建设之前先勘察施工现场。电力将出口到泰国及周边国家。该水坝的设计目标是每年发电 2670 兆瓦每小时，装机容量为 400 兆瓦。该项目包括一个 230 米高的大坝、11.5 公里的隧道和 270 万立方米的水库。1987 年，瑞士的哥伦布汽车公司对该项目进行了初步调查。	4	Vientiane KPL

续表

序号	国家	问题领域	日期（年/月/日）	活动总结	强度等级	来源
96	柬埔寨—老挝—泰国—越南	联合管理	1995/1/8	4 月初，清莱将举行历史性的签字仪式，就湄公河下游流域 4 个国家的水资源使用协议达成协议。外交部高级官员说，该协议重新建立了湄公河委员会，结束了三年的互不信任。协议草案中最重要的部分是有关河水使用的法规变化，该法律说一个国家只需要征求流域间项目的成员许可，即在旱季从河道主体引水的方案。新框架将使泰国继续进行 Kok-Ing-Nan 引水工程（因为它在支流上），并将带动基础设施和水力发电的发展。	1	Bangkok: The Sunday Nation
97	柬埔寨—中国—老挝—缅甸—泰国—越南	经济发展	1994/12/13	为期五天的澜沧江—湄公河旅游研讨会开幕，中国、缅甸、老挝、泰国、柬埔寨和越南参加了研讨会。研讨会将探讨如何增进交流与合作以发展沿江旅游。讨论了五个项目，包括管理和保护沿江旅游资源。热带和亚热带环境、简单的生活和人民悠久的历史已经证明吸引了游客。两国还计划在基础设施项目和旅游设施方面进行合作，加强旅游业，并寻求其他国家的更多经济和技术帮助。	—	Beijing Xinhua

续表

序号	国家	问题领域	日期（年/月/日）	活动总结	强度等级	来源
98	柬埔寨—老挝—泰国—越南	联合管理	1994/11/25	四个国家已经清除了在旱季使用湄公河干流的最后障碍，该协定保持了3年，并将在下周一就管理该河达成一项历史性协定。两国同意，只要不影响下游的平均低流量，就可以在旱季使用主流。每个国家都将对其边界内支流的用水拥有管辖权。他们同意在计划从主流引水时互相告知对方，但不寻求许可。两国一直在谈判湄公河用水框架，用于灌溉、水力发电、航行、防洪、渔业、木材运输和旅游业。泰国计划从湄公河引水灌溉和 发电引起了其他国家的担忧（由于水位降低和潮流影响）。越南此前呼吁上游国家在旱季调水时通知湄公河委员会并获得湄公河委员会的同意，而泰国则认为这是对国家主权的干涉。	3	Bangkok: The Nation
99	中国—泰国	联合管理	1994/11/17	中国和泰国的研究人员将携手研究 Lancang-Mekong 流域。根据为期三天的关于区域与经济合作及可持续发展的研讨会，该协定及周三结束，双方达成了一项协议，从1995年至2002年进行研究。研究将涉及四个主题：民族与文化，历史与人口分布，区域合作与贸易，自然资源管理和环境变化。资金将由亚洲开发银行和美国福特基金会提供。美国、日本和加拿大的学者参加了研讨会。	1	Beijing Xinhua

续表

序号	国家	问题领域	日期（年/月/日）	活动总结	强度等级	来源
100	柬埔寨—老挝—泰国—越南	联合管理	1994/11/1	1993 年 11 月，柬埔寨、泰国、老挝和越南在湄公河流域可持续发展合作方面达成了一项协议，可能是在控制该河上游大部分地区的泰国和越南之间达成妥协之后，其中包含湄公河三角洲。	2	Bangkok: The Sunday Nation
101	柬埔寨—老挝—泰国—越南	水电	1994/9/24	在泰国清迈参加 9 月 15 日至 16 日区域合作会议并于 9 月 24 日返回金边后，规划部部长 Chanto 告诉记者，他已提议在柬埔寨上丁省的塞公—塞桑河附近建造一个能够服务于柬埔寨、泰国、老挝和越南的国际电网水电系统。	—	Phnom Penh Reaksmei Kampuchea
102	老挝—泰国	水电	1994/9/17	泰国昨日与老挝建立了更紧密的双边关系，并在曼谷举行的联合委员会会议上承诺在许多地区为老挝提供援助。在会议上还讨论了万象（老挝）从泰国水坝购买水力发电的建议。泰国同意该提议，但将等到与老挝的现行电力购买合同到期后再继续执行该计划。	—	Bangkok: The Sunday Nation

续表

序号	国家	问题领域	日期（年/月/日）	活动总结	强度等级	来源
103	柬埔寨—中国—老挝—缅甸—泰国—越南	联合管理	1994/8/19	泰国、缅甸、柬埔寨、中国、老挝和越南昨天起草了进一步合作的指导方针，朝着科学技术发展迈出了重要一步。各国在第一届国际邻国间友好关系科学技术大会第一天讨论了两项指导原则：(1) 公正、透明和共识。(2) 开发科学、技术和人力资源以改善经济和社会福祉。科学、技术和环境部部长 Mulasatsathon 认为水资源和稻米是需要共同发展的重要议题。越南科学、技术和环境部部长 Huu 以环境污染、自然资源开发和其他不利影响为例，指出该地区应该努力预防。	1	Bangkok Post
104	中国—缅甸	水电	1994/8/5	中国西南地区的云南省机械进出口公司已准备好帮助缅甸建设 Panuglaong 水电站。合作将在建筑、提供发电机组、安装设备、培训工作人员和技术援助方面进行。到 1994 年 6 月，该公司已经在缅甸完成了 6 个小型水电站，还有 8 个正在建设中，发电量范围为 150—18000 千瓦。	3	Beijing XIN-HUA

续表

序号	国家	问题领域	日期（年/月/日）	活动总结	强度等级	来源
105	老挝—缅甸	边境问题	1994/6/13	据缅甸国营电视台6月13日的报道，缅甸和老挝签署了关于划定湄公河边界的协议。两国还就旅游业合作和建立联合委员会以改善双边关系达成协议。这些协议是在军政府总司令丹瑞率领的高级别缅甸代表团访问老挝期间进行的，缅甸代表团与老挝领导人，包括努沙克·普萨瓦内总统进行了讨论。仰光外交官说，布拉马正努力加强其外交关系，特别是商业关系，并且摆脱了数十年的自我孤立。	3	
106	中国（云南）—泰国	水电/水电	1994/4/28	泰国拒绝了中国出售将在中国南部建造的7个大型水电项目发电的提议，因为它们在经济上不可行（目前的电力供应充足，进口和输电成本过高）。云南省电力公司的高级官员向泰国发电局（EGAT）提出了该建议。EGAT的拒绝可能会限制中国南方政府制订的雄心勃勃的计划，即沿着漫湾河（泰国的Lan Xan）开发潜力为19000兆瓦的水力发电厂。同样，在1993年6月，泰国政府通过EGAT与老挝政府签署了谅解备忘录（MOU），以向万象提供泰国1500兆瓦的电力。老挝最近与国际财团签署了谅解备忘录，以作为6月谅解备忘录的一部分，在老挝开发一个大型水力发电项目。该财团将投资10亿美元开发Nam Thuen T1水力发电厂，最大功率为600兆瓦，将出口至泰国。	—	Bangkok Post

续表

序号	国家	问题领域	日期（年/月/日）	活动总结	强度等级	来源
107	老挝一泰国（上市公司）	基础设施/发展	1994/3/16	老挝政府与泰国MDX公开有限公司昨天签署了关于开发Nam Ngum–3水电项目（每年约400兆瓦）的谅解备忘录。根据谅解备忘录，老挝政府已允许这家泰国公司进行调查，以准备在南吴河和南马河交界处的经济、技术可行性。文件签署后，将成立一个联合委员会，由4名成员组成，双方各2名。	4	Vientiane KPL
108	老挝—泰国	水量	1994/1/6	据运输和通讯部副部长Phuachuai称，老挝愿意从与湄公河相连的河流中出售泰国水。可以建造混凝土管道，将湄公河中的河水输送到泰国的东北河网。Phuachuai说，该项目比直接从湄公河取水要容易，因为这需要柬埔寨和越南的许可。此事件的背景是干旱。	2	Bangkok Post
109	柬埔寨—老挝人民民主共和国	导航	1993/7/29	柬埔寨外交部部长说，柬埔寨提议通过其领土进入老挝。该提议是在柬埔寨临时政府领导人与老挝领导人之间的会谈中提出的。他说，讨论仍处于“胚胎阶段”。设想的海上路线将通过湄公河和公路经柬埔寨到达泰国湾。Norodom发表了他的评论，他的代表团参观了老挝和柬埔寨之间建立的友谊桥，这是湄公河的第一座桥。Norodom还说，柬埔寨代表团已暂定于8月12日至14日访问泰国，这将在访问越南之前进行。老挝的经济发展由于缺乏海上通道而受到严重限制。	3	

续表

序号	国家	问题领域	日期（年/月/日）	活动总结	强度等级	来源
110	中国—老挝	技术合作/协助	1993/7/27	7 月下旬，老挝 Bokeo Houai Sai 地区的负责人 Khondahak 和中华人民共和国云南省地区的负责人 Zhong 签署了一项合作备忘录，以调查后爱赛地区的一个小型水力发电项目。备忘录规定，中国将在 1993 年 10 月至 1994 年 4 月间资助并派遣一支技术人员队伍到胡埃塞进行调查和设计该项目。二者还讨论了农业和灌溉领域的合作。	4	Vientiane Vitthayou Hengsat Radio Network
111	老挝—泰国—瑞典—挪威	水电	1993/7/3	老挝与两个投资集团（瑞典与挪威的北欧集团和泰国 MDX 有限公司）签署了一项谅解备忘录，以开发 Nam Theun 1–2 水电项目。这座 210 兆瓦的发电厂计划在南屯河上的老挝波里坎塞省建设。根据泰国和老挝政府最近签署的谅解备忘录，该发电厂的输出计划出售给泰国发电局，以合作开发老挝的 1500 兆瓦电力。还将进行可行性研究(即环境影响评估报告)。积极影响包括改善灌溉和航行。	4	Vientiane KPL
112	柬埔寨—老挝—泰国—越南	联合管理	1993/2/5	泰国和越南的高级官员将与另外两个湄公河沿岸主要国家(柬埔寨和老挝）的同行们一道参加为期两天的工作组会议，直至明天。两国外交部副部长将于明天签署合作协议，为两国努力提供法律依据。最近几周，两国政府都批准了将于明天签署的协议。该协议由一个联合公报组成，各国在该联合公报中重申继续合作以可持续利用河流资源，并为未来合作框架工作组制定了指导方针。解决的问题主要是组织上的。似乎河内（越南）不赞成将会员国扩大到包括中国和缅甸。	2	Bangkok Post

续表

序号	国家	问题领域	日期（年/月/日）	活动总结	强度等级	来源
113	柬埔寨—老挝—泰国—越南	联合管理	1993/2/5	《湄公河合作与发展协定》于2月5日在河内签署。出席签字仪式的泰国副外交大臣素林表示，他希望该协定将为四个湄公河委员会国家之间的更紧密合作铺平道路，允许缅甸和中国加入该委员会，并为未来沿湄公河全流域合作奠定基础。签署后，工作组将成立，起草和湄公河合作与开发的基本规则。	4	Hanoi Voice of Vietnam Network
114	柬埔寨—老挝—越南	联合管理	1993/2/5	越南、老挝和柬埔寨最高国民议会批准了将于2月5日在这里签署的《湄公河发展与合作协定》。开发计划署在10月和12月召开了两次筹备会议，使之成为可能。柬埔寨长期缺少参与开发河流资源的机会。	3	Bangkok Post
115	缅甸—泰国	边境问题	1992/3/12	在今天的外交部举行的典礼上，泰国和缅甸交换了有关批准谅解备忘录的文件，有关谅解备忘录确定了Sai & Ruak河的边界。外交大臣沙拉信（Sarasin）（泰国）和缅甸大使瑞（Swe）代表两国政府。沙拉信（Sarasin）说，文件涉及在Sai & Ruak河上固定深水通道，作为边界，使两国都有权公平地导航和使用河流中的水，而无须考虑路线的变化。两国已经成立了一个联合委员会，以保护河流的路线并维持边境哨所。文件还讨论了其他问题（例如麻醉品）的解决方法。	4	Bangkok Radio Thailand Network

续表

序号	国家	问题领域	日期（年/月/日）	活动总结	强度等级	来源
116	柬埔寨—老挝—泰国—联合国开发计划署—越南	联合管理	1992/1/1	泰国取消湄公河委员会全体会议。泰国要求开发计划署从湄公河委员会中撤出其执行代理人。开发计划署遵守。	–2	Wolf-Mekong Committee Case Study (Time Line)
117	亚洲开发银行—老挝人民民主共和国	水电 / 水电	1991/11/7	亚洲开发银行（ADB）的一位高级官员宣布资助对老挝三个水电项目的可行性研究。计划部主任森田佳彦在新闻发布会上说，这三个项目位于老挝首都万象以北，预计于 1993 年或 1994 年动工。他说，亚洲开发银行将在可行性研究上花费大约 100 万美元到 200 万美元。森田说，这三个项目——Nam Song, Nam Leuk and Nam Mang III-的总装机容量为 150 兆瓦，总投资额最高为 2.3 亿美元。他补充说，该银行正在等待资金认捐。	2	
118	柬埔寨—老挝—泰国—越南	联合管理	1991/1/1	柬埔寨重新成为湄公河委员会的正式成员，但委员会在法律上仍然是“临时”的。	—	Wolf-Mekong Committee Case Study (Time Line)
119	柬埔寨—老挝—泰国—越南	联合管理	1991/1/1	柬埔寨要求重新启动湄公河委员会。	2	Wolf-Mekong Committee Case Study (Time Line)
120	柬埔寨—越南	水电 / 水电	1990/12/1	柬埔寨首次与越南合作，在距金边 350 公里的拉塔纳基里东北部建设水力发电厂。根据柬埔寨国家建设委员会与越南灌溉工程建设企业之间达成的合作文件，柬埔寨已投资 400 万美元进行建设，该工程于 1990 年 12 月上旬开始。OChum 项目配备了 3 台涡轮机，总装机容量 1300 千瓦。已联系一家法国公司购买涡轮机。建设的目的是促进该地区的手工业和农业生产，并为省镇提供电力。	—	Phnom Peng SPK

续表

序号	国家	问题领域	日期（年/月/日）	活动总结	强度等级	来源
121	柬埔寨—中国—老挝—泰国—越南	联合管理	1990/11/22	泰国外交部消息人士今天说，湄公河临时委员会欢迎与中国合作交换湄公河技术信息的提议。委员会将于11月28日举行会议，以进一步讨论与中国合作的细节。这个想法是泰国外交部部长Pinkhayan在本月初访问中国时提出的，这是将中国和缅甸纳入委员会计划的一部分。中国接受Pinkhayan的提议，并表示愿意向委员会提供各种合作，该委员会由该河下游地区的国家（即泰国、老挝、柬埔寨和越南）组成。信息交流将使委员会能够获取湄公河上游的信息，包括直接影响河流下游水文的水位和水流信息。	1	Beijing Xinhua
122	老挝—泰国—越南	基础设施/发展	1990/11/19	泰国外交部长Pinkhayan将在11月18日至19日访问万象期间，提出一项关于湄公河大坝和水库建设的合资项目。老挝和越南的部长们对泰国外交部长的建议作出了积极回应（即达成协议），他的提议是恢复湄公河临时委员会有关湄公河下游流域合作电力发展的项目。尽管已经为这些项目的可行性研究花费了很多钱，并且已经实施了湄公河支流上的项目，但主要河流上的任何项目都没有启动。关于廊开和老挝之间的Pha Mong大坝项目以及老挝的Nam Tuen大坝项目，Subin表示他不介意选择哪个项目。他告诉老挝部长Phoun，水资源开发是泰老互利合作的一个明显领域。	2	Bangkok: The Nation

续表

序号	国家	问题领域	日期（年/月/日）	活动总结	强度等级	来源
123	柬埔寨—越南	基础设施/发展	1990/9/1	O Chum 水电项目（容量为1000 千瓦）位于柬埔寨东北部 Ratanakiri 省 Ban Pung 市以北8 公里处。1990 年 9 月，越南第 4 区水利建筑企业联盟第 1 号水利建筑企业派遣工人和设备开始该项目的建设。1990 年12 月 10 日，举行了正式启动该项目的仪式。该项目将为 O Chum Township & Ban Pung City 的日常生活和生产工作提供电力。该水库将用于养鱼并调节邻近地区的灌溉和排水。它也可以被推广为旅游胜地。这是为柬埔寨东北部各部落的利益而建造的第一个水力发电项目。该项目代表着越柬关系和互利合作向前迈出了一步。350 万美元的费用由柬埔寨承担，而越南则负责设计、建造以及设备和机器的提供。计划的完成时间是 1991 年 9 月。	4	Hanoi Domestic Service
124	荷兰—越南—世界银行和国际货币基金组织	水量	1990/8/3	世界银行于 8 月 3 日指派一组荷兰工程师开始对越南湄公河三角洲地区的保护进行研究。这项为期一年、耗资 450 万荷兰盾（250 万美元）的项目将调查该地区的各种问题并为必要的建筑工程制定总体规划。	2	
125	中国—老挝人民民主共和国	导航	1990/6/18	中国和老挝完成了首次湄公河联合调查，以确定向更多贸易开放水路的可能性。所调查的 700 公里（420 英里）大部分位于老挝，但其中包括中国云南省的一部分。该机构没有提供为期一个月的项目的费用估算，但发现如果清除小障碍物，湄公河将是能够通航的。近年来，两国关系逐渐改善，这是由于 1978 年老挝的盟国越南入侵柬埔寨而变得紧张。	3	

续表

序号	国家	问题领域	日期（年/月/日）	活动总结	强度等级	来源
126	柬埔寨—老挝—泰国—越南	联合管理	1990/2/7	老挝与国际湄公河委员会之间的合作研讨会于1990年2月6日开幕。Bounnaphon在开幕词中指出了委员会的主要任务。这些任务包括湄公河下游流域水资源开发规划与研究的互动、推荐和后续行动。还讨论了该委员会在该地区的作用，湄公河委员会和老挝在湄公河下游地区的发展与规划以及老挝的水资源开发。	1	Vientiane KPL
127	柬埔寨—老挝—泰国—越南	联合管理	1990/1/16	老挝国际临时湄公河委员会（IIMC）代表团Vongsaid（贸易与对外经济关系副部长兼委员会主席）为团长出席了于1990年1月8日至10日举行的委员会第30届会议。代表团讨论了与湄公河流域发展有关的各种事项，特别是老挝的水资源开发项目、第一个拟议的综合项目、Nam Ngok和Nam Koua的多用途开发以及稀有野生动物的保护。会议上提出了一些与其他成员国有关的项目。该委员会还将探讨水文和气象网络的发展、洪水预报和减少其破坏、数据收集、人员迁移以及社会经济和环境影响。老挝和越南代表考虑将一些项目列入1990—1992年中期管理委员会的行动计划，但泰国代表团要求进行全面审议，并将在1990年4月24日至27日举行的第三届会议上作出决定。	1	Vientiane KPL

续表

序号	国家	问题领域	日期（年/月/日）	活动总结	强度等级	来源
128	老挝—越南	基础设施/发展	1988/8/3	一年后就完成了2个氯工厂的建设，总成本为1600万基普。该工厂每年可产出90公斤的氯和价值超过2003基普的以往从国外购买的原材料。老挝饮用水公司董事Sansisan和越南胡志明市饮用水公司代表Nguyen Van Dau于8月3日签署了移交工厂的备忘录。	—	Vientiane KPL
129	老挝—越南	技术合作/协助	1987/7/17	自从1977年越南与老挝签订《友好合作条约》以来，特殊关系和全面合作取得了切实的成果。越南已协助老挝在许多领域实施了544个社会经济计划，其中包括244个不可退还的援助计划和300个长期无息贷款计划，其中大多数计划已经完成并投入运营。越南帮助老挝设计和建设了许多小型水利项目。越南水利部门与老挝合作，为5个大型水利项目提供了计划、勘测、设计以及经济和技术数据，这些项目能够灌溉27000公顷的土地。此外，越南各省为老挝的姐妹省修建了许多其他水利工程，还提供了培训和新闻援助。	3	Hanoi Domestic Service
130	老挝—泰国（建筑公司）—瑞士（公司）	水电	1987/1/1	昨天签署了关于Nam Ngum-3水电项目开发可行性研究的合同。该合同是老挝政府与MDX Power Company LTD之间在1994年3月16日签署的协议的补充。泰国在进行建设Nam Ngum-3水电站大坝之前对施工现场进行调查。该项目的电力将出口到泰国及其周边国家。1987年，瑞士的哥伦布汽车公司对该项目进行了初步调查。	3	Vientiane KPL

续表

序号	国家	问题领域	日期（年/月/日）	活动总结	强度等级	来源
131	老挝—泰国—越南	联合管理	1987/1/1	湄公河指示流域计划描述了拟议的湄公河流域大规模开发。	—	Wolf-Mekong Committee Case Study (Time Line)
132	老挝—泰国—越南	水量	1985/6/17	LPDR 湄公河委员会代表团由 1985 年国家计划委员会副主席兼老挝湄公河委员会主席 Inthavong 率领，在出席了签署国代表的协商会议后于 6 月 20 日返回万象。湄公河临时国际委员会会议于 6 月 17 日在曼谷举行。委员会同意在 1985 年 7 月举行该组织的第 21 次全体会议。老挝、泰国和越南社会主义共和国的代表讨论并商定了湄公河委员会会议、全体会议和常会等的准则 / 原则。	1	Vientiane Domestic Service
133	老挝—泰国	领土问题	1984/12/20	泰国军方昨天指控称，老挝在三个有争议的边境村庄和一条流入湄公河的小河之间挖了一条水道，导致地理变化，以及一些人认为这些村庄位于老挝境内。泰国第一骑兵师尚特赖上校副司令昨日透露，泰国技术小组最近对边境地区进行了调查，发现该地区的 Mai, Klang & Swawang 三个村庄现已被 600—900 名老挝军队占领。Chanthaurai 说，这条运河是在 1907 年暹罗与佛朗哥边境协定的结尾建造的，该协定规定“分水岭”是泰老边境地区的分界线。根据协议，从“分水岭”流入湄公河的小溪附近地区被视为老挝的土壤，而流入湄南河的小溪地区则被视为泰国的土壤。	—	Bangkok: The National Review

续表

序号	国家	问题领域	日期（年/月/日）	活动总结	强度等级	来源
134	老挝—越南	水量	1984/12/15	12 月 15 日，老挝农业、灌溉与农业合作部部长代表团由其部长 Mahavong 领导，与以 Dinh 为首的 SRV 水利部代表团就 1986—1990 年的灌溉工作进行了会谈。会谈后，越南同意继续帮助老挝建立和培训干部，包括视觉教育培训计划和经验交流。越南还将帮助 LPDR 在高中开展灌溉培训，并研究和采用必要的规则、法规和原则，以进行实地合作。	3	Vientiane Domestic Service
135	柬埔寨—越南	水量	1984/11/19	柬埔寨农业部部长 Kang San 和越南水利部部长 Dinh 最近在越南签署了 1985 年柬埔寨与越南之间在水利方面的合作与援助协议。根据协议，越南将帮助柬埔寨培训技术工人，设计和建造灌溉项目，柬埔寨干部代表团将参观越南的主要灌溉工程。柬埔寨官员在经过 6 天的访问后于星期六返回越南。	4	Phnom Penh SPK
136	老挝—越南	水量	1984/8/16	根据政府间经济、文化、科技合作协议，老挝农业、灌溉与农业合作部和越南水利部于 8 月 16 日签署了合作协议（由老挝灌溉部门负责人 Sayasith 和越南灌溉调查中心负责人 Si Quy 签署）。该协议为越南在灌溉方面的技术和个人培训以及设计和勘测提供援助，包括在万象省设计蓄水池。	4	Hanoi VNA

续表

序号	国家	问题领域	日期（年/月/日）	活动总结	强度等级	来源
137	柬埔寨—越南	水量	1983/11/24	柬埔寨农业部部长 Samol 和正在柬埔寨进行正式访问的越南水利部部长 Dinh 在金边签署了 1984 年柬埔寨和越南水利合作备忘录。会谈在 Samol 和越南代表团之间进行。双方回顾了自 1979 年以来的水利合作和互助计划，并计划于 1984 年进行合作。柬埔寨代表团对成功的合作表示满意，并对越南的援助表示高度赞赏。越南代表团还检查了各省的不同灌溉项目。	1	Phnom Penh SPK
138	老挝—泰国	基础设施 / 发展	1983/11/11	泰国和老挝官员现在正在会议上讨论湄公河开发项目的计划，以在泰国一侧的廊开河哨所和老挝的纳伦之间的河中挖沙洲。泰国方面由国家能源局的 Sanguanwong 领导，而老挝代表团则由水运部门主管 Doiuanglat 领导。在会议上，官员们还审查了流域的水文研究。	3	Bangkok Domestic Service
139	老挝—越南	水量	1981/6/24	老挝和越南之间的 1981—1983 年灌溉合作协定于 6 月 24 日在此签署。老挝农业、林业和灌溉部副部长 Phommavan 和灌溉部副部长 Din Gia Khan 签署了这份文件。越南驻老挝大使 xuαn 也出席了签字仪式。	4	Vientiane KPL

续表

序号	国家	问题领域	日期（年/月/日）	活动总结	强度等级	来源
140	柬埔寨—老挝—泰国—越南	联合管理	1980/11/13	国际湄公河委员会主席兼泰国国家湄公河委员会主席Binson于11月13日对老挝副总理兼教育、体育和宗教事务部长Vongvichit进行了礼节性访问。老挝副总理强调说，老挝和泰国希望湄公河按照政府的宣言成为和平与睦邻的河流。Vongvichit还说，湄公河流经老挝、泰国、柬埔寨和越南，但令人遗憾的是，到目前为止，柬埔寨还没有派代表参加湄公河组织。他继续说，老挝方面希望柬埔寨能在不久的将来加入该组织，以维护共享河流资源的人民的利益。	1	Vientiane KPL
141	老挝—越南	水量	1980/2/4	老挝农业、林业和灌溉部代表团与越南水利部代表团之间的灌溉合作备忘录昨天在越南签署。各国代表团还签署了一项关于1980年灌溉合作与援助的协定。	4	Hanoi VNA
142	柬埔寨—老挝—泰国—越南	联合管理	1978/1/1	1978年，由于柬埔寨缺乏政府代表，湄公河委员会成为由三国组成的“临时委员会”。	—	Wolf-Mekong Committee Case Study（Time Line）
143	柬埔寨—老挝—泰国—越南	经济发展	1975/1/31	柬埔寨、老挝、泰国和越南签署《下湄公河流域水资源利用原则联合声明》。	4	—
144	柬埔寨—老挝—泰国—越南	联合管理	1970/1/1	湄公河流域指导计划得到修订和更新。	—	Wolf-Mekong Committee Case Study（Time Line）

续表

序号	国家	问题领域	日期（年/月/日）	活动总结	强度等级	来源
145	越南(北越)—老挝	基础设施/发展	1969/8/24	老挝向越南民主共和国提议设立湄公河大坝中立区。	0	Facts on File
146	老挝—泰国	基础设施/发展	1968/12/16	老挝和泰国国王在大坝开放时会面。	1	New York Times
147	澳大利亚—加拿大—丹麦—德意志联邦共和国（西德）—菲律宾—印度—意大利—日本—柬埔寨—巴基斯坦—联合国	基础设施/发展	1968/11/13	澳大利亚、加拿大、丹麦、德意志联邦共和国、菲律宾、印度、意大利、日本、柬埔寨、巴基斯坦与联合国达成协议，为柬埔寨的湄公河水坝和水力发电站提供资金。	3	Far Eastern Economic Review (HOK)
148	加拿大—丹麦（格陵兰）—日本—新西兰—越南共和国（南方）	技术合作/协助	1966/3/11	加拿大和日本向越南共和国提供湄公河开发资金。	4	Keesing's Contemporary Archives
149	加拿大—丹麦（格陵兰）—日本—新西兰—越南共和国（南方）	技术合作/协助	1966/3/11	新西兰资助格陵兰/丹麦开发湄公河。	5	Keesing's Contemporary Archives
150	老挝—湄公河委员会—泰国	水电/水电	1965/8/12	老挝和泰国之间的电力供应公约。电力项目位于老挝湄公河支流南恩河上，泰国同意从中购买剩余电力。湄公河委员会动员了国际努力为该项目筹集资金。	4	Wolf-Mekong Committee Case Study (Time Line)
151	法国—柬埔寨	技术合作/协助	1962/1/8	法国就湄公河项目向柬埔寨提供50000美元贷款。	4	Asian Recorder (India)

续表

序号	国家	问题领域	日期（年/月/日）	活动总结	强度等级	来源
152	柬埔寨—老挝—泰国—美国—越南	技术合作/协助	1961/1/1	怀特（Gilbert White）代表团向湄公河委员会建议，应根据技术方面对发展的社会方面进行调查。许多怀特代表团提出了有关培训计划的建议被采纳。	2	Wolf-Mekong Committee Case Study（Time Line）
153	柬埔寨—老挝—泰国—越南	技术合作/协助	1958/2/12	Wheeler 计划于 1958 年 2 月 10 日至 12 日在湄公河委员会第二届会议上被采纳为湄公河委员会的第一个五年计划。	4	Wolf-Mekong Committee Case Study（Time Line）
154	柬埔寨—老挝—泰国—美国—越南	技术合作/协助	1957/12/15	1957 年下半年，美国 Wheeler 特派团建议，优先考虑的是在进行任何建设之前先在整个流域收集数据。	2	Wolf-Mekong Committee Case Study（Time Line）
155	柬埔寨—法国—老挝—泰国—越南	技术合作/协助	1957/10/31	国际社会对法国湄公河委员会的第一笔捐款 6000 万法郎（12 万美元）。	3	Wolf-Mekong Committee Case Study（Time Line）
156	柬埔寨—老挝—泰国—越南	联合管理	1957/10/31	湄公河委员会第一次会议。	2	Wolf-Mekong Committee Case Study（Time Line）
157	柬埔寨—老挝—泰国—越南	水电	1957/10/31	制定委员会章程，成立湄公河下游联合调查协调委员会。	6	—
158	柬埔寨—老挝—泰国—越南	联合管理	1957/9/17	1957 年 9 月，湄公河沿岸地区的人就“湄公河下游调查协调委员会”的章程草案进行谈判。协议于 1957 年 9 月 17 日签署，成立了湄公河委员会。	4	Wolf-Mekong Committee Case Study（Time Line）

续表

序号	国家	问题领域	日期（年/月/日）	活动总结	强度等级	来源
159	柬埔寨—老挝—泰国—越南	技术合作/协助	1957/3/15	ECAFE（联合国亚洲及远东经济委员会）的报告与早期调查结果（1952年报告）一致，指出了湄公河在水力发电和灌溉发展方面的潜力。当报告提交给3月份的ECAFE会议时，沿岸国家自己呼吁进一步研究。	3	Wolf-Mekong Committee Case Study（Time Line）
160	泰国（内部）	技术合作/协助	1956/2/11	泰国与美国专家就湄公河进行调研。	3	Asian Recorder（India）
161	泰国（内部）	技术合作/协助	1956/2/10	泰国对湄公河进行调研。	3	Asian Recorder（India）
162	柬埔寨—老挝—泰国—美国—越南	联合管理	1955/1/1	1955—1956年，美国开垦局关于湄公河下游流域的规划和开发报告敦促在发展中的河流进行联合管理。四个较低的河岸居民——柬埔寨、老挝、泰国和越南——同意这一观点。	2	Wolf-Mekong Committee Case Study（Time Line）
163	柬埔寨—老挝—泰国—联合国亚洲及远东经济委员会（ECAFE）—越南	技术合作/协助	1952/1/1	1952年，联合国亚洲及远东经济委员会（ECAFE）的研究报告指出，湄公河在水力发电和灌溉方面的潜力很大。研究是在四个下河沿岸的合作下进行的。	3	Wolf-Mekong Committee Case Study（Time Line）

注："强度等级"（BAR Scale）指标说明：-7：正式宣战；-6：导致死亡、流离失所或高昂战略成本的广泛战争法；-5：小型军事行动；-4：政治军事敌对行动；-3：外交经济敌对行动；-2：强烈的口头表达在互动中表现出敌意；-1：温和的言语表达在互动中表现出不和谐；0：在国际形势下的中立或无意义的行为；1：轻微的官方交流、对话或政策表达——温和的言语支持；2：官方语言对目标的支持、价值观或制度；3：文化或科学协议或支持（非战略）；4：非军事经济、技术或工业协议；5：军事经济或战略支持；6：国际淡水条约、主要战略联盟（区域或国际）；7：自愿统一为一个国家。"—"表示在国际水事数据库中该条目无明确等级或无明确信息来源。

资料来源：the TFDD Events Database，"Query Results: International Water Events"，http://gis.nacse.org/tfdd/internationalEvents.php，2019-12-30。

后　记

本书作为我的第一本个人学术专著，是在北京大学国际关系学院博士学位论文的基础上完成的，它凝结了我自硕士研究生以来对湄公河地区国家间交往合作的长期学习、观察、研究的心得和成果积淀。

本书的写作和出版离不开师长的指导，离不开同学朋友和学术友人的陪伴，离不开单位领导同事的关心，也离不开亲人和家人的爱护和支持。

教诲如春风，师恩似海深。感谢我在读博期间的导师翟崑老师。翟老师非常擅于发现并进一步循循善诱、引导每一位学生释放优点和潜能，帮助我较早确定了研究方向和选题，引导我在四年的博士求学生涯中进一步养成良好的学习和研究习惯，鼓励我积极拓展研究视野和领域，并在我进行博士学位论文写作的专家访谈、学术调研等过程中给予了大力的支持和帮助！本书序言亦是翟老师在百忙中倾情写就，字里行间饱含了对我继续戒骄戒躁、砥砺前行的关爱和希冀。感谢我在硕士期间的导师卢光盛老师。卢老师是我系统从事国际问题研究，尤其是专注湄公河地区研究的领路人，最早帮助我形成发现问题、分析问题和解决问题的研究思维，对我进行了严格的学术写作能力训练，并一直关心我的学习和成长、鼓励我形成更多更好的学术研究成果。感谢李晨阳老师、王正毅老师、查道炯老师、张海滨老师、陈绍峰老师、刘莲莲老师、汪卫华老师、孙学峰老师、刘军红老师、马燕冰老师、刘卿老师、高程老师、郭延军老师。多年来，在我的求学、培养和成长中，各位老师给予了我非常多的关心、帮助和指导，尤其在我的博士学位论文选题等各个培养环节，给我提了非常多有针对性和可操作性的指导和建议，帮助我克服了写作过程中的诸多困难。感谢国家留学基金委的资助，让我在伦敦大学亚非学院进行了为期一年的博士联合培养。感谢伦敦大学亚非学院 Alberto Asqure 老师，帮助我较好地适应了异国他乡的学习和生活，拓展了我参与国际学术交流的视野和能力。感谢美国威斯康星大学的 Ian G. Baird 老师、澳大利亚悉尼大学的 Philip Hirsch 老师、英国伦敦大学国王学院的 Naho Mirumachi 老师、马来西亚的 Koh Hock Lye 老师，几位老师在我选定研究方向、开展学术写作和进行专家访谈的过程中，也给我提出了很多宝贵的建议和指导。感谢伦敦大学国王学院的 Tony Allen 老师，那时您虽已 83 岁高龄但仍对学术怀有极大的热情和初心，令人动容和敬重，更感念您在我伦敦访学期间频繁邀请我见面、讨论学术问题，对我这个异国他乡学子的关怀备至和殷切希望。最近惊闻您已于 2021 年去世，我感到无比震惊和心痛，希望此书的顺利出版可以向逝去的您致敬。

朋友一生一起走。感谢王丽娜、刘晓伟、张蕾、范佳睿、韩卓希、姚啸林、熊岚、隋雪濛、刘静烨、陈永、胡王小云等师兄师姐师弟师妹们，以及吴昊昙、刘舒天、李卓、文雯等我的同学和朋友们的帮助、陪伴和支持！一个人可能走得很快，但一群人才能走得更远。在读博的那些“峥嵘岁月”里，感谢有你们陪我一起走过。

感谢中共中央党校（国家行政学院）国际战略研究院的各位领导和同事，你们的亲切关心、帮助和支持使我在新的工作岗位和角色上感受到了浓厚的学术氛围、和谐的教研环境、融洽与亲切的人际关系，并鼓励我将博士学位论文转化为学术专著，这是本书得以出版的重要原因。

感谢我的父亲和母亲。小时候父亲往家里带的《参考消息》在我心里埋下了从事国际问题研究的种子，是您的家国情怀塑造了我的性格和志向。母亲绵绵的爱，让我在遭遇挫折时获得重新站立的勇气和力量。你们在大后方的默默付出，让我没有后顾之忧，得以继续完成学业。

感谢我挚爱的妻子。你先到北大求学，引导我逐渐脱离自己的舒适区，学会“北漂”。你在我之前去经历求学的艰辛和不易，为我提供经验和借鉴。你最多知道我的缺点和不足，却总是一如既往给我支持。你最多承受我向外宣泄的压力和负能量，却总是给我爱和包容。是你的陪伴和帮助，让我能一路走来。“大雪压青松，青松挺且直。要知松高洁，待到雪化时”——你的情永远“留”在我心里。

最后，我还想对本书的研究内容与意义、研究中存在的困难与不足、未来的研究方向等作一点简要说明。

湄公河地区重叠的区域主义是亚洲竞争性多边主义整合难题的一部分。本书对湄公河地区重叠的区域主义形成的原因、内在规律的系统研究有助于更好地因势利导，引导该地区形成更加有序、稳定的区域合作。同时也可以为亚洲和世界其他地区的类似现象提供比较和借鉴的实践案例。

近年来，湄公河地区的“区域秩序”在重叠的区域主义表象下正在被加速重塑。本书通过以国家行为体为视角，厘清各方复杂制度网络中的结构位置和互动策略，可以为把握该地区的秩序动态提供助力。尤其是在中国和平崛起、全球和地区权力平衡正在加速发生转移的背景下，有利于“以小见大”，帮助洞悉体系层面权力格局变化下的地区动态及其对中国的影响。

湄公河地区是中国战略周边的重要组成部分。本书的研究结论有助于在理论上和实践上优化中国在湄公河地区的战略谋划和战略行为。中国是湄公河地区内唯一的大国，对该地区重叠性区域主义的形成与发展具有重要影响。反过来，湄公河地区重叠的区域主义对中国的国家利益，尤其是周边地缘政治、地缘经济等也具有重要影响。过去，在湄公河地区的多边合作制度的建立和参与进程中，中国长期是迟到的后来者或被动的参与者。澜湄合作制度是中国在周边地区主导建立，通过在区域发展治理中提供公共产品，积极展现“领导力”的首次尝试。澜湄合作机制的成功与否，不仅需要关注自身的机构设计和有效性，还需要有良好的制度环境作支撑。本书对湄公河地区现有的合作制度的目标原则、运行特点以及主要的国家行为体的合作策略等进行系统评估，为澜湄合作进一步优化自身的功能定位、合作领域等提供一定的启示和借鉴，也有利于澄清外界关于澜湄合作制度将取代湄公河委员、大湄公河次区域经济合作等既有合作制度的误解，避免澜湄合作机制被塑造成为“四面树敌”的形象。

2022年，中国、老挝、缅甸、泰国、柬埔寨、越南六国之间以“澜沧江—湄公河”为纽带、肇始于1992年的地区制度化合作将迎来三十年的重要里程碑。三十年来，湄公河地区合作成果丰硕，已成为南南合作的典范。尤其是中国在2015年倡议成立澜沧江—湄公河合作机制以来，该地区日益体现出开放包容、团结合作的澜湄合作精神，展现出建设面向和平与繁荣的澜湄国家命运共同体的良好势头和美好景象。湄公河地区在地缘政治上兼具脆弱性和复杂性，地区外多个势力的长期介入和布局，使得该地区三十年来从冲突转向合作、从动荡转向发展、从落后走向繁荣的国家间合作实属不易。本书的顺利出版，不仅是对我自硕士研究生以来长期关注、研习湄公河地区区域国别研究的学术成果展示，更是向湄公河地区合作三十年所取得丰硕成果的颂扬和献礼。

本书致力于兼具良好的理论和实践意义，但研究工作也存在一定的困难和制约。首先，目前国内外学术界对湄公河地区国家间关系、区域国际制度的研究仍相对薄弱，缺乏系统性、专题性、权威性的研究成果。许多资料和文献不完整，提供的信息有时甚至是相互矛盾的，需要进行大量的勘误和校正；其次，本书的研究对象涉及10个国家及其在湄公河地区成立或参与的区域国际制度，时间跨度长达27年，这使得研究范围变得很广。在本书的研究之前，作者通过硕士和博士求学期间的研究经历，已对湄公河地区合作制度以及各主要国家行为体之间的外交互动积累了较为丰富的感性认识和大事记，具备了较为丰富的研究基础和素材。但于本书而言，开展详略得当、层次清晰、逻辑合理的地区研究仍是一项繁重、困难和艰巨的任务；最后，本书的研究涉及多个国家间外交层面的互动和博弈，尽管本书收集整理了相应的官方合作文件、领导人讲话等重要文本，但这些可获取的研究素材并不能代表“全貌”。为了最大程度“补充”和“还原”湄公河地区区域主义及其互动的细节，我在阅读大量外文文献和数据资料，通过案例研究深入细致进行文献综述等工作的同时，还进行了大量的专家访谈等工作。

本书致力于从理论视角对湄公河地区重叠的区域主义进行分析和阐释，对该地区长达近三十年丰富的合作历史未能进行更多篇幅、更加全面深入的细致展示，这是本书的一大遗憾，也是鞭策我继续努力学习、加快成长和提高的重要动力。未来，我将采取更加平衡、多元的研究视角和方法继续从事湄公河地区研究，力争形成更多优质学术成果，为中国、老挝、缅甸、泰国、柬埔寨、越南六国之间“共饮一江水、命运紧相连”的澜沧江—湄公河地区更加紧密地持续发展、繁荣、合作贡献自己的力量。

近年来，湄公河地区重叠的区域主义正在呈现出新的发展态势。一是新冠肺炎疫情的持续冲击，使湄公河地区人员和物资往来等传统地区合作进程受到一定阻隔，公共卫生合作的优先性和重要性得到了充分凸显；二是全球气候变暖背景下，湄公河地区干旱、洪水等极端天气和自然灾害正在日益增多，对防灾减灾、人道主义援助、全流域水资源合作等领域提出了更高的合作要求；三是美国意图将湄公河地区打造为“印太战略”的重要组成部分，宣布启动“湄公河伙伴关系”计划，持续炒作中国与下游湄公河国家的水资源合作议题，干扰和破坏中国与湄公河国家之间的互信与合作；四是 2021 年 2 月以来，缅甸政局突变并引发美国和西方国家干涉、制裁，恐将对湄公河地区合作产生一系列连锁影响和外溢效应。这些新的事态变化将为中国在湄公河地区的周边外交、湄公河地区的国别和区域研究提出新的要求。

尽管如此，由于能力和条件所限，书中必定尚有很多的不足和错漏，敬请各位师长、前辈、朋友和读者指正。

邓　涵

2021 年 7 月 28 日于中共中央党校东门红楼

责任编辑：陈建萍

图书在版编目（CIP）数据

湄公河地区重叠的区域主义 / 邓涵 著 . —北京：人民出版社，2023.6
ISBN 978－7－01－025518－7

I. ①湄…　II. ①邓…　III. ①湄公河－流域－国际关系－研究　IV. ① D81

中国国家版本馆 CIP 数据核字（2023）第 068348 号

湄公河地区重叠的区域主义

MEIGONGHE DIQU CHONGDIE DE QUYU ZHUYI

邓涵　著

人民出版社 出版发行
（100706　北京市东城区隆福寺街 99 号）

北京九州迅驰传媒文化有限公司印刷　新华书店经销

2023 年 6 月第 1 版　2023 年 6 月北京第 1 次印刷
开本：710 毫米 ×1000 毫米 1/16　印张：23.75
字数：330 千字

ISBN 978－7－01－025518－7　定价：75.00 元

邮购地址 100706　北京市东城区隆福寺街 99 号
人民东方图书销售中心　电话（010）65250042　65289539